金融工程案例

（第二版）

崧燁文化

前言

金融工程是20世紀80年代中後期在西方發達國家金融領域中湧現出來的一門尖端學科。它挾西方金融革命之勢，將尖端的數理分析、電腦技術、電信技術、自動化及系統工程全面導入金融領域，並運用運籌學、數學建模、數值計算、網路圖解、仿真技術、人工神經元等前沿工程技術，使金融領域呈現出了全新的面貌和廣闊的前景。金融工程伴隨並推動著金融創新和變革，它是金融創新最核心的部分，是當代西方國家金融領域最前沿、最尖端的領域之一。

但是，金融工程知識的綜合性、技術的複雜性、方法的靈活性和思維的創新性，使得普通民眾甚至企業財務管理人員都難以對其充分理解和熟練運用。即使是金融專業的從業人員，大部分對金融工程也是知之甚少，能夠掌握金融工程理論、方法和工具的也只有為數不多的專家。

為了使金融工程得到進一步的推廣，幫助有志於金融工程的人才成長，我們編寫了這本《金融工程案例》。本書以衍生金融工具為主線，以案例分析為主體，通過對諸多案例的介紹、認識和分析，幫助讀者透澈地理解和準確地掌握金融工程的專業知識、熟悉金融工程的基本理論和方法，學習金融工程的思維方式、培養金融工程的創新能力。案例本身的生動性、直觀性和具體性，使學習金融工程的讀者更容易突破學習難點、把握知識重點、領會金融理論，進而更容易形成工程思維。

本書適合財會、金融等經濟管理專業的大學高年級學生、MBA學生和金融機構與金融市場中的專業人員學習。

本書由王晉忠主編，高菲、謝岫任副主編。王晉忠編制了寫作大綱、各章節具體結構、寫作思路、知識要點和案例標準，並對全書進行總纂和修改；高菲和謝岫主要負責資料的收集、編寫人員的組織和具體編寫工作的組織協調、落實和推進。具體章節寫作分工如下：王晉忠（第一章），王晉忠、廖純紅（第二章），羅曉熙（第三章），劉瑜（第四

章、第五章）、盧文娟（第六章）、張彥旭（第七章）、餘小江（第八章）、高平（第九章）、廖航（第十章、第十一章）。羅亞在修訂工作中做了大量工作。

由於編寫人員水平有限，書中錯誤在所難免，望專家、讀者指正。

王晉忠

目錄

第一章　金融工程導論 / 001
　　第一節　金融工程的產生和發展 / 001
　　第二節　金融工程的概念和特點 / 006
　　第三節　金融工程的知識結構 / 009
　　第四節　金融工程應用領域 / 012
　　第五節　金融工程的局限性 / 013
　　第六節　金融工程案例 / 014

第二章　金融工程的基本分析方法 / 017
　　第一節　無套利均衡分析方法 / 017
　　第二節　風險中性定價法 / 025
　　第三節　積木分析法 / 029

第三章　遠期 / 041
　　第一節　商品遠期交易及其運用 / 041
　　第二節　利率遠期及其運用 / 042
　　第三節　貨幣遠期及其運用 / 046
　　第四節　中國的遠期結售匯 / 054
　　第五節　NDF（無本金交割遠期外匯）/ 057
　　第六節　遠期的創新 / 060

第四章　商品期貨 / 063
　　第一節　商品期貨的套期保值策略 / 063
　　第二節　商品期貨的基差策略 / 069
　　第三節　商品期貨的投機策略 / 076

第四節　商品期貨的套利策略 / 081

第五章　金融期貨 / 088
　　第一節　股票指數期貨 / 088
　　第二節　貨幣期貨 / 104
　　第三節　利率期貨 / 113

第六章　金融互換 / 120
　　第一節　互換概述 / 120
　　第二節　利率互換 / 123
　　第三節　貨幣互換 / 129
　　第四節　互換的創新 / 135

第七章　期權 / 146
　　第一節　股票指數期權 / 146
　　第二節　股票權證 / 150
　　第三節　貨幣期權 / 155
　　第四節　期貨期權 / 160
　　第五節　利率期權 / 163

第八章　奇異期權 / 167
　　第一節　奇異期權概述 / 167
　　第二節　障礙期權 / 168
　　第三節　亞式期權 / 173
　　第四節　多期期權 / 180
　　第五節　其他奇異期權 / 192

第九章　信用衍生品 / 198
　　第一節　信用違約互換 / 199
　　第二節　其他信用衍生品 / 205
　　第三節　資產證券化 / 208

第十章　結構化金融產品 / 225

　　第一節　債券結構化產品 / 225

　　第二節　結構性理財產品 / 234

第十一章　衍生工具的運用和發展 / 252

　　第一節　實物期權 / 252

　　第二節　管理者股票期權 / 257

　　第三節　氣候衍生產品 / 261

　　第四節　能源衍生產品 / 267

　　第五節　保險衍生產品 / 273

第一章　金融工程導論

學習提要：本章要求對金融工程有一個全面的瞭解。掌握金融工程的內涵及其特點，瞭解金融工程的演進和發展，掌握金融工程的知識框架，清楚其研究對象，瞭解其運用領域。

金融工程是 20 世紀 80 年代中後期在西方發達國家金融領域湧現出來的一門新興學科，是金融領域的最新發展。它挾西方金融革命之勢，將尖端的數理分析、電腦技術、電信技術、自動化及系統工程全面導入金融領域，並運用運籌學、數學建模、數值計算、網路圖解、仿真技術、人工神經元等前沿工程技術，來設計、開發金融產品，創造性地解決各種金融問題。作為「金融業的高科技」，金融工程被廣泛應用於公司財務、貿易、投資、兼併重組以及風險管理等領域，使金融領域呈現出全新的面貌和廣闊的發展前景。

第一節　金融工程的產生和發展

一、金融工程的發展歷史

有人認為金融工程的思想早在兩三千年前就已經產生。據說，在古希臘時期就有期權思想的萌芽。從 16 世紀歐洲出現的「鬱金香熱」，到 17 世紀初阿姆斯特丹銀行利用工程化思想最早嘗試發行銀行券，再到 1848 年美國芝加哥商品交易所成立並開始交易商品期貨，我們可以看到具有金融工程性質的活動在很早就已經比較普遍，金融業已經開始將數理分析技術引入金融業務和交易的決策中來。進入 20 世紀 80 年代，隨著金融自由化和金融創新的發展，金融工程開始大顯身手，尤其是在資本市場的投資銀行業務方面，形形色色的新型金融產品被創造出來並投放到市場，使金融活動變得極其豐富多彩，大大地增強了市場流動性，提高了市場的效率，發展了市場的完全性。進入 20 世紀 90 年代，金融工程向商業銀行和保險業全面滲透。金融工程為保險業提供風險量化的手段與保險產品創新的技術，為商業銀行控製和管理風險創造出各種各樣的新技術和新工具。到 20 世紀 90 年代後期，信用衍生品市場產生，使信用風險可以通過市場交易進行轉移和配置，滿足了經

濟主體管理信用風險的需要。

正式的「金融工程」一詞最早出現在20世紀50年代的西方有關文獻中，但作為一門科學則是在20世紀80年代末90年代初出現的。20世紀80年代末，美國金融學教授約翰・芬尼迪（John Finnerty）首次對金融工程給予界定。另外，動態套期保值策略——組合保險的創始人海恩・利蘭德（Hayne Leland）和馬克・魯賓斯坦（Mark Rubinstein）也開始討論「金融工程新學科」。1989年，第一次金融工程的學術會議在康奈爾大學召開。此後，金融工程學科在西方發達國家開始迅速發展起來。

二、金融工程發展的促進因素

金融工程的發展是多種因素共同作用的結果。其中，主要因素包括：經濟因素、技術因素、人才因素和理論因素四個方面。

（一）經濟因素

經濟因素主要包括兩個方面。

一方面，經濟環境急遽變化導致經濟活動中的不確定性增加、各類資產的價格波動性增大。這主要表現為：其一，20世紀70年代布雷頓森林體系崩潰導致的匯率波動增大，匯率通過「利率平價」引起利率的波動加大，利率變動又導致金融資產的價格波動。為規避這種匯率和利率風險，各種風險管理技術便應運而生，如期貨、期權、套期保值等。其二，20世紀70年代兩次石油價格衝擊，導致全球通貨膨脹加劇，通貨膨脹的壓力導致了市場浮動利率的盛行。其三，逃避金融管制引致的金融創新。20世紀80年代以前，西方各國政府對金融機構實行嚴格管制，如分業經營和利率管制等，給金融機構的生存帶來了不利影響。這樣，金融機構便通過組織創新、工具創新等來逃避金融管制，金融創新的迅猛發展，推動了金融工程的發展。

另一方面，經濟增長或經濟發展水平提高促進了社會財富的增長，引致了經濟生活中廣泛的理財需求，如家庭理財、公司理財等，這些需求推動了個性化金融服務和金融產品的創新。特別值得一提的是，公司理財中一個重要方面是合理避稅的需求。由於許多國家的政府為本國某些經濟政策的需要，採用稅收減免或差別稅率等稅收政策，這些稅收的不對稱，給金融工程師可以利用的機會——運用金融工程的手段可以幫助企業實現有效避稅。

（二）技術因素

這裡的技術因素主要是指相關技術性科學的發展對金融工程的推動作用，包括數理分析技術、計算機信息技術以及數值計算和仿真技術等。

數理分析技術主要包括數學方法和統計計量學方法，這些方法應用於經濟研究領域，促進了經濟學的科學化進程；反過來，社會科學的複雜性特徵也促進了這些學科自身的發展。數理分析方法包含的內容很廣泛，從基本的代數、微積分、概率論和線性代數，到微

分方程、運籌學和優化技術，再到模糊數學、博弈論、隨機過程、拓撲結構、泛函分析、實分析、非參數估計、時間序列分析。此外，還有混沌理論、小波理論、遺傳算法、神經網路、複雜系統理論等，都已經在金融研究和實踐中得到了廣泛的應用。

　　計算機信息技術對金融工程的發展也起到了關鍵性的推動作用。計算機硬件和軟件、遠距離數據傳送技術和存儲設備的顯著改進，使實施大型的金融技術成為可能。人們利用計算機編程操作，可以進行巨量數據的分析處理和高速的複雜運算。因此，應用這些工具的交易員能夠用比對信息技術不熟悉的競爭者快得多的速度發現定價失衡並利用其進行套利。而且，信息技術也為金融交易員提供了在線分析工具，這些分析工具能夠利用金融市場的實時數據進行計算。因此，為了在競爭中占據優勢地位，許多大型金融機構大量投資購買硬件設備，在金融機構內部開發分析技術及軟件，這些系統和分析工具的使用，大大縮短了開發金融產品和進行交易決策的時間。反過來，大規模數據演算能力的提高，又激勵研究者進一步擴展理論，提高分析技術。以前有一些研究方法和思路因為計算方面的原因而被迫放棄，現在這些研究重新變得可行而有意義了。

　　數值計算和仿真技術的發展對金融工程也起到很大的推動作用。我們知道，通常的理論模型有著嚴謹的推導和封閉形式的解。但這些模型的成立總是建立在一些必不可少的對市場環境和其他方面的假設的基礎之上。理論模型對深刻地理解金融的實質是極為重要的，但對金融市場的交易和操作來說，與實際不符的假設條件會使模型本應有的功能失效，或者說，理論模型缺乏靈活性，使用者被限制在模型假設的條件之中。而採用數值計算和仿真技術建立的模型則要靈活得多，容易推廣使用，而且也相對容易建立，不像理論模型那樣需要極為嚴格的邏輯思辨，因為許多邏輯推理是由計算機程序幫助實現的。基於數值計算和仿真技術建立金融產品估價模型的方法大大提高了金融產品創新的速度。估價方法的重點從嚴格的封閉式的模型轉移到不那麼高深而計算量很大的方法，並由於計算機信息技術的支持使這種方法得以廣泛的應用。這類數值計算和仿真技術有代數格模型、有限差分和統計模擬等。

　　(三) 人才因素

　　金融工程活動是一個知識和智力密集型的創造過程，沒有雄厚的人才資源支撐，是不可能開展大規模的金融工程活動的。而且，這些高智商人才的行為方式對金融工程運作和發展有極大的影響。換言之，金融工程的許多特徵，原本就是這些參與金融工程的人才所帶來的。極端地說，金融工程不過是金融工程師活動的方式，是這些人才的內在素質或知識結構的體現而已。因為從事金融工程的這些專家們的知識結構、思維方式和行為方式是具有繼承性和慣性的，這些特徵必然帶入並烙刻在金融工程活動之中。由於他們具有良好的數理知識功底、工程技術思維和極強的計算機分析應用技能，因此便形成了金融工程活動中顯著的數理特徵和工程化特徵。金融工程師大量的日常工作同物理學家一樣，是編寫計算機程序。例如，Black-Scholes 期權定價模型誕生之後，該模型及其大量的改進模型，

都被金融工程師寫成易於使用的程序，以幫助交易者進行買賣。

冷戰結束之後，大量的物理、數學人才轉向了金融領域。美國在隨後的十幾年招募了數以千計的數學家、物理學家、計算機科學家和工程師從事金融工程的研究，這些人才被統稱為「火箭科學家」（Rocket Scientists），這個現象被西方廣泛報導為「火箭科學家向華爾街的大規模轉移」。現在許多投資銀行、商業銀行、金融機構雇用具備金融學、數學、計算機科學等多方面的專業知識的金融工程師，從事金融產品的開發和研究，為客戶解決複雜的金融難題，以達到客戶滿意、公司贏利的目的。為了回應金融企業的需求，全球許多著名大學的數學系建立了職業項目，培養具有深厚的數理分析和計算機技能的金融人才。

「金融工程師」這一概念最早是由倫敦的銀行界提出的。金融工程師可以從屬於不同類型的經濟組織，並且活躍於公司財務、銀行業務、證券經營等各種領域。金融工程師是一群利用金融工程技術設計新型金融工具，並創造性地解決金融問題的專業人才。他們首先進行風險分析，即風險識別、風險計量、風險管理結果的確定，然後運用各種金融衍生工具進行結構化的組合和拼裝，以實現理想的金融目標。在西方金融機構中，根據工作重心的不同，金融工程師可以分為三類：一是產品人員（Deal Makers），其工作是根據客戶的需要，從現有的金融產品庫中挑選適當的產品並進行合成以滿足客戶的需要。二是創新人員（Innovators），其職責是同產品人員一道，在現有金融產品無法實現預期目標的情況下，設計和創造出新的金融產品或金融交易方式以滿足客戶的要求。三是漏洞活動人員（Loop Hole Outlaws），他們積極利用會計準則、稅則和金融規章的任何一個漏洞以達到贏利的目的。

如果需要給金融工程師下一個定義，那麼可以說金融工程師是指具備經濟、管理、法律、數學以及金融財務知識，能夠開發、設計、組合新的金融工具和交易手段，創造性地提出解決金融財務問題的方案，從事複雜的金融財務管理活動的高素質、複合型人才。我們應該認識到，金融工程師雖然是一個具備很高素質的複合型人才的概念，但金融工程師承載的多方面的技能不是一個人就能夠完成的，而是與其他有關人員組成跨專業的金融工程小組來從事金融工程活動。在金融工程小組中，除了金融工程師之外，其他主要的成員有會計師、律師、資本市場和貨幣市場專家、稅務專家、金融分析專家、數學模型小組、信息小組和程序員等。因此，金融工程師本質上是以金融工程項目為紐帶集結的一批人才，他們共同完成金融工程師的諸多功能。

（四）理論因素

無論將金融工程視為一種金融創新的實踐，還是一門新興的金融學科，它都是金融理論發展到一定階段的一種體現，都要帶上不同階段金融理論的烙印。宋逢明教授認為，每一門可以稱之為科學的學科，其成長過程都要經歷三個階段：描述性階段、分析性階段、工程化階段。因此，金融工程學科的發展是金融學科發展的自然結果，是金融學科由描述

性過渡到分析性，再過渡到工程化階段的產物。

　　現代金融學理論最早可以溯源到 1896 年阿爾文·費雪（Irving Fisher）提出的資產定價關係的基本原理，即一種資產的價值等於該資產未來產生的現金收入流量現值的總和。本杰明·格萊漢（Benjiaming Graham）和大衛·道得（David Dodd）於 1934 年提出了證券定價理論。1938 年，弗里德理克·麥考萊（Frederrick Macaulay）的有效時期（Duration）理論成為資產負債管理中普遍應用的工具。但是，金融學真正從一門描述性的科學向分析性的科學轉變始於 20 世紀 50 年代哈里·馬科維茨（Harry Markowitz）的創造性的工作。馬科維茨的資產組合選擇理論和莫迪利安尼-米勒的 M-M 定理的提出促成了「華爾街的第一次革命」，為現代金融理論的定量化發展指明了方向，同時由經濟學中的完全競爭市場發展出來的「無套利」原則為資本市場定價提供了理論基礎。直到現在，金融工程的理論基礎仍是這兩大理論，一切金融工具的設計和定價仍圍繞著這兩套理論進行。到了 20 世紀六七十年代，分析思想和方法毋庸置疑地替代了早期學者偏重於描述而實務人員偏重於檢驗的工作方式。資本資產定價模型（CAPM）和套利定價模型（APT）的發表，標誌著分析型的現代金融和財務理論開始走向成熟。而且，銀行金融界的實務人員開始實際地應用這些發展出來的理論和工具進行資產組合選擇和套期保值決策。

　　1973 年，在芝加哥證券交易所推出股票期貨的同時，Black-Scholes 定價公式為金融工具的定價提供了第一件有用的武器，促成了「華爾街的第二次革命」。此後，圍繞該模型，按照標準的科學研究方法，金融學家對其進行修正，如修改了波動率為常數、對數正態分佈等假設發展出新的隨機模型，按照實際情況改造模型使其適應美式期權和歐式期權等。圍繞定價問題，金融市場理論為金融工程的發展提供了理論的依據。此外，20 世紀 80 年代，達萊爾·達菲（Darrell Duffie）等人在不完全資產市場一般均衡理論方面的經濟學研究，為金融創新和金融工程的發展提供了重要的理論支持。他們的工作從理論上證明了金融創新與金融工程的合理性和對提高社會資本資源配置效率的重大意義。由金融工程作為技術支持的金融創新活動不僅促進了價值流動，而且通過增加金融市場的完全性和提高市場效率實際地創造價值。從而，金融科學的工程化不是只給一部分人帶來好處，也為整個社會創造效益。

　　20 世紀 80 年代末期，一些從事金融與財務理論和應用研究的領先學者開始意識到，金融作為一門科學正在經歷第二次根本性的變革，即從分析的科學向工程的科學轉變。利蘭德、魯賓斯坦和芬尼迪等是較早意識到金融科學步入工程階段的先覺者，同樣意識到這一點的還不止他們。在 20 世紀 90 年代初，許多具有創新思想的銀行家和金融業從業人員開始從新的角度認識自己的行為，「金融工程」的說法開始流傳，或者至少是偶然出現在討論交易的文章中。而且，一些有遠見的從業人員開始以「金融工程師」作為其職業名稱，一些金融機構也開始創立了金融工程部門，如大通曼哈頓銀行和美洲銀行。

　　那麼金融工程學科與金融學是什麼關係呢？一般的看法是，金融工程是金融學中的尖

端的、前沿的學科，是金融學科的一個組成部分。我們的看法是，現代金融學等同於金融工程學，金融工程學要研究和掌握的東西無一不是現代金融學所要求的。依據有二：一是前面的分析表明，金融工程是金融學發展到工程化階段的產物，現階段的金融學就表現為金融工程，兩者是一回事；二是從金融工程的學科內容上看，如利率期限結構、現金流價值估計、或有負債的價值估計、資產組合理論、資本資產定價理論、國際金融、信用風險評估、衍生金融工具和證券、遠期、期貨、互換和期權、混合證券、套利、宏觀和微觀經濟學理論（引自國際金融工程師協會網站），這些內容恰好也是現代金融學的內容，甚至沒有絲毫的差異。

金融工程的發展是多種因素綜合作用的結果，如果說經濟動因是金融工程形成和發展的需求方面的因素的話，那麼其他各類動因都是金融工程形成和發展的供給方面的因素。

第二節　金融工程的概念和特點

工程的本義是將自然科學的原理運用到物質生產領域中去而形成的學科。至於金融工程，顯然是工程學從物質生產領域向金融服務貿易領域的一種延伸。這是符合工程的質的規定性的，因為工程是利用已有的知識解決面臨的問題，只是在解決問題時不是單向思維，工程問題應有最佳的解決方案，必須考慮諸多因素，採取最可靠的和最經濟的方式方法。《簡明不列顛百科全書》（1985）也是這樣詮釋工程的含義的：「工程問題應有最佳的解決方案，要考慮許多因素，取最可靠和最緊急的方法。」因此，用金融工程這個概念來概括那些需要綜合利用多學科進行研究、設計和開發的、具有複雜性特徵的現代金融活動是合適的。

一、金融工程的定義

金融工程作為一門新興學科，其自身仍處於發展與變化中，對其的認識與界定遠未取得一致。不同的學者從不同的角度給出了不同的定義。

美國金融學家約翰·芬尼迪（John Finnarty）在1988年為金融工程做出如下定義：金融工程包括創新金融工具與金融手段的設計、開發與實施以及對金融問題給予創造性的解決。馬歇爾和班賽爾在其《金融工程》一書中十分推崇這一定義。這一定義中特別需要重視的是「創新」和「創造」兩個詞，它們包括三個層次的意義：一是金融領域中思想的躍進，其創造性最高，如創造出第一個零息債券、第一個互換合約；二是對已有的觀念做出新的理解和應用，如將期貨交易推廣到以前沒有涉及的領域，發展眾多的期權與互換的變種；三是對已有的金融產品進行重新組合，以適應某種特定的情況，如遠期互換、期貨期權、互換期權等。

1993年，美國羅徹斯特西蒙管理學院教授克里弗得·史密斯（Clifford Smith）和大通曼哈頓銀行經理查爾斯·史密森（Charles Smithson）合著的《金融工具手冊》中提出的頗具代表性的概念。他們對金融工程的定義是：金融工程創造的是導致非標準現金流的金融合約，主要是指用基礎的資本市場工具組合而成新工具的工程。這一定義著眼於創造「非標準」的新金融工具。金融工具的標準與非標準是指金融工具是否被市場普遍接受並交易，實際上每一種標準的金融工具，都經歷過一個由非標準的金融工具到被市場接納、改進、批量生產、集中交易的過程。金融工程實際上是為特定的客戶量體裁衣，設計特定的、非標準的金融工具的過程。

1994年，英國金融學家洛倫茲·格利茨（Lawrance Galitz）在其著作《金融工程學——管理金融風險的工具和技巧》中提出了一個「統一」的定義。洛倫茲·格利茨對金融工程的定義是：金融工程是應用金融工具，將現有的金融結構進行重組以獲得人們希望的結果。比如說，對於投資者來說，金融工程能夠使他們在風險一定的情況下獲得更高的投資收益（如期權）；對於公司財務人員來說，金融工程可能幫助消除目前尚處在投標階段的項目風險；對於籌資者來說，金融工程可以幫助他們獲得更低利率的資金。雖然一方所希望的結果，對另一方也許是不希望看到的，但總之雙方對這筆交易都感到滿意。該定義雖然強調的是對現有金融結構的重組，但很多方面更是一種創新，一些金融工程還是一種從無到有的發明創造。

1991年成立的國際金融工程師協會認為：一方面，金融工程指運用多種數學、統計和計算機技術去解決金融的實際問題，這些問題包括如期貨、期權和互換在內的衍生金融工具定價以及證券交易、風險管理和金融市場規則；另一方面，金融工程是運用如遠期合約、期貨、互換、期權及相關產品等金融工具，去重新建立或者重組現金流以達到特定的財務目標，特別是財務風險管理的目標。在此基礎上，國際金融工程師協會給出廣義的金融工程的定義是：金融工程是將工程思維引入金融領域，綜合地採用各種工程技術方法（主要有數學建模、數值計算、網路圖解、仿真模擬等）設計、開發和實施新型的金融產品，創造性地解決各種金融問題的活動。

二、金融工程的特點

金融工程作為一門新興學科還在發展變化中，人們對金融工程的界定也存在一定程度的差別，但是金融工程作為一門學科的基本體系是完整的，其自身的學科特點也是明確的。概括起來，金融工程具有實用性、最優化、定量化、綜合化、創造性五個特點。

（一）實用性的特點

金融科學的工程化本身就已經表明，金融學已經從抽象的理論中走出來，開始面向客戶、面向市場。金融工程是根據客戶需要和市場的狀況，運用金融工程技術和金融工程工具來製造出滿足客戶需要的產品，圓滿地解決金融實際問題。形象地說，可以把金融工程

看成以一個個種類各異的金融工具為原件，裝配成一架具有特殊性能的機器，生產出最適合客戶特點的產品；也可以將一個個金融工程部門比成一家家縫紉店，為不同需求的客戶「量體裁衣」，製作出一件件個性化的「時裝」的過程。

（二）最優化的特點

金融工程不僅要應用金融工程解決實際問題，而且還要在現有的約束條件下找到最優的解決辦法。最優化是金融工程的思維核心，是「量體裁衣」和個性化服務的指導思想，它在形式上常常是通過創造出非標準化的現金流來實現的。金融工程在解決任何金融實際問題中都以此為指南，根據不同客戶的風險或收益偏好，運用金融工程技術，提供給客戶最滿意的產品和服務。

（三）定量化的特點

金融工程在製造產品、提供服務以及解決實際問題的過程中，對資產的定價、對風險和收益的衡量、對金融工具的創造以及組合分解都需要準確地定量分析，一絲偏差都會帶來錯誤的結論，給服務對象帶來負面的後果甚至重大損失。因此，金融工程廣泛地運用了現代數量知識與統計工具，主要有數學建模、數值計算、網路圖解等技術手段，數理知識作為金融工程的工具成為一個突出的特點。正是因為把數理工具和現代金融原理結合起來，才使得金融工程提供的產品和服務有了堅實的科學基礎。

（四）綜合化的特點

金融工程的內容極其繁雜，其變化與新的發展又無比迅猛。金融工程除了運用現代數理知識為其主要工具外，還引入了尖端的信息技術、自動化及系統工程、仿真技術、人工神經元等前沿技術，也用到與系統科學和決策科學有關的知識。自然科學和工程的方法向金融工程全面滲透，使得金融工程的技術手段更加豐富多彩，增強了金融工程解決實際問題的能力和效率，在金融領域展現出了全新的面貌和廣闊的前景。

（五）創造性的特點

金融工程的目的是要達到最優化，金融工程在實現這一目的的過程中時時處處體現出了創造性的特點。金融工程可以根據不同的具體情況來為客戶設計出最令人滿意的金融產品，這一過程就是運用各種先進技術對客戶將面臨的收益或風險狀況進行定量、分解、選擇、削弱或加強、再聚合的創造性過程。金融工程還根據客戶提出的目標來設計和安排各種金融活動供客戶選擇，並對選出的方案進行優化，這需要金融機構在負債業務、資產業務以及中間業務方面進行開發與創新。金融工程還要進行新型金融手段和金融技術的開發，包括金融交易過程中套利機會的發掘、金融交易與支付、清算系統的創新等。

以上金融工程學科的特點有著內在的邏輯聯繫，實用性是金融工程目的的體現，金融工程必須能夠有效地解決實踐中存在的問題。最優化是金融工程的導向，金融工程對實際問題的處理，不僅要解決問題，而且還要時時處處體現最優化的特點，要最好地滿足客戶和市場的需要，對實際問題提供完備的解決方案。創造性是金融工程實現最優化解決實際

問題的手段，通過金融領域中思想的躍進和新型工具的創造，或者對已有的觀念做出的新的理解和應用以及對已有的金融產品和手段進行重新組合適應某種特定的情況來實現最優化。定量化是金融工程的工具，金融工程運用現代數理知識和統計技術來進行量化，通過創新，達到最優化解決實際問題的目的。綜合化是金融工程有效解決實際金融問題的保障，正是因為綜合了多種學科的知識，特別是工程技術和現代信息技術，才使得金融工程的產品設計、開發、製造有了可行性和有效性。

第三節　金融工程的知識結構

金融工程是在金融學發展到一定階段的基礎上，結合工程方法和信息技術而發展起來的一門綜合性學科（見圖1.1）。

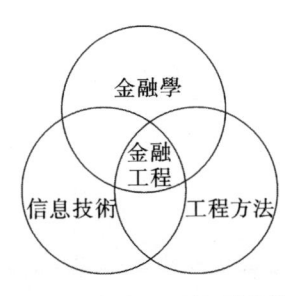

圖 1.1　金融工程的知識結構

一、金融學的發展

第二次世界大戰前，金融學完全是經濟學的一個分支學科。金融學研究的方法論總體來說和當時經濟學研究的方法論相同，即以定性的思維推理和語言描述為主，沒有精致的數量分析，基本上採用的是經濟學的供需均衡分析。

作為「華爾街的第一次革命」，馬科維茨的資產組合選擇理論和莫迪利安尼-米勒的M-M定理為現代金融理論的定量化發展指明了方向，由經濟學中的完全競爭市場發展出來的「無套利（No-Arbitrage）」方法成為現代金融的基本方法，也是金融學在研究方法上完全從經濟學中獨立出來的里程碑。資本資產定價模型（CAPM）和套利定價模型（APT）的發表，標誌著分析型的現代金融和財務理論開始走向成熟。

1973年，作為「華爾街的第二次革命」，希萊克-斯克爾斯（Black-Scholes）定價公式為金融工具的定價提供了第一件有用的武器。20世紀80年代，達萊爾・達菲等人從理論上證明了金融創新和金融工程的合理性和對提高社會資本資源配置效率的重大意義。由

金融工程作為技術支持的金融創新活動不僅能轉移價值，而且能通過增加金融市場的完全性和提高市場效率而實際地創造價值。

二、信息技術對金融工程的支撐作用

信息技術的進步對金融工程的發展起到了根本性的支撐作用。信息技術為金融工程的研究與應用提供了物質條件和強有力的工具及手段。信息技術的發展還通過影響其他環境因素或與其他因素共同作用，對金融工程產生綜合而深遠的影響。具體來講，信息技術對金融工程的支撐作用表現在如下幾個方面：

第一，信息技術包括計算機的大規模運算和數據處理能力、遠程通信技術、高速微處理器、個人電腦、網路系統、先進的數據輸入技術等計算機硬件設備應用於金融領域，對金融工程的發展起到最顯著的推動作用，引起了金融領域一系列深刻的變革。

第二，通信技術的發展使信息在全球範圍內的迅速傳播成為現實，使世界金融市場通過信息連成一體。

第三，軟件技術的發展則使計算機與通信技術更直接、更充分地服務於金融工程，各種大規模的計算和分析軟件包（包括近似計算和仿真計算）為金融工程提供了開發和實施各種新型金融產品、解決金融和財務問題的有效手段。例如，在使用了計算機與證券分析表軟件後，使得複雜的涉及多邊的金融交易成為可能，促進了貨幣與利率互換等金融工具的發展。又如，在進行股票指數期貨交易時，金融工程師將複雜的運算關係編成程序，並通過計算機系統和通信端口獲取實時數據和交易信息，這種交易策略被稱為「程序化交易」。

第四，各種新型期權產品的交易更是離不開計算機軟件技術和仿真技術。自動化和人工智能技術在金融工程中也有一定的應用。例如，在信用分析、市場模擬等方面取得了很不錯的研究和應用成果。

三、工程方法在金融學中的廣泛應用

廣泛應用工程化的方法和技術是金融工程的顯著特點。這些工程方法包括數學、統計學、系統科學和決策學等；技術手段主要有數學建模、數值計算、網路圖解、仿真模擬等。這些工程技術方法是圍繞著金融產品的創造和實現展開的，產品的設計、開發和實施是一切工程活動的基本內容。金融產品的推出和改進都是以市場為導向的，立足於解決實際的問題，主要依賴於工程師們不拘泥於死板的理論教條的創造性勞動。

四、金融工程的基本結構

金融工程是一門綜合性學科，但它不是組成部分的簡單加總，而是其有機結合。金融工程形成了自身的知識結構和邏輯關係。其基本結構主要由三部分組成：一是概念性的工

具，二是實體性的工具，三是金融工程的方法與策略。

概念性的工具是指使金融工程成為一門正式學科的那些思想和概念。其包括估值理論、證券組合理論、套期保值理論、資本資產定價理論、套利定價理論、期權期貨定價理論、風險管理理論、會計關係、稅收待遇等。

實體性的工具包括那些被拼湊起來實現某一特定目的的金融工具和金融手段。大體上有三大類：第一類是基礎證券，主要是指股票、固定收益證券、貨幣等金融工具。第二類是衍生工具，既包括遠期、期貨、期權、互換等基本的衍生產品，也包括在此基礎上產生出來的複合衍生產品，如期貨期權、遠期期權等。第三類是混合工具，即基礎證券與衍生證券的結合，如可贖回債券、可轉換債券等。

這些實體性工具既是金融交易的對象，也是金融工程組成更為複雜的金融產品的零部件。它們可以採用現成的標準化規格或形式，也可以按照特定的需求單獨訂制，還可以應用種種不同的方法加以組合。例如，貨幣期權可以用來構成範圍遠期，也可以用於分享遠期，還可以用於中斷遠期和比率遠期等。如果一種金融工程結構不能令人十分滿意，還可以將金融工具加以調整直至取得理想的結果。

金融工程的方法與策略是金融工程中利用概念性工具和實體性工具來解決金融實際問題的一些方法和技術，包括資產負債管理、套期保值以及相關的風險管理、套利、投機、避稅策略、流動性管理、利用合成和剝離來升值等。

五、金融工程研究的對象

金融工程研究的對象目前主要集中在產品的設計、開發與創新，風險管理以及資產定價三個方面。

（一）產品的設計、開發與創新

這裡的產品是廣義的產品，包括金融工具或服務、金融手段或方法以及金融方案等，這是目前金融工程的主要領域。新興金融工具或服務的研究與開發，是根據市場需要和客戶的特殊偏好，開發新的金融產品並為之創造市場。而優化金融機構運作、降低成本、規避金融管制的需求促進了新型金融手段和方法的開發。根據金融實踐的需要，金融工程能夠對金融問題提供系統完善的解決方案。

（二）風險管理

風險管理是金融工程的重要內容，包括對金融風險進行識別、度量、分配和處置。金融工程與風險管理有著極其深入的關係，在西方，很多人都將金融工程與風險管理等同起來。在20世紀80年代中期倫敦銀行界開始設立由專家小組組成的風險管理部門，對公司的風險暴露提供結構化的解決方案。現在金融工程人才與客戶公司合作，在識別風險、衡量風險和確定公司管理層想要獲得的結果後，運用金融工程方法技術，提出了風險管理的策略。

（三）資產定價

對資產的定價是金融工程的又一重要的內容。從主觀上講，市場參與者通過資產定價，尋找套利機會，進行套利，獲取收益；從客觀上看，資產的定價能夠使市場整體形成更為完善的金融體系，增強了整個金融市場的穩定性和有效性，促進有效競爭的實現。

在成熟的金融市場上，對大多數金融資產的定價並不是件困難的事情，我們可以通過市場上的相關信息確定出資產的內在價值。但是，對於那些不在市場上交易的資產，如專利、品牌等定價困難的資產，金融工程也提供了有效的方法來確定其價值。

第四節　金融工程應用領域

金融工程運用十分廣泛，不僅運用於投資銀行、商業銀行、保險公司、金融信託等金融機構，也運用於現代化的企業公司，還面向零售層面，即消費者層面。從實際情況來看，金融工程人才介入了許多重要的金融經濟領域。

一、公司財務

金融工程人才可以根據公司融資性質或融資成本的要求去選擇一種特殊的工具，或者創造一種具有一系列特殊性質的工具，或者將多種證券組合起來綜合運用，以確保大規模經營活動所需要的資金。金融工程人才還與企業的重組、兼併收購密切相關，兼併收購組織不斷採用金融工程方法促進交易。

近年來，國際上為了保障兼併收購與槓桿購買（LBO）所需的資金，金融工程引入了垃圾債券和橋式融資。僅在20世紀80年代，就有價值達數千億美元的垃圾債券出售來為成百上千的併購交易提供資金。

二、個人理財

當今社會中，隨著經濟的發展，個人和家庭資產的管理、財富的保值增值變得越來越多樣化和個性化。金融工程能夠根據個人和家庭的風險收益偏好進行產品設計、開發，做到「量體裁衣」，最好地滿足客戶的需求。

三、證券及衍生產品的交易

金融工程人才尤其擅長於開發具有套利性質或準套利性質的交易策略。這些套利策略可能涉及不同的地點、時間、金融工具、風險、法律法規或者稅率方面的套利機會，如國際上的複合期權、零息票債券、以按揭貸款為擔保的債券（CMO）等。

四、投資與貨幣管理

在投資與貨幣管理領域金融工程人才也發揮著重要的作用。金融工程開發出許多新的投資工具，如「高收益」的共同基金、貨幣市場共同基金、「SWEEP 系統」以及回購協議市場等，這些工具在運用中都取得了很好的管理效果。

第五節　金融工程的局限性

一、不能消除風險

金融工程方法能夠根據客戶的需求，通過分解組合改變某個客戶的風險或收益狀況，但是金融工具並不能消除風險，也不能在風險不變的情況下無限制地增加收益。

二、金融工程也是一柄「雙刃劍」

金融工程給我們帶來層出不窮的金融工具的同時，本身也包含著巨大的風險。金融工程把基礎性金融工具作為「基本構件」，通過組合、分解、剝離、雜交，創造出多種衍生工具，並在其基礎上進一步衍生發展，創造出紛繁複雜的複合衍生工具。在這樣的背景下，一方面金融工具為市場提供了豐富多彩的產品選擇，提供了眾多的對沖風險的手段；另一方面，衍生金融工具虛擬程度的不斷加深、槓桿效應的一再放大，使風險產生聚合作用，一旦風險暴發，將對相關經濟主體產生毀滅性打擊，觸目驚心的巴林銀行倒閉就是一個活生生的例子。

三、假設條件存在問題理想化

金融工程的基本理論都是在一些假設條件下得出的，這些假設條件描述的理想的均衡市場、理性人假設等都有兩個缺陷：一是過於理想化，二是過於簡單。與現實存在的實際情況存在偏差，由此得出的結論運用到實踐中就很可能出現錯誤。

四、過於依賴數學工具

數學工具的特點在於準確地量化研究對象，推崇邏輯聯繫。但是在金融活動中有的東西是無法量化的，也不一定具有嚴格的邏輯演進關係。比如說投資者的心理、投資決策過程、投資者的相互影響。這就使得金融工程的運用可能與現實產生偏離。

第六節　金融工程案例

金融工程的迅速發展和廣泛應用，使得人們力求準確地把握金融工程的思維特點，從而在實踐中應用金融工程的思維來解決問題。下面，我們從一個金融工程的典型案例中來探索金融工程的思維特點。

1993年夏，法國國有的RP化學公司在私有化過程中遇到了難題：政府希望公司的股票通過公司職工持股的方式盡可能分散化，但是法國工人的購股資金不足，對股票風險也較為擔心，這使分散股權的計劃難以實施。美國信孚銀行研究發展部認為，如果能設計一套方案，讓工人持股後既享有股票漲價帶來的利益，又能同時保證其免受跌價損失，問題就可以迎刃而解。同年7月，信孚銀行為此設計出一套完整的解決方案，向法國財政部與RP化學公司提出申請，並最終成功地承辦了該公司私有化的金融服務。

從這一案例我們看到解決RP化學公司國有股私有化的問題與中國證券市場國有股減持一樣，也是一個涉及方方面面利益的「燙手的山芋」，解決問題的難度很大。不同的利益主體有不同的利益風險偏好，一個圓滿的解決辦法要使各方的偏好都得到滿足。信孚銀行利用金融工程設計了一個系統方案，也就是創造性地製造了一個新型的綜合型金融產品，使這一問題得到圓滿解決。

金融工程在解決這一問題時，首先要分析案例涉及的兩個直接的利益主體：準備進行私有化改革的RP化學公司的「東家」政府部門與RP化學公司股權分散的對象公司員工。兩者是不同的利益主體，其需求也各有特點。政府希望賣出公司股權，退出對該公司的投資，通過向員工轉讓股權，實現該公司股權的分散化和私有化，同時政府又想規避由於大量減持國有股對證券市場的衝擊風險；公司員工雖然有購買公司股票的意願，但是缺少資金，又不願承擔股票價格下降的風險。要解決RP化學公司私有化的問題，兩個利益主體的需求都要最好地滿足。但是解決問題的過程中矛盾的主要方面在於公司員工的購買意願，只要公司員工願意購買公司股票，股權分散的問題就基本能得到解決。而困擾員工購買股權的兩個問題中，關鍵是股價下降的風險問題，如果能夠保證員工購股只盈不虧，試想哪一個理性人會不去購買呢？即使員工自己缺少資金，在法國這樣信用發達的社會裡，其也會去借錢來購股。因為這是包賺不賠的大好事。

正是基於這種分析，信孚銀行推出了一個創造性方案：員工股票認購後至少需要持有5年，5年後若股票市價下跌至原購買價以下，信孚銀行則保證將以原價購入；若股價上漲，收益中2/3股歸持股人，另外1/3將歸信孚銀行所有。這一方案的創新性在於信孚銀行根據客戶的風險或收益特點，創造性地對已有的風險與收益進行了重新分解組合，使購買股票的員工在獲得收益的同時風險幾乎降為0，最好地滿足了員工對風險厭惡很強的偏

好。這種對於傳統金融來講幾乎是「天方夜譚」的事情，在金融工程的面前變為了現實。

「風險」這個關鍵問題解決後，資金短缺的問題就迎刃而解了。信孚銀行以公司員工所購的 RP 化學公司股票作為抵押，向一家法國銀行申請貸款，每個員工凡購買 1 股，該法國銀行就可以借予其資金再購買 9 股。由於信孚銀行資信等級是標準普爾 AA 級，因此能較順利地獲得該法國銀行的貸款。在這裡，解決的核心問題也是風險問題，因為貸款有股票抵押和信孚銀行的資信擔保，才使得法國銀行放心地發放貸款。而這種解決方案也是極具有創造性的：第一，突破了公司員工自有資金有限的瓶頸，使 RP 化學公司私有化的方案得以實現。第二，融資方案的實施必然給員工的購股帶來財富的槓桿效應，激勵員工積極購股，事實確實如此，後來員工的申購數量遠遠超出了公司出售的股票。第三，雖然員工購股的自有資金只占購股總資金的 1/10，即出資額的 1/10 是員工的資金投入，9/10 是員工的信用投入。但是由於該方案的較大利益存在，公司員工必然盡自己最大能力動用自己盡可能動用的資金投資購股。這樣就對員工也有了風險約束，因為一旦 RP 化學公司破產，信孚銀行不能承擔這個巨大損失的時候，也會導致員工血本無歸。第四，由於員工成為 RP 化學公司的股東，員工過去的財富（出資購股資金）與未來的財富（股票收益）都與公司的業績有關，這其中存在利益約束和激勵機制，因此員工必然努力工作，從而促進公司業績的持續增長。這一點剛好是 RP 化學公司和政府希望看到的。這個融資問題的解決，雖然使用的工具與方法都是傳統的，但是信孚銀行突破了傳統業務單一模式，對這些傳統的工具和方法進行了巧妙的組合配置，信孚銀行運用金融工程的創造性思維使得員工、公司、政府與銀行的願望都得以實現。

當然，問題還沒有最後解決，因為信孚銀行面臨著 RP 化學公司股票價格下降的風險，即 5 年後如果股票價格真的跌至原購買價格以下，它將蒙受損失。對此，信孚銀行只需以其早已輕車熟路的各種避險技術來衝銷風險。具體操作思路是：信孚銀行將無法預知的 5 年後的 RP 化學公司股票漲跌率確定為各 50%，在 RP 化學公司私有化改造之後，立即賣出員工所購股票的一半，然後根據股市情況和公司狀況等因素，持續不斷地對 RP 化學公司 5 年期股票市價做出評估，對股票進行相應的操作。如股價下跌，就多買一些，使股價上升；反之亦然。這些避險操作信孚銀行早已駕輕就熟了。可是，到這一步後又有新的問題出現了：RP 化學公司的股票出售後已歸其員工所有，並已充當了法國銀行貸款的擔保品，信孚銀行怎麼可能賣出自己並不擁有的股票來進行避險操作呢？另外，法國政府也不希望股票售出後立即被大量拋售，這會對本國股市造成較大衝擊。

信孚銀行通過自己創造的衍生金融工具「合成股票」成功地解決了這一難題。「合成股票」的價值與 RP 化學公司股票價格掛鉤，價值為股票市場上 RP 化學公司股票的價格乘以一個固定數額。進行「合成股票」的買賣時，並不涉及實際 RP 化學公司的股票的買賣，而是採取現金交收的方式。因此，「合成股票」的風險收益與真正的 RP 化學公司股票交易完全一樣。信孚銀行瞭解到法國證券市場中一批機構投資者希望擁有 RP 化學公

的股票，但由於政府的某些限制而未能如願，信孚銀行與這些機構投資者就「合成股票」進行交易，「合成股票」的交易市場得以形成。信孚銀行通過這種衍生工具代替股票交易，貫徹其避險策略。

這一過程信孚銀行的創造性非常顯著，不僅圓滿地解決了自身面臨的風險，而且使市場上機構投資者的投資需求得到滿足，開發了潛在的市場，實現了自己的風險轉移，並且也達到了法國政府避免股票大量拋售給證券市場帶來衝擊的要求。解決這一問題的關鍵是「合成股票」這種衍生工具的創新，這就是金融工程中的一種複製技術的運用。這種衍生工具及其相應市場開發，為信孚銀行對沖風險提供了條件。

此後，信孚銀行又以同樣的方式承擔了法國一家石油公司的同樣業務。無疑，這些業務最終可為信孚銀行帶來可觀的收入。

在這個過程中，員工的風險規避和融資安排、信孚銀行的風險對沖以及各方利益的實現等解決問題的全過程都一直貫穿創新和創造的突出特點，由此可見金融工程的思維就是一種創造性思維。

習題

1. 金融工程的內涵和特點是什麼？
2. 金融工程發展的動因有哪些？
3. 金融工程的基本學科框架是什麼？
4. 金融工程在中國的發展前景如何？
5. 你認為金融工程除了包括常見的數學、經濟、物理等學科之外，還有哪些學科與金融工程有聯繫？

第二章　金融工程的基本分析方法

學習提要：在本章中我們將介紹金融工程中運用的基本方法，主要有無套利均衡分析方法，包括無套利均衡分析方法的思想、原理和應用以及無套利均衡分析方法中的「複製」技術；風險中性定價方法及其與無套利定價方法的區別和聯繫。最後介紹金融工程中應用非常廣泛的積木分析法及如何用積木分析法進行金融產品的創新。本章的重點和難點是在學習過程中結合具體應用實例，理解和認識這些基本方法在金融工程學中的重要地位和作用，掌握如何應用這些方法給各種金融產品定價。

在本章中，我們將介紹金融工程的基本分析方法及如何運用這些方法對金融工具進行定價、創新等。這些方法既是理論，又是工具，是學習金融工程的基礎。

第一節　無套利均衡分析方法

一、無套利均衡分析方法的思想

要理解無套利均衡分析方法，首先要明白什麼是套利。一般來說，套利是指利用一個或多個市場存在的各種價格差異，在不承擔任何風險且無需投資者自有資金投入的情況下賺取利潤的交易策略（或行為）。例如，當同一資產在兩個不同的市場上有不同的交易價格，交易者就可以在一個市場上低價買進，同時在另一個市場上高價賣出，完成一次套利。套利活動有兩個基本特徵：第一，套利不需要任何初始投資，即從即時現金流看是零投資組合；第二，套利獲得的是無風險利潤。

當市場處於不均衡狀態時，價格偏離了由供需關係決定的價值，此時就出現了套利的機會，而利用套利機會進行的套利活動會推動市場重建均衡。資產的市場價格一恢復均衡，套利機會也就不復存在了。這就是無套利均衡分析方法的思想。根據這一思想，我們給任何一項金融資產定價時，應當使利用該資產進行套利的機會不存在，即在無套利均衡的狀態下定價。

例如，期初要為甲乙兩項資產定價，已知期末時兩項資產的收益相等，持有兩項資產

到期末的成本也相等，那麼根據無套利定價原則，甲乙兩項資產的期初價格也必定相等。因為如果兩項資產價格不相等，甲資產的價格低於乙資產的價格，那麼套利者將賣空乙資產，然後將所得買入甲資產，兩資產之間的差額即為所得利潤。期末，套利者用甲資產及其收益軋平做空的乙資產。一旦出現了套利的機會，每一位套利者都會構造盡可能大的套利頭寸，套利者會盡可能多買甲資產，同時盡可能多賣乙資產。由於大量買入甲資產，市場對其需求增大，導致甲資產價格上漲；大量拋售乙資產使其價格下降，直到兩者價格相等，市場恢復均衡，套利機會消失為止。因此，甲乙兩資產的期初價格肯定是相同的。

二、無套利均衡分析方法的原理和應用

（一）無套利均衡分析方法的原理

無套利均衡分析方法反應的思想是「沒有免費的午餐」。如果投資者可以不花費成本就獲得收益，這就是套利機會，也就是免費的午餐。一個運行良好的有效金融市場必須滿足資本市場上不存在套利機會這一基本要求。金融產品在市場上的合理價格是使得市場不存在無風險套利機會的價格，這就是「無套利定價」原理。那麼什麼情況下市場上不存在套利機會呢？我們下面以債券為例先看一下無風險套利機會存在的等價條件。

1. 同損益同價格

如果兩種證券具有相同的損益，則這兩種證券具有相同的價格，若價格不同，則存在套利機會。

例2.1 假設兩個零息票債券 A 和 B，兩者都是在一年後的同一天到期，其面值均為 100 元（到期時都獲得 100 元現金流，具有相同的損益）。在不考慮交易成本的情況下，如果債券 A 當前價格為 98 元，那麼債券 B 的價格應該為多少？假如債券 B 的價格為 97.5 元，是否存在套利機會呢？

根據無套利原理，同損益的資產，價格也應該相同。因此，債券 B 的價格也應該是 98 元。如果當前市場上債券 B 的價格只有 97.5 元，說明債券 B 的價格被低估，顯然存在套利機會。實現套利的方法也很簡單：「買低賣高」，就是買入價格低估的資產同時賣出價格高估的資產。這裡就是賣空債券 A 獲得 98 元，同時花費 97.5 元買入債券 B，套利盈利 0.5 元，一年後到期用債券 B 的面值 100 元剛好償還債券 A 的面值。

2. 靜態組合複製定價

如果一個資產組合的損益等同於一個證券，那麼這個資產組合的價格等於證券的價格。這個資產組合稱為證券的「複製」組合。

下面舉一個簡單例子來說明如何構造組合，「複製」一個證券。

例2.2 假設三種到期日不同的零息票債券的面值都為 100 元，它們的當前市場價格分別為：1 年後到期的零息票債券價格為 98 元，2 年後到期的零息票債券價格為 96 元，3 年後到期的零息票債券價格為 93 元，不考慮交易成本，那麼息票率為 10% 的每年付息

一次的 3 年期附息票債券的價格是多少？

我們可以用三種零息票債券組合，「複製」附息票債券。先看一下需要被「複製」的債券的損益情況，如圖 2.1 所示。因為此債券面值為 100 元，息票率為 10%，所以第一年年末利息為 10 元，第二年年末利息為 10 元，第三年年末收到利息 10 元加本金 100 元共 110 元。

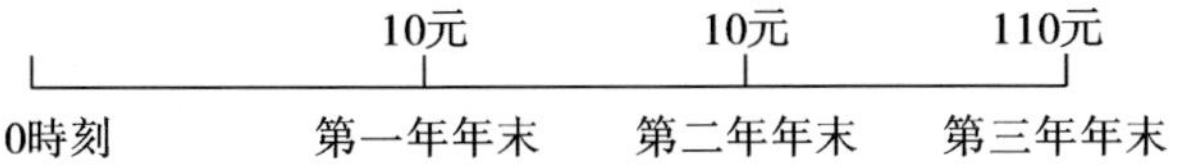

```
                    10元        10元       110元
         ├──────────┼──────────┼──────────┤
       0時刻      第一年年末   第二年年末   第三年年末
```
圖 2.1　被複製債券的現金流

考慮用三種零息債券構造一樣的現金流：

購買 0.1 份 1 年期零息票債券，1 年後獲得 0.1×100＝10 元收益；

購買 0.1 份 2 年期零息票債券，2 年後獲得 0.1×100＝10 元收益；

購買 1.1 份 3 年期零息票債券，3 年後獲得 1.1×100＝110 元收益。

這樣組合的現金流與附息票債券的現金流完全一樣，根據無套利定價原理，此債券的價格應該等於組合的價格 0.1×98+0.1×96+1.1×93＝121.7 元。如果債券的價格高於 121.7 元，比如是 130 元，就出現了套利機會。投資者可以賣空被高估的債券獲得 130 元，同時用 121.7 元買入債券組合（包括 0.1 份 1 年期零息票債券、0.1 份 2 年期零息票債券和 1.1 份 3 年期零息票債券），其差價 8.3 元就是無風險套利獲得的利潤。由於買入了債券組合，投資者可以在第一年年末的時候用投資組合獲得的 10 元利潤償還附息票債券的 10 元利息，同樣在第二年年末和第三年年末投資者因為持有債券組合所獲得的現金流正好可以用來償還借入債券所產生的現金流。最終，投資者獲得 8.3 元無風險利潤。如果債券價格低於 121.7 元，則可以進行相反方向的套利，即買入債券，同時賣空債券組合，投資者一樣可以獲得無風險利潤。

3. 動態組合複製定價

如果一個自融資交易策略最後具有和一個證券相同的損益，那麼這個證券的價格等於自融資交易策略的成本，這就是動態套期保值策略。所謂自融資交易策略，是指交易策略產生的資產組合的價值變化完全是由於交易的盈虧引起的，而不是另外增加現金投入或現金支出。一個簡單的例子就是購買並持有策略。

例 2.3　假設從現在開始 1 年後到期的零息票債券價格是 98 元，從 1 年後開始在 2 年後到期的零期票債券的價格也是 98 元，不考慮交易成本，從現在開始 2 年後到期的零期票債券的價格是多少？

我們先看一下所給債券的現金流圖，如圖 2.2 所示。

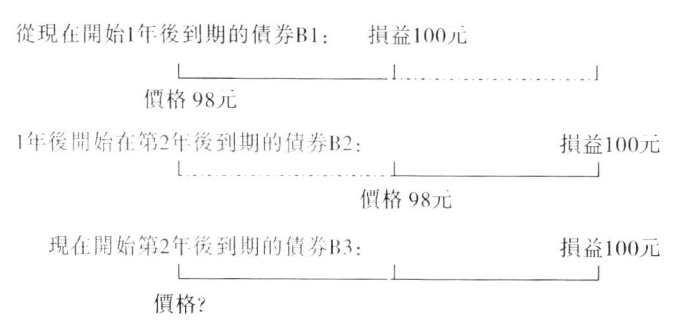

```
從現在開始1年後到期的債券B1：        損益100元
        |_____|
        價格98元

1年後開始在第2年後到期的債券B2：              損益100元
                   |_____|
                   價格98元

現在開始第2年後到期的債券B3：                  損益100元
        |_____|
        價格？
```

圖 2.2　債券的現金流

我們可以這樣構造一個自融資交易策略（見表 2.1）：

（1）先在當前購買 0.98 份的 1 年後到期零息債券 B1，花費 96.04 元。

（2）1 年後零息債券到期時，可以獲得 0.98×100 = 98 元收益。

（3）在第一年年末再用獲得的 98 元購買 1 份從第一年年末開始第二年年末到期的債券 B2，第二年年末獲得 100 元收益。

根據無套利定價原理第三個推論，自融資交易策略的損益等同於一個證券的損益時，這個證券的價格等於自融資交易策略的成本。在本例中，自融資交易策略的成本是購買 0.98 份 1 年後到期的零息債券 = 0.98×98 = 96.04 元。因此，從現在開始 2 年後到期的零息債券的價格應該是 96.04 元。

表 2.1　　　　　　　　　　交易策略　　　　　　　　　　單位：元

交易策略	現金流		
	當前	第一年	第二年
（1）購買 0.98 份債券 B1	−98×0.98 = −96.04	0.98×100 = 98	—
（2）在第一年年末購買 1 份債券 B2	—	−98	100
合計	−96.04	0	100

假如該債券的價格不等於 96.04 元，則可以套利。如果這一價格被高估，比如當前價格為 98 元，投資策略（見表 2.2）則為賣出這個 2 年後到期的零息債券 B3，獲得 98 元，同時在兩年後債券到期時需要償還投資者 100 元面值；在獲得的 98 元中取 96.04 元購買 0.98 份從現在開始 1 年後到期的零息票債券 B1，1 年後獲得 98 元；再在第一年年末用獲得的 98 元購買 1 份第一年年末開始第二年年末到期的債券 B2，第二年年末到期時獲得 100 元；用 100 元支付投資者在第二年年末應得到的 100 元面值，從而獲得無風險利潤為 98−96.04 = 1.96 元。

表 2.2　　　　　　　　　　債券 B3 價格為 98 元時的交易策略　　　　　　　　　　單位：元

交易策略	現金流		
	當前	第一年	第二年
(1) 購買 0.98 份債券 B1	−98×0.98 = −96.04	0.98×100 = 98	
(2) 在第一年年末購買 1 份債券 B2		−98	100
(3) 賣出 1 份債券 B3	98		−100
合計	1.6	0	0

（二）無套利均衡分析方法的應用

無套利定價法的應用非常廣泛，不僅僅用於衍生金融工具的定價，而且可以用於傳統金融工具如股票、債券等的定價。下面用具體實例介紹無套利定價法在各種金融工具定價中的應用。

例 2.4　先看一個遠期的例子：假定投資者有一股票，當前市場價格是 $S = 100$ 元，該投資者準備持有此股票 1 年（期間不分紅），到期出售可獲得買賣差價，該股票的預期收益率（年利率）是 15%。如果現在訂立買賣這種股票的 1 年期遠期合約，那麼遠期價格 F 是不是 $100×(1+15\%) = 115$ 元呢？

答案是否定的。我們應該嚴格按照無套利分析方法來為股票定價。我們可以這樣來「複製」這份股票的頭寸：假設購買 1 份到期面值等於 F 的無風險折現債券，同時購買這份股票的遠期合約。到期時兌現債券得到數額為 F 的現金，同時用 F 來履行遠期合約買入股票。如果再出售股票的話可以獲得完全一樣的收入現金流。因為無風險債券和股票遠期多頭完全複製了持有股票的未來現金流，所以複製證券和被複製證券兩者現在應該有相同的市場價格，否則會出現無風險套利的機會。因此，無風險債券現在的市場價格也應該是 $S = 100$ 元，如果無風險債券的利率是 r_f，則應該有 $S_0 = \dfrac{F}{1+r_f}$，即有 $F = S_0(1+r_f)$。如果 $r_f = 5\%$，則遠期價格應為 $100×(1+5\%) = 105$ 元。

如果遠期價格不是 105 元，比如是 106 元，就會產生套利機會。這時，套利者可以購買股票同時賣空無風險證券並出售遠期合約，就能獲得無風險利潤。現金流狀況如表 2.3 所示。

表 2.3　　　　　套利者的現金流狀況（遠期價格被高估的情況下）

頭寸情況	即期現金流	一年後現金流
股票多頭	−100 元	S_1
無風險債券空頭	+100 元	−105 元
遠期合約空頭	0	106 元 − S_1
淨現金流	0	1 元

其實，1年後股票的市場價格可能會高於也可能會低於115元，因為股票的收益是有風險的，所以115元僅僅是數學期望值。如果一個投資者購買複製證券（無風險證券+遠期多頭），到期時可以以105元的價格買入股票，同時按照當時股票的市場價格（預期是115元）賣出，投資者得到115-105=10元的預期風險補償。同時，無風險證券到期時也將獲得5元的無風險收益。因此，投資者總的預期收益將是10+5=15元，投資於複製證券的預期收益率也是15%。

無套利分析中，關鍵技術是「複製」技術，即用一組證券來複製另外一組證券。「複製」技術的要點是使複製組合的現金流特徵與被複製組合的現金流特徵完全一致，複製組合的多頭（空頭）與被複製組合的空頭（多頭）相互之間應該完全實現頭寸對沖。因此，如果有兩個金融工具的現金流特徵完全相同而它們的折現率不同，則它們的市場價格必定不同。此時對價格高者做空頭並同時對價格低者做多頭（低買高賣），就能套取無風險利潤。套利活動推動市場走向均衡並使兩者收益率最終變得相等。因此，在金融市場上，獲取相同資產的資本成本一定相等。產生完全相同的現金流的兩項資產可以被認為是完全相同時，它們之間可以相互複製。而可以相互複製的兩項資產在市場上交易時一定有相同的價格，否則就會發生套利活動。

例2.5　假設有兩家公司A和B，它們每年的息稅前收益都是1,000萬元。兩家公司具有不同的資本結構，A公司的資本全部由股本組成，為100萬股，金融市場對該公司股票的預期收益（資本成本）為10%。A公司的價值可以通過永續年金計算公式得到，即 $PVA = 1,000/10\% = 10,000$ 萬元。A公司的股票價格為10,000/100=100元/股。B公司的資本中有4,000萬元為企業債券，年利率是8%，即每年需要支付利息4,000×8%=320萬元。假定無風險利率為8%，B公司的股份數為60萬股。下面我們用無套利原理分析一下B公司股票的價格應該為多少。

由於A公司和B公司的收益相同，因此兩個公司相同的份額應該具有相同的價值。只考慮1%，A公司的價值是100萬元，B公司對應的是6,000股股票和40萬元企業債券。則B公司6,000股股票的價值應該為100-40=60萬元，B公司股票的價格為600,000/6,000=100元/股。

如果B公司股票價格不是100元，就會出現套利的機會。例如，當B公司股票價格為90元/股時，交易者就會進行以下套利活動：賣空1%（規模可以任意）的A公司股票，即1萬股，同時買進B公司1%的債券（價值40萬元）和1%的股票6,000股。套利者的現金流狀況如表2.4所示。

表 2.4　套利者的現金流狀況（B 公司股票價格被低估為 90 元的情況）

頭寸情況	即期現金流	未來每年現金流
1%A 公司股票空頭 1%B 公司債券多頭 1%B 公司股票多頭	+10,000 股×100 元/股 = 100 萬元 -1%×4,000 萬元 = -40 萬元 -6,000 股×90 元/股 = -54 萬元	-EBIT(息稅前利潤)的 1% 1%×320 萬元 = 3.2 萬元 1%×(EBIT-320 萬元)
淨現金流	+6 萬元	0

這時，套利者獲得無成本無風險利潤 6 萬元，同時套利者的利潤會隨著套利規模的擴大而擴大。套利活動將會推動市場對 A 公司股票的供給迅速放大，對 B 公司股票和債券的需求迅速放大，從而使 B 公司股票價格上升，直到每股 100 元的均衡價位為止。

如果 B 公司的股票價格高於 100 元，比如是 110 元時，套利者可以實施相反的套利活動，即做 A 公司股票的多頭與 B 公司股票和債券的空頭，同樣可以套取無風險利潤，如表 2.5 所示。

表 2.5　套利者的現金流狀況（B 公司股票價格被高估為 110 元的情況）

頭寸情況	即期現金流	未來每年現金流
1%A 公司股票多頭 1%B 公司債券空頭 1%B 公司股票空頭	-10,000 股×100 元/股 = -100 萬元 +1%×4,000 萬元 = +40 萬元 +6,000 股×110 元/股 = +66 萬元	+EBIT 的 1% -1%×320 萬元 = -3.2 萬元 -1%×(EBIT-320 萬元)
淨現金流	+6 萬元	0

例 2.6　看一個遠期外匯市場上的例子。假設當前市場條件如下：貨幣市場上，美元利率是 6%，加元的利率是 10%；外匯市場上，美元與加元的即期匯率是 1 美元兌換 1.8 加元，那麼一年期的遠期匯率應該是多少呢？

答案是一年期的遠期匯率應當使得在貨幣市場和外匯市場套利的機會不存在。可以看出，投資者可以有兩種投資策略：一種投資策略是直接進行美元投資，從貨幣市場借入 1 美元，一年後獲得 1.06 美元；另一種投資策略是從貨幣市場借入 1 美元，並在即期外匯市場將美元兌換成加元，這裡是兌換成 1.8 加元，然後對加元進行貨幣市場上的投資，一年後可以獲得 1.98 加元，再將 1.98 加元在遠期外匯市場上兌換成美元，假設一年期遠期匯率是 e，則最終的收入是 $1.98/e$ 美元。根據無套利原理，投資者兩種策略形成的財富的現金價值應該相等，即無論採取哪種策略都不能影響其期初和期末的現金流狀況。在這個例子裡，直接投資策略一年後的收入 1.06 美元，應當等於套利策略一年後的收入 $1.98/e$ 美元，可以求得 $e=1.867,9$，即一年期遠期匯率為 1 美元 = 1.867,9 加元。

如果遠期匯率不是 1.867.9，比如遠期匯率是 1：1.8，會發生什麼情況呢？這時會發生無風險的套利活動。此時，套利者可以借入 1 美元，一年後要歸還 1.06 美元；在即期市場上，他用借來的 1 美元兌換成 1.8 加元存放一年，到期可獲得 1.98 加元；在購買 1.8 加元的同時按照目前的遠期利率賣出 1.98 加元，一年後可獲得 1.1 美元。在扣除掉應該歸還的 1.06 美元之外，還剩餘 0.04 美元。這個剩餘就是套利者獲得的無風險利潤。反之，如果遠期匯率大於 1.867.9，套利者可以構築相反的套利頭寸，並獲得無風險利潤。

例 2.7 無套利定價法在期權定價中的應用。一種不支付紅利股票目前的市價為 20 元，假設在 3 個月後，該股票價格要麼是 22 元，要麼是 18 元。假設現在的無風險年利率等於 12%，我們要找出一份 3 個月期協議價格為 21 元的該股票歐式看漲期權的價值。若到時股票價格為 22 元，期權的價值是 1 元；若到時股票價格為 18 元，期權的價值將是 0。

無套利原理要求期權價格對於投資者來說沒有套利機會。因此，在這個簡單的例子中，我們需要構造一個股票和期權的組合，在 3 個月後無論處於哪種狀況，即不論股票價格是上漲還是下跌，組合的價值是確定的。由於該組合是無風險的（組合價值確定），它的收益率就一定等於無風險收益率，否則可以進行套利。

我們構造一個由 △ 股股票多頭頭寸和一個看漲期權的空頭頭寸組成的組合。3 個月後，當股票價格為 22 元時，組合的價值為 $(22\triangle-1)$ 元；當股票價格為 18 元時，組合的價值為 $18\triangle$ 元。為了使該組合價值在期權到期時無風險，我們應當選擇使得該組合的終值對兩種股票價格都是相等的 △ 值。也就是說：

$22\triangle - 1 = 18\triangle$

$\triangle = 0.25$

因此，一個無風險組合應包括一單位看漲期權空頭和 0.25 股股票。三個月後，無論股票價格等於 22 元還是 18 元，組合的價值都將等於 4.5 元。

在無套利機會的情況下，無風險證券組合的收益必定為無風險利率。該組合的現值應該為：

$4.5e^{-0.12\times0.25} = 4.367$（元）

目前股票市場價格為 20 元，假設期權的價格由 f 來表示，則：

$20\times0.25 + f = 4.367$

$f = 0.633$（元）

因此，期權的當前價值一定為 0.633 元，否則就存在無風險套利機會。

第二節　風險中性定價法

讓我們先用「公平遊戲」的例子說明什麼是風險厭惡、風險中性及風險喜好。

所謂公平遊戲，是指遊戲結果的預期是輸贏各占50%，從概率平均的意義上來說是不輸不贏的。假設有一個擲硬幣的遊戲，如果硬幣正面朝上可以贏得2,000元，反面朝上則贏0元，那麼入局費就應當是50%×2,000+50%×0＝1,000元。花費1,000元參加這個遊戲，這個遊戲就是一個公平遊戲。但是，也許對很多人來說，不願意花1,000元來參加這一個雖然是公平的遊戲。因為遊戲是有風險的。有人也許只願意花300元或100元來入局。因此，他們實際上是分別要求有700元甚至900元的預期收益作為承受風險的補償。這些人是風險厭惡型的，在沒有風險補償時，風險厭惡型的人拒絕公平遊戲。現代金融學認為理性的市場參與者都是風險厭惡型的。

如果有人願意無條件參加公平遊戲，不要求額外的風險補償，則這樣的人被認為是風險中性的。風險中性者對風險大小採取無所謂的態度。例如，有另外一個遊戲：硬幣正面朝上可以贏得4,000元，反面朝上還要賠2,000元，入局費也是1,000元，這也是一場公平遊戲，但是風險明顯比上一個遊戲要大。風險中性者也會無條件地參加這一公平遊戲。風險中性的投資者對所有資產所要求的預期收益率都是一樣的，而不管其風險如何，並不要求風險的補償。因此，對所有資產所要求的預期收益率也就同無風險資產的收益率相同。

風險喜好的典型例子是彩票。大獎非常誘人，但中獎的概率卻非常微小。如果按照中獎概率來計算，那麼每張彩票的預期收益率將遠遠低於彩票的價格——2元。因此，當人們去購買彩票時，非但得不到風險補償，甚至是風險折扣，要為這風險付出代價。風險喜好是「賭徒」的典型心態，市場理性的參與者都不是「賭徒」，都是風險厭惡型的。

我們在對衍生證券定價時，可以假定一個風險中性的世界，所有投資者都是風險中性的。在所有投資者都是風險中性的假設下，所有的資產不管風險大小或是否有風險，預期收益率都相同，都等於無風險收益率。同樣，在風險中性的條件下，所有資產現在的市場均衡價格都應當等於其未來預期值用無風險利率貼現後的現值。這就是風險中性定價的原理。

一、風險中性定價的原理

我們用下面的例子來說明風險中性定價的原理。已知股票現價為20元，3個月末股票價格可能上漲到22元或下跌到18元。假設無風險利率是年率12%，現在我們要找出一份3個月期執行價格為21元的該股票的歐式看漲期權的價格。

為了找出該期權的價格，我們假定所有投資者都是風險中性的。在風險中性的世界中，我們假定股票價格上升的概率是 p，下跌的概率是 $1-p$。由於是在風險中性的世界中，因此股票的預期收益率一定等於無風險利率12%。這意味著 p 一定滿足：

$22p+18（1-p）= 20e^{0.12\times0.25}$

即 $p=0.652\,3$

在3個月末，看漲期權價值為1元的概率為0.652 3，看漲期權價值為0的概率為0.347 7。因此，看漲期權的期望值為：

看漲期權的期望值 $=0.652\,3\times1+0.347\,7\times0=0.652\,3$（元）

根據風險中性定價原理，用無風險利率貼現後，該期權現在的價值為：

該期權現在的價值 $=0.652\,3e^{-0.12\times0.25}=0.633$（元）

二、風險中性定價法與無套利定價法的關係

風險中性的假設是和無套利均衡分析緊密聯繫在一起的。因為當無風險套利機會出現時，所有的市場參與者不管其對風險厭惡程度如何，都會參與到套利活動中去。也就是說，無套利均衡分析的過程和結果與市場參與者的風險偏好無關。這就正好符合了風險中性的要求。因此，可以將問題放到一個假設的風險中性的世界裡進行分析，所得的結果與在真實世界裡用無套利均衡分析的結果相同。

從上面兩個例子也可以看出，通過無套利定價法與風險中性定價法計算出來的結果相同，它們的區別只是定價思路不同而已。下面，我們通過一個更一般的例子來說明無套利定價法和風險中性定價法之間的關係。

假設一個無紅利支付的股票，股票價格為 S，基於該股票的某個期權的價值是 f，期權有效期為 T。在這個有效期內，股票價格或者從 S 上升到 S_u，或者從 S 下降到 S_d（$u>1$，$d<1$）。假設衍生證券對應於股票價格上升和下降的收益分別為 f_u 和 f_d，如圖2.3所示。

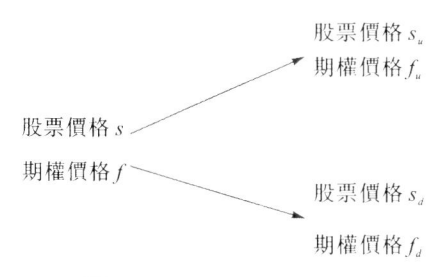

```
                            股票價格 S_u
                            期權價格 f_u
                         ↗
            股票價格 S
            期權價格 f
                         ↘
                            股票價格 S_d
                            期權價格 f_d
```

圖2.3　股票價格和期權價格

（一）無套利定價法的思路

考慮一個投資組合，該投資組合包含一個 △ 股股票多頭頭寸和一個看漲期權的空頭頭

寸。△取多少能使投資組合無風險呢？假設期權的有效期為 T，到 T 時刻，如果股票價格上升，該組合在有效期末尾的價值為 $S_u\triangle-f_u$；如果股票價格下降，該組合的價值為 $S_d\triangle-f_d$，要使該組合無風險，就要使股票價格上升和下降兩種情況下，組合的價值相等，也就是：

$$S_u\triangle-f_u=S_d\triangle-f_d$$

即：
$$\triangle=\frac{f_u-f_d}{S_u-S_d} \tag{2.1}$$

如果無風險利率用 r 來表示，該組合的現值是 $(S_u\triangle-f_u)e^{-rT}$，而構造該組合的成本是 $S\triangle-f$，因此有 $S\triangle-f=(S_u\triangle-f_u)e^{-rT}$。將 $\triangle=\frac{f_u-f_d}{S_u-S_d}$ 代入上式並化簡，得到：

$$f=e^{-rT}[pf_u+(1-p)f_d] \tag{2.2}$$

其中：
$$p=\frac{e^{rT}-d}{u-d} \tag{2.3}$$

在無套利定價原理的推導過程中，我們並沒有用到股票價格上升和下降的概率。從直覺上來看，如果股票上升的概率增加，則基於該股票看漲期權的價值也會增加，看跌期權的價值則會減少。實際情況並非如此，因為我們只是根據股票的價格估計期權的價值，股票價格未來上升和下降的概率已經包含在股票的價格中。這也就說明了當根據股票價格為期權估值時，不需要股票價格上升和下降的概率。

（二）風險中性定價法的思路

根據無套利定價法確定的期權價格公式中，我們可以很自然地將公式中的 p 解釋為股票價格上升的概率，將 $1-p$ 解釋為股票價格下降的概率；同時，將表達式 $pf_u+(1-p)f_d$ 解釋為期權的預期收益。根據風險中性定價原理，期權的價值等於其未來預期收益值按照無風險利率貼現的現值，即：

$$f=e^{-rT}[pf_u+(1-p)f_d]$$

那麼如何確定風險中性概率 p 呢？由於在風險中性世界中，股票未來預期收益值按無風險利率貼現後的現值必須等於該股票目前的價格，因此該概率可以通過下式求得：

$$S=e^{-rT}[pS_u+(1-p)S_d] \tag{2.4}$$

即：
$$p=\frac{e^{rT}-d}{u-d}$$

例 2.8 已知股票現價為 50 元，6 個月後股票的價格可能上漲到 55 元，也可能下降到 40 元。那麼，一份執行價格為 51 元、有效期為 6 個月的歐式看漲期權的價格應該是多少？無風險利率按年利率 10% 計算。

風險中性世界中，股票價格上漲的概率是 p，並且股票的預期收益率一定等於無風險利率10%。因此，p 應該滿足：

$$55p+40(1-p) = 50e^{0.1 \times 0.5}$$

$p = 0.837.6$

在 6 個月末，看漲期權價值具有 4 元的概率是 0.837.6，價格為零的概率是 0.162.4。因此，看漲期權的期望值為：

看漲期權的期望值 = $0.837.6 \times 4 + 0.163.4 \times 0 = 3.350.4$（元）

用無風險利率貼現後，該期權當前的價值為：

期權當前的價值 = $3.350.4 e^{-0.1 \times 0.5} = 3.187$（元）

例 2.9 用風險中性定價方法為兩期期權定價。假設 X 公司的股票現在的市價為 50 元，有一份以該股票為標的資產的看漲期權，執行價格為 52.08 元，到期時間為 2 期，每期 3 個月，總計 6 個月。每期股價有兩種可能，上升 22.56% 或下降 18.4%；無風險利率為每 3 個月 1%。

為了直觀地顯示數量關係，使用二叉樹圖示（如圖 2.4 所示）。

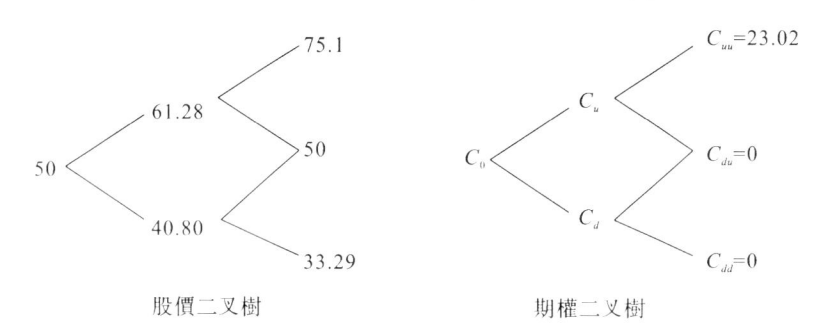

股價二叉樹：50 → 61.28 → 75.1 / 50；50 → 40.80 → 50 / 33.29

期權二叉樹：C_0 → C_u → $C_{uu}=23.02$ / $C_{du}=0$；C_0 → C_d → $C_{du}=0$ / $C_{dd}=0$

圖 2.4 股價二叉樹和期權二叉樹

風險中性世界中，股票價格上漲的概率是 p，並且股票的預期收益率一定等於無風險利率10%。因此，p 應該滿足：

$p \times 22.56\% + (1-p) \times (-18.4\%) = 1\%$

可以得到：$p = 0.47$

期權價值 6 個月後的期望值 = $0.47 \times 23.02 + (1-0.47) \times 0 = 10.82$（元）

$C_u = 10.82 \times e^{-0.01} = 10.71$（元）

$C_0 = (0.47 \times 10.71 + 0.53 \times 0) \times e^{-0.01} = 4.98$（元）

下面我們再看一個用風險中性定價方法為遠期合約定價的例子。考慮購買一個交割價格為 K、在 T 時刻到期的遠期合約，無風險利率為常數 r，合約到期時的價值為：

$$S_T - K \tag{2.5}$$

其中，S_T 為 T 時刻的股票價格，由風險中性定價原理得知，在風險中性的世界裡，t 時刻（$t<T$）遠期合約的價值等於 T 時刻的期望價值以無風險利率貼現到 t 時刻的現值；用 f 表示遠期合約在 t 時刻的價值，則：

$$f = e^{-r(T-t)} \hat{E}(S_T - K) \tag{2.6}$$

$$f = e^{-r(T-t)} \hat{E}(S_T) - Ke^{-r(T-t)} \tag{2.7}$$

其中，$\hat{E}$ 表示風險中性世界中的期望值。由上面的介紹可知，在風險中性世界中，$\hat{E}(S_T) = Se^{r(T-t)}$，因此 $f = S - Ke^{-r(T-t)}$。這就是遠期合約定價公式。

第三節　積木分析法

一、積木分析法的基本原理

積木分析法也稱為分解組合分析法，是指將各種基本金融工具（包括基本的原生工具如股票和債券，也包括基本的衍生工具如遠期協議、期貨、期權、互換等）看成零部件，採用各種不同的方式組裝起來，創造出具有特殊流動性和收益與風險特性的新型金融產品，以滿足客戶的需要。積木分析法也可以通過「剝離」，把原來捆綁在一起的金融或財務風險進行分解，還可以在分解後加以重新組合，從而為收益或風險在市場上的流動性轉移和重新配置提供強有力的手段。無論多複雜的金融產品和工具，都可以分解成各種基本的金融工具，把它們視為各種基本金融工具的組合。

如果現有的金融工具所具有的風險是市場參與者無力承擔的，採用金融工程的分解技術可以讓市場參與者能夠承擔；如果現有金融工具的風險是市場參與者不願意接受的，採用金融工程的技術可以設計出符合他們收益或風險偏好的新產品來。

分解組合技術的本質就是用一組金融工具來「複製」另一個（或另一組）金融工具的技術，也就是無套利均衡分析方法的具體化。進行無套利均衡分析的關鍵技術是「複製」技術，而「複製」則意味著組合與分解。用一組金融工具「複製」單一金融工具的現金流，這一組金融工具就是那個單一金融工具的分解，而單一金融工具反過來就是這一組金融工具的組合。分解組合的結果在實質上改變了金融工具的流動性和收益或風險特性，從而創造出許多轉移風險的金融工具。

（一）分解技術

分解技術就是在原有金融工具或金融產品的基礎上，將其構成因素中的某種高風險因子進行剝離，並使剝離後的各個部分作為一種獨立的金融工具或產品參與市場交易，達到

既能消除原來金融工具與產品的風險，又適應不同偏好的投資人的實際需要。大多數金融工具都有其特定的結構形式與要素構成。例如，浮動利率債券在市場利率經常變動的情況下，對於風險厭惡的投資人來說，其吸引力就將大大降低。倘若我們能將在利率變動後導致收益變化的風險因子從該債券中分離開來，則浮動利率債券的市場交易就會更加活躍。下面通過一個例子介紹分解技術的具體實現過程。

例 2.10 一個 n 年期限的債券，在到期日之前及到期時，對債券持有人來說將定期收到一定數額的利息和本金；對債券發行人來說將定期支付一定數額的利息和酬金。在市場波動劇烈時，無論是債券發行人還是債券持有人都不可避免地遭受利率等一系列風險因素的干擾，蒙受不同程度的損失。利用分解技術，拆分 n 年期限債券的風險，可以將其分解為若干個不同期限的單一工具（詳見圖 2.5 與圖 2.6），使原來捆綁在一起的金融風險轉化為若干無利率風險的零息債券。

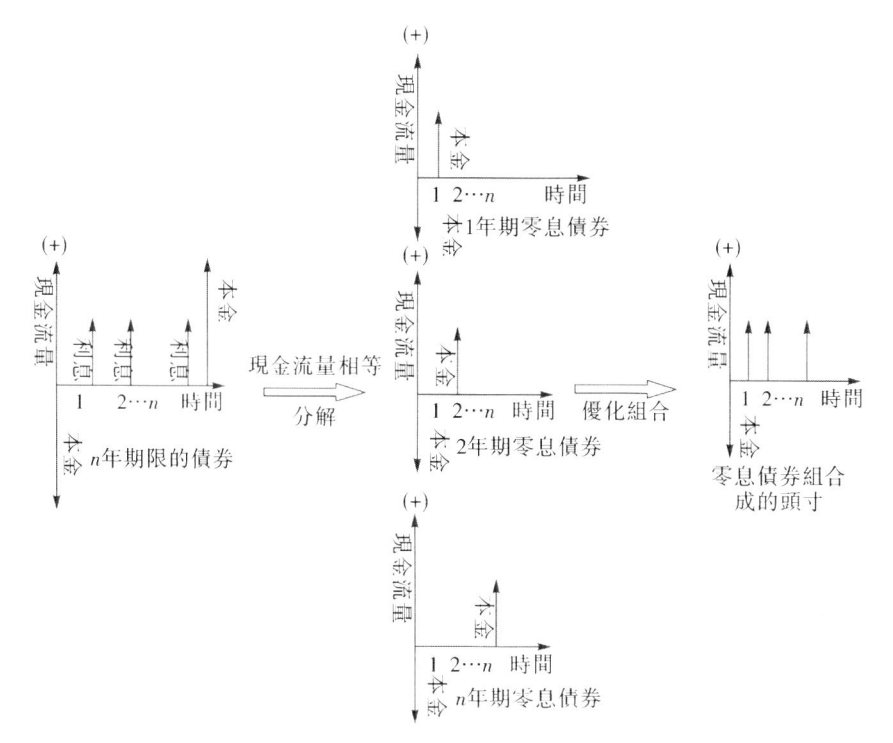

圖 2.5　n 年期限債券持有人分解過程現金流結構圖

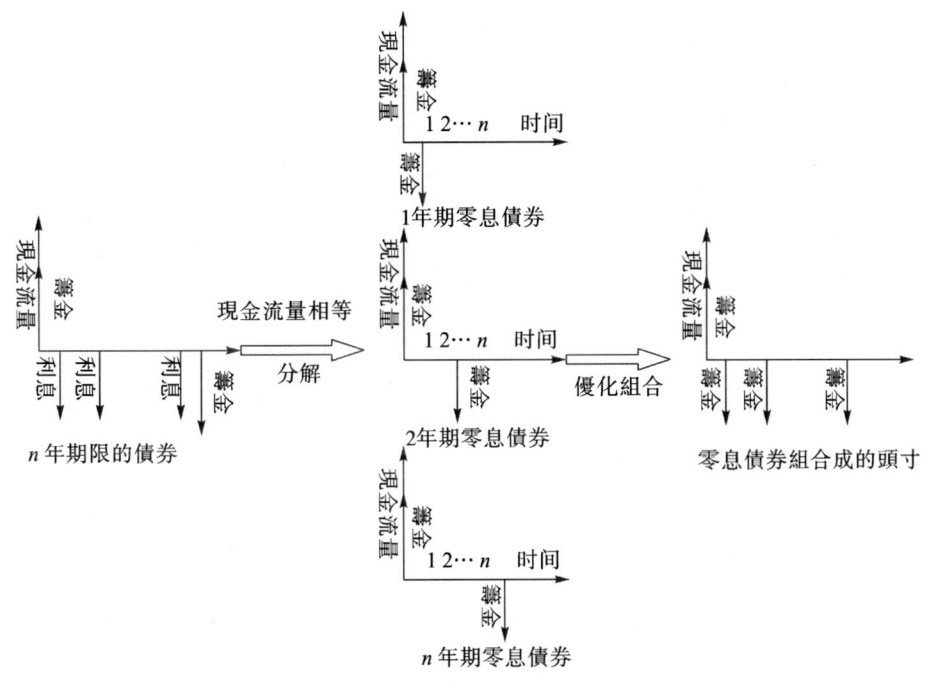

圖 2.6　n 年期限債券發行人分解過程現金流結構圖

（二）組合技術

組合技術主要是在同一類金融工具或產品之間進行搭配，通過構造對沖頭寸規避或抑制風險暴露，用以滿足不同風險管理者的需求。從理論上講，組合技術的基本原理就是運用遠期、期貨、互換和期權等衍生金融工具的組合體，根據實際需要構成一個相反方向的頭寸，以便全部衝銷或部分衝銷原有的風險暴露。構成適當的對沖頭寸取決於兩個因素：一是對原有風險來源、性質及其形態的辨識；二是正確確定對沖目標。下面舉例闡述運用組合技術將互換與期權組合，構成具有上限和下限的交換合約過程。

例 2.11　假設有兩家公司 A 與 B，需要籌措 10 年期的債務資金，A 具有相對便宜的固定利率融資機會，希望借浮動利率債務。B 具有相對便宜的浮動利率融資機會，希望借固定利率債務。金融工程師建議 A 發行固定利率債務，B 發行浮動利率債務，使 A 與 B 都加入互惠掉換市場，約定利率上限和下限。在約定利率上限和下限內，A 收取固定利率支付浮動利率，B 支付固定利率收取浮動利率；在低於利率下限時，A 收取固定利率支付下限利率，B 支付固定利率收取下限利率；在高於利率上限時，A 收取固定利率支付上限利率，B 支付固定利率收取上限利率。整個組合過程的現金流結構變化詳見圖 2.7。

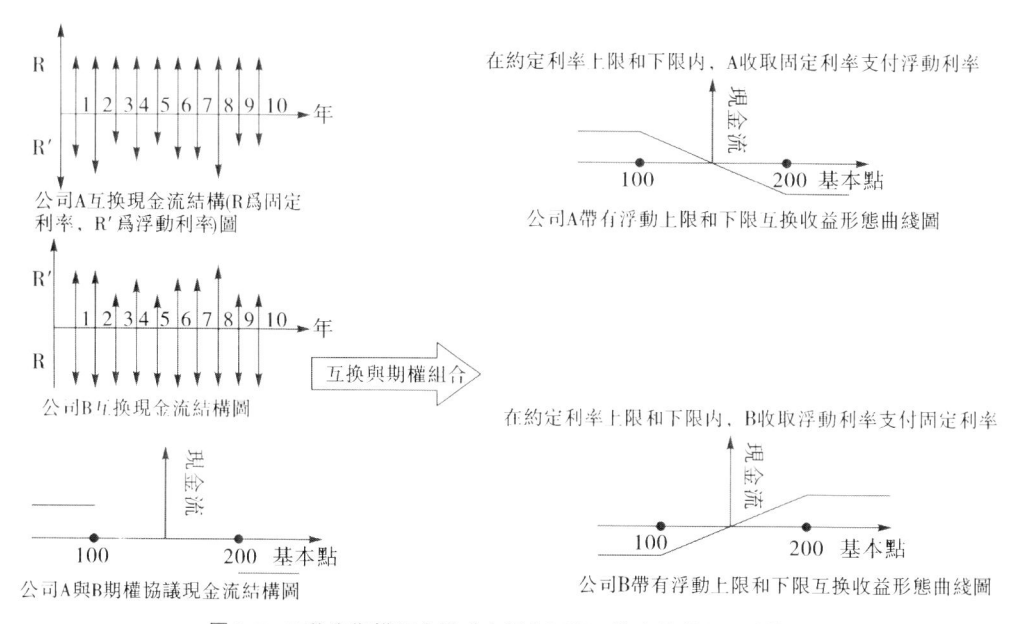

图 2.7 互換與期權組合構成上限和下限互換合約現金流結構圖

（三）整合技術

「整合」一詞的英文「integration」來自拉丁文「integration」，其詞義是更新、修復，目前有綜合、集成、一體化等解釋。按照系統論的觀點，整合是一個系統為實現系統目標將若干部分、要素聯繫在一起使之成為一個整體的、動態有序的行為過程。整合技術就是把兩個或兩個以上的不同種類的基本金融工具在結構上進行重新地組合或集成，其目的是獲得一種新型的混合金融工具，使其一方面保留原基本金融工具的某些特徵，另一方面創造新的特徵適應投資人或發行人的實際需要。

例 2.12　假設有位投資人希望投資於按日元支付本金的 5 年期零息債券，而目前市場上沒有這種債券的品種。利用整合技術將目前市場上有的以美元支付本金的 5 年期零息債券、日元與美元零息債券利息互換協議、貨幣互換協議進行組合，就構成了以日元支付本金的 5 年期零息債券，其現金流結構變化情況詳見圖 2.8。

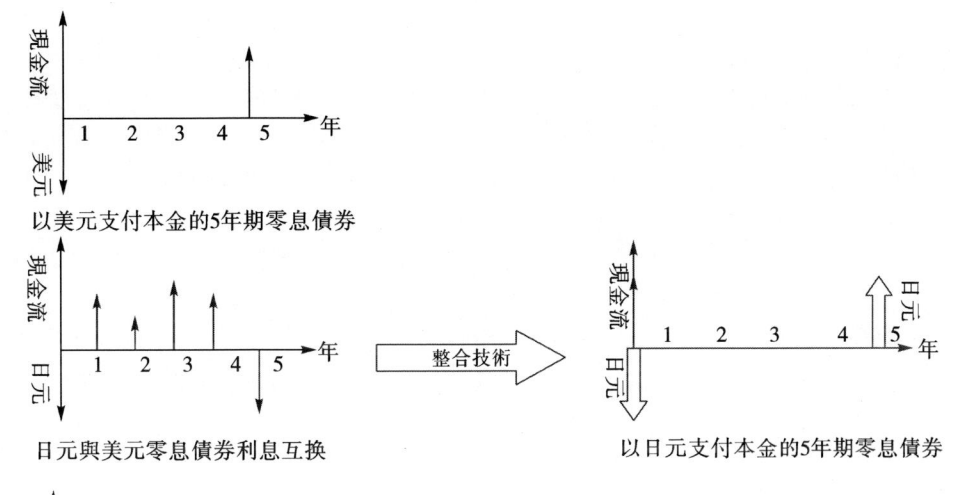

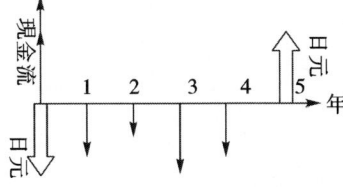

圖2.8　整合日元零息債券現金流結構圖

（四）分解、組合與整合技術的區別和聯繫

分解技術主要在既有金融工具的基礎上，通過拆分風險對其進行結構分解，使那些風險因素與原工具分離，創造出若干新型金融工具，以滿足不同偏好投資人的需求；組合技術主要在同一類金融工具或產品之間進行搭配，通過構造對沖頭寸規避或抑制風險暴露，以滿足不同風險管理者的需求；整合技術主要在不同種類的金融工具之間進行融合，使其形成具有特殊作用的新型混合金融工具，以滿足投資人或發行人的多樣化需求。分解、組合與整合技術都是對金融工具的結構進行變化，其技術方法的共同優點就是靈活、多變和應用面廣泛。

二、積木分析法的運用

下面我們用金融創新的案例來說明分解、組合與整合技術的運用。

案例2.1

將附息債券轉換為零息債券

中長期的附息債券，比如附息票國債，對投資者來說，表面上看有固定的利息收入，

可以得到複利的好處，是一種不錯的金融資產。但實際上由於兩方面的原因投資者得不到相關的利益：一是信息不對稱和交易成本太高，投資者往往不能按時取出利息立即用於再投資；二是利率變動的不確定性，使投資者的再投資產生利率風險。金融工程通過將附息債券轉換為零息債券，較好地解決了上述問題。全球著名的投資銀行，美國的美林公司於1982年推出名為「TIGE」（Treasury Investment Growth Receipts）的金融新產品，用來替代附息國債，就屬於這種金融工程的首創。其具體做法是：第一、美林公司將美國財政部發行的附息票國債的每期息票和到期時的現金收入進行重組，轉換為數種不同期限只有一次現金流的證券即零息債券；第二、美林公司與一家保管銀行就重組轉換成的零息債券簽訂不可撤銷的信託協議；第三、由該保管銀行發行這種零息債券，經美林公司承銷出售給投資者。上述零息債券是金融工程中一種基礎性的創新，對於發行人來說，由於到期日之前無需支付利息，能獲得最大的現金流好處；同時，還能達到轉換套利的目的，因為將固定的較長期的一筆附息債券拆開重組為不同期限的債券，可以獲得可觀的收入。對於投資者來說，在到期日有一筆利息可觀的連本帶利的現金收入，節約了再投資成本並避免了再投資風險。正因為到期日才收到現金利息，因而能得到稅收延遲和減免的好處。

案例2.2
設計發行流動收益期權票據

1985年，美國的美林公司為威斯特公司設計發行流動收益期權票據（Liquid Yield Option Note，LYON），是西方投資銀行開發的另一個很有代表性的金融工程的例子。LYON實際上是一種多功能的組合債券，它同時具備四種債券性質：第一、零息債券性。美林公司為威斯特公司設計發行的為期15年的每張面值1,000美元的LYON，不付息，發行價為250美元。它如果在到期日（2001年1月21日）前未被發行人贖回，也未由購買者將其轉換成股票或回售給發行者，則債券持有人到期時可得到1,000美元，其實際收益率為9%。第二、可轉換性。投資者購買LYON可獲得轉換期權，該期權保證LYON的持有者在其期滿前任何時候能將每張債券按4.36的比率換成威斯特公司的股票——LYON發行時該公司股票每股價格為52美元，轉換價為57.34美元，250÷57.34≈4.36，對發行公司來說有一個約10%的轉換溢價，並且這個溢價隨時間的推移是不斷上升的。第三、可贖回性。LYON的發行人有贖回期權，即按事先規定的隨時間推移不斷上升的價格有權隨時贖回LYON。對這種有利於發行者的贖回期權，投資者受到某種保護，規定在1987年6月30日之前，發行人不能贖回該債券，除非每股價格上漲到86.01美元以上；對發行人的贖回，持有人可有兩種選擇，即按贖回價讓其贖回，或按4.36的比率轉換成普通股。第四、可返售性。LYON在賣出時也給予了購買者以返售期權，使之從1988年6月30日起可以按事先規定的價格將其返售給發行公司。返售價以250美元為計價基礎，第一個可返售價保證使返售者獲得超過6%的最低收益率，此後在這個最低收益率的基礎上每年遞增

5%~9%。

　　流動收益期權債券是金融工程成功的典型，它很好地體現了金融工程的創新本質，運用工程技術對基礎金融工具原有的收益與風險進行分解和重組，LYON這一金融工具實際上是零息票債券、可轉換債券、贖回期權、返售期權的組合，通過組合創造出全新的風險與收益關係，盡最大可能滿足了投融資雙方的需要。其最突出的優勢在於：第一，零息債券性使它能較好地兼顧了發行人（融資者）和購買者（投資者）的利益，其中道理在上個案例中已經說明，在此不再重複。第二，可轉換為股票和可返售性體現了對投資人利益的保護，可贖回性則體現了對發行者利益的保護，而轉股價、可返售價、可贖回價事先確定，優化了收益與風險的關係，兼顧了各方當事人的利益。正因為如此，它的開發受到了普遍的歡迎。

　　三、金融工程師常用的六種積木

　　如果投資人看好某項資產，那麼投資人會買入該資產，以期在未來獲利，此時投資人手中持有的是多方頭寸。圖2.9表達了投資人持有多方頭寸時的獲利情況，金融價格的變化與交易者收益的變化呈正比例關係，當金融價格增加時，交易者收益也隨之增加；反之，則隨之減少。如果投資人認為該項資產的價格未來有可能縮水，因而賣出了該項資產，此時投資人手中持有的是空方頭寸。圖2.10表現了投資人持有空頭頭寸的獲利情況：金融價格的變動與交易者收益的變動呈反比例關係，當金融價格增加時，交易者的收益反而減少。

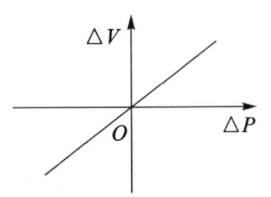

圖2.9　多頭交易損益圖

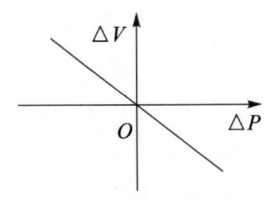

圖2.10　空頭交易損益圖

　　金融工程師常用的「積木」主要有六類，如圖2.11所示。這裡每塊「積木」都可以看成一種金融工具。金融積木分析就是要對各種金融工具進行分解或組裝。

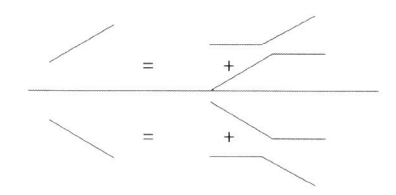

圖 2.11　金融工程分析常用的六種「積木」

我們首先看橫線上面的部分。左邊圖形表示資產的多頭交易，右邊圖形表示資產多頭看漲期權（上面的線段）和空頭看跌期權（下面的線段）。這一部分圖形表明的是，當人們把某種資產的看漲期權和看跌期權組合在一起時，就可以形成該資產的多頭交易。

我們可以用一個簡單的例子來說明這個問題。比如，我們準備做一臺電腦的多頭交易。假設我們在現貨市場上，以5,000元的價格買進一臺電腦，等待將來以更有利的價格賣出。其損益情況如圖2.12所示。

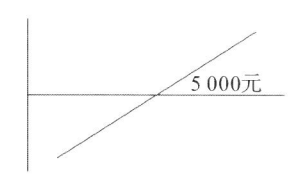

圖 2.12　一臺電腦的多頭圖形

我們還可以運用積木分析的原理，通過電腦的看漲期權和看跌期權的組合達到同樣的目的。假定電腦看漲期權的執行價格和看跌期權的執行價格均為5,000元，在不考慮期權費的情況下，其看漲期權和看跌期權的損益圖如圖2.13所示。

（a）多頭看漲期權損益圖　　（b）空頭看跌期權損益圖　　（a）+（b）現貨多頭損益圖

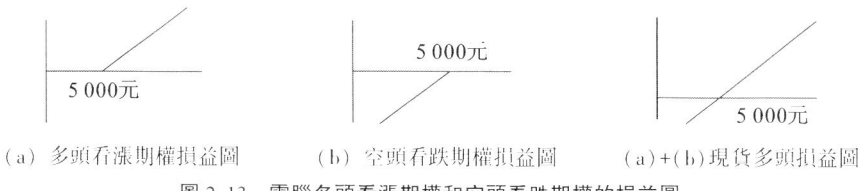

圖 2.13　電腦多頭看漲期權和空頭看跌期權的損益圖

圖（a）表示我們買入一臺電腦的看漲期權。圖（b）表示我們賣出一臺電腦的看跌期權。（a）+（b）則意味著我們在買入電腦看漲期權的同時，賣出電腦的看跌期權。

（a）+（b）形成的圖形與我們做電腦現貨多頭交易的圖形一模一樣，說明我們既可以直接做電腦的現貨多頭交易，也可以做電腦期權組合交易來達到同樣的目的。可見，電腦現貨多頭交易可以運用電腦看漲期權多頭交易和電腦看跌期權空頭交易這兩種「積木」組合而成。

以此類推，我們可以知道，某種資產現貨的空頭交易等於其看跌期權的多頭交易和看漲期權的空頭交易的組合，如圖 2.14 所示。

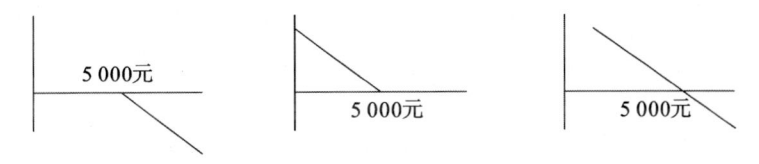

(a) 空頭看漲期權損益圖　　(b) 多頭看跌期權損益圖　　(a)+(b)現貨空頭損益圖

圖 2.14　電腦空頭看漲期權和多頭看跌期權的損益圖

除了可以將不同期權頭寸組合在一起構成一個現貨交易的頭寸外，我們還可以將橫線上面的現貨交易頭寸圖形與橫線下面的期權交易頭寸圖形相結合形成一個創新型的期權頭寸。

（1）現貨多頭+看跌期權多頭＝看漲期權多頭（見圖 2.15）

(a) 現貨多頭交易　　　　　　(b) 看跌期權多頭交易

(c) 現貨多頭+看跌期權多頭　　(d) 看漲期權多頭

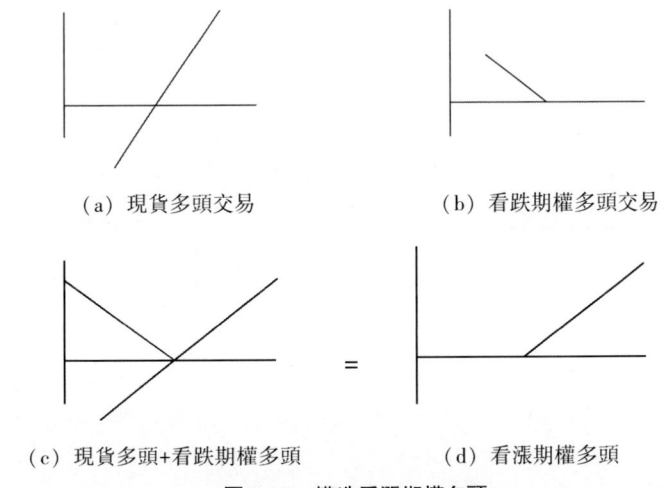

圖 2.15　構造看漲期權多頭

（2）現貨多頭+看漲期權空頭＝看跌期權空頭（見圖 2.16）

(a) 現貨多頭交易　　(b) 看漲期權空頭交易　　(a)+(b)看跌期權空頭交易

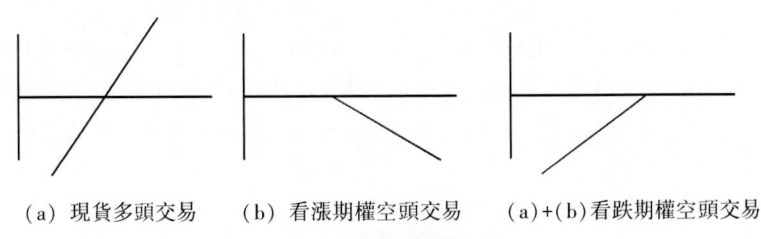

圖 2.16　構造看跌期權空頭

（3）現貨空頭+看漲期權多頭=看跌期權多頭（見圖2.17）

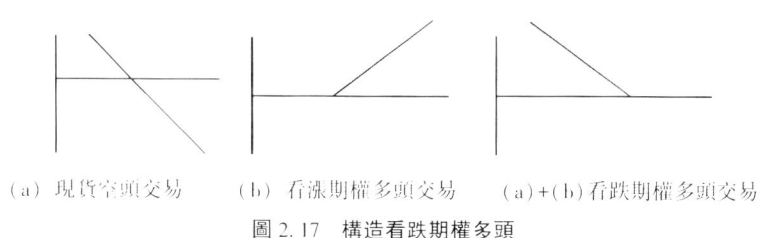

(a) 現貨空頭交易　　(b) 看漲期權多頭交易　　(a)+(b) 看跌期權多頭交易

圖2.17　構造看跌期權多頭

（4）現貨空頭+看跌期權空頭=看漲期權空頭（見圖2.18）

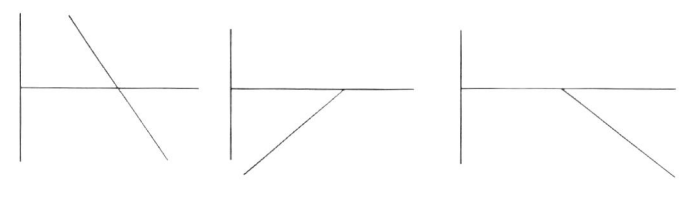

(a) 現貨空頭交易　　(b) 看跌期權空頭交易　　(a)+(b) 看漲期權空頭交易

圖2.18　構造看漲期權空頭

從以上的分析中可以看出，現貨的多頭交易與空頭交易能夠與期權交易進行組合。實際上，遠期與期貨的損益圖與現貨交易是一樣的，這就意味著以上的分析也適用於遠期和期貨與期權交易進行組合的分析。

我們來看一個具體的案例以便更好地理解利用金融工具的組合分解技術產生新的金融工具以滿足投資者的需要。

例2.13　假如投資者購買了一家專門從事黃金勘探和開採業務公司的股票。我們知道，公司的股票價格主要由黃金價格和公司的經營管理能力決定，黃金價格上漲則公司收益上漲，公司股票價格也會上升；同樣，經營能力強（開採能力強、勘探前景好）的公司的股票能夠給投資人帶來更多收益。也就是說，投資人購買金礦公司股票就等於同時做多了金礦公司的經營能力和黃金價格。投資人同時承受了該公司經營能力的風險與黃金價格波動的風險。如果投資者認為黃金價格波動太大，不想承受此風險，只想做多這個金礦公司的經營能力，那麼他就需要對沖掉他持有的黃金價格風險，為此他需要賣出一份黃金的遠期合約。因此，投資人在買入金礦公司股票的同時，又賣出了一份相當於該公司預計1年產量的黃金遠期合約（等同於做空了相當於該公司年產量的黃金），這樣就等於是僅僅做多了該金礦公司的經營能力，即金礦公司股票多頭+黃金的遠期合約空頭=金礦公司的能力多頭。

同樣地，如果投資人在買入金礦公司股票之後，不願意承擔金礦公司的經營風險，那麼他可以同時買入一項該公司股票的看跌期權。例如，如果該公司的股票目前價格是100

元，黃金價格目前是 3,000 元，那麼投資人一旦買入了每股 100 元的金礦公司股票就同時做多了該公司的經營能力和黃金價格。如果投資人不看好該公司的經營能力，那麼他還可以同時買入一項看跌期權：允許投資人在未來 1 年內，以每股 100 元的價格拋售該公司股票。這樣一來，投資人就對沖掉他所持有的公司經營能力的風險，而只是做多了黃金。如果黃金價格上漲到 3,500 元，即使該金礦公司的經營能力沒有任何改善，投資人手裡的金礦公司的股票的價格也會隨之上漲。而一旦該公司出現經營風險，即使此時黃金價格保持不動，投資人也不必擔心股價下跌的風險，因為他有看跌期權的保障。由此看來，金礦公司股票多頭+金礦公司股票看跌期權多頭=黃金多頭

習題

1. 假定外匯市場美元兌換加元的即期匯率是 1 美元換 1.8 加元，美元利率是 8%，加元利率是 4%，試問一年後遠期無套利的均衡匯率是多少？

2. 假設 3 個月期的即期年利率為 5.25%，12 個月期的即期年利率為 5.75%，按無套利思想，3 個月後執行的 9 個月期遠期利率是多少？

3. 假如日元與美元的即期匯率是 1 美元 = 119.72 日元，遠期匯率是 1 美元 = 119.50 日元，當前 6 個月期美元與日元的無風險年利率分別是 0.687,5% 和 0.01%。是否存在無風險套利的機會？如果存在，應如何套利？

4. 假設兩個面值為 100 元的零息票債券 A 和 B，兩者都是在一年後的同一天到期，如果債券 A 當前價格為 95 元，不考慮交易成本，那麼債券 B 的價格應該為多少？如果債券 B 的價格為 97.5 元，是否存在套利機會呢？

5. 假設三種到期日不同的零息票債券的面值都為 100 元，它們的當前市場價格分別為 1 年後到期的零息票債券價格為 95 元，2 年後到期的零息票債券價格為 90 元，3 年後到期的零息票債券價格為 88 元。不考慮交易成本，息票率為 10% 的每年付息一次的 3 年期附息票債券的價格是多少？

6. 某只股票現價為 50 元，已知 6 個月後股價將變成 60 元或 42 元，無風險年利率為 12%（連續複利）。計算執行價格為 48 元，用無套利原理求有效期為 6 個月的歐式看漲期權的價值為多少？

7. 用風險中性定價法計算第 4 題，並比較計算結果。

8. 某個股票現價為 40 元，已知 3 個月後，股價將變成 45 元或 35 元。無風險年利率為 8%（連續複利）。計算執行價格為 40 元、有效期為 3 個月的歐式看跌期權的價值。

9. 假設市場上股票價格為 30 元，執行價格為 31 元，無風險年利率為 10%，時間為 1 年。在一年中股票價格預期上漲 10% 或下跌 10%。如果市場報出歐式看漲期權的價格是

3元，是否存在無風險套利的機會？如果有，如何套利？

10. 如果現在股票價格為20元，有連續兩個時間步，每個步長是3個月，每個單步二叉樹預期上升10%或者下降10%，無風險年利率為12%，運用無套利原理求執行價格為21元的看漲期權的價值。

第三章　遠期

學習提要： 遠期合約交易是最簡單和最基礎的衍生工具。本章主要介紹商品遠期交易、利率遠期、貨幣遠期等在實踐中的運用，通過對本章案例的學習，要深刻領會不同遠期工具的特點、主要作用和運用方法。

第一節　商品遠期交易及其運用

一、商品遠期交易

商品遠期交易是最早出現的遠期交易形式。人們對商品遠期合約的定義是：一種在現在約定未來特定日交易特定標的物的合約，合約買方同意在未來約定日按約定價格支付一定金額，以購買賣方的特定商品。

商品遠期交易的運用比較簡單，當企業預計商品的未來價格會發生較大的波動時，就可以通過購買商品遠期合約來規避風險。

二、商品遠期交易的運用

案例 3.1

黃金生產企業規避黃金價格下降風險

（一）案例資料

2003 年美伊戰事期間，黃金作為最佳的避險保值品被大量購買，但隨著美軍的順利推進，尋求資金避風港的需求也有所減弱。當時市場投資者預期美伊戰事可能會很快結束，再加上美元強勁反彈和道瓊斯指數連續 8 天上漲，使國際金價遭遇拋售而跌至 3 個月來新低。投資者紛紛結清黃金多頭頭寸，基金也被大量拋盤。與此同時，曾經將資金投入黃金市場以規避風險的投資者迅速轉換觀念，買進美元和美國股票，希望從中獲利，這給現貨黃金價格帶來了明顯的壓力。受國際金價的大幅下跌的態勢影響，中國某黃金生產企業預計未來中國的黃金價格仍有下降的趨勢，為了規避這一風險，該公司應該如何操作呢？

(二)案例分析

該企業可以通過簽訂遠期合約來規避這一風險。假定當期黃金的市場價格為一盎司（1盎司約合28.35克）200美元，企業購買一份一年期的遠期合約，合約規定在一年後以每盎司200美元交割100盎司黃金。如果一年後交割日黃金的現價下跌至180美元/盎司，那麼黃金生產企業成功規避了價格風險，避免了2,000美元的損失。但是如果交割日市場金價高於遠期價格時，黃金生產企業還是只能以每盎司200美元價格進行交易，從而存在以高於遠期價格的市場價格銷售的機會成本。

第二節　利率遠期及其運用

一、遠期利率協議（FRA）

遠期利率協議（FRA）是指交易雙方約定在未來某一日期（指利息的起算日）開始的一定期限的協議利率（或稱合同利率），並規定以何種利率為參照利率，在將來利息起息日，按合約約定的期限和名義本金，分別以合同利率和參照利率計算利息的貼現額並進行交換。其中，支付協議利率計算的利息收取參考利率計算的利息的一方為遠期利率協議的買方，交易對手方為遠期利率協議的賣方。遠期利率協議是一種以鎖定利率和對沖風險暴露為目的的衍生工具。

二、遠期利率協議的運用

案例3.2

英鎊的LIBOR關聯貸款展期風險

（一）案例資料

在2008年國際金融危機的特殊環境下，市場利率下跌。2008年4月13日，上海某公司的財務經理根據公司的經營需要，決定將一筆A銀行的1,000萬英鎊的倫敦同業拆借利率（LIBOR）關聯貸款在7月13日到期後再展期3個月，財務經理擔心低利率會逐漸回升，他又想從目前的低利率獲得低成本融資的好處。那麼他該如何利用遠期利率合約獲益呢？

假設2008年4月13日的3個月期LIBOR為10.37%，但「3×6」遠期利率協議（FRA）的借款利率為9.99%~10.03%。

（二）案例相關知識

（1）貸款展期。貸款展期是指貸款人在向貸款銀行申請並獲得批准的情況下，延期償還貸款的行為。考慮到利率下跌的市場環境，該公司的財務經理考慮：與其等到展期日，不如利用現在利率下跌這一機會，通過購買遠期利率協議把借款成本固定下來。

（2）遠期利率協議的結算。在實際操作中買賣遠期利率協議並不涉及名義本金的實際轉移或流動，取而代之的是 FRA 交易的雙方在協議生效的那一天以現金結算方法結清盈虧。遠期利率協議在結算日所發生的實際交割金額計算公式是：

$$交割金額 = \frac{（市場參考利率 - 協議利率）\times 合約面額 \times 遠期期限}{360 + （市場參考利率 \times 遠期期限）} \quad (3.1)$$

遠期利率協議遵循歐洲貨幣計算日期的慣例，即式（3.1）中的遠期期限採用的是一年算 360 天、實際交易日則有一天算一天的做法。當市場參考利率高於協議利率時，交割金額為正值，即 FRA 的出售者（認為市場利率要下跌的一方）向購買者支付差額；反之，如協議利率高於市場參考利率時，交割金額為負值，即 FRA 的購買者（認為市場利率要上升的一方）向出售者付款。

由於遠期利率協議是在協議利率生效的那一天（即協議利率適用期限開始的首天），而不是在協議利率適用期限的最後一天進行現金結算的，為了使在期限開始時進行的現金結算在價值上等於在期末實施的現金結算，期末值必須根據市場參考利率折現成現值。

（三）案例分析

（1）4 月 13 日的 3 個月期 LIBOR 為 10.37%，但「3×6」FRA 的借款利率為 9.99%～10.03%，估計今後幾個月的利率不會再有下降。因此，從 B 銀行買入一個 1,000 萬英鎊的「3×6」FRA，買入價為 10.03%。假定 7 月 13 日英鎊的 LIBOR 為 10.50%，則該公司可以從所購入的 FRA 中得到 47 個基點的補償。

10 月 13 日，按照 LIBOR 為 10.50%，該公司應向 A 銀行支付的利息為：

$$\frac{10,000,000 \times 0.105 \times 92}{360} = 268,333.333 \text{（英鎊）}$$

（2）由於購買了 FRA，該公司可以從 B 銀行收到一筆利率差額，這就降低了實際利率。根據結算金額計算公式（3.1）。結算餘額為：

$$\frac{10,000,000 \times (0.105 - 0.100, 3) \times 92}{360 + 0.105 \times 92} = 11,697.235 \text{（英鎊）}$$

這筆結算金額於合約期限開始時收到，並且用 LIBOR 進行了折現。若按 LIBOR 把這筆資金存起來，3 個月後收到的利息為 313.876 英鎊，結算金額就變成了 12,011.111 英鎊（313.876 + 11,697.235）。這樣，公司向 A 銀行支付的實際利息就變成了 256,322.222（268,333.333 - 11,697.235 - 313.876）。反推回去，實際利率為 10.03%，與 FRA 協定利率相同。

案例 3.3

Kraft 公司季節性借款

（一）案例資料

Kraft 公司為一家中等規模的德國工業公司，主要是為其他製造企業生產高質量的機

器零部件。1992年11月，Kraft公司的財務主管為該公司制定1993年的財務預算時，預計公司在1993年5月至12月間的季節性平均借款需求為500萬德國馬克。

由於受世界經濟的影響，自20世紀90年代以來德國的利率一直較高。為了更準確地把握利率的期限結構，該財務主管與銀行聯絡，並得到了關於現貨市場利率與遠期利率協議利率的報價（見表3.1）。

表3.1　　　　　　　　　現貨市場利率與遠期利率協議利率

歐洲貨幣存款利率					
1個月	$8\frac{11}{16} - 8\frac{15}{16}$	1×4	8.75	1×7	8.37
2個月	$8\frac{3}{4} - 9$	2×5	8.43	2×8	8.10
3個月	$8\frac{11}{16} - 8\frac{15}{16}$	3×6	8.12	3×9	7.83
6個月	$8\frac{7}{16} - 8\frac{11}{16}$	4×7	7.82	4×10	7.57
9個月	$8 - 8\frac{1}{4}$	5×8	7.61	5×11	7.40
12個月	$7\frac{13}{16} - 8\frac{1}{16}$	6×9	7.40	6×12	7.23
		9×12	6.93		

在現貨市場上向下傾斜的收益率曲線和在遠期利率協議市場上下降的價格水平都表明市場預期德國在接下來的幾年將大幅度降息。但Kraft公司的財務主管並不那麼肯定利率一定會下降，並且更無法確定利率真的下降的話，它們是否會像遠期利率所預期的那樣低。那麼該財務主管將如何鎖定借款利率呢？

（二）案例分析

（1）Kraft公司的財務主管決定通過買入遠期利率協議來鎖定6個月期的遠期利率。該協議的具體約定如下：

名義本金：500萬德國馬克。

交易日：1992年11月18日，星期三。

起算日：1992年11月20日，星期五。

基準日：1993年5月18日，星期二。

結算日：1993年5月20日，星期四。

到期日：1993年11月22日，星期一。

合約利率：7.23%。

合約期限：186 天。

（2）在 1993 年 5 月 18 日，德國馬克的 LIBOR 固定在 7.63% 的水平。雖然與 1992 年 11 月的 8.687,5% 的利率報價相比，利率水平的確有所下降，但該財務主管也是正確的，他推測該利率水平不會降至 7.23%。他在 1993 年 5 月 20 日收到的結算金額為 9,941.43 德國馬克。根據式（3.1），具體計算如下：

$$\frac{(0.076,3-0.072,3)\times 5,000,000\times 186}{360+(0.076,3\times 186)}=9,941.43（德國馬克）$$

這樣，Kraft 公司能夠以 7.00% 的利率水平將該結算金額進行投資並獲額外的利息 359.55 德國馬克。計算如下：

$$9,941.43\times 0.07\times\frac{186}{360}=359.55（德國馬克）$$

這樣，在最後到期日，Kraft 公司從遠期利率中獲得的總收入為：

9,941.43+359.55=10,300.98（德國馬克）

（3）在 1993 年 5 月 18 日，Kraft 公司如果以當時的市場利率 7.63% 加上 30 個基本點的正常借款，利率為 7.93%，借入所需的 5,000,000 德國馬克。這一協議簽訂於 5 月 20 日，並於 186 天後的 11 月 22 日進行償付。在最後到期日，該項操作的全部現金流量如表 3.2 所示。

表 3.2　　　　　　　　　　　公司現金流量表

	現金流量（德國馬克）
從 FRA 中獲得的總收入	10,300.98
以 7.93% 借入 500 萬德國馬克 186 天的應付利息	204,858.33
與 FRA 收入相抵後淨借款成本	194,557.35

最終，與借款成本 194,557.35 德國馬克相對應的實際借款的利率為：

$$\frac{194,557.35}{5,000,000}\times\frac{360}{186}=7.53\%$$

該值恰好等於 Kraft 公司所希望的遠期利率協議中的利率再加上 30 個基本點的利差。這樣，遠期利率協議使 Kraft 公司在制訂保值計劃時就可以將其所期望的借款利率鎖定。

案例 3.4
　　　　　　　　　　　上海資浩國際貿易有限公司的美元借款風險

（一）案例資料

上海資浩國際貿易有限公司是工貿一體化的外貿型企業，主要從事箱包、汽配、機械設備及商務諮詢業務。該公司預期在 3 個月後向銀行借款 1,000 萬美元，借款期限為 6 個月。該公司有兩個方案：一個方案是在 3 個月後按當時的市場利率融通資金；另一個方案

是簽訂一份「3×9」遠期利率協議。假設目前的市場信息為：貸款利率為5.9%、銀行「3×9」遠期利率協議報價是6.3%。該公司預計3個月後市場6個月期的貸款利率有上升趨勢，可能會上升到6.85%。請問該公司應選擇哪個融資方案？

（二）案例分析

（1）如果該公司事先買入「3×9」遠期利率協議，那麼根據式（3.1），可以算出「3×9」遠期利率協議到期日的結算金。已知3個月後的參考利率為6.85%，合約利率為6.3%，合約金額為1,000萬美元，合約期限為180天，則有：

$$S = 10,000,000 \times (6.85\% - 6.3\%) \times \frac{180}{360} = 27,500 \text{（美元）}$$

由於參考利率大於合約利率，結算金為正數，因此在合約到期日，企業得到銀行支付結算金27,500美元。也就是說，企業在到期日雖然以6.85%的利率借款，但得到銀行支付的27,500美元結算金，相當於企業還是以6.3%的利率水平借款，有效地規避了利率上升的風險。

（2）如果該企業事先沒有購買「3×9」遠期利率協議，在到期日，企業只有按當時的市場利率6.85%融通資金，增加了企業的融資成本，對企業不利。

（3）結論：在將來市場利率上升的情況下，企業選擇購買「3×9」遠期利率協議的方案有利，可以把將來的借款利率鎖定在6.3%的水平，能夠有效地規避利率上升的風險。

第三節　貨幣遠期及其運用

一、貨幣遠期

貨幣遠期一般是指遠期外匯合約（FXA）和遠期交易綜合協議（SAFE）。遠期外匯合約是指外匯買賣雙方在成交時先就交易的貨幣種類、數額、匯率及交割的期限等達成協議，並用合約的形式確定下來，在規定的交割日雙方再履行合約，辦理實際的收付結算。遠期外匯合約的期限通常為1個月、2個月、3個月和6個月，其中以3個月期的為最多，但也有9個月、1年甚至1年以上的。遠期外匯的期限通常為按月而不是按天計算的，也可以預約在期限以內辦理交割，任何一個營業日都可以作為遠期外匯買賣的交割日。遠期外匯綜合協議是指雙方約定買方在結算日按照合同中規定的結算日直接遠期匯率用第二貨幣（次級貨幣）向賣方買入一定名義金額的第一貨幣（初級貨幣），然後在到期日再按合同中規定的到期日直接遠期匯率把一定名義金額的原貨幣出售給賣方的協議。SAFE是交易雙方對未來利差變化或外匯互換價差變化進行保值或投機所簽訂的遠期協議。

二、貨幣遠期的應用

案例 3.5

深圳科創有限公司的外匯風險

（一）案例資料

1. 公司和行業背景概況

深圳科創有限公司經保稅區管委會批准於 2001 年 7 月 4 日成立，2002 年 4 月 16 日開業，2002 年 8 月投產，是一家中外合作企業。該公司由國內某集團股份有限公司（甲方）與日本某株式會社（乙方）合資組建。該公司從乙方引進先進實用的生產技術、部分機械設備以及科學的經營管理方法，建成液晶顯示器的成套生產工廠，製造和生產在國際市場上極具競爭力的液晶顯示器。根據市場調查，2004 年全世界受光型液晶顯示器的市場規模約為 4,500 億日元（1元人民幣約等於 16.5 日元，下同）。2008 年上升到 5,500 億日元以上的規模，屬於上升率很高的產業。當時全世界的液晶顯示屏幾乎都是日本等亞洲國家生產，該公司生產和銷售的液晶顯示屏在移動通信等領域有廣闊的市場前景。

2. 產品銷售

該公司計劃將產品數量的約 80%銷往國外，20%在中國國內銷售。銷往國外的產品將全部出售給日本某株式會社或者經由該株式會社進行銷售；同時，銷往中國的產品原則上經由某株式會社進行銷售。該公司生產所必需的材料、輔助材料等從國外購入。從國外購入時，該公司從某株式會社購入或者委託其購入。為擴大合資公司的委託加工能力，該公司從乙方進口機械設備，供該公司使用。

3. 公司財務及經營狀況

該公司從成立以來，在第三個財務年度實現了盈利，淨利潤達 990 萬元人民幣。

4. 公司外匯風險管理需要

首先，根據該公司的財務狀況，其外匯資金的使用順序如下：機械設備、原材料、零件等公司生產必需的物資進口；外匯債務還債；乙方高級管理人員、技術指導人員、經營援助人員的報酬及設計費、技術提成費的支付；公司職工的海外出差費；公司清算後乙方所得的清算資產的海外匯款；乙方所得分配利潤的海外匯款。從這些項目看，設備、原材料等的進口及外債的償還將是該公司日常外匯需求的主要用途，而產品的銷售（主要出口到日本）收入，構成了該公司外匯收入的主要來源。

其次，該公司外匯資金的流出包括如下項目：

（1）銀行貸款。該公司在 A 銀行與 B 實業銀行的還款計劃如表 3.3 所示。

表 3.3　　　　　　　　　　　案例公司的還款計劃

銀行名稱	還款日期	還款額（百萬日元）	未還款（百萬日元）	銀行名稱	還款日期	還款額（百萬日元）	未還款（百萬日元）
A	2006-3-30	50	250	B	2006-3-30	50	200
	2006-9-30	50	200		2003-9-30	50	150
	2007-3-30	50	150		2007-3-30	50	100
	2007-9-30	50	100		2007-9-30	50	50
	2008-3-30	50	50		2008-3-30	50	0
	2008-9-30	50	0				

由於該公司沒有短期還款計劃，說明該公司只有在資金充足的情況下，才考慮歸還短期貸款。在這裡，我們將不把歸還短期貸款所需要的資金列入定期現金流出。

(2) 購買原材料、設備等。該公司49.96%的原材料採購來自日本某株式會社，結算幣種為日元。2005年，該公司採購額約為322,623,721元人民幣（約為46.73億日元），因此可以認為進口原材料約折合23.35億日元，平均每月進口原材料約為1.95億日元，付款期為1個月。

該公司的外匯資金的流入主要來自於公司的經行銷售收入。該公司的所有產品全部銷往日本某株式會社，並且收入用美元計。2005年，該公司的銷售額為345,981,638元人民幣（約為41,798,852美元），平均每月銷售收入為348萬美元，應收帳款的平均帳齡為1個月。

從上述財務狀況中看出，該公司每月將有348萬美元的收入；同時，有1.95億日元的支出，特別是在3月30日和9月30日，該公司還有1億日元歸還銀行的長期貸款。

5. 公司面臨的問題

(1) 匯率風險。由表3.4可以看出，2002—2005年，該公司經歷了逐步減小的匯兌損失到繼續擴大匯兌損失的過程。實際上，從2002年開始，公司就開始在銀行操作遠期外匯的買賣業務，使其匯兌損失得到控制。但隨著業務的發展、遠期應收帳款、應付帳款和銀行存款的增加，公司的匯率風險增大，造成2005年匯兌損失的絕對值又增大。

表 3.4　　　　　　2002—2005年公司的匯兌損失（萬元人民幣）

年份	2002	2003	2004	2005
匯兌損失	973.6	117.1	-1,222.5	612.9

(2) 投資收益。表3.5中的數據顯示，該公司雖然有大量的外匯銀行存款，但是存款利息收入非常低，原因是該公司將這些資金做了一般性的銀行存款。然而，隨著近期美元利率的持續走低，該公司的存款收入也屢創新低。

表 3.5　　　　　　　　　2002—2006 年公司投資收益（萬美元）

經營年度	2002	2003	2004	2005
銀行平均存款額	300	500	550	500
每年利息收入	2.4	11.7	9.7	3.8

該公司面臨的日漸增大的外匯風險以及由於單一投資引起的投資收益過低的現象，提出了兩個現實而緊迫的問題：如何提供更有效的匯率風險控製手段來降低公司的匯兌損失以及如何提高投資收益？

（二）案例相關知識

（1）固定交割日期外匯合約。固定交割日期外匯合約簡稱定期外匯遠期合約，是典型的直接遠期外匯合約，是指買賣雙方在成交的同時就確定了未來的交割日期，交割日既不能提前也不能推遲，或者理解為從成交日起順延相應遠期期限後進行交割的遠期外匯合約。

（2）擇期遠期外匯合約。擇期遠期外匯合約是指不固定交割日期的遠期外匯合約。交易雙方在簽訂遠期合約時，只確定交易的貨幣、金額、匯率和限期，但具體的交割日不固定，而是規定一個期限，雙方可以在此期限內選擇交割日。擇期外匯合約比固定交割日的遠期合約更具靈活性，與期權合約有相似之處，都有選擇的權利，但擇期合約只是對交割日的選擇，而期權合約則是對交割行為的選擇（當然，美式期權也可以選擇交割日）。

（3）基準貨幣和目標貨幣。基準貨幣是指匯率報價中作為基礎的貨幣，即報價表達形式為每一個單位的貨幣可以兌換多少另一種貨幣。例如，歐元兌美元報價是以一歐元兌多少美元表示，所以其基準貨幣為歐元；而美元兌日元的報價，基準貨幣則是美元。在外匯市場上，基準貨幣在前，目標貨幣在後，中間以「/」分隔。在計算該對貨幣的價格時，基準貨幣作為不變量常數，目標貨幣為匯率變量。

（4）有關遠期匯率的計算。遠期匯率是交易雙方達成外匯買賣協議，約定在未來某一時間進行外匯實際交割所使用的匯率。

遠期匯率的報價方法有兩種：一種是直接報價法，即直接報出遠期匯率，又叫完整匯率報價法，直接完整地報出了不同期限遠期匯率的買入價和賣出價。由於即期匯率不斷變化，那麼隨著即期匯率的變動，遠期匯率也要做出不斷的調整，而這對銀行來說比較麻煩，因此現在採用這種報價方法的越來越少。另一種是遠期差價報價法。遠期價差是指某一時點遠期匯率與即期匯率的差價，又叫掉期率。與前一種報價法不同，銀行首先報出即期匯率，在即期匯率的基礎上再報出點數（即掉期率），客戶把點數加到即期匯率中或從即期匯率中減掉點數而得到遠期匯率。在遠期差價報價法下，銀行給出點數後，客戶計算遠期匯率的關鍵在於判斷把點數加到即期匯率中還是從即期匯率中減掉點數，其判斷原則是使遠期外匯的買賣差價大於即期外匯的買賣差價。因為作為銀行來說，從事外匯交易的

利潤來源主要就是買入賣出外匯之間的差價，在遠期外匯業務中銀行所承擔的風險要比從事即期外匯業務的風險大，因而也要求有較高的收益，表現在外匯價格上就是遠期外匯的買賣差價要大一些。

直接報價法的計算公式如下：

$$遠期匯率 = 即期匯率 \times \left[\frac{1+相對貨幣利率 \times \frac{實際天數}{360}}{1+基礎貨幣利率 \times \frac{實際天數}{360}}\right] \quad (3.2)$$

遠期差價報價法的計算公式如下：

$$遠期匯率 = 即期匯率 \times \frac{報價貨幣利率 \times 天數/1年天數 - 基礎貨幣利率 \times 天數/1年天數}{1+基礎貨幣利率 \times 天數/1年天數} \quad (3.3)$$

如果兩種貨幣的年基礎相同並且天數不多，則遠期匯差的近似值為：

$$遠期匯率 = 即期匯率 \times 利差 \times 天數/1年天數 \quad (3.4)$$

（三）案例分析

（1）首先考慮定期遠期外匯合約。假定在2005年4月4日該公司計劃在一個月後，即5月4日支付每月的原材料款1.95億日元。該公司預計一個月後日元將升值，為了控製匯率風險，該公司與銀行簽訂了一份一個月的遠期外匯合約，這樣將匯率固定下來。計算一個月後USD/JPY的遠期匯率，已知31天（一個月）的美元年利率是1.87%，31天（一個月）的日元年利率是0.067,5%，即期USD/JPY匯率是131.68/134.34。根據式（3.2）計算得：

$$遠期匯率 = 131.68 \times \frac{1+0.067,5\% \times 31/360}{1+1.87\% \times 31/360} = 131.48$$

$$遠期匯率 = 134.34 \times \frac{1+0.067,5\% \times 31/360}{1+1.87\% \times 31/360} = 134.14$$

銀行對5月4日的遠期匯率報價為131.48/134.14，於是該公司在5月4日約定匯率131.48，用美元買入1.95億日元，共花費1,483,115美元。如果該公司不進行遠期外匯買賣，則在5月4日需要用當日匯率126.86購買日元，需花費1,537,127美元。兩者相比，該公司進行外匯遠期買賣比不做外匯遠期買賣少付了54,012美元。

該公司準備於9月30日歸還銀行長期貸款1億日元。假設該公司預計日元升值，於是在4月4日做了6個月的定期外匯合約，用美元購買日元。其中，180天的美元年利率是2.31%，180天的日元年利率是0.091,25%。

根據上述同樣的方法，可以算出：

$$遠期匯率 = 131.68 \times \frac{1+0.091,25\% \times 180/360}{1+2.31\% \times 180/360} = 130.23$$

9月30日的即期匯率為120.65，匯率相差9.58，該公司少付60,972美元。

綜上所述，採用兩起遠期外匯合約，該公司在應付帳款和外債歸還匯兌損益上減少約114,984美元的付出。

(2) 其次考慮擇期遠期外匯合約。雖然該公司的原材料平均支付期為1個月，但是實際付款日期仍然可能出現前後調整。假設該公司已經計劃4月初的原材料款1.95億日元將在5月份到6月份之間支付，為防止日元升值，該公司就可以考慮在銀行做擇期的遠期外匯合約，這樣應付帳款的匯率就可以固定下來。假設該公司與銀行做了2個月的擇期合約，簽訂日為4月4日，到期日為6月4日，該公司有權在5月4日到6月4日之間的任何一天用美元購買日元，銀行在此期間也應要求隨時提供日元。實際中銀行採用遠期掉期率報價。本案例中，2005年4月4日USD/JPY現匯率是131.48/134.34，同理計算1個月和2個月的遠期匯差。

表3.6　　　　　　　　　　　　銀行的遠期匯差報價

時間	美元利率（%）	日元利率（%）	遠期匯差	遠期匯率
1個月	1.87	0.067,5	0.20	131.48
2個月	1.88	0.071	0.41	131.27

由於外匯擇期合約（2005年5月4日~2005年6月4日），銀行可以隨時賣出日元，買入美元，並且日元升水，美元貼水。因此，銀行報價應為131.27。該公司購買1.95億日元要花費1,485,488美元，假設該公司沒有進行遠期外匯交易，並在5月30日用當天匯率124.24購買了日元，則需要花費1,569,543美元。兩者相比，進行遠期外匯買賣使該公司少付了84,055美元。

(3) 再次是遠期外匯合約利潤的核算。如果外幣在將來升值，本國出口商所得的出口外幣收入折成本國貨幣要比合約簽訂時的數目多。但是與此同時，本國進口商支付外幣債務所需要的本國貨幣也會增多。當未來外幣貶值時，上述情況正好相反。該公司進入遠期外匯市場可以固定在未來某一日期買賣固定數量外幣的價格，從而能準確估計貿易的成本和收益，消除由於未來匯率波動造成的外匯風險。但由於買賣遠期外匯涉及交易費用，因此該公司還要對此進行權衡，決定是否值得利用遠期外匯合約進行保值。

該公司在2005年4月4日預計在1個月後，即5月4日要支付原材料款1.95億日元。該公司可以在1個月以後出售美元兌換日元（即不用遠期外匯合約進行保值），也可以現在出售美元買1個月遠期日元。假定當前的匯率是131.68/134.34，1個月期遠期匯差是0.20（日元升水）。上述兩個方法哪個更好呢？這就要從成本來判斷。如果購買遠期日元，每1美元可以購買131.68-0.20=131.48日元，升水率為0.20×12/131.68=1.8%，說明購買遠期日元的成本年率為1.8%。現在需要預測1個月後的美元匯率是比即期匯率高還是

低,如果預計 1 個月後美元現匯率不會跌到 131.48 以下,那麼購買遠期日元的成本會高於 1 個月後購買日元現匯的成本。

假設第一種情況:1 個月後的美元/日元現匯價是 131.58,日元上升 131.68－131.58＝0.10,升值率是 0.10×12/131.68＝0.91%。

假設第二種情況:預期 1 個月後的美元/日元現匯率是 131.00,那麼日元上升了 131.68－131.00＝0.68,這是升值率是 0.68×12/131.68＝6.2%。

對於第一種情況,該公司應進行未來的現匯交易,損失較少;而對於第二種情況,該公司則應選擇遠期合約,損失較少。在匯率波動幅度較大的時期,做遠期保值比較保險。

(4) 最後,綜上所述,遠期保值的作用是限制風險,得到穩定的價格和成本,但遠期保值不一定就能夠節約成本。衡量遠期保值的成本不僅要看遠期貼水或者升水,還要預測遠期合約到期日時的現匯匯率。

案例 3.6 [1]

瑞士公司 HELCO 出口產品的外匯風險

(一) 案例資料

一家瑞士公司 HELCO 出口產品到美國,應收 1,000 萬美元,即期匯率是 USD:CHF＝1:1,641.6。如果馬上結算,那麼 HELCO 公司會從銀行收到由美元兌換的 1,641.6 萬瑞士法郎。但是付款實際上是在 3 個月即 91 天後進行的。如果在這段時間內美元貶值了,那麼 HELCO 在期末會收到較少的瑞士法郎,可能無法實現出口交易的利潤。如果 HELCO 賣出美元時匯率變為 USD:CHF＝1:1,600.0,那麼其在出口交易中只能收到 1,600 萬瑞士法郎。HELCO 也可以找到關係銀行 BIGBANK,進行直接遠期外匯交易。那麼 BIGBANK 將如何防範銀行風險?

(二) 案例分析

(1) 防範銀行風險。如果 BIGBANK 與 HELCO 達成了遠期外匯交易,即 BIGBANK 將同意在 3 個月 (即日起 91 天) 後收到 1,000 萬美元,並支付給 HELCO 固定金額的瑞士法郎。BIGBANK 可以通過以下操作防範風險:首先借入 1,000 萬美元 (現值),並答應 3 個月後以某一利息償還,再賣出借來的美元,獲得瑞士法郎,然後將瑞士法郎存起來,存期為 3 個月。

3 個月 (即日起 91 天) 後 BIGBANK 必須償還借入的 1,000 萬美元,這可以通過從與 HKLCO 簽訂的直接遠期外匯合約中收到的 1,000 萬美元來解決。BIGBANK 在貨幣市場上的瑞士法郎存款 (加上利息) 可以用來支付給 HELCO。

(2) 計算付款額。假設 BIGBANK 能夠以 6.281.25% 的年利率借入美元。1,000 萬美元的現值為:

---

[1] 奇澤姆. 資本市場導論 [M]. 裴益政, 等, 譯. 北京: 中信出版社, 2008.

$$\frac{10,000,000}{1+(0.062,812,5\times 91/360)} = 9,843,706 \text{（美元）}$$

BIGBANK 即期將借入 9,843,706 美元，3 個月後必須償還 1,000 萬美元，可以用從與 HKLCO 的遠期外匯交易中收到的美元支付。

BIGBANK 以匯率 USD：CHF＝1：1.641,6 將 9,843,706 美元換成 16,159,427 瑞士法郎，然後將瑞士法郎在貨幣市場存 3 個月。假設瑞士法郎的貨幣市場利率是 2.718,75%。3 個月後 BIGBANK 會收到本息和 16,270,481 瑞士法郎。其計算方法如下：

16,159,427×(1+0.027,187,5×91/360) = 16,270,481 （瑞士法郎）

如果 BIGBANK 同意 3 個月後正好付給 HELCO 16,270,481 瑞士法郎，那麼它不需要承擔任何外匯風險就可以支付遠期外匯交易的所有現金流（當然現實中銀行會希望從交易中獲利，同時支付結算風險等剩餘風險帶來的支出）。BIGBANK 從與 HELCO 的外匯交易以及規避風險的貨幣市場交易中獲得的現金流如圖 3.1 所示。

```
即期                                3個月
 |----------------------------------|

即期貨幣市場現金流              +10 000 000 美元
+98 843 706 美元                與 HELCO 的遠期交易
-16 159 427 瑞士法郎            -16 270 481 瑞士法郎
                                貨幣市場交易的遠期現金流
                                -10 000 000 美元
                                +16 270 481 瑞士法郎
```

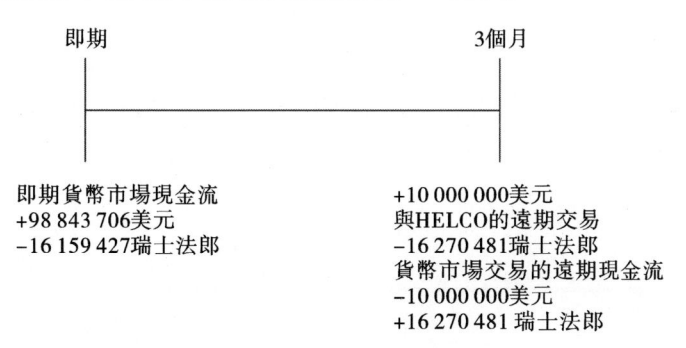

圖 3.1　BIGBANK 的現金流

HELCO 的 3 個月直接遠期匯率計算如下：

$$\text{直接遠期匯率} = \frac{10,000,000}{16,270,481} = \text{USD：CHF} = 1：1.627,0$$

已知即期匯率＝1.641,6，目標貨幣（CHF）利率＝2.718,5%，基準貨幣（USD）利率＝6.281,25%，實際天數＝91，兩種貨幣的計息期數＝實際天數/360，根據式（3.2）計算得：

$$\text{遠期匯率} = 1.641,6 \times \left[\frac{1+2.718,5\%\times\frac{91}{360}}{1+6.281,25\%\times\frac{91}{360}}\right] = 1.627,0$$

第四節　中國的遠期結售匯

一、遠期結售匯

遠期結售匯業務是指客戶與銀行簽訂遠期結售匯協議，約定未來結匯或售匯的外匯幣種、金額、期限及匯率，到期時按照該協議明確的幣種、金額、匯率辦理的結售匯業務。由於遠期結售匯業務可以事先約定將來某一日向銀行辦理結匯或售匯業務的匯率，因此對於在未來一段時間有收匯或付匯業務的客戶來說，可以起到防範匯率風險、進行外匯保值的作用。

中國從 1997 年開始辦理人民幣遠期結售匯業務以來，在國際外匯市場經歷數次劇烈波動的情況下，起到了很好地規避風險的作用。中國銀行遠期結售匯業務幣種包括美元、港幣、歐元、日元、英鎊、瑞士法郎、澳大利亞元、加拿大元；期限有 7 天、20 天、1 個月、2 個月、3 個月至 12 個月，共 14 個期限檔次。交易可以是固定期限交易，也可以是擇期交易。

二、遠期結售匯在中國的運用

案例 3.7
某大型鋼鐵公司選擇遠期結售匯提前固定匯率成本

（一）案例資料

某大型鋼鐵公司從 2003 年開始進行鋼材的進出口業務，並於 2003 年成立了進出口公司，同年申請並取得了進出口經營權。隨後，該公司進出口業務有了很大的發展。該公司大致經歷了以下幾個發展階段：

1995—1997 年，該公司的進出口業務完全是以進料加工方式運作的，進料加工方式可以減免關稅。

1998—1999 年，受 1997 年東南亞金融危機的影響，該公司的進出口業務受到很大衝擊，原來的主要客戶集中在韓國和東南亞，這些客戶破產、被兼併的不少，即使能夠維持的也大幅度削減訂貨量，因此出口生鐵量急遽減少，進出口規模很小。

2000—2004 年，隨著金融危機影響的減弱和市場形勢的全面好轉，從 2000 年開始，該公司利用國內銷售利潤和職工認購的方式集資，不斷進行技術改造，先後改造了熱帶、煉鋼、連鑄工藝；等建了高速線材廠、制氧廠、大煉鋼工程等。到 2004 年年底，該公司形成了 3 億噸（1 噸等於 1,000 千克）的鐵、鋼、材配套生產能力。該公司的產品也從單一的生鐵為主發展到鐵、鋼坯、建築材、帶材等十幾個品種。在建設過程中，該公司從最

初全部國產設備到關鍵設備引進、成套設備引進，該公司在技術改造和設備引進方面水平也不斷上升，進口原料、設備、備件量逐年增加，出口產品也發展到鐵、鋼材協調銷售。到 2004 年年底，該公司進出口額達到 2.07 億美元。

該公司進口設備的 90% 來自歐盟國家，如德國、法國、義大利、盧森堡等，這些國家的公司在投標時無一例外是用歐元報價的，具體執行時可以換算成美元，但換算比例是按簽訂合同當日的匯率中間價格確定的。下面以 2002 年 5 月該公司進口「15,000 立方米制氧機組」為例說明遠期結售匯的操作過程和成本核算。

（1）進口項目說明。2002 年 5 月 20 日該公司以國際招標的方式簽訂了該項目，具體包括空壓機、增壓機、氮壓機、膨脹機四個包。最後中標單位為德國 ATLAS 公司，中標價格為 279 萬歐元，交貨時間為 2003 年 4 月 30 日之前。付款方式為預付款在合同簽訂以後一個月之內支付，金額為合同總價的 15%；合同交貨前 3 個月，即在 2003 年 1 月 30 日之前，開立受益人為賣方的不可撤銷即期信用證，金額為合同總額的 85%。

（2）實際執行情況。當時由於歐元剛剛開始運行，匯率波動不顯著，同時該公司也沒有匯率風險的管理意識，因此沒有進行匯率管理，採用了即期外匯買賣。其成本分析如下：

2001 年 5 月 20 日，歐元匯率銀行賣出價為 763.11，成本預算為 2,129.076,9 萬元人民幣。

2002 年 6 月 19 日，支付 15% 的合同預付款。金額為 41.85 萬歐元，當天中國銀行歐元匯賣價為 789.2，實際付款額為 330.280,2 萬元人民幣。

2003 年 4 月 30 日，外方交貨，提單日期為 2003 年 4 月 30 日，5 月 28 日設備到達天津新港。該公司於 5 月 15 日從銀行贖單，當天歐元匯率為 951.41，實際付款額為 2,256.268,8 萬元人民幣。

由於歐元匯率的變化，實際支出成本為 2,586.549 萬元人民幣，比預算成本增加 457.472,1 萬元人民幣。可見，如果對外匯風險不加以管理，企業將會因匯率波動產生極大的損失。那麼該公司應如何進行外匯管理從而規避外匯風險呢？

（二）案例分析

該公司選擇的是通過遠期結售匯提前固定匯率成本，規避風險。其具體做法如下：

（1）2003 年 6 月，該公司與中國銀行某分行簽訂了保值外匯買賣總協定；同時，在銀行開立保證金帳戶，每次繳存不低於交易本金 10% 的保證金，保證金幣種限於美元、港幣、日元和歐元。根據中國銀行總行的規定，在中國銀行貸款或信用證項下的遠期外匯買賣及中國銀行 100% 擔保項下的外匯買賣可視具體情況，相應減免保證金。每筆合同簽訂後，該公司填妥保值外匯買賣申請書，經企業法定代表人或有權簽字人簽字，並加蓋公章，到銀行詢價交易。在中國銀行分支機構貸款、信用證或擔保項下的遠期外匯買賣，該公司也可以填寫保值外匯買賣申請書，委託中國銀行相應的分支機構進行詢價交易，最後辦理交割。遠期外匯買賣要在交易起息日當天到銀行辦理交割手續。如不按期交割，銀行

將按有關規定給予處罰。

(2) 如果15,000立方米制氧機組項目採用了遠期結售匯，則實際支付成本如下：

2002年5月20日簽訂合同後，按照結售匯具體操作辦法，分兩筆向銀行提交保值外匯買賣申請書，簽訂遠期結售匯協議，一筆金額為合同總值的15%，即41.85萬歐元，到期時間為1個月。通過中國銀行某分行代為詢價，遠期匯率為755.93（當時歐元匯率貼水）。另一筆做成180天遠期結售匯，遠期匯率為752.12，到11月15日申請展期，匯率不變。該公司第一次付款41.85萬歐元，合人民幣316.36萬元；第二次付款237.154萬歐元，合人民幣1,783.68萬元，總計採購成本人民幣2,100.04萬元。如果簽訂合同時，與外商協議換算成相對人民幣較為穩定的美元計價，根據國際慣例，2002年5月2日當天中國銀行的歐元匯率中間價為763.11，實際付匯成本為2,129.11萬元。

可以看出，對於現實中歐元不斷升水的情況，使用遠期結售匯是最為有效的規避風險的手段。

案例3.8

A公司進行遠期售匯

(一) 案例資料

2005年2月，某銀行鄭州分行國際業務部客戶經理前往A公司進行拜訪時，A公司的財務經理張經理談及了A公司最近經營中遇到的困難，並向銀行諮詢用人民幣購買日元付匯方面的匯率避險方案。銀行對當時的外匯市場情況進行了分析和預測，認為從長期來看，步入2005年後，美國進入了一個持續加息週期，這將對美元構成長期利好因素。而由於日本長期來看仍將維持零利率政策，因此美元對日元有可能扭轉長期跌勢，轉而上漲。在此情況下，日元對人民幣的匯率長期看跌。從中短期來看，國際市場上要求人民幣升值的呼聲日益高漲，由於許多國際投資者認為日本與中國經濟具有較大的相關性，致使每次國際市場上有人民幣升值的消息時，都會刺激對日元和對美元上漲，從而造成短期日元兌人民幣升值。從技術層面上看，銀行預測美元兌日元短期內將在103.50~107.50之間振盪，但中線（一般為1~3個月）來看109.00的心理關口是美元兌日元的重要阻力與支撐位所在，將對美元形成重要阻力。

根據A公司的具體財務狀況，並結合對當時的外匯市場情況的分析和判斷，銀行認為針對A公司每月固定的日元付匯業務可以採取遠期售匯與即期售匯相結合的方案：在未來一段時間美元兌日元匯率上升趨勢比較明顯時，採取即期售匯方案，在這種情況下，企業可以享受到由於日元貶值所帶來的付匯成本減少的好處；而在美元兌日元呈下跌、區間振盪走勢或走勢不明時，採取遠期售匯方案，通過遠期售匯業務，企業可以鎖定進口付匯成本，不管將來日元兌人民幣匯率如何變化，都可以按約定匯率成本購匯，從而有效防範匯率風險。

（二）案例分析

（1）方案的制訂與操作流程。2005年3月下旬，美元兌日元不斷上漲。4月初，美元兌日元在升到108.80附近後，一連幾日收出了幾根具有反轉意義的K線，從技術上要求回調。而A公司在5月12日有一筆金額為3.5億日元的遠期信用證到期，需對外付款。在此情況下，該銀行國際部業務人員小王及時與A公司財務決策人員聯繫，告知市場狀況，並結合A公司的資金狀況，建議針對5月12日的日元付匯進行遠期售匯業務。A公司經過分析，果斷接受了小王的建議。

2005年4月12日，銀行總行對鄭州分行日元兌人民幣賣出價遠期1個月報價為7,671.07（10萬JPY/CNY），在此基礎上，鄭州分行對客戶賣出價遠期1個月報價為7,691.07，A公司在將此報價與同城其他銀行報價進行對比之後，接受了該銀行報價，並就該筆交易簽訂了遠期售匯協議書。協議規定：此次售匯金額為3.5億日元，期限為1個月，交易類型為固定交割日交易，交割日期為2005年5月12日；同時，A公司在該銀行存入1筆保證金，金額按交易金額的3%計算，按當日即期日元兌人民幣賣出價為7,708.28（10萬JPY/CNY）折合為人民幣80.936,9萬元（JPY3.5億×0.03×0.077,082,8＝CNY80.936,9萬元）。屆時，該銀行將向客戶支付3.5億日元，A公司則向該銀行支付人民幣2,691.874,5萬元。計算公式為：

JPY3.5億×0.076,910,7＝CNY2,691.874,5萬元。

之後的一段時間，美元兌日元如期下跌，至5月4日已從4月5日時的108.89跌至104.15，下跌了474點。

（2）方案的執行結果。5月12日時日元兌人民幣賣出價為7,848.27（10萬JPY/CNY），而A公司由於做了遠期售匯業務，固定了進口付匯支出，則可以節約換匯成本55.02萬元人民幣（JPY3.5億×0.078,482,7－JPY3.5億×0.076,910,7＝CNY55.02萬元）。通過這次遠期售匯的交易，銀行也獲得了一定的中間業務收入，折合人民幣7萬元（JPY3.5億×0.076,910,7－JPY3.5億×0.076,710,7＝CNY7萬元）；同時，還獲得了約81萬元的人民幣保證金存款，並爭取到了該筆進口合同項下的對外付款等相關國際結算業務，綜合收益可觀。更為重要的是，銀行與A公司加強了業務上的合作。

第五節　NDF（無本金交割遠期外匯）

一、NDF

外貿企業的主營業務是進口或出口，與客戶均用外幣結算，這就免不了需要購匯和結匯。由於人民幣匯率存在波動，並且外幣與人民幣存在著利息差，這就使得利用外匯金融

工具進行無風險套利成為可能。利用匯差或利差進行無風險套利,可以運用一個金融衍生產品——NDF。NDF,即無本金交割遠期外匯(Non-Delivery Forward),是一種遠期外匯交易的模式,是一種衍生金融工具,用於對那些實行外匯管制國家和地區的貨幣進行離岸交易。

相對於本地銀行即可操作的普通遠期外匯交易,NDF一般只能由海外銀行承做。NDF的核心觀念在於交易雙方對某一匯率的預期不同。NDF為面對匯率風險的企業和投資者提供了一個對沖及投資的渠道。表3.7詳細列出了NDF與傳統遠期外匯合約的區別。

表 3.7　　　　　　　　　NDF與傳統遠期外匯合約的區別

	傳統遠期外匯	無本金交割遠期外匯
商業文件	需要	不需要
交割	到期日必須以本金進行實質交割	到期日僅就差額以美元結算
保證金	各銀行自定	有外匯額度者不需保證金
展期	必須結清原交易後再以當時市場匯率展期	不可展期

最簡單的NDF操作主要由銀行充當仲介機構,由於交易雙方基於對匯率的不同看法,簽訂非交割遠期交易合約,確定遠期匯率、期限和金額,合約到期只需看遠期匯率與實際匯率的差額進行交割清算,與本金金額、實際收支毫無關係。通過NDF業務,一些以進口業務為主或有較多進口業務的企業可以鎖定特定日期的外匯匯率。此外,通過NDF業務進行套利操作,就是利用即期匯率、存款利率、貸款利率、鎖定的遠期外匯匯率之間的關係,在人民幣有穩定升值預期的前提條件下靈活操作獲取理財收益。通過NDF套利的公式如下:

總利潤=境外NDF與即期匯率的差額+境內人民幣定期存款收益-境內外幣貸款利息支出-付匯手續費等小額費用　　　　　　　　　　　　　　　　　　(3.5)

這裡我們介紹一下人民幣無本金交割遠期外匯交易。人民幣NDF交易從1996年前後開始出現,新加坡和中國香港是人民幣NDF交易最主要的離岸市場,東京、紐約和臺灣也有零星交易。人民幣NDF市場的主要做市商是歐美的一些大型投資銀行和金融機構,而其客戶主要是在中國內地有大量人民幣收入的跨國公司,也包括總部設在香港等地的中國內地企業。交易開始的初期,由於人民幣實際上執行的是盯住美元的固定匯率制,匯率風險較小,因此離岸市場的規模較小,交易也並不活躍。但是在亞洲金融危機以後,人民幣貶值的預期甚囂塵上,NDF匯率也呈大幅升水狀態,市場波動較大。1998年1月時,香港市場人民幣1年期NDF溢價高達17,500點,相當於預期一年後人民幣兌美元貶值為9.75。而在2003年以後,人民幣升值壓力加大,NDF市場匯率也由升水狀態轉向貼水狀態,特別是在2005年7月匯率改革以後,人民幣一次升值2%,並且在此後升值步伐明顯

加快，波動幅度逐漸加大，NDF 匯率也隨之出現了較大的升值預期。在此過程中，隨著匯率預期的變化，波動幅度擴大，人民幣 NDF 市場也逐漸發展壯大。

人民幣 NDF 是指人民幣對各種外匯的無本金遠期交易，交易雙方基於對匯率的不同看法，簽訂無本金交割的遠期交易合約，確定遠期匯率、期限和金額，合約到期時只需將預訂匯率與實際匯率的差額進行交割清算，與本金金額、實際收支無關聯。

差額交割的公式（以美元交易為例）為：

$$差額 = 美元本金 \times \frac{X-R}{X} \tag{3.6}$$

其中，X 為交割日前兩個工作日的美元/人民幣中間價，R 為企業與銀行商定的匯率。

雙方的損益在交割日以美元軋差交割結算。當 $X>R$ 時，$X-R$ 差額值為正數，即銀行向企業支付相應金額的美元；當 $X<R$ 時，$X-R$ 差額值為負數，即企業向銀行支付相應金額的美元。

人民幣 NDF 交易的主要作用是通過該業務，企業可以鎖定匯率風險，固定成本和利潤，有時還可以利用其價格優勢與國內資金產品組合，取得額外的收益。

二、NDF 的運用

案例 3.9

上海某造船廠運用 NDF 進行外匯風險規避

（一）案例資料

從 2003 年開始，上海某造船廠開始開展進出口業務。隨著國外客戶的訂單不斷增多，按照客戶的要求造船中使用的部分零件需要從國外進口，需要收付的外匯金額逐步擴大。2005 年 2 月 8 日，該廠從美國進口了價值 500 萬美元的造船零件，合約規定在 1 年後支付。那麼該廠將如何進行外匯風險規避呢？

（二）案例分析

（1）假定美元/人民幣的實際中間價高於約定的 NDF 匯率。2005 年 2 月 8 日，1 年期的 NDF 報價為 7.92/7.94。假定該廠辦理 NDF 業務，交易金額為 500 萬美元，期限為 1 年（交割日即為 2006 年 2 月 8 日），賣出價為 USD1.00＝CNY7.94。雙方簽訂合同（企業需繳納 3% 的保證金或占用授信額度），並約定以該價格作為 1 年後的交割價格。

2006 年 2 月 6 日，即 NDF 的匯率決定日（NDF 的匯率決定日早於 NDF 的交割日 2 天），假定國家外匯管理局公布的美元/人民幣的中間價為 USD1.00＝CNY8.34。套用 NDF 差額公式，銀行應支付該廠的美元餘額為：

$$餘額 = 美元本金 \times \frac{X-R}{X} = 5,000,000 \times \frac{8.34-7.94}{8.34} = 239,808.15（美元）$$

此時，該廠再及時補進剩餘的美元，對照當日 USD1.00＝CNY8.34 的中間價，並就現

行的買入賣出差價，假定賣出價為USD1.00＝CNY8.352.4，則購匯的人民幣金額為：

(5,000,000−239,808.15)×8.352.4＝39,759,026.41（元）

對於企業而言，實際用了39,759,026.41元人民幣就購進了5,000,000美元，成本匯率為39,759,026.41/5,000,000＝7.951.8，基本鎖定了匯率風險。

（2）假定美元/人民幣的實際中間價低於約定的NDF匯率。2006年2月6日，即NDF的匯率決定日（NDF的匯率決定日早於NDF的交割日2天），假定國家外匯管理局公布的美元/人民幣的中間價為USD1.00＝CNY7.54。套用NDF差額公式，該廠應支付銀行的美元金額為：

$$餘額＝5,000,000\times\frac{7.54-7.94}{7.54}＝-265,251.99（美元）$$

計算結果中的負號代表該廠應支付銀行部分軋差。此時，該廠再及時補進剩餘的美元，對照當日USD1.00＝CNY7.54的中間價，並就現行的買入賣出差價，假定賣出價為USD1.00＝CNY7.552.4，則購匯的人民幣金額為：

(5,000,000＋265,251.99)×7.552.4＝39,765,289.13（元）

對於企業而言，實際用了39,765,289.13元人民幣就購進了5,000,000美元，成本匯率為39,765,289.12/5,000,000＝7.953.1，基本鎖定了匯率風險。

還有一種情況，美元/人民幣的實際中間價等於約定的NDF匯率，即2006年2月6日國家外匯管理局公布的美元/人民幣的中間價為USD1.00＝CNY7.94，套用NDF差額公式得到：

$$餘額＝5,000,000\times\frac{7.94-7.94}{7.94}＝0（美元）$$

即銀行不用支付企業軋差，企業也不用支付銀行差額。

對照該日的中間價，其賣出價一般為USD1.00＝CNY7.952.4，成本匯率為USD1.00＝CNY7.952.4，也基本鎖定了匯率風險。

第六節　遠期的創新

最早的遠期交易是標的物為商品的遠期，遠期外匯合約是最早出現的金融遠期合約，隨著遠期合約的不斷創新，遠期市場逐步活躍起來，其後遠期利率協議、遠期外匯綜合協議的出現使得遠期市場的交易種類更加豐富。如今，遠期合約已經成為金融衍生品市場上人們用以規避風險的有力工具，因此滿足人們需求的更多遠期合約交易品種被創造出來。目前，遠期合約的創新主要有以下幾個方向：

第一，遠期合約創新可以是不同合約的組合創新。例如，遠期外匯合約在直接合約的

基礎上採用多個遠期合約或即期合約的組合，發展出了掉期交易。最常見的掉期交易有即期對遠期的掉期、遠期對遠期的掉期等，在遠期對遠期的基礎上又進一步衍生出遠期外匯綜合協議。

而遠期與互換合約結合又產生了遠期互換。遠期互換（Forward Swap）是指一個在未來的某一時間起始的利率互換交易。例如，互換雙方在達成美元利率互換協議2年後，再從事一個期限為3年的美元利率互換交易，那麼該互換交易就是遠期互換。

第二，遠期合約的第二個衍生方向是交割期的改變。以遠期外匯合約為例，在標準遠期外匯買賣的基礎上發展出擇期買賣，擇期買賣不確定具體交割日期，僅確定一個期限，作為買賣雙方交割期的選擇範圍，這樣增加了遠期合約的靈活性。

第三，遠期合約交易品種的變化也是其創新的方向之一。在遠期合約的發展史上，比如由最早的一般商品遠期合約擴展到石油和電力的遠期合約，在船舶運輸市場中用到了遠期貨運協議（FFAs）。

金融遠期合約的發展更為迅速。2004年，央行票據引入了遠期品種。

2005年，中國人民銀行推出債券遠期交易，債券遠期交易是指交易雙方約定在未來某一日期進行債券交割的行為。債券遠期交易方式的推出一方面有利於降低國債市場的總體風險，使得債券市場穩健運行並充分發揮債券市場的價格發現功能；另一方面，對機構投資者來說，在新交易模式下，投資者可以通過買入現券構成一個相對長期的國債多頭部位，同時可以遠期賣出同品種債券構成一個遠期的國債空頭部位，這就意味著實際上我們可以通過現券買入和遠期賣出的組合交易構造出與逆回購完全同質的複合風險頭寸，一旦該複合頭寸的定價與逆回購交易定價發生偏離，即存在確定的風險套利交易機會。因此，債券遠期交易方式可以讓投資者規避利率風險，實現所擁有資產的套期保值。

2009年中國民生銀行推出了一項貴金屬衍生創新業務——以人民幣計價的貴金屬遠期交易。中國民生銀行推出的貴金屬遠期業務可以以人民幣本幣計價，也可以以美元等外幣計價。憑藉該業務的推出，中國民生銀行成為國內首家可以用人民幣本幣為貴金屬遠期交易報價的銀行機構。交易品種包括「克黃金」「克白銀」「盎司黃金」「盎司白銀」等。貴金屬遠期業務的交易方式為約定期限的遠期交易，即交割日為協議約定的未來某一確定日期的貴金屬買賣交易。客戶與中國民生銀行進行貴金屬遠期交易需按規定繳納一定比例的保證金，或者取得中國民生銀行相應的授信額度，原則上客戶保證金比例不低於10%。中國民生銀行遠期貴金屬交易業務不僅為客戶提供了貴金屬價格波動避險工具，而且配合該行已經開辦的黃金借貸業務，可以在幫助客戶進行貴金屬融資的同時，為客戶提供鎖定貴金屬價格的機制。這不僅降低了客戶違約償還貸款的風險，而且中國民生銀行通過與客戶進行貴金屬遠期交易及平盤交易賺取價差收入，也增加了該筆黃金借貸業務的額外收益。

習題

1. 當前國際市場上人民幣走強，美元走弱。如果有一家企業手頭上有閒置的 5,000,000 美元，該企業在 3 個月之後有對外支付美元的需求。市場上，美元兌人民幣的匯率為 7.114,2，3 個月遠期的匯率報價為 6.981,5。美元 3 個月的利率為 2.7%，人民幣 3 個月的利率為 3.33%。那麼該企業該如何利用遠期合約規避匯率風險？

2. 香港 ABC 公司在 2000 年 3 月向美國出口一批產品，應收款項為 100 萬美元，約定 6 月份付款。ABC 公司資本成本率為 12%。從事各種套期保值交易所需要的有關資料如下：

(1) 即期匯率：7.825 港元/美元。
(2) 3 個月遠期匯率：7.725 港元/美元。
(3) 美國 3 個月期借款利息：年利率 10%（季利率 2.5%）。
(4) 美國 3 個月期投資收益率：年利率 8%（季利率 2%）。
(5) 香港 3 個月期借款利率：年利率 8%（季利率 2%）。
(6) 香港 3 個月期投資收益率：年利率 6%（季利率 1.5%）。
(7) 櫃臺交易（OTC）市場，6 月份買進期權的履約價格 7.7 港元/美元，合約單位 100 萬美元，期權費 1.5%。
(8) 另外，據測 3 個月後即期匯率將為 7.835 港元/美元。

對這筆應收帳款，ABC 公司可以採取以下交易風險管理策略：
(1) 不採取任何保值措施。
(2) 遠期外匯市場套期保值。
(3) 貨幣市場套期保值。

試分析各種策略的損益狀況。

第四章　商品期貨

學習提要： 期貨從標的資產來看，可以分為兩大類，即商品期貨和金融期貨。商品期貨是指標的物為實物商品的期貨合約，主要包括農副產品、金屬產品、能源產品等。由於期貨具有發現價格、規避風險、以小搏大等功能，個人和企業可以通過買賣期貨合約的各種策略實現自己的目的。本章主要介紹商品期貨的四種策略，即套期保值策略、基差策略、投機策略以及套利策略。

通過對每種策略運用的案例進行分析，我們希望讀者能從中更好地理解商品期貨各種策略的功能和運用方法。

第一節　商品期貨的套期保值策略

期貨市場上的交易活動有投機、套期保值（包含基差策略運用）和套利。投機是為了在市場中賺取價差收益的一種買賣活動，套期保值的主要目的是規避現貨價格波動的風險。兩者的出發點和動機是不同的。

期貨合約套期保值，就是買入（賣出）與現貨市場數量相當、交易方向相反的期貨合約，以期在未來某一時間通過賣出（買入）期貨合約來對沖現貨市場價格變動所帶來的風險。

期貨合約套期保值的類型最基本的可分為買入套期保值和賣出套期保值。買入套期保值是指通過期貨市場買入期貨合約以防止因現貨價格上漲而遭受損失的行為；賣出套期保值則是指通過期貨市場賣出期貨合約以防止因現貨價格下跌而造成損失的行為。

套期保值的作用如下：

第一，規避現貨價格波動風險。企業在經營中時刻面臨著價格波動的風險，而價格風險會直接影響到企業的正常生產經營活動。企業可以通過套期保值，將現貨價格波動的風險轉移到期貨市場上，通過在期貨市場上的相反交易對沖現貨的損失，從而達到保值的目的，保障企業正常的生產和加工利潤。

第二，套期保值是期貨市場價格發現的基礎。企業在生產經營中對相關產品的價格往

往有較為理性的預測。企業只有在產品價格變動的趨勢對自己不利時才會做出套期保值的決策，這樣就增強了市場價格發現的功能，制約過度的投機行為，使企業在生產經營中更加理性化。

第三，鎖定產品的成本、穩定產值和利潤。企業生產、加工的目的就是獲得正常的預期利潤，為了預防利潤的損失，生產企業可以利用期貨市場預先賣出，達到穩定收入的目的；而加工企業可以利用期貨市場預先買入，達到鎖定進貨成本、保證加工利潤的目的。實現這兩個目的的有效途徑就是套期保值。

第四，減少企業資金占用。資金對企業來說是至關重要的，期貨交易的保證金具有槓桿作用，參加套期保值的企業可以用少量的資金來控製大量的現貨資產。這樣企業既能保證今後正常生產經營所需要的資金，又能避免現貨的庫存，減少資金占用，降低經營成本，加快資金週轉。

第五，提前安排運輸和倉儲、降低儲運成本。企業生產出的產品和購買的原材料一般都需要儲存和運輸，進行套期保值後，企業可以根據套期保值的預期信息，提前安排運輸和倉儲，這樣就大大降低了儲運費用。

第六，靈活選擇購買和銷售時機。由於套期保值能夠根據現貨計劃，提前在期貨市場上交易，對現貨提供了某種程度的價格保護，使得現貨買賣者可以根據需要選擇購買和銷售時機。

第七，提高借貸能力。由於企業進行套期保值後，其經營更加保險、更加穩定，因此往往更容易從銀行取得融資，從而提高了企業的借貸能力。例如，做了套期保值的外貿進出口商更容易從銀行開出信用證。

案例 4.1[1]

飼料廠豆粕買入套期保值

(一) 案例資料

2004年2月，國內豆粕價格受禽流感蔓延的衝擊下跌到2,730元/噸附近。某飼料廠在4月份需要使用豆粕1,000噸，由於當時的豆粕價格相對於進口大豆來說，明顯偏低，飼料廠擔心後期隨著禽流感疫情的好轉，豆粕價格將出現回升，從而導致其生產成本增加。為了鎖定其後期的豆粕採購成本，該飼料廠決定買入大連豆粕0405合約進行套期保值。

2月11日，該飼料廠以2,720元/噸的價格買入100手豆粕0405合約（1手＝10噸，下同）。到了4月份，豆粕價格正如該飼料企業所預料的那樣出現了上漲，價格上漲到3,580元/噸，而此時0405豆粕合約價格也上漲到了3,550元/噸。4月5日，該飼料廠以3,580元/噸的價格在現貨市場買進1,000噸豆粕，同時在期貨市場以3,570元/噸賣出豆

---

[1] 此案例來源於三五九期貨網——期貨知識——套期保值業務指南（http://www.359qh.com/）

粕 0405 合約平倉。其交易過程如表 4.1 所示。

表 4.1　　　　該飼料廠的套期保值效果（不考慮手續費等交易成本）

	現貨市場	期貨市場
2 月 11 日	豆粕銷售價格 2,730 元/噸	買入 100 手 0405 豆粕合約 價格為 2,720 元/噸
4 月 5 日	買入 1,000 噸豆粕 價格為 3,580 元/噸	賣出 100 手 0405 豆粕合約 價格為 3,570 元/噸
盈虧變化情況	(2,730−3,580)×1,000=−85 萬元	(3,570−2,720)×1,000=85 萬元

（二）案例分析

（1）從盈虧情況來看，現貨價格的上漲導致該飼料廠的原料價格採購成本上升了 85 萬元，但買入套期保值操作產生了 85 萬元的利潤，剛好彌補了現貨市場成本上升的損失（這是由於現貨市場和期貨市場兩個市場的價格變動方向一致且變化幅度相同，即所謂基差不變的結果造成的）。

（2）此案例中飼料廠採取的是買入套期保值策略。該飼料廠判斷面臨的市場風險是來自於原料價格上升，因此利用期貨市場預先買入以達到鎖定進貨成本、保證利潤的目的。實際情況正如其判斷的一樣，豆粕價格上升了，該策略成功規避了價格上升風險，達到了預期的套期保值效果。

案例 4.2[①]

油廠豆粕賣出套期保值

（一）案例資料

2003 年 10 月份，某油廠以 3,500 元/噸的價格進口一船大豆。當時豆粕現貨價格為 2,950 元/噸。在分析了後期豆粕市場的基本面情況後，該油廠預計後期現貨價格可能難以繼續維持高位，甚至可能出現下跌。為了規避後期現貨價格下跌的風險，該油廠決定通過賣出大連豆粕 0401 合約來對後期的豆粕現貨進行套期保值。10 月 25 日後，豆粕 0401 合約價格在 2,950 元/噸附近盤整，該油廠以 2,950 元/噸的均價賣出 0401 豆粕期貨 1,000 手進行套期保值，規避後期可能出現的豆粕價格下跌的風險。

進入 11 月份，隨著國內豆粕現貨市場供不應求局面的改善，豆粕現貨價格和期貨價格都出現了同步的回落。12 月 4 日，該油廠以 2,650 元/噸買進 0401 豆粕期貨 1,000 手進行平倉，同時在現貨市場以 2,760 元/噸銷售現貨 10,000 噸。其交易操作過程和套期保值效果如表 4.2 所示。

[①] 此案例來源於三五九期貨網──期貨知識──套期保值業務指南（http://www.359qh.com/）。

表 4.2　　　　　　　　　　　　　油廠的套期保值效果

	現貨市場	期貨市場
10月25日	豆粕銷售價格 2,950 元/噸	賣出 1,000 手 0401 豆粕合約價格為 2,950 元/噸
12月4日	賣出 10,000 噸豆粕價格為 2,760 元/噸	買入 1,000 手 0401 豆粕合約價格為 2,650 元/噸
盈虧變化情況	(2,760−2,950)×10,000 = −190 萬元	(2,950−2,650)×10,000 = 300 萬元

(二) 案例分析

(1) 從盈虧情況來看，雖然現貨價格的下跌導致了該油廠銷售現貨利潤少了 190 萬元，但由於其賣出 1 月豆粕的套期保值操作，使其獲得了 300 萬元的期貨利潤，不但彌補了現貨市場的損失，而且還獲得了額外的收益 110 萬元（這是由於雖然現貨價格和期貨價格變動方向一致但幅度不相等，期貨市場上的價格下跌幅度大於現貨市場上的價格下跌幅度，即基差擴大的結果造成的）。

(2) 此案例中油廠採取的是賣出套期保值策略。該油廠判斷面臨的市場風險是產品價格下跌風險，因此利用期貨市場預先賣出以達到鎖定產品售價、穩定收入的目的。實際情況正如其判斷的那樣，豆粕的價格下跌了，而且此賣出套期保值策略的結果不僅規避了現貨價格下跌的風險，穩定了收入，還獲得了額外盈利。

小結：案例 4.1 和案例 4.2 中的企業都正確預測到了商品未來價格的趨勢，但是由於現貨市場和期貨市場價格變動幅度不相等而不同程度地轉移了價格風險。現在我們以買入套期保值為例，來分析這種價格變動幅度上的差異對套期保值效果的影響。對於買入套期保值來說，它是交易者為避免將來在現貨市場上買入實物商品時遭受價格上漲所帶來的損失而採取的交易行為。如果該種商品的未來價格果真上漲了，即正確預測了未來價格走勢，那麼套期保值會出現三種可能的結果：一是如果到保值者在現貨市場上購買實物商品時，價格不僅像其擔心的那樣上漲了，而且現貨價格和期貨價格的上漲幅度一致，那麼其做的買入套期保值交易就能取得完美的效果，即期貨市場上賣出合約後的盈利正好補償現貨市場上買入實物商品的虧損。二是如果現貨市場上價格上漲幅度大於期貨市場，由於保值者是要在現貨市場上買進實物商品而在期貨市場上賣出期貨合約，那麼其在期貨市場上雖然盈利了，但在現貨市場上的虧損額要比在期貨市場上的盈利額稍大。因此，只能迴避一部分價格風險，免遭一部分損失。三是如果期貨市場價格的上漲幅度比現貨市場價格的上漲幅度大，那麼套期保值者不僅在期貨市場上盈利，而且其盈利額要比在現貨市場上的虧損額大，從而套期保值者不僅達到了保值的目的，而且還有額外盈利。以上是買入套期保值會出現的各種情況，對於賣出套期保值來說，原理相同，情況相反。

案例 4.3[①]

2008 年江西銅業期貨虧損案例

(一) 案例資料

2008 年第四季度銅價較全年下跌近 60%，導致江西銅業計提資產減值 7.38 億元，其中存貨跌價損失達到 5.8 億元。從江西銅業年報套保虧損額推斷，主要是江西銅業持有的銅期貨頭寸多空相抵後，表現為淨多頭。江西銅業年報解釋，多頭頭寸的形成是為了鎖定公司銅冶煉及銅加工產品原料的成本。

(二) 案例分析

江西銅業 77% 左右的銅精礦由外部供給，其中絕大部分依靠進口銅精礦，但這些銅精礦的價格不是在交貨時就已經確定了的，而是要交貨後幾個月再確定，一般為 3 個月。銅精礦的價格根據倫敦金屬交易所（London Metal Exchange，LME）銅價決定，為 LME 銅價減去冶煉加工費後的價格。還未確定銅精礦價格，江西銅業就已進行了生產銷售。此時要對這個現貨銷售合約做一個期貨買多，以抵消未來 LME 銅價變化帶來的影響。

江西銅業除了自產原料僅在 LME 進行做空操作外，其他依靠進口的原料都會在 LME 和上海期貨交易所進行做多交易。而由於自產原料占江西銅業的比重比較小，因此期貨上多空相抵後，會表示為淨多頭。

但是情況並非企業預測的那樣，2008 年，由於全球經濟形勢的劇變，多數有色金屬價格見頂回落。從當年 6 月份算起，銅價累計下跌幅度達到 60%，但似乎仍然未到盡頭，尤其是進入 10 月以來，銅價以幾近 40% 的累計下跌幅度令人震撼。10 月 21 日晚間，倫敦金屬交易所因銅價大幅下挫，盤中創出 4,438.5 美元/噸的本輪下跌新低，收盤稍有反彈收於 4,480 美元/噸，跌幅達 5.29%。10 月 22 日，滬銅受 LME 銅價大跌影響，以跌停開盤，市場觀望看空情緒濃重。當天，滬銅 0901 收盤於 36,070 元/噸。由於此輪銅價大跌，江西銅業為了鎖定原材料成本而在銅期貨市場上買入套期保值的策略使得其在套期保值上虧損慘重。

雖然江西銅業在期貨上持有淨頭寸是考慮到原材料成本風險，可是它沒有正確分析當時銅價的走勢，致使判斷錯誤，沒有及時減少套期保值量，當銅價大幅下跌時只能承擔巨額的期貨虧損。

小結：如案例 4.3 中的情形一樣，如果現貨商品未來價格並未像套期保值者擔心的那樣上漲，而是下跌了，那麼該套期保值者仍然做了買入套期保值，實際上是做反了。其結果也有三種可能：一是如果價格不僅在兩個市場都下跌，而且跌幅都一致，則在現貨市場的盈利額正好等於在期貨市場的虧損額，兩相沖抵。二是如果現貨市場的價格跌幅比期貨

[①] 此案例來源於中國證券網——江西銅業期貨虧損調查（http://www.cnstock.com/08qihuo/2009-04/16/content_4215635_2.htm）。

市場大,則保值者不僅在現貨市場上會盈利,而且在現貨市場上的盈利額會大於在期貨市場上的虧損額。這時套期保值者會用現貨市場的盈利彌補期貨市場的虧損。三是如果現貨市場的價格跌幅比期貨市場小,則保值者在期貨市場上的虧損額要比在現貨市場上的盈利額大。這時套期保值者不能用現貨市場上的盈利彌補期貨市場上的虧損,出現了淨虧損。如果說前兩種可能性結果是在允許值範圍之內的,那麼第三種可能性結果則是套期保值者們盡量避免的。以上是買入套期保值會出現的各種情況,對於賣出套期保值來說,原理相同,情況相反。

案例4.4

涉鋼企業的交叉套期保值

(一) 案例資料

一家以鋼材為生產性原材料的涉鋼企業2006年5月8日購買了6.5毫米線材1,000噸作為原材料,2006年8月25日產成品會進入市場。該企業預測近期鋼材價格可能下跌,擔心其價格持續下跌而引起產成品價格下跌造成經濟損失。研究發現,燃料油合約價格與鋼材中6.5毫米線材價格較為接近,具有較好的相關性。因此,該企業採用上海期貨交易所的「fu0610」燃料油合約對所購進的線材進行空頭套期保值,並計算出在風險最小化的情況下,用燃料油期貨合約對鋼材進行交叉套期保值,最佳套保比為0.617,641。5月8日,現貨市場購進鋼材,同時為了規避價格風險,在期貨市場上賣出6手燃料油合約(燃料油期貨合約1手為10噸),交易結果如表4.3所示。

表4.3　　　　　　　　　　　套期保值交易結果

交易時間	現貨市場	期貨市場
5月8日	買進1,000噸線材,3,330元/噸	賣出6手「fu0610」,合約價格3,825元/噸
8月25日	賣出產品,相當於賣出1,000噸線材,3,307元/噸	買入6手「fu0610」,合約價格3,388元/噸
交易盈虧	(3,307-3,330)×1,000=-23,000元	(3,825-3,388)×6×10=26,220元

(二) 案例分析

燃料油期貨與現貨銷售盈虧相抵,不但沒有因為產品價格下跌遭受損失,反而由於在期貨市場上進行了套期保值而獲得了3,220元的收益。此案例中的套期保值屬於交叉套期保值,即用選擇一種與現貨商品的種類不同但在價格走勢互相影響且大致相同的相關商品的期貨合約來做套期保值交易。一般來說,選擇作為替代物的期貨商品最好是該現貨商品的替代商品,兩種商品的相互替代性越強,套期保值交易的效果就越好。

第二節　商品期貨的基差策略

在第一節裡我們已經初步體會到，影響套期保值效率的一個關鍵即現貨價格變化大小與期貨價格變化大小的比較。在第二節中，我們要專注於一個概念——基差，這一概念很好地衡量了套期保值的效果。要想達到好的套期保值效果，關鍵要運用好基差策略。

基差（Basis）是套期保值中相當重要的概念。基差是指計劃使用套期保值資產的現貨價格與所使用的期貨合約的價格之差。基差公式根據期貨持倉量與要保值的現貨資產量是否相等分為等量、不等量的基差公式。

等量套期保值的基差公式如下：

設現貨、期貨價格分別是 S 和 F，則等量套期保值的基差公式為：

$$b = S - F \tag{4.1}$$

不等量套期保值的基差公式如下：

設現貨、期貨價格分別是 S 和 F，最佳套期保值率為 h^*，則不等量套期保值的基差公式為：

$$b = S - h^* F \tag{4.2}$$

其實，在第一節的案例中，進行套期保值的操作分析時，我們一直處於這樣一個假定：套期保值率 h 是 1.0，即每一單位的現貨商品用一單位的期貨合約來進行套期保值，而由於現實中存在基差風險，1：1 的套期保值常常不能達到規避風險的最佳效果。最優的套期保值率應該是使投資者進行套期保值後所面臨的總體風險最小。其公式如下：

$$h^* = \rho \frac{\sigma_S}{\sigma_F}$$

其中，σ_S 是 $\triangle S$ 的標準差，σ_F 是 $\triangle F$ 的標準差，ρ 是 $\triangle S$ 和 $\triangle F$ 的相關係數，h^* 是最優的套期保值率。

期貨套期保值的最優套頭比取決於兩個因素：一個因素是現貨頭寸和保值工具頭寸標準差的比值，另一個因素是現貨頭寸和保值工具頭寸的相關係數 ρ。

基差可以是負數，也可以是正數，主要取決於現貨價格低於還是高於期貨價格。

第一，基差為負數的正向市場。存在正常的商品供求情況的市場稱為正向市場，在這樣的市場中，基差一般應為負數，即各月份的期貨價格應高於現貨價格，遠期的期貨價格會高於近期的期貨價格。因為期貨價格中反應出一定的持有成本及儲存者（持有期貨合約者）承擔一定風險而得到的一定的價格補償。

第二，基差為正數的反向市場。與正向市場相反的市場稱為反向市場。在近期市場上商品的供求出現供不應求現象時，或者預計將來該商品的供給會大幅增加時，基差會成正

数，即現貨價格高於期貨價格。在這種市場情況下，期貨合約並不能反應出一定的遠期成本，從而持有期貨合約不僅不會獲得一定的價格補償，反而會產生負的持有成本。

第三，基差為零的市場情況。隨著期貨合約交割期的到來，期貨合約中的遠期因素會逐漸消失，期貨價格中的遠期成本也會逐漸消失，從而期貨價格和現貨價格的差距會逐漸縮小，加之套利交易的活躍，都可能使交割期到來時的期貨價格和現貨價格之間互相趨合，基差趨近於零。而這正是套期保值交易之所以能取得保值效果的一個基本原因。

下面我們引入幾個案例，來具體說明基差策略在套期保值中的運用。

一、基差對賣出套期保值的影響

案例4.5

某電纜廠賣出套期保值的基差風險

（一）案例資料

某電纜廠在1998年7月有庫存銅芯電纜3,000噸，將會在兩個月後出售給一家公司。該電纜廠生產這批電纜的銅成本平均價為18,500元/噸，而這批電纜最低目標利潤的銷售價=銅價+2,000元/噸（正常利潤的銷售價=銅價+3,000元/噸）。而當時的電纜價格仍隨銅價的下跌而下跌，已跌至了20,500元/噸，如果跌勢持續的話，該電纜廠的庫存電纜將無法實現其最低目標利潤。於是，該電纜廠決定利用期貨市場進行套期保值，當即在期貨市場上以17,500元/噸的期貨價賣出3個月期銅合約3,000噸，兩個月之後再以16,750元/噸的期貨價格買入平倉。

（二）案例分析

為了更好地說明基差對賣出套期保值的影響，我們對1998年9月的電纜價格分別假設三個不同的數值，由此分為以下三種情況：

（1）基差不變，現貨價格、期貨價格均下跌。

如果兩個月後的銅價為17,750元/噸，則電纜出售價為19,750元/噸，套期保值效果和基差變化如表4.4所示。

表4.4　　　　　　　　　　　　基差不變下的套期保值效果

	現貨市場	期貨市場	基差
7月份	庫存電纜3,000噸 目標利潤銷售價20,500元/噸	賣出10月份銅期貨3,000噸 合約價格17,500元/噸	+3,000
9月份	賣出電纜3,000噸 銷售價19,750元/噸	買入10月份銅期貨 合約價格16,750元/噸	+3,000
變化	虧損(20,500−19,750)×3,000=225萬元	盈利(17,500−16,750)×3,000=225萬元	不變

由於基差不變，現貨市場的虧損剛好由期貨市場上的盈利彌補，該套期保值策略為完全套期保值。

（2）基差變小，現貨價格、期貨價格均下跌。

如果兩個月後的銅價為 17,700 元/噸，則電纜出售價為 19,700 元/噸，套期保值效果和基差變化如表 4.5 所示。

表 4.5　　　　　　　　　　基差變小下的套期保值效果

	現貨市場	期貨市場	基差
7月份	庫存電纜 3,000 噸 目標利潤銷售價 20,500 元/噸	賣出 10 月份銅期貨 3,000 噸 合約價格 17,500 元/噸	+3,000
9月份	賣出電纜 3,000 噸 銷售價 19,700 元/噸	買入 10 月份銅期貨 合約價格 16,750 元/噸	+2,950
變化	虧損（20,500－19,700）×3,000＝240 萬元	盈利（17,500－16,750）×3,000＝225 萬元	−50 變小

基差由 3,000 縮小到 2,950，現貨市場的虧損大於期貨市場的盈利，企業最終呈現出淨虧損，但比不參與套期保值要好，實現了部分保值。

（3）基差變大，現貨價格、期貨價格均下跌。

如果兩個月後的銅價為 17,800 元/噸，則電纜出售價為 19,800 元/噸，套期保值效果和基差變化如表 4.6 所示。

表 4.6　　　　　　　　　　基差變大下的套期保值效果

	現貨市場	期貨市場	基差
7月份	庫存電纜 3,000 噸 目標利潤銷售價 20,500 元/噸	賣出 10 月份銅期貨 3,000 噸 合約價格 17,500 元/噸	+3,000
9月份	賣出電纜 3,000 噸 銷售價 19,800 元/噸	買入 10 月份銅期貨 合約價格 16,750 元/噸	+3,050
變化	虧損（20,500－19,800）×3,000＝210 萬元	盈利（17,500－16,750）×3,000＝225 萬元	+50 變大

基差由 3,000 擴大到 3,050，現貨市場的虧損不僅完全被期貨市場的盈利所彌補，還獲得了額外利潤 15 萬元，此套期保值不僅保值，還增值了。

（三）小結

對賣出套期保值而言，套期保值交易的結果並不一定把價格風險全部轉移出去，套期保值者要承擔期貨市場價格與現貨市場價格變化不一致時的風險，即基差風險。設 b_1 為期初基差，b_2 為期末基差。

(1) 如果基差變大，即 $b_2 > b_1$，期末基差＞期初基差，賣出套期保值者完全保值並有額外收益，該額外收益即基差變化值，對賣方有利。

(2) 如果基差不變，即 $b_2 = b_1$，期末基差＝期初基差，賣出套期保值完全保值。

(3) 如果基差變小，即 $b_2 < b_1$，期末基差＜期初基差，賣出套期保值部分保值，期貨市場的盈利彌補了現貨價格下跌的一部分損失，但仍有部分損失。基差變化值不能彌補，對賣方不利。

因此，賣出套期保值，將現貨價格被動的風險轉化成基差風險，基差變大時，賣出套期保值有額外盈利。為減少基差風險，交易者應該選擇性地套期。當賣出套期交易者對當前的期貨價格滿意，並預期基差將會增強時，應該考慮做賣出套期保值，選擇入市時機。同樣，當預計基差將轉弱，並且當前價格仍有利潤，結束賣期保值，賣出現貨，買入期貨平倉。

二、基差對買入套期保值的影響

案例 4.6[1]

某電廠進行買入套期保值的基差風險

（一）案例資料

2005 年 5 月 1 日，一個電廠和當地分銷商達成一份遠期合約，分銷商同意在 7 月份供應 1,000 噸燃料油，根據到時的市場現貨的平均價格作為賣出價格。該電廠為了鎖定成本從而鎖定利潤，決定在上海期貨交易所（SHEF）進行燃料油期貨交易。於是在期貨市場上買入 100 手 8 月份 SHEF 燃料油期貨合約。到合同計價日賣出平倉該期貨頭寸。

（二）案例分析

該電廠進行買入套期保值的依據是當時國際油價飆升的背景。該電廠結合當時國內外情況對油價的供需情況做出了如下分析：

第一，石油的需求增長旺盛。2004 年，世界各國的經濟幾乎同步增長，導致石油消費激增，2005 年仍持續這一趨勢。國際能源機構測算，2005 年的石油日需求量為 8,430 萬桶，比上年增長 2.2%，日供求缺口約為 120 萬～150 萬桶。

第二，石油的供給已經接近極限。石油輸出國組織（OPEC）只提供滿足世界石油需求的 40%，受來自多方面的壓力，OPEC 曾多次提高生產配額。OPEC 配額的提高意味著增產餘地下降。

第三，地緣政治對當時油價的上漲也間接地推波助瀾。日產石油近 400 萬桶的伊朗是 OPEC 的第二石油生產大國，伊朗總統換屆後，伊朗新領導人的強硬政策可能會影響外國

---

[1] 此案例來源於金融界——燃料電廠買入套期保值方案（http://futures.jrj.com.cn/2008/10/2111562443302.shtml），數據有所修改。

在伊朗石油領域的投資，可能出現石油產量下降。此外，伊拉克國內局勢動盪，沙特國內局勢緊張，委內瑞拉和尼日利亞石油業也是波瀾起伏，這些不確定的因素加重了市場人士的擔心，影響了石油價格。

第四，石油的供需失衡將會導致國際油價的上升，而在國際油價大幅飆升的情況下，國內燃料油相應上漲自然不可避免。

於是，為了規避後市燃料油價格上漲風險，該電廠進行了買入套期保值策略。以下是基差變大和變小兩種情況下的損益情況和對套期保值效果的影響分析。

（1）基差變小，現貨價格、期貨價格均上漲。

在基差變小的情況下，買入套期保值的效果如表 4.7 所示。

表 4.7　　　　　　　　基差變小的情況下的套期保值效果

	現貨市場	期貨市場	基差
5 月份	燃料油現貨價格 2,710 元/噸	買入 100 手 8 月份 SHEF 燃料油合約，合約價格 2,420 元/噸	+290
7 月份	買入 1,000 噸燃料油價格 3,050 元/噸	賣出 100 手 8 月份 SHEF 燃料油合約，合約價格 2,850 元/噸	+200
變化	虧損（3,050 − 2,710）× 1,000 = 34 萬元	盈利（2,850 − 2,420）× 1,000 = 43 萬元	−90 變小淨盈利 9 萬元

在表 4.7 中，現貨價格和期貨價格均上漲，並且期貨價格的上漲幅度大於現貨價格的上漲幅度，基差數值走弱，從而使得該電廠在現貨市場上蒙受的損失完全被期貨市場上的獲利所彌補，並且還獲得了額外盈利，不僅保值，還有額外盈利。

（2）基差變大，現貨價格、期貨價格均上漲。

在基差變大的情況下，買入套期保值的效果如表 4.8 所示。

表 4.8　　　　　　　　基差變大的情況下的套期保值效果

	現貨市場	期貨市場	基差
5 月份	燃料油現貨價格 2,610 元/噸	買入 100 手 8 月份 SHEF 燃料油合約合約價格 2,420 元/噸	+190
7 月份	買入 1,000 噸燃料油價格 3,050 元/噸	賣出 100 手 8 月份 SHEF 燃料油合約合約價格 2,850 元/噸	+200
變化	虧損(3,050−2,610)×1,000=44 萬元	盈利(2,850−2,420)×1,000=43 萬元	+10 變大淨虧損 1 萬元

在表 4.8 中，現貨價格和期貨價格均上漲，但現貨價格的上漲幅度大於期貨價格的上漲幅度，基差數值走強，從而使得電廠在現貨市場上蒙受的損失大於在期貨市場上的獲利。表 4.8 的套期保值彌補了現貨市場的部分虧損，基本達到保值效果。

如果現貨市場和期貨市場的價格不是上升而是下跌，則結果是電廠在現貨市場獲利，在期貨市場損失。但不論價格上漲還是下跌，在買入套期保值的操作中，只要基差數值增大，期貨市場的盈虧不能完全對沖現貨市場的盈虧，而且會出現淨虧損。反之，假設基差數值減小，期貨市場的盈虧不僅能對沖現貨市場的全部盈虧，而且會有淨盈利。

（三）小結

對買入套期保值而言，套期保值交易的結果並不一定把價格風險全部轉移出去，套期保值者要承擔期貨市場價格與現貨市場價格變化不一致時的風險，即基差風險。

（1）如果基差變小，即 $b_2<b_1$，期末基差<期初基差，買入套期保值者完全保值並有額外收益，該額外收益即基差變化值，對買方有利。

（2）如果基差不變，即 $b_2=b_1$，期末基差 = 期初基差，買入套期保值完全保值。期貨市場交易的盈虧彌補了現貨價格上漲引起的風險。

（3）如果基差變大，即 $b_2>b_1$，期末基差>期初基差，買入套期保值部分保值，期貨市場的盈利彌補了現貨價格下跌的一部分損失，但仍有部分損失。基差變化值不能彌補，對買方不利。

此外，對於基差的變動方向，有利於套期保值者選擇交易時機，當基差轉強並有減弱趨勢，期貨價格也為買者所滿意時，可選擇買入套期保值交易操作。反之，當基差較弱，並有轉強趨勢，現貨價格也為買者所滿意時，可考慮買入現貨，結束套期保值。

三、基差交易

基差交易是進口商經常採取的定價和套期保值策略。基差交易是指進口商用期貨市場價格來固定現貨交易價格，從而將價格波動風險轉移出去的一種套期保值策略。用這種方法，進口商在與出口商談判時，可以暫時不確定固定價格，而是按交易所的期貨價格固定基差，由進口商在裝運前選擇期貨價格來定價。因此，最終的實際現貨交易價格不是交易時的市場價格，而是根據下面這一公式確定的：

$$交易的現貨價格 = 商定的期貨價格 + 預先商定的基差 \qquad (4.3)$$

一旦進口商選擇了某日的期貨價格，則其同時會在期貨交易所建立空頭交易部位，等到轉售貨物時，進口商再以等於或大於買入現貨的基差價格出售貨物，並在期貨交易所以多頭平倉。這樣無論期貨價格如何變化，進口商都不會在現貨交易中受到任何損失，而且如果賣出現貨的基差大於買入現貨的基差，進口商還會取得基差交易的盈利。

基差交易成功的關鍵在於確定合理的對沖基差，估計的原則如下：

第一，必須保證收回成本。

第二，能夠確保合理的利潤。

第三，充分研究基差的變動規律以找出合適的交易對手。

我們以一個空頭套期保值者的基差交易為例，說明基差交易策略的操作。

案例 4.7[①]

某食品批發商的基差交易

（一）案例資料

某食品批發商在 1 月份以 3,800 元/噸的價格購入白糖若干噸，欲在 5 月份銷售出去；同時，該批發商以 3,900 元/噸的價格做了空頭套期保值，基差為-100。據估計，在對沖時基差至少要達到-50 才可以彌補倉儲、保險等成本費用，並可以保證合理利潤，即根據空頭套期保值者的利潤 b_2-b_1，有：批發商的盈利＝(-50)-(-100)＝50（元/噸）。考慮到以後如果基差變弱會於己不利，該食品批發商保值後便考慮是否尋求基差交易以避免基差變動造成的不利影響。

如果不進行基差交易，假設 5 月份的現貨價格、期貨價格分別為 3,810 元/噸、3,880 元/噸，該食品批發商在現貨上的盈利為 10 元/噸，加上期貨合約對沖盈利 20 元/噸，即根據空頭套期保值後資產的有效價格 F_1+b_2，有：賣出白糖的有效價格＝3,900+(-70)＝3,830（元/噸）。該食品批發商仍然面臨風險，不能達到預先制定的 50 元/噸的盈利目標。

若該食品批發商能夠找到一家食品廠，進行基差交易，雙方在 5 月份按當時的期貨價格和-50 的基差成交現貨，即：成交價格＝3,880+(-50)＝3,830（元/噸），則完全可以實現既定目標，見表 4.9。

表 4.9　　　　　　　　　　　　　基差交易　　　　　　　　　　　　單位：元/噸

		現貨價格	期貨價格	基差	交易盈利
1 月		3,800	3,900	-100	
5 月	不做基差交易	3,810	3,880	-70	30
	做基差交易	3,830	3,880	-50	50

（二）案例分析

在此案例中，該食品批發商願意以「5 月份期貨價格-50」定價，而不直接以 3,830 元/噸定價，是因為該食品批發商通過分析認為白糖價格將下跌，並且 5 月份基差將弱於-50 元/噸。如果先將價格固定下來不一定有利，按基差定價則比較靈活機動且富有彈性。這樣，既保證了有可靠的白糖供應來源，又有可能使價格向有利於自己的方向轉化。

[①] 張元萍. 金融衍生工具教程［M］. 北京：首都經濟貿易大學出版社，2011.

第三節　商品期貨的投機策略

與前面介紹的以保值為目的的投資策略不同，本節將介紹交易活動的另一種類——投機。投機活動廣泛存在於商品期貨交易中，我們下面結合案例解析其運用方法和效果。

期貨投機交易是指在期貨市場上以獲取價差收益為目的的期貨交易行為。所謂價差投機，就是投機者通過對價格走勢的預期判斷，在認為價格上升時買進、價格下跌時賣出，然後待有利時機再賣出或買進原期貨合約對沖平倉，以獲取利潤的活動。如果這種判斷與市場價格走勢相同，則投機者平倉出局後可獲取投機利潤；如果判斷與價格走勢相反，則投機者要承擔投機損失。進行價差投機的關鍵在於對期貨市場價格變動趨勢的分析預測是否準確。由於影響期貨市場價格變動的因素很多，特別是投機心理等偶然性因素難以預測，正確判斷難度較大，因此這種交易的風險較大。

期貨市場中的投機交易策略涉及最主要的兩個問題是入市方向和入市時機。入市方向涉及對期貨價格走勢的預測，包括長期走勢和短期走勢，而入市時機涉及對期貨價格波動規律的認識。

一、入市方向的選擇

除了分析基本因素和技術因素外，入市方向的選擇還需要確定是長線投機還是短線投機。

（一）期貨市場長線投機的入市方向

投資者進行長線投機，要更關注基本面決定的「大勢」，根據「大勢」確定期貨投資方向。

第一步，應採用基本分析法分析市場是處於牛市還是熊市。如果牛市，升勢有多大，是大升勢，還是小升勢；如果是熊市，跌勢預計有多大。

第二步，權衡風險和獲利前景。只有在獲利的潛力大於可能承擔的風險的情形下，才能入市買賣合約。

（二）期貨市場短線投機的入市方向

短期內，期貨價格比現貨價格波動更加頻繁。正是由於期貨價格在短期內比現貨價格波動頻繁、波幅大，這為短線投資者創造了比現貨更多的投機機會。因此，短線投資者可以通過技術分析，結合對期貨市場人氣、基本面、政策面等因素的判斷，進行短線投機。

二、入市時機的選擇

無論長線投機還是短線投機，期貨投資入市時機的選擇均以技術分析為主，結合基本

面分析。

在入市時間的選擇上圖表分析法可以充分發揮作用。有時基本分析法表明從長期看期貨價格將上漲（或下跌），但當時的市場行情卻步步下滑（或升攀），這時可能是基本分析出現了偏差，過高地估計了某些因素，也可能是某些短期因素對行情具有決定性的影響，使價格變動方向與長期趨勢出現暫時的背離。不管期貨市場發生了哪種情況，投資者均有必要對以前的分析進行檢驗。經檢驗後結論仍然相同，價格在長期將上升（或下跌），就暫時不入市，直到市場行情逆轉，與基本分析的結論相符時再入市買入（或賣出）合約。因此，投資者只有在市場趨勢已經明確上升時才買入期貨合約，在市場趨勢已經明確下降時再賣出期貨合約。如果投資者發現期貨市場的變化趨勢不明朗，或不能判定市場發展趨勢就不宜建倉。

案例4.8[①]

黃金9月上漲是大概率事件

（一）案例資料

2009年7月，某投機者對黃金及期貨價格看漲，決定購買2009年9月份的黃金期貨合約。他的分析如下：一是對歷史數據的分析。自1998年來，全球黃金在9月份的平均漲幅為3.4%，並且黃金價格的季節性特點表現更為明顯，通常在夏季（6~8月）金價表現較差，到進入秋季後，開始有較好表現，9月份已經被證明是金價上漲的最佳月份。而黃金價格在9月份通常表現良好的原因在於主要黃金消費國印度和中國的一系列節日假期的相繼到來，刺激黃金消費的上升。二是由於當時國內外股市的調整，誘發市場上對於經濟復甦進程的擔憂，使得黃金的吸引力再度增強。三是美元的強勢難以為繼，大家對於美元資產的偏好下降，而且美國未來龐大的財政赤字也必然導致美元中長期走軟。四是中國降低巨額外匯儲備風險的需求，也是黃金儲備增加的原因。五是通貨膨脹預期將會支持未來金價。

根據以上分析，該投資者認為在金價上漲之前，建立9月份黃金多頭頭寸是個不錯的投機機會。於是他在7月份時選擇了AU0909合約比較低的點位206.21元/克買入期貨合約，再在臨近交割時以211元/克的高位賣出合約平倉，每克盈利了4.79元，投機策略很成功。

（二）案例分析

該投機者期貨投機策略成功的原因在於很好地把握了入市方向和入市時間。首先，對基本面做了正確分析，通過對黃金價格歷史數據的分析和對9月份後黃金需求量加大的預測以及結合當時國內外宏觀經濟因素，比如國內外股市的調整、美元走軟、國內通貨膨脹預期、中國外匯儲備調整因素的分析，判斷出黃金價格將在9月份呈現上漲趨勢，於是在

[①] 此案例來源於中國黃金期貨網研究報告《黃金9月上漲是大概率事件》（http://www.jin24k.com/Baogao/099881043HGC52GA324JHCA725291.html）。

確定了入市方向後買入9月份的黃金期貨合約。其次，該投機者對入市和出市時間把握得也很好，因此能獲得投機盈利。

案例4.9[1]

黃金期貨的投機

2008年1月，黃金期貨上市接近兩周，從周線上觀察，滬金期貨明顯處於下跌行情中，從上市的漲停板230.99元/克，下跌至周五收盤的214.70元/克，下跌幅度高達16.29元/克。也就是說，如果投資者在上市的第一天以漲停板的天價價格拋出，做空黃金期貨，至周末，短短8個交易日時間，每手的收益高達65%左右，而其所有的交易成本可能不足200元。這就是黃金期貨給市場帶來的財富吸引力。

當然有收益就有風險，對於瘋狂的看多黃金價格的投資者，在風險上同樣也受到了實實在在真金白銀般的教訓。上述收益的反面就是虧損，如果投資者在買了高價的滬金期貨，而倔強地持有，那麼虧損也同樣會高達65%，受到的壓力也可想而知。如果資金的使用率過高，導致的追加保證金的風險同樣會使得投資者面臨從浮虧轉化為實虧的狀態。在短短8個交易日的時間裡，黃金期貨市場的「雙刃劍」特點就表現得淋漓盡致。

當然黃金期貨在其兩周的交易中也同樣顯示出良好的投資投機價值。在對價格有一個準確的判斷的基礎上，資金的使用效率在期貨市場大大提高，而其槓桿性的效用魅力帶來的投資收益同樣讓人滿意。從上述的實例來看，黃金期貨也有非常好的投資價值。

從投機角度來看，黃金期貨在不到兩周的時間內顯示出的良好的價格發現功能和波動的規律性，同樣值得關注。對喜歡投機的交易者來說，黃金期貨市場更是一個天堂般的市場。從8個交易日的走勢來看，偏高價格持續下跌後，開始反彈，反彈的高度基本達到了50%以後，反彈遇阻再次回落，回落的節奏有快有慢。下跌－反彈－下跌的節奏也易於把握，因此對短期投機和中期投資黃金市場都顯示出了良好的價值。

案例4.10

海南棕櫚油M506事件

棕櫚油作為國內期貨市場較早推出的大品種，一度成為期貨市場的熱門炒作對象，吸引了大量的投機者和套期保值者參與，市場容量相當大。但由於M506合約上的過度投機和監管不力，嚴重打擊了投資者的信心，導致棕櫚油這個品種在此事件之後，參與者越來越少，直到最後退出期貨市場。

(一) 案例資料：M506事件的起因與經過

這是一個由於過度投機、監管不力而導致品種最後消亡的典型事件。

(1) 早期國內外棕櫚油市場由於供求不平衡，全球植物油產量下降，而同期需求卻持續旺盛，導致棕櫚油的價格不斷上漲。但到了1995年，國內外棕櫚油市場行情卻出現了

---

[1] 此案例來源於上海有色金屬網（http://news.bbspace.cn/html/news/20080119/409648.html）。

較大的變化，棕櫚油價格在達到高峰後，逐漸形成回落趨勢。

（2）M506合約多空對峙的起因。1995年第一季度，海南棕櫚油期貨價格一直於9,300元/噸以上橫盤，但在M506合約上，市場投機者組成的多頭陣營仍想憑資金實力拉抬期貨價格。而此時又遇到了一批來自以進口商為主的空頭勢力，在國內外棕櫚油價格下跌的情況下，以現貨拋售套利，由此點燃了M506合約上的多空戰火。

（3）M506合約行情的走勢及最後結果。1995年3月以後，多空的激烈爭奪令M506合約上的成交量和持倉量急遽放大，3月28日持倉一度達到47,944手的歷史最高位。與此同時，有關部門發出了期貨監管工作必須緊密圍繞抑制通貨膨脹、抑制過度投機、加大監管力度、促使期貨市場健康發展的通知。國家的宏觀調控政策是不允許原料價格上漲過猛的，對糧油價格的重視程度也可想而知。這就給期貨市場上的投機商發出了明確的信號，而此時，M506合約上的多空爭奪硝煙正濃。多頭在來自管理層監控及國內外棕櫚油價格下跌雙重打壓下匆忙撤身，而空方則借助有利之勢乘機打壓，使出得勢不饒人的兇悍操作手法，在1995年4月，將期貨價格由9,500元/噸以上高位以連續跌停的方式打壓到7,500元/噸一線。而此時的海南中商期貨交易所施行全面放開棕櫚油合約上的漲跌停板限制，讓市場在絕對自由的運動中尋求價格。多頭在此前期貨價格暴跌之中虧損嚴重，已沒有還手之力。這又給空方以可乘之機，即利用手中的獲利籌碼繼續打低期貨價格，在M506臨近現貨月跌到了7,200元/噸水平。至此，M506事件也告結束。此後的棕櫚油合約雖有交易，但已是江河日下，到1996年已難再有生機了。

（二）案例分析：對M506事件的反思

棕櫚油經過火爆炒作、大量投機、發生風險、交易清淡，直到完全退出期貨市場，其過程是發人深省的。不論是從該品種的合約設計上，還是從市場監管的力度上，我們都可以吸取許多經驗和教訓。

過度投機是導致棕櫚油M506事件的重要原因之一。1995年的國內期貨市場正處於一哄而起的高峰時期，市場的不規範運行造就了一批瘋狂的投機者。他們以非理性的操作手法，完全脫離期貨市場的基本規律，認為資金是左右期貨市場價格的主要因素，全然不顧棕櫚油現貨市場的基本行情走勢，盲目追多，企圖通過以拉抬價格、逼爆空頭的方式來取勝和牟取暴利。正是這種不顧基本面的瘋狂投機心理，最終導致價格連連跌停，導致多頭本身的紛紛爆倉。投機者是期貨市場的重要組成部分，是期貨市場必不可少的潤滑劑。投機交易增強了市場的流動性，承擔了套期保值交易轉移的風險，是期貨市場正常營運的保證。但事實充分證明，期貨市場若因過度投機而使商品價格扭曲運行，最終結果必然導致市場機制扭曲，市場運行失效。

（三）值得注意的幾點

在投機策略中，還應注意以下幾點：

1. 選擇合約月份

短線投機者應該選擇近期活躍月份，這樣入市便利，進出市場的成本較低。

長線投機者對於合約月份可以選擇遠期合約，這是因為遠期合約處於不活躍狀態，價格可能比較合適，可以用稍長的時間去建倉。如果投資者在活躍月份建倉，容易給其他機構投資者出倉提供機會，即所謂的「抬轎」。

在正向市場上，也就是說遠期合約價格大於近期合約。如果遠期合約的價格上升，近期合約的價格至少同步上升，以維持與遠期合約間的價差和持倉費間的相等關係，並且可能近期合約的價格上升更多。合約價格下跌時，遠期合約價格的跌幅不會小於近期合約，因為遠期合約對近期合約的升水通常不可能大於與近期合約間相差的持倉費。因此，決定買入期貨合約，做多頭投機時應買入近期合約；決定賣出合約，做空頭投機時應賣出遠期合約。

在反向市場上，即遠期合約的價格低於近期合約的價格，如市場行情下滑，近期合約受的影響較大，跌幅很可能大於遠期合約。如果市場行情上漲，在近期合約價格上升時，遠期合約的價格上升。因此，投資者決定買入某種期貨合約，做多頭的投資者應買入較遠的合約，行情看漲同樣可以獲利，行情看跌時損失較小；若決定賣出某種合約，做空頭投機，則應賣出較近的近期合約，行情下滑時可以增加盈利。

2. 平均買低和平均賣高的技巧

在買入合約後，如果期貨市場的價格下降則進一步買入合約，以求降低平均買入價，一旦價格反彈可以在較低價格上賣出止虧盈利，此謂平均買低。在賣出合約後，如果期貨市場的價格上升則進一步賣出合約，以提高平均賣出價格，一旦價格回落可以在較高價格上買入止虧盈利，這就是平均賣高。

運用這種投資技巧時，投資者必須以對市場大勢的看法不變為前提。在預計價格將上升時，價格可以下跌，但最終仍會上升。在預測價格即將下跌時，價格可以上升，但必須是短期的，最終仍要下跌。否則這種做法只會增加損失。

3. 科學地控製風險

進入期貨市場的投資者要樹立起風險意識，每一筆交易都要建立止損和盈利目標。要盡量地擴大盈利，及時縮小損失，這就要求在正確分析的基礎上，如果價格對自己有利要盡量擴大，在價格對自己不利時，要及時對沖平倉，即盈利目標要大於可能的損失（止損），只有這樣的交易才是有利可圖的。

期貨價格在一定時期內趨勢性強，大勢一旦形成將持續較長時間。因此，投資期貨在價格不利的時候，尤其是與大勢相反的時候，一定要果斷止損，防止損失擴大超過自己承受的範圍。

投資者從基本面分析判斷出價格大勢以後，如果短線進行操作，可以做一些技術性反向操作，如果期貨價格變動方向對投資者不利時，要果斷止損，防止短線操作轉化為長線操作而產生巨幅虧損。如果短線操作方向和大勢一致，而期貨價格變動方向對自己不利，可以適當延長持倉時間，以「時間」去換取「盈利」的空間，如果期貨價格變動和自己預測的方向一致，即對自己有利，要盡量擴大自己的盈利幅度。

第四節　商品期貨的套利策略

金融工程中還有另外一個重要的領域：套利。套利是保證各種金融產品、各種期限結構、各地金融市場保持高度相關性的重要途徑和力量，是效率市場的必要條件，是金融工程學的重要運用領域。套利活動歷史悠久，涉及在不同的市場同時進行兩項或更多的交易，從不同市場的價格差中獲利。本節將介紹套利在商品期貨中的運用。

期貨套利（Spreads）是指同時買進和賣出兩張不同種類的期貨合約。交易者買進自認為是「便宜的」合約，同時賣出那些「高價的」合約，從兩合約價格間的變動關係中獲利。在進行套利時，交易者注意的是合約之間的相互價格關係，而不是絕對價格水平。

套利交易在期貨市場中發揮著兩個方面的作用：其一，套利方式為眾多交易者提供了對沖機會；其二，有助於將扭曲的市場價格關係重新拉回到正常水平。

套利一般可分為四類：期現套利、跨期套利、跨市套利和跨品種套利。

期現套利是指投資者在期貨和現貨市場間的套利。若期貨價格較高，則賣出期貨的同時買進現貨，等到交割日，用現貨交割期貨合約。而當期貨價格偏低時，買入期貨在期貨市場上進行實物交割，再將它轉到現貨市場上賣出獲利。值得注意的是，該類投資者必須要有現貨背景，否則無法展開期現套利。

跨期套利是套利交易中最普遍的一種，是利用同一商品但不同交割月份之間的正常價格差距出現異常變化時進行對沖而獲利的交易方式，又可分為牛市套利（Bull Spread）和熊市套利（Bear Spread）兩種形式。例如，在進行金屬牛市套利時，交易者買入近期交割月份的金屬合約，同時賣出遠期交割月份的金屬合約，希望近期合約價格上漲幅度大於遠期合約價格的上漲幅度；而熊市套利則相反，即賣出近期交割月份合約，買入遠期交割月份合約，並期望遠期合約價格下跌幅度小於近期合約的價格下跌幅度，從而獲利。

跨市套利是在不同交易所之間的套利交易行為。當同一商品期貨合約在兩個或更多的交易所進行交易時，由於區域間的地理差別，各商品合約間存在一定的價差關係。例如，倫敦金屬交易所（LME）與上海期貨交易所（SHFE）都進行陰極銅（一種精煉銅）的期貨交易，每年兩個市場間會出現幾次價差超出正常範圍的情況，這為交易者的跨市套利提供了機會。當 LME 的銅價低於 SHFE 的銅價時，交易者可以在買入 LME 的銅合約的同時，賣出 SHFE 的銅合約，待兩個市場價格關係恢復正常時再將買賣合約對沖平倉並從中獲利，反之亦然。在做跨市套利時應注意影響各市場價格差的幾個因素，如運費、關稅、匯率等。

跨品種套利是指利用兩種不同的、相互關聯的商品之間的期貨合約價格差異進行套利的一種投資方式。跨品種套利通過買入某種商品某一交割月份的期貨合約，同時賣出另一

相互關聯商品相同交割月份的期貨合約,然後在有利時機將這兩個合約進行對沖平倉而獲利。由於其獲利不是基於單個商品合約價格的上漲和下跌的絕對值,而是基於不同品種合約之間價差的擴大和縮小的相對值,因此,相對其他投資方式,跨品種套利具有同等收益下風險較低的特徵。

案例 4.11[1]

黃金期貨的期現套利和跨市套利

2008 年 1 月 9 日,黃金期貨在上海期貨交易所正式掛牌上市,黃金期貨綜合了黃金獨有的保值作用和期貨靈活的交易方式,推出後受到眾多投資者的青睞,也給黃金期貨和現貨拓展了更加廣闊的市場。同時,黃金現貨參與企業和期貨公司也面臨更多的機遇和挑戰。投資者的熱捧也使得黃金期貨價格波動幅度加大,給市場提供了很多套利機會。

(一)期現套利案利分析

期貨和現貨之間存在基差,期貨本身價格發現的功能對遠期的價格起到引導作用,基差主要是由持倉成本決定的。對於黃金期貨來說,其持倉成本主要包括以下幾項:倉儲費、貸款利息、購入費用等。黃金期貨和現貨之間是否存在套利機會,取決於基差和持倉成本的對比關係。基差大於持倉成本時存在套利機會,而套利又會使基差逐漸趨向正常,套利機會消失。

1. 期現套利機會分析

2008 年 1 月 9 日黃金期貨上市,我們根據基差和持倉成本來核算是否存在期現套利的機會。

(1)基差計算。1 月 9 日黃金期貨 806 合約開盤價為 230.95 元/克,取整數 230 元/克計算。當日上海金交所一號金現貨價格取 206 元/克計算。基差為 -24 元/克。

(2)持倉費用計算。

①倉儲費。按 1.8 元/天/千克(1 月 9 日~6 月 15 日,共 156 天)計算,則倉儲費為 280.8 元/千克,約相當於 0.29 元/克。

②貸款利息。一年期貸款利率為 7.47%,黃金價格按 206 元/克計算,每千克需要資金 206,000 元。貸款利息為 $206,000 \times 7.47\% \times 156 \div 365 = 6.756$ 元,每克需貸款利息 6.756 元。

③持倉總費用。持倉總費用為 $0.29+6.756 = 7.046$ 元/克。

(3)基差和費用的比較。基差 24 元/克遠遠大於 7.046 元/克的持倉費用,因此存在巨大的套利空間,可以進行期現套利操作。

2. 期現套利操作

以 1 千克黃金為例來進行期現套利操作。黃金生產企業於 1 月 9 日在期貨市場賣出黃

---

[1] 此案例來源於和訊網——黃金期貨套利案例分析(http://long2010.blog.hexun.com/16934099_d.html)

金 806 合約，持有空頭，當基差和持倉費用的價差達到最大時，期貨頭寸平倉。

（1）期貨市場。

1 月 9 日，在期貨市場賣出黃金期貨 806 合約一手，價格為 230 元/克。以 13.5%的保證金比例計算，需要保證金 31,050 元/手。

1 月 22 日，黃金期貨合約 806 最低跌至 204.72 元/克，謹慎的投資者可以在期貨市場上平倉。

期貨市場盈虧情況如下：

以 208 元/克的價格平倉，平倉盈利為（230-208）×1,000 = 22,000 元/千克。

期貨市場盈利為 22,000 元/千克。

（2）現貨市場。

1 月 22 日，黃金現貨價格以 205 元/克計算，和 1 月 9 日相比價格下跌 1 元/克，相當於現貨虧損為（206-205）×1,000 = 1,000 元/千克

1 月 9 日～1 月 22 日，頭尾均算為 14 天。1 千克黃金的持倉費用為（7,046÷156）×14 = 632 元 。

現貨市場虧損為 1,000+632 = 1,632 元/千克。

3. 套利結果

淨盈利為 22,000-1,632 = 20,368 元/千克。

通過期現套利，淨盈利 20,368 元/千克，套利成功。

通過核算基差和持倉費用，我們很清楚地看到期貨與現貨之間巨大的價差，進行套利操作的風險幾乎為零，作為黃金生產企業，有現貨做保障，非常適合進行期現套利操作。從而實現以接近零的風險在期貨市場上取得高額回報。

（二）跨市場套利案例分析

作為黃金投資企業，如投資公司、金店等，當黃金國際市場和國內市場出現價差時，可以在兩個市場上同時操作來進行套利。下面我們以 2008 年 1 月 9 日～1 月 22 日，國內黃金期貨市場和紐約黃金期貨市場的套利機會來說明跨市套利的操作流程。

1. 跨市套利分析

一般來說，兩個市場之間因為信息不對稱及運輸成本等因素會造成同一品種的價差。但對於國內和國際兩個市場來說，一般情況交割的很少，這樣價差一般取決於兩種貨幣的匯率。對於國內黃金和紐約黃金來說，通過兩種貨幣的換算，如果兩者存在價差，則存在套利機會。

（1）價差核算。1 月 9 日，國內黃金期貨價格最高為 230.99 元/克，紐約黃金期貨價格最高為 901 美元/盎司，收盤價為 886.8 美元/盎司。

以 901 美元/盎司計算，1 盎司 = 31.103,5 克，1 月 9 日人民幣對美元匯率為 7.273,2，折算成人民幣，紐約黃金價格為 210.7 元/克。

(2) 套利機會。國內黃金期貨價格為 230 元/克，紐約黃金期貨價格為 210.7 元/克，因此至少存在 20 元/克的套利空間。結合現貨價格來分析，國內金價虛高，在套利盤的影響下，價格必然逐漸迴歸平衡。綜上所述，可以考慮在國內黃金期貨市場做空，同時在紐約黃金期貨市場做多。

2. 跨市套利操作

1 月 9 日，做空國內黃金期貨合約 3 手，價格為 230 元/克，需要保證金 31,050 元，同日在紐約黃金期貨市場買入黃金 4 月份合約 1 手（100 盎司），約等於 3,110.35 克，價格為 901 美元/盎司，需要保證金 3,510 美元。

(1) 國內市場。1 月 22 日，國內空頭持倉已經出現不小盈利，可以考慮平倉，以 208 元/克的價格平倉，平倉盈利為（230-208）×1,000×3 = 66,000 元/千克。

國內期貨市場盈利 66,000 元/千克。

(2) 國際市場。1 月 22 日，在紐約市場上所持有的多頭平倉，平倉價格為 890 美元/盎司，平倉虧損為（901-890）×100 = 1,100 美元。

1 月 22 日，人民幣對美元的匯率為 7.255,6，則折合人民幣平倉虧損為 1,100×7.255,6 = 7,981 元。

紐約黃金市場虧損為 7,981 元。

(3) 套利結果。淨盈利為 66,000-7,981 = 58,019 元，跨市場套利成功。

案例 4.12

跨期套利

假設上海期貨交易所銅 2003 年 2 月份合約的價格為 18,300 元/噸，而 7 月份合約價格為 19,300 元/噸，貼水達到 1,000 元/噸。通過測算我們知道 2 月到 7 月的持倉費約為 500 元/噸，而如果進行現貨交割的套利成本則約為 750 元/噸，因此進行跨期套利毫無風險且最小收益將大於 250 元/噸。而且通過分析我們認為價差在不久後將會縮小的可能性很大，那麼最終套利的完成很可能不需要進行現貨交割並且收益極大。

(一) 總體思路

以 18,300 元/噸的價格買入 1,000 噸 2 月份銅，同時以 19,300 元/噸的價格賣出 1,000 噸 7 月份銅，完成套利的入場步驟。退場的方式可能有兩種：一種是當價差在 2 月份銅最後交易日（2 月 15 日）之前大幅縮小時，同時平倉退場以獲取利潤。這是我們最希望採用的方式。另一種是如果價差在 2 月 15 日前沒有縮小或者縮小的程度不理想時，接貨並在 7 月份到期時交貨，完成套利過程。這是最壞的結果，但仍然可以保證獲利，而且即使 2 月份接貨之後仍然可以有諸如倉單抵押、擇機賣現貨等許多靈活的操作方案可供選擇。我們必須把最壞的情況考慮到，由此設計交割套利方案。

(二) 預算資金

按 1,000 噸的數量進行跨期套利並進行交割，所需資金為 1,846 萬元。取得銀行的支

持獲得封閉式貸款 1,292.2 萬元，占 70%；自有資金占 30%，為 553.8 萬元，資金使用期限為 6 個月。

（三）成本核算

（1）交易手續費：100 元/手。

（2）交割費：2 元/噸。

（3）倉儲費：7.5 元/噸/月。

（4）過戶費：3 元/噸。

（5）利息：6.5%/年×貸款金額×0.5。

（6）增值稅：利潤×14.5%。

（四）盈利測算

投資為 553.8 萬元，最小獲利為 19.05 萬元，最低年收益率為 6.9%。

通過以上方案的設計，我們可以確切地知道此次套利操作的最小收益率約為 6.9%，實際結果可能會好出許多，而唯一的風險只是資金是否能夠到位。

案例 4.13[①]

跨品種套利——原料與產品之間的套利——「買豆賣粕」

（一）案例資料

2004 年 3 月 24 日以後，大連商品交易所豆粕價格暴漲。近期 0408 豆粕價格達到 3,778 元/噸，遠期 0411 豆粕價格也達到 3,452 元/噸。而同期，國內的 9 月大豆價格為 3,932 元/噸，11 月大豆價格為 3,601 元/噸。

按照表 4.10 的分析，遠期的豆粕顯然是被高估了，而大豆則被低估了。於是某油廠在 0411 豆粕合約上，3 月 23 日在 3,390 元/噸價位開始大量拋出，同時在 3 月 23 日和 24 日對 0411 大豆合約以 3,609～3,687 元/噸價位買入對應的數量。隨後，在 4 月 27 日時，該油廠兩邊平倉。

表 4.10　國內大豆、豆粕和南美大豆、美國大豆的對應價格表

月份	美盤（美分/蒲式耳）	大連大豆價格（元/噸）	大豆進口成本（元/噸）	大豆價差（元/噸）	大連豆粕價格（元/噸）	折合粕成本（元/噸）	壓榨利潤（元/噸）
5 月美國	1,032	3,932	4,482	−550	3,540	4,121	−581
5 月南美	1,032	3,932	4,341	−409	3,540	3,940	−400
7 月美國	1,023	3,932	4,451	−519	3,608	4,080	−473
7 月南美	1,023	3,932	4,309	−377	3,608	3,899	−291
8 月美國	994	3,932	4,348	−416	3,608	3,949	−341

---

① 此案例來源於和訊網——高風險的商品期貨跨品種套利（http://futures.money.hexun.com/1681_1604221A.shtml）。

表4.10(續)

月份	美盤 (美分/蒲 式耳)	大連大豆 價格 (元/噸)	大豆進口 成本 (元/噸)	大豆價差 (元/噸)	大連豆粕 價格 (元/噸)	折合粕 成本 (元/噸)	壓榨利潤 (元/噸)
8月南美	994	3,932	4,206	-274	3,608	3,767	-159
9月美國	889	3,932	3,976	-44	3,608	3,472	+136
9月南美	889	3,932	3,834	+98	3,608	3,290	+318
11月美國	787	3,601	3,615	-14	3,332	3,010	+322
11月南美	787	3,601	3,473	+128	3,332	2,828	+504

註：美豆的運輸貼水均為200美分/蒲式耳，南美為160美分/蒲式耳，豆油價均為7,500元/噸，加工成本為120元/噸。

該油廠的套利交易過程和盈虧情況如表4.11所示。

表4.11　　　　　　　　　套利的盈虧表　　　　　　　　單位：元/噸

	0411大豆	0411豆粕
3月23日、24日成交平均價格	買入3,621	賣出3,452
4月27日平倉價格	3,269	2,947
盈虧	-352	+505

(二) 案例分析

從表4.11可知，0411大豆虧損352元/噸，但0411豆粕盈利505元/噸，套利總體獲利153元/噸。要在大豆和豆粕間進行套利，首先要分析這兩種商品的相關性。這兩種商品處於同一產業鏈上，它們的價格因受成本和利潤的約束也會具有一定程度的相關性，與替代性跨品種套利相比，這種相關性更加穩定。其次，可以根據大豆和豆粕間存在套利的條件，即大豆價格+一定壓榨利潤≠豆粕價格×0.785+豆油價格×0.16，來判斷是否存在套利機會，或利用大豆和豆粕的比價來判斷套利機會更加直觀，其中大豆和豆粕的比價=大豆價格/豆粕價格。豆粕和大豆的比價一般在0.80~0.85之間，當兩者的比價超過0.85時，就存在跨品種套利的機會。在判斷存在套利機會後，就可在兩個不同品種中做相反操作然後把握好機會平倉獲取差價利潤。

習題

1. 某銅業公司是一家生產有色金屬銅的公司，其在6個月後能生產出陰極銅10,000噸。當前陰極銅的市場價格為14,200元/噸，而且最近的銅價格一直處於下跌之中。該公司擔心銅價會一直下跌，如果6個月後的銅價跌破13,000元/噸時，那麼該公司將無法實

現預定的最低目標利潤。那麼，如何才能使該公司避免因市場銅價格的下跌遭受的損失，至少保證該公司完成最低目標利潤呢？

2. 某廠商以白銀為主要生產要素，需要定期買入大量白銀，並且估計在未來兩個月需要白銀50,000盎司，此時白銀的市場價格是1,052.5美分/磅，該廠商擔心白銀價格突然上漲到超過1,068美分/磅，這將嚴重影響獲利。市場上5月份白銀期貨合約價格為1,068美分，假設到期時期貨價格等於現貨價格，為規避銀價上漲帶來的損失，該廠商該怎樣操作？該廠商為什麼不以1,052.5美分/磅的價格現在買入白銀，然後存貯兩個月待用呢？

3. 某期貨經紀公司發現鄭州商品交易所1月小麥合約和5月小麥合約之間的差價有點不正常。1月合約的價格為1,140元/噸，5月合約的價格卻為1,245元/噸，5月合約要比1月合約高出105元。這不是因為5月小麥的質量比1月小麥的質量好而受到人們青睞，而是人為交易因素造成的。

該公司認為這種不正常的差價會隨著現貨交割日期的臨近而迴歸正常。請思考該公司如果確認這個結論，將會進行怎樣的操作來獲利？

4. 在通常情況下，上海期貨交易所（SHFE）與倫敦金屬交易所（LME）之間的3個月期鋁期貨價格的比價關係為10：1（如當SHFE鋁價為15,000元/噸時，LME鋁價為1,500美元/噸），但由於國內氧化鋁供應緊張，導致國內鋁價出現較大的上揚至15,600元/噸，致使兩市場之間的3個月期鋁期貨價格的比價關係為10.4：1。

此時，某金屬進口貿易商判斷：隨著美國鋁業公司的氧化鋁生產能力的恢復，國內氧化鋁供應緊張的局勢將會得到緩解，這種比價關係也可能會恢復到正常值。那麼該公司會在兩市場間怎樣操作？

5. 活牛的每月即期價格變化的標準差為1.2美分/磅。每月期貨價格變化的標準差為1.4美分/磅，期貨價格變化和即期價格變化的相關性為0.7。現在是10月15日，一個牛肉生產商在11月15日購買200,000磅活牛。該牛肉生產商打算用12月的活牛期貨合約來對沖風險。每份合約的交易數量為40,000磅。該牛肉生產商應該採用什麼樣的策略？

6. 一位養豬農場主預計3個月後出售90,000磅活豬。芝加哥商品交易所每份活豬期貨交易合約的交易數量為300,000磅。該農場主如何進行套期保值？以該農場主的觀點，套期保值的優點和缺點是什麼？

第五章　金融期貨

學習提要：金融期貨是指以金融工具作為標的物的期貨合約，具有期貨交易的一般特點，但與商品期貨相比較，其合約標的物不是實物商品，而是金融工具或指標。目前，金融期貨交易在許多方面已經走在商品期貨交易的前面，超過了商品期貨。金融期貨包括指數期貨、利率期貨、外匯期貨。本章將結合案例介紹這三類期貨的交易策略。

套期保值策略、基差、投機、套利這四種交易策略也被廣泛運用於金融期貨交易中，接下來我們將分別介紹各種策略在每一類金融期貨中的運用方法和效果。

第一節　股票指數期貨

金融期貨按標的資產可以分為三大類：外匯期貨、利率期貨和股票指數期貨。

股票指數期貨是指協議雙方同意在將來某一時期按約定價格買賣股票指數的合約。由於股票指數是一種特殊的指標，沒有具體的實物形式，不能進行實物交割，雙方在交易的時候只能把股票指數的點數換算成貨幣單位進行現金結算。

中國上市交易的滬深 300 股指期貨的標的物滬深 300 指數於 2005 年 4 月 8 日正式發布，由滬深兩市 A 股中規模大、流動性好、最具代表性的 300 只股票組成，以綜合反應滬深 A 股市場的整體表現。一份滬深 300 股指期貨合約的價值等於指數的點數與合約乘子即 300 元的乘積，現金結算金額等於合約交割日的股票的指數結算點數與當初期貨價格點數的差值乘以 300。中國金融期貨交易所於 2010 年 4 月 16 日推出了滬深 300 指數期貨交易，在 2015 年 4 月 16 日又推出了上證 50 和中證 500 股指期貨品種。

一、股指期貨的套期保值策略

同其他期貨品種一樣，股指期貨的套期保值為股票現貨市場的投資者提供了轉移風險的工具。

（一）多頭套期保值

多頭套期保值是指投資者打算在將來買入股票而同時又擔心將來股價上漲的情況下，

提前買入股指期貨的操作策略。

當投資者打算運用將要收到的一筆資金進行股票投資，但在資金未到帳之前，該投資者預期股市短期內會上漲，為了便於控制購入股票的價格成本，投資者可以先在股指期貨市場上投資少量的資金買入指數期貨合約，預先固定將來購入股票的價格，資金到帳後便可運用這筆資金進行股票投資。儘管股票價格上漲可能使得股票購買成本上升，但提前買入的股指期貨的利潤能彌補股票購買成本的上升。

（二）空頭套期保值

空頭套期保值是指在投資者持有股票組合的情況下，為防範股市下跌的系統性風險而賣出股指期貨的操作策略。

作為已經擁有股票的投資者或預期將要持有股票的投資者，如證券投資基金或股票倉位較重的機構等，在對未來的股市走勢沒有把握或預測股價將會下跌的時候，為避免股價下跌帶來的損失，賣出股指期貨合約進行保值。一旦股票市場下跌，投資者可以從期貨市場上賣出的股指期貨合約中獲利，以彌補股票現貨市場上的損失。

案例 5.1[①]

買入股指期貨套期保值

（一）案例資料

某投資者在 2006 年 3 月 22 日已經知道在 5 月 30 日有 300 萬元資金到帳可以投資股票。該投資者看中 A、B、C 三只股票，當時的價格分別為 10 元、20 元和 25 元，準備每只股票投資 100 萬元，可以分別買 10 萬股、5 萬股和 4 萬股。由於行情看漲，該投資者擔心到 5 月底股票價格上漲，決定採取股票指數期貨鎖定成本。假設經統計分析三只股票與滬深 300 指數的相關係數 β 分別為 1.3、1.2 和 0.8，則其組合 β 係數 $= 1.3 \times 1/3 + 1.2 \times 1/3 + 0.8 \times 1/3 = 1.1$。3 月 22 日滬深 300 指數的現值為 1,050 點，5 月 30 日滬深 300 指數的現值為 1,380 點。假設 3 月 22 日 6 月份到期的滬深 300 指數期貨合約為 1,070 點，5 月 30 日 6 月份到期的滬深 300 指數期貨合約為 1,406 點。那麼該投資者需要買入的期貨合約數量 $= 3,000,000/(1,070 \times 300) \times 1.1 = 31$ 手。具體操作如表 5.1 所示。

表 5.1　　　　　　　　　　買入股指期貨套期保值的情況

	現貨市場	期貨市場
2006 年 3 月 22 日	滬深 300 現貨指數 1,050 點。預計 5 月 30 日 300 萬元到帳，計劃購買 A、B、C 三只股票，價格分別為 10 元、20 元、25 元	以 1,070 點買入開倉 10 手 6 月到期的滬深 300 指數期貨，合約總價值為 $10 \times 1,070 \times 300 = 321$ 萬元

---

① 此案例來源於期貨網——股指期貨套期保值案例分析（http://www.futurescn.net/html/200905/11/20090511141640.htm）。

表5.1(續)

	現貨市場	期貨市場
2006年5月30日	滬深300現貨指數上漲至1,380點，A、B、C三只股票價格上漲為14.2元、27.68元和31.4元，仍按計劃數量購買，所需資金為406萬元	以1,406點賣出平倉10手6月到期的滬深300指數期貨，合約價值為：10×1,406×300＝421.8萬元
損益	資金缺口為106萬元	盈利100.8萬元
狀態	持有A、B、C股票各10萬股、5萬股和3萬股	沒有持倉

(二) 案例分析

該投資者已經知道在月底將收到一筆資金，並且打算將資金投資三只股票，但在資金未到之前，該投資者預期股市短期內會上漲，為了便於控製購入股票的價格成本，其先在股指期貨市場上以相關係數比例計算出的合約數量購買了股票指數期貨合約，預先固定將來購入股票的價格，資金收到後便可運用這筆資金進行股票投資。儘管股票價格上漲可能使得股票購買成本上升，但提前買入的股指期貨的利潤能彌補股票購買成本的上升。由表5.1我們可以看到期貨市場上的盈利100.8萬元基本彌補了現貨市場上股票上漲所帶來的損失106萬元，達到了較好的套期保值效果。

注意：此案例中計算期貨合約數量的公式是：期貨合約數量＝現貨總價值/(期貨指數點×每點乘數)×β係數，這是進行完全對沖的套期保值的計算方法，投資者還可以根據自己的需要進行部分對沖的套期保值，根據對β數值大小的需求決定期貨合約的數量。

案例5.2

賣出股指期貨套期保值

(一) 案例資料

某位投資者持有昇華拜克(600226)股票，在2004年8月1日時持有的昇華拜克股票收益率達到10%，鑒於後市情況不明朗，下跌的可能性很大，該投資者決定利用滬深300股指期貨進行套期保值。假定其持有的昇華拜克現值為50萬元，經過測算，昇華拜克與滬深300指數的β係數為1.1。8月1日現貨指數為1,282點，12月份到期的期貨指數為1,322點。那麼該投資者賣出期貨合約數量如下：

期貨合約數量＝現貨總價值/(期貨指數點×每點乘數)×β係數

本例賣出期指合約數為＝500,000/(1,322×300)×1.1＝1.386，即1張合約。12月1日，現貨指數跌到1,182點，而期貨指數跌到1,217點，兩者都跌了約7.8%，但該股票價格卻跌了7.8%×1.1＝8.58%，這時候該投資者對買進的1張股指期貨合約平倉，期貨指數盈利(1,322－1,217)×300×1＝31,500元，股票虧損500,000×8.58%＝42,900元，兩者相抵淨虧損了11,400元。

如果到了 12 月 1 日，期貨指數和現貨指數都漲 5%，現貨指數漲到 1,346 點，期貨指數漲到 1,388 點，這時該股票上漲 5%×1.1＝5.5%，投資者買入合約平倉後，期貨指數虧損（1,388－1,322）×300×1＝19,800 元，股票盈利 500,000×5.5%＝27,500 元，淨盈利 7,700 元。

（二）案例分析

從這個例子可以看出，當做了賣出套期保值以後，如果股價如預測的那樣下跌了，那麼無論股票價格如何變動，股票的損失都會部分或全部被股指期貨上的盈利所彌補，甚至還會有淨盈利，這時賣出套期保值策略實現了規避風險的目的。

但如果後市股價與預測的相反，反而上漲了，則賣出股指期貨合約的策略剛好做反了，像這個例子中的第二個結果，本來股票上盈利了 27,500 元，而由於預測失誤，股指期貨上虧損了 19,800 元，抵消掉了股票上的部分盈利，此時賣出套期保值策略不適當。

二、股指期貨的基差策略

影響股指期貨套期保值效果的主要風險除了 β 值風險（即現貨投資組合與指數期貨之間的相關性強弱程度問題——相關性越高，套期保值效果越好），還有基差風險。若基差值（指數的現貨價格及期貨價格的差距）在套期保值期間維持不變，則套期保值者可以達到完全對沖的效果，但在套期保值期間往往會出現基差變動的風險，包括基差絕對值變大和基差絕對值變小兩種可能，便會出現不完全對沖，基差的改變越大，不能對沖的風險就越大，進而套期保值的效果越差。

案例 5.3

基差變化對買入套期保值策略效果的影響

我們用案例 5.1 中的例子來解釋基差策略。

在期初時（2006 年 3 月 22 日），滬深 300 現貨指數是 1,050 點，期貨指數是 1,070 點，基差點數是-20。在期末時（2006 年 5 月 30 日時），滬深 300 現貨指數是 1,380 點，期貨指數是 1,406 點，基差點數減少到-26。由於基差變小，期貨市場上的盈利不僅完全彌補了現貨市場上股票的虧損，還應該出現淨盈利。但是由於完全對沖的合約是 10.28 份，取整後為 10 份，這樣其對沖結果出現了偏離，有少量損失未衝銷掉。

其實，股指期貨的套期保值策略中的基差策略和商品期貨是同樣的道理，對於買入股指期貨的套期保值策略，基差變小更有利，因此當基差較強並有減弱趨勢，股指期貨價格也為買者所滿意時，可以選擇買入套期保值交易操作。反之，當基差較弱，並有轉強趨勢，股指現貨價格也為買者所滿意的，可考慮買入現貨，結束套期保值。

案例 5.4[1]

股指期貨套期保值

(一) 案例資料

滬深 300 股指期貨於 2006 年 10 月開始模擬交易。我們選擇 2007 年 7~8 月的數據為樣本來分析中國 A 股市場存在的基差風險。股指期貨交易一般只推出當月、下月和隨後兩個季月四張合約。由於每個期貨合約都有到期日，因此其期貨價格是不連續的。每一個月份的期貨合約都有一定的生命週期，為克服期貨價格在 7~8 月的不連續性，我們選擇 IF0709 合約，此合約 7~8 月的期貨和現貨價格走勢圖如圖 5.1 所示。

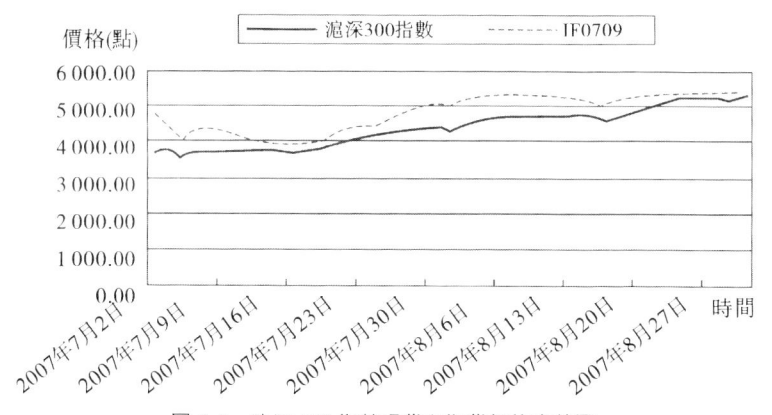

圖 5.1 滬深 300 指數現貨和期貨價格走勢圖

從圖 5.1 可以看出，現貨價格和期貨價格的走勢基本一致，這也反應了現貨和期貨受同樣因素影響的本質原因。但從波動幅度上看，滬深 300 指數現貨價格的波動在 3,537.43~5,296.81 點之間波動，波動幅度達 1,759.38 點，同期 IF0709 期貨價格在 3,879.00~5,375.20 點之間波動，波動幅度達 1,496.20 點，比現貨價格的波動幅度略小一些。其基差走勢如圖 5.2 所示。

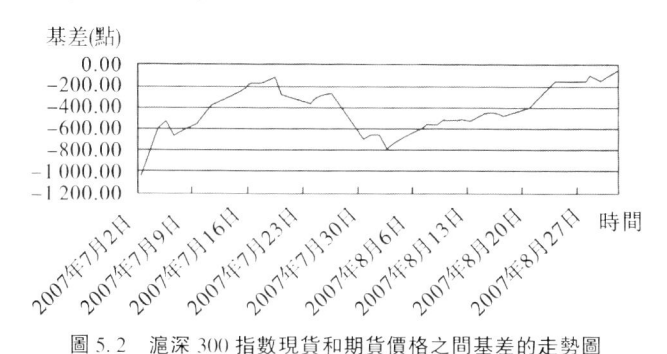

圖 5.2 滬深 300 指數現貨和期貨價格之間基差的走勢圖

---

1 此案例來源於《股指期貨套期保值研究》。

從圖 5.2 可以看出，在樣本區間內，滬深 300 指數基差的變化在 -1,050.34 ~ -68.79 點之間，幅度達 981.55 點，占滬深 300 指數波動幅度的 55.70%，相比現貨指數的波動情況，期貨的波動相對比較小，但基差的波動還是比較明顯的。這說明在中國股指期貨推出之初投資者面臨的基差風險還是很大的，傳統的套期保值策略所面臨的風險較大，因此有必要探討更先進的套期保值策略。通過測算，最後我們選擇用效用最大化套期保值方法計算出的套期保值率為 1.284,0，以此來計算需要交易的期貨合約數量。

保值開始股票組合的總市值和 IF0707 股指期貨價格情況如表 5.2 所示。

表 5.2　　　　　　保值開始股票組合的總市值和 IF0707 股指期貨價格

日期	項目	數值
保值開始日	股票組合總市值	1,222,929,606
2007 年 6 月 19 日	IF0707 股指期貨價格	4,622.20

則期貨合約數量計算如下：

$$N = h \frac{N_t}{Q_f}$$

$= 1.284,0 \times [1,222,929,606 \div (4,622.20 \times 300)]$

$= 1,132.39$

因此需要賣出 1,132 份股指期貨合約進行套期保值。

由於在套期保值前兩周，市場並沒有發生趨勢性變化，整個套期保值組合的 β 值、套期保值效率、基差均在允許範圍之內，因此沒有對期貨頭寸進行調整。但在 7 月 6 日，大盤下跌至 3,500 多點後，下午強力反彈，說明市場人氣正在恢復，於是果斷決定結束套期保值。本次套期保值的盈虧情況如表 5.3 所示。

表 5.3　　　　　　　　套期保值盈虧表　　　　　　　　單位：億元

	套期保值開始	套期保值結束	盈虧
現貨頭寸	1,222,929,606	1,107,407,870	-115,521,736
期貨頭寸	1,569,699,120	1,487,108,400	82,590,720
總盈虧	—	—	32,931,016

（二）案例分析

從表 5.3 中可以看出，在保值期間，由於如投資者所料，大盤出現了較大幅度的下跌，該股票組合在現貨頭寸出現了較大的虧損（虧損 115,521,736 元），但是由於該投資者進行了保值措施，在期貨頭寸盈利 82,590,720 元，因此最後損失減少為 32,931,016 元。期

貨盈利能夠彌補現貨損失的70%以上，套期保值效果還是比較顯著的。這個案例中的基差在縮小，因此使得投資者的虧損沒有完全被股指期貨的盈利所彌補，出現了淨虧損，但總比沒有進行賣出股指期貨套期保值策略好。

對於賣出股指期貨套期保值策略，基差變大更有利。因此，為減少基差風險，交易者應該選擇性地套期。當賣出套期交易者對當前的股指期貨價格滿意，並預期基差將會增強時，應該考慮做賣出套期保值。同樣，當預計基差將轉弱，並且當前價格仍有利潤，結束賣期保值，賣出現貨，買入期貨平倉。另外，基差交易可以根據預先商定好的現貨價格進行交易，以確保目標利潤。

三、股指期貨的投機策略

滬深300股指期貨與股票交易相比具有雙向交易、高槓桿性、高流動性和低交易成本的特點。

雙向交易——不論處於牛市還是熊市，都可以通過股指期貨交易——多頭或空頭的投機策略來實現投資盈利。

高槓桿性——滬深300指數期貨保證金比率為12%，那麼投資槓桿最高可達8.3倍；同時，這種投資槓桿是沒有任何資金成本的，唯一的要求是基於當日無負債結算的前提，必須保留一定的現金流以備追加保證金。

高流動性——股票或股票指數的投資通常受制於可流通的股票市值規模大小，而雙向開倉和T+0交易方式使得股指期貨投機不存在這一局限性。

低交易成本——期貨交易的手續費一般在合約價值的萬分之五左右，而股票交易的成本在千分之幾左右，因此期貨的交易成本極低。滬深300指數期貨很好地體現出了大品種的優勢，如價格相對穩定、受操縱的可能低、流動性好，這些都是取得投機成功非常重要的條件。

投資者的槓桿率最高可達8.3倍，這對投機者來說是非常有吸引力的。如果投資者對期貨走向判斷比較準確，就可以以較少的資金獲得高額的回報。當然，槓桿是一把雙刃劍，判斷正確的時候可以放大收益，判斷錯誤的時候也可以放大損失。由於期貨實行逐日結算的盯市制度，每天的盈虧都在當日收盤後結算。如果投資者槓桿放得過大，即便是投資者對期貨在較長時間價格走勢判斷準確，如果期貨在短期內反向走強，就會損失大量保證金。如果投資者不能滿足保證金追加要求，就會被強行平倉而爆倉出局。這種慘重損失，在期貨歷史上屢見不鮮。

案例 5.5[①]

多頭投機策略

在 2009 年年底，投資者張三憑直覺認為股市春節之後將暴漲，李四則看空後市。於是張三在主力合約 IF1003 報價 3,333 點時，買進一張合約，李四則賣出同樣的合約。在 3 月到期的一個月之內的任何一個交易日，這張合約的價格就像股價一樣會上下波動，如果漲到了 3,350 點，張三就獲利（3,350-3,333）×300 = 5,100 元（手續費忽略）。張三只要支付 3,333×300×12% = 119,988 元的保證金，而不是 99.99 萬元全額資金，收益率為 4.25%。當然，李四判斷失誤，如果不止損等到 3,350 點買入平倉，那就損失 5,100 元。不過，由於 T+0 交易機制，何時買入平倉李四有很強的自主性。通常情況下，當李四發覺苗頭不對，可能早已平倉出局了。

案例 5.6[②]

股指期貨投機

經過對市場的充分分析，一位投資者得出結論：中國股票市場在今後兩周內會上漲。2006 年 12 月 8 日，該投資者以 1,840 點的股指期貨價格在市場上進行交易，買入滬深 300 指數 0703 期貨合約 10 份，該合約於 2007 年 3 月 16 日到期。

如果投資者計劃在到期前平倉，假定滬深 300 指數期貨價格上漲，投資者就能按照較高價格出售，獲得的收益扣除買入時的交易成本後即為利潤。

為了控制風險，投資者必須不間斷地分析市場，並在需要的時候追加保證金或立刻平倉。追加保證金金額是根據中國金融期貨交易所規定的保證金比率乘以合約價值計算得出的，當時保證金比率為 8%，合約價值是股指期貨的點位乘以合約乘數，合約的乘數為 300 元/點。

根據市場變動情況，到 2007 年 3 月 15 日，投資者決定在 2,035 點的水平上平倉，初始保證金及追加保證金也返還給投資者。

由於滬深 300 指數的變化與投資者預期相符合，投資者投資的 10 份 0703 期貨合約在短期內獲得了 585,000 元的利潤。如果按支付的保證金金額計算，回報率超過 100%。

我們也可以利用滬深 300 指數期貨合約倍數來計算利潤如下：

利潤 = 10 份合約×300 元/點×195 點利潤 = 585,000（元）

反之，如果投資者預計未來一段時期股票指數會下跌，因此決定採取熊市策略，則可以建立股指期貨空頭頭寸，先期售出期貨合約，若未來期貨價格走勢符合投資者預期，投資者即可通過在較低的價格買入相同數量期貨合約，平倉獲利，具體計算過程與建立多頭頭寸類似。

[①] 此案例來源於上海證券報《股指期貨操作案例》（http://www.cnstock.com/paper_new/html/2010-02/11/content_72067170.htm）。

[②] 此案例來源於和訊網——股指期貨是怎樣投機賺取的（http://qizhi.hexun.com/2007-07-18/101771765.html）。

由於股指期貨實行保證金交易，交易金額較保證金成倍放大，在決定採取什麼樣的交易策略時，投資者應該一開始就設定能夠承受的每筆交易虧損的上限。在出現該虧損情況後，投資者應該堅決平倉，避免發生難以承受的損失。為了說明這個問題，我們以 2007 年 5 月 30 日的行情為例。

假若 5 月 29 日，投資者在滬深 300 股指期貨 IF0709 賣出合約，以 1,118,000 元用來做空 IF0709，那會是什麼結果呢？

5 月 29 日，IF0709 開盤價為 5,188 點，最高價為 5,249 點。假定投資者空單的價位在最高價上，是 5,249 點。做一手空單需要 15.7 萬元左右的保證金，那麼 1,118,000 元最多可以做 7 手。

現在，假設投資者 5 月 29 日在 IF0709 合約上，以 5,249 點的價位賣出 7 手，投入保證金 1,102,290 元，到 5 月 30 日平倉。

5 月 30 日，IF0709 最低價為 4,620 點，收盤價為 4,679 點。同樣假定投資者在最低價上把那 7 手合約買回了，這一操作賺了 5,249−4,620＝629 點。

因此，這一操作賺了 300×629×7＝1,320,900 元。實際上我們是不可能做到在最低點買入在最高點賣出的。

這 132 萬元就是投資者在大跌行情中賺的錢，而投入的資金是 110 多萬元。也就是說，在 5 月 29 日到 5 月 30 日兩天的時間裡，投資者的收益率近 120%，這是股票市場上不可能做到的，這也是股指期貨投機的魅力所在。

案例 5.7[1]

爆倉案例

（一）案例資料

崔先生是有 10 年「股齡」的老股民。2006 年 10 月 30 日，崔先生開始在長江期貨進行仿真交易，帳戶虛擬資金是 100 萬元，保證金比例為 10%。

仿真交易開始後，當時投資者一哄而上搶著做多，0611 合約以 1,450 點左右開盤後，行情被一路推高，很快被拉高到 1,520 多點，崔先生也順勢在 1,529 點價位買入，開倉 21 手。每手開倉保證金是 45.870 萬元（1,529×300×10%），這一次操作保證金占用就達到 963.270 萬元（45.870×21），基本上就是「滿倉操作」了。

在崔先生買入 0611 合約的第二天，因為技術指標嚴重超買，在做空力量的打壓下，期價下跌，尾市以 1,467 點報收，當天結算價為 1,464 點。

第一天收市後，崔先生的帳戶的浮動虧損就達到 40.95 萬元，另外，21 手持倉保證金需要 90 多萬元，結算後帳戶權益僅剩 58 萬元左右，當時保證金不足，

---

[1] 此案例來源於和訊網——滿倉操作損失 20 多萬元 風險放大不容忽視（http://qizhi.hexun.com/2006-11-28/101769963.html）

當天結算後，期貨公司向崔先生發出了追加保證金的通知，通知崔先生第二天開市後，自行減倉，否則將會面臨強行平倉的風險。第二天開市後，被強行平倉，崔先生平倉虧損達到20多萬元。

（二）案例分析

儘管正如崔先生預料，0611合約行情一路走高，在經歷第二天下跌後，後市又回漲了，但由於該投資者沒有正視股指期貨保證金交易產生的風險放大效應，不注意資金管理，滿倉操作，遇到行情波動，保證金不足，不但沒有賺到本該賺到的錢，反而因強行平倉產生了20多萬元的虧損。

四、股指期貨的套利策略

期貨指數與現貨指數維持一定的動態聯繫，但是有時期貨指數與現貨指數會產生偏離，當這種偏離超出一定的範圍時（無套利定價區間的上限和下限），就會產生套利機會。利用期貨指數與現貨指數之間的不合理關係進行套利的交易行為稱為無風險套利，即期現套利，利用期貨合約價格之間不合理關係進行套利交易的稱為價差交易。價差分為跨期、跨市、跨品種套利。

（一）股指期貨期現套利

股指期貨期現套利是針對股指期貨合約與現貨指數之間的價格差（基差）所進行的交易，由於股指期貨市場與股票現貨市場相關度很高，因此期現套利交易在很大程度上規避了市場趨勢變動的風險。更重要的是，受益於股指期貨現金交割制度，期貨與現貨的價差在交割日必定收斂為0，兩者價格差的最終變動方向確定，因而期現套利交易所面臨的風險很低。

套利策略的構建如下：

套利交易中股指期貨合約是現成的，但市場上並不存在股票指數這種現貨，因此套利者必須構建一個組合來模擬複製股票指數現貨。

運用完全複製法構建股指現貨，複製與交易過程繁雜且複製效果並不理想，現實中採用交易型開放式指數基金（ETF）或成分股組合複製效果往往更好。規模偏小的資金一般宜用ETF組合模擬複製，資金規模較大的投資者宜選用成分股模擬。

案例5.8[①]

期現套利

2007年1月16日至1月19日，滬深300指數與仿真滬深300指數期貨合約IF0702的5分鐘走勢如圖5.3所示。

[①] 此案例來源於中國證券網——股指期貨交易策略之二：期現套利。

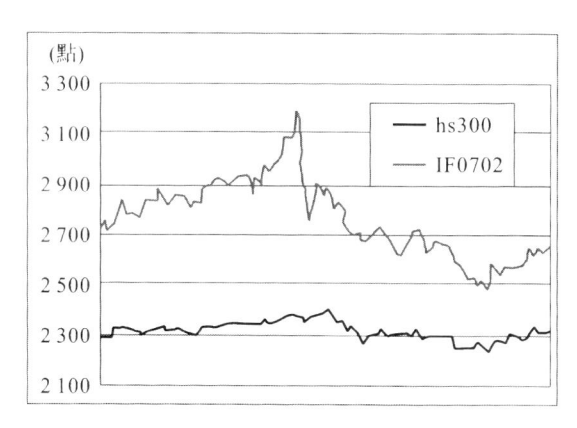

圖 5.3 滬深 300 指數與期貨合約 IF0702 的 5 分鐘走勢圖

1 月 16 日收盤後，進行初步計算，IF0702 合約的理論價格不超過 2,400 元，如果滬深 300 指數不大幅飆升，則 IF0702 合約的理論價格不會有太大的升幅。而且 1 月 19 日是仿真滬深 300 指數期貨合約 IF0701 的最後交易日，隨著 IF0701 合約的到期交割，IF0702 合約的時間價值將變得越來越少。

但 1 月 17 日，IF0702 合約的基差在繼續擴大，到 1 月 17 日上午 10：30 前後甚至到達了不可思議的 800 點上下，這是絕對不合理的。

假設當時某投資者手中有一個市值 1 億元的投資組合，與滬深 300 指數的走勢高度正相關，並且 β 系數為 0.90。該投資者的期現套利方案如下：

在 IF0702 合約的基差擴大到 600 點以上時，分批開倉賣出 IF0702 合約 100 手，均價為 3,000 點左右，在期貨市場的總市值控制在 9,000 萬元左右。隨著 IF0702 合約到期日的逐步臨近，滬深 300 指數與 IF0702 合約的基差必定會縮小，屆時，就可以實現平倉套利了。

IF0702 合約的基差變化如圖 5.4 所示。

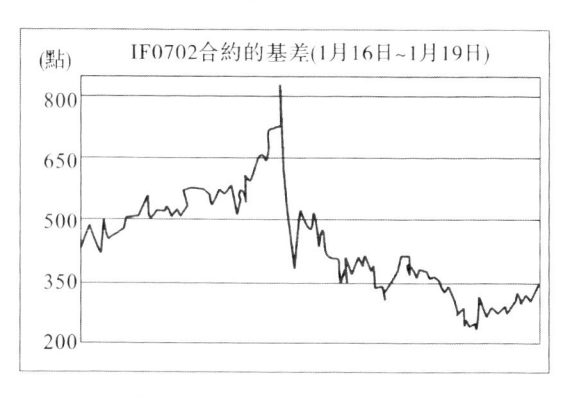

圖 5.4 IF0702 合約的基差變化圖

由於當日和次日 IF0702 合約的基差大幅回落，實際上該投資者不必持有股指期貨合約到最後交易日，在基差大幅回落後即可在期貨市場平倉。

假設該投資者在 IF0702 合約的基差回落至 400 點左右時在股指期貨市場買進平倉，則本次期現套利的利潤在 600 萬元以上 [（600-400）×300×100＝600 萬元]。

（二）股指期貨跨期套利

案例 5.9[①]

滬深 300 指數仿真合約的跨期套利

1. 案例資料

首先，通過對仿真合約及滬深 300 指數的行情分析，我們探討仿真合約價格的走勢及其價差的變動情況。圖 5.5 是 2008 年 4 月 21 日至 2008 年 6 月 20 日滬深 300 指數與各仿真合約的價格走勢圖。其中，4 月 21 日是合約 IF0805 的首個交易日，5 月 16 日是其交割日，6 月 20 日為合約 IF0806 交割日。

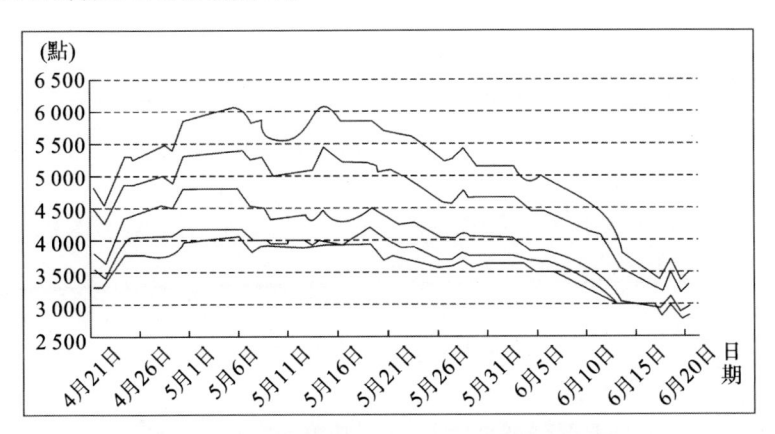

圖 5.5 滬深 300 指數與各仿真合約的價格走勢圖

註：從下至上依次是滬深 300 指數、滬深 300 指數仿真期貨合約當月、下月、隨後兩個季月的走勢。

從圖 5.5 中可以得到以下 3 個特徵：

（1）仿真合約與滬深 300 指數走勢基本一致，並且當月合約價格在最後交易日向現貨趨近。

（2）在滬深 300 指數上升趨勢中，近月合約價格的升幅小於遠月合約價格的升幅。

（3）在滬深 300 指數下降趨勢中，遠月合約價格的降幅大於近月合約價格的降幅。

各仿真合約價差對比如圖 5.6 所示。

---

① 此案例來源於和訊網——股指期貨頻道。

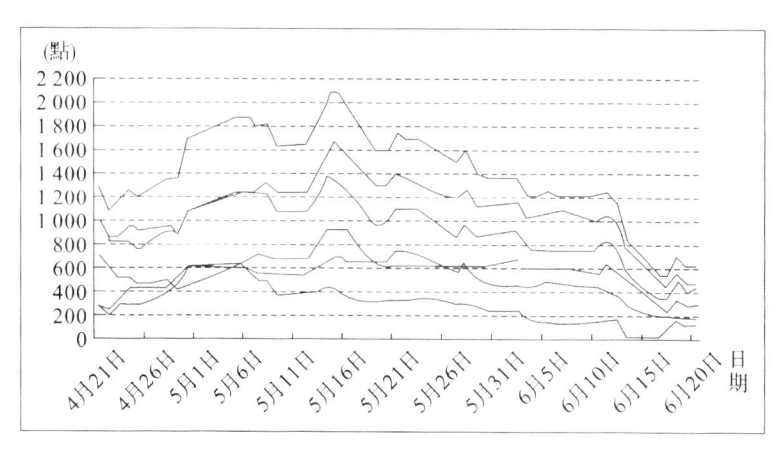

圖 5.6　各仿真合約價差對比圖

註：從下至上依次是下月與當月、兩個季月、第一季月與下月、第一季月與當月、第二季月與下月、第二季月與當月合約的價差曲線

圖 5.6 基本上呈現以下兩個特徵：

（1）除當月合約與下月合約的價差、兩個季月合約的價差變動較小外，其餘四個合約的價差變動都比較大。

（2）當月合約與季月合約的價差變動較下月合約與季月合約的大。其中，以當月合約與第二季月合約的價差變動最大。

根據以上的分析可知，各仿真合約價格隨滬深 300 指數變化而變化，並呈現一定的規律。以下分別用實際例子說明買入套利和賣出套利在股指期貨中的應用。以下兩個例子均用下月合約與第一季月合約計算。

（1）2008 年 4 月 22 日至 2008 年 5 月 15 日是滬深 300 指數上漲階段，由於近月合約價格的漲幅小於遠月合約價格的漲幅（圖 5.5 的特徵 2），因此仿真合約的價差將會擴大，我們對合約 IF0806 和 IF0809 進行買入套利的操作。

4 月 22 日，買進 IF0809 合約的同時賣出 IF0806 合約，建倉價分別是 3,644.6 點和 4,263.2 點，價差為 618.6 點；於 5 月 15 日，對沖兩個合約，平倉價分別是 4,385.4 點和 5,336.4 點，價差為 951 點。建倉與平倉時的價差擴大了 332.4（951-618.6）點。交易的盈虧分析如表 5.4 所示。

表 5.4　　　　　　　　　　交易盈虧情況　　　　　　　　　　單位：點

買入套利	IF0806（賣出）	IF0809（買入）	價差
4 月 22 日（開倉）	3,644.6	4,263.2	618.6
5 月 15 日（平倉）	4,385.4	5,336.4	951

表5.4(續)

買入套利	IF0806（賣出）	IF0809（買入）	價差
盈虧	損失： 4,385.4 － 3,644.6 =740.8	獲利： 5,336.4 － 4,263.2 =1,073.2	獲利： 1,073.2 － 740.8 =332.4

因此，當預測價差變大時，通過買進IF0809、賣出IF0806合約，共獲利332.4點，這正是兩個價差的差值。

(2) 2008年5月20日至2008年6月19日，滬深300指數處於下跌行情，仿真合約的價差將會縮小，這是因為遠月合約價格的跌幅大於近月合約價格的跌幅（圖5.5的特徵3）。我們對合約IF0807和IF0809進行賣出套利的操作。

5月20日，賣出IF0809合約的同時買進IF0807合約，建倉價分別是4,381.4點和5,049.4點，價差為668點；6月19日，對沖兩個合約，平倉價分別是2,868.6點和3,164點，價差為295.4點。平倉與建倉時的價差縮小了372.6（668-295.4）點。交易的盈虧分析如表5.5所示。

表5.5　　　　　　　　　　交易盈虧情況

賣出套利	IF0807（買入）	IF0809（賣出）	價差
5月20日（開倉）	4,381.4	5,049.4	668
6月19日(平倉)	2,868.6	3,164	295.4
盈虧	損失： 4,381.4 － 2,868.6 =1,512.8	獲利： 5,049.4-3,164=1,885.4	盈利： 1,885.4 － 1,512.8 =372.6

因此，當預測價差變小時，通過賣出IF0809、買進IF0807合約，共獲利372.6點，這恰是兩個價差的差值。

2. 案例分析

所謂價差，是指價格較高的月份合約與價格較低的月份合約的差值（大多數情況下，遠月合約價格要比近月合約的高），用公式表示：$S=F_1-F_0$。其中，F表示期貨價格，下標「1」表示遠月，下標「0」表示近月，S表示遠月和近月期貨的價格差。通過判斷兩個交易時點（建倉時的S和平倉時的S_d）的價差變動採取買入套利或賣出套利策略進而獲取收益。

(1) 如果預測價差將變大，可以採取買入套利策略，即買入遠月合約的同時賣出近月合約。因為當價差變大時，要麼是近月合約價格的降幅大於遠月合約價格的降幅，要麼是近月合約價格的升幅小於遠月合約價格的升幅（當$S<S_d$時，即$F_1-F_0<F_{1d}-F_{0d}$，有

$F_1-F_{1d}< F_0-F_{0d}$ 或 $F_{0d}-F_0< F_{1d}-F_1$），但不管出現哪種情況，投資者都可以用一個合約的收益去彌補另一個合約的損失。例如，當近月合約價格降幅較大時，買入的近月合約將虧損，而賣出的遠月合約則獲利，但獲利大於虧損，投資者有正的回報。

（2）如果預測價差將變小，可以採取賣出套利策略，即賣出遠月合約的同時買入近月合約。因為當價差變小時，要麼是遠月合約價格的降幅大於近月合約價格的降幅，要麼是遠月合約價格的升幅小於近月合約價格的升幅（當 $S>Sd$ 時，即 $F_1-F_0> F_{1d}-F_{0d}$，有 $F_1-F_{1d}> F_0-F_{0d}$ 或 $F_{0d}-F_0> F_{1d}-F_1$）。同理，投資者也可以用一個合約的收益去彌補另一個合約的損失。套利交易的關鍵是對價差變動的合理預測。一般地，當行情是上漲時，價差往往會擴大，我們可以採取買入套利策略；當行情是下跌時，價差往往會縮小，我們可以採取賣出套利策略。此外，不同月份合約的價差變動有較大的差異。例如，同是 4 月 22 日和 5 月 15 日兩個時點，下月合約與第二季月合約的價差分別是 873.6 點和 1,673 點，價差擴大了 799.4（1,673-873.6）點。因此，若用下月合約與第二季月合約進行套利，對價差的變動方向預測正確，那麼獲利是巨大的；一旦預測錯誤，損失也十分驚人。在股指期貨交易中，投資者務必意識到套利交易可能存在的高風險。正如此案例，進行套利交易宜採用中間兩個月份合約（第一季月與下月），因為可以在較低風險情況下獲取合理的回報。

（三）股指期貨跨市套利

跨市套利就是所謂的股指期貨跨市套利交易，是指利用不同交易所上市的同一標的指數或相關聯指數期貨合約之間的價差進行交易，獲取收益的交易策略。

新加坡交易所推出以滬深市場最大的 50 只股票為標的物的 A50 股指期貨，該交易所搶先一步推出中國股指期貨品種。A50 指數標的物是以滬深市場中總市值最大的 50 只股票為成分股，而滬深 300 則基本覆蓋了 A50 指數的所有成分股。A50 指數成分股中的 48 只都是滬深 300 的成分股，A50 指數在滬深 300 成分股的權重達到了 98.13%。A50 指數的前十大權重股占到滬深 300 指數權重的 19.39%。據測算，A50 指數與滬深 300 指數的相關性高達 96%。因此，A50 指數自然成為很好的跟蹤指數。

中國股指期貨的推出，在滬深 300 股指期貨與 A50 股指期貨之間建立起聯動關係，由於市場不同、信息流不同，滬深 300 股指期貨與 A50 股指期貨的波動空間也將有所不同，這就為滬深 300 股指期貨與 A50 股指期貨的跨市套利創造了機會。

這裡我們運用國外的案例來說明股指期貨跨市套利策略的運用，對於國內期貨市場其原理是相同的。

案例 5.10

股指期貨跨市套利策略的運用

1. 案例資料

某套利者預期市場將要上漲，而且主要市場指數的上漲勢頭會大於紐約證券交易所綜合股票指數期貨合約，於是在 395.50 點買入 2 張主要市場指數期貨合約，在 105.00 點賣

出 1 張紐約證券交易所綜合股票指數期貨合約，當時的價差為 290.50 點。經過一段時間後，價差擴大為 295.75 點，套利者在 405.75 點賣出 2 張主要市場指數期貨合約，而在 110.00 點買入 1 張紐約證券交易所綜合股票指數期貨合約，進行合約對沖。該跨市套利結果如表 5.6 所示。

表 5.6　　　　　　　　　　　　　股票指數期貨跨市套利

	主要市場指數期貨	紐約證券交易所綜合指數	基差（點）
當時	買入 2 張 12 月主要市場指數期貨合約，點數水平為 395.50 點	賣出 1 張 12 月紐約證券交易所指數期貨合約，點數水平為 105.00 點	290.50
日後	賣出 2 張 12 月主要市場指數期貨合約，點數水平為 405.75 點	買入 1 張 12 月紐約證券交易所指數期貨合約，點數水平為 110.00 點	295.75
結果	獲利 10.25 點×250 美元×2 張 = 5,125 美元	虧損 5.00 點×500 美元×1 張 = 2,500 美元	變大

2. 案例分析

由於主要市場指數期貨合約在多頭市場中上升 10.25 點，大於紐約證券交易所指數期貨合約上升 5.00 點，套利者因此獲利（5,125−2,500）= 2,625 美元。

此案例就是利用相關聯指數期貨合約之間的價差進行的套利。

（四）跨品種套利

跨品種套利指的是利用兩種不同的、相關聯的指數期貨產品之間的價差進行交易。這兩種指數之間具有相互替代性或受同一供求因素制約。跨品種套利的交易形式是同時或幾乎同時買進和賣出相同交割月份但不同種類的股指期貨合約。例如，道瓊斯指數期貨與標準普爾指數期貨、迷你標準普爾指數期貨與迷你納斯達克指數期貨等之間都可以進行套利交易。

由於股票指數是一國經濟的晴雨表，是判斷經濟週期波動的領先指標，因此以股票指數為標的物的股指期貨在某種程度上可以作為投資者規避經濟週期波動的工具，尤其在世界上幾個主要經濟體的經濟週期不甚同步時，股指期貨的跨市套利就有了極大的用武之地。

例如，1987 年全球「股災」時，標準普爾指數與日經 225 指數的走勢就不盡相同。日經 225 指數在 1987 年 10 月初創出新高時，標準普爾指數已見頂回落，而在 10 月 19 日，「黑色星期一」的「股災」中，前者由於日本政府的大舉入市，跌幅輕微，而後者則大跌超過 20%。

又如，1995 年日本阪神大地震前後，標準普爾指數與日經 225 指數竟然出現了相反的走勢。兩者相背離的走勢，其實早在 1994 年下半年就已出現，這是美國和日本兩大經濟體宏觀經濟處於不同經濟週期在股市上的典型表現。阪神大地震不過加劇了標準普爾指數與日經 225 指數的背離趨勢。因此，當我們發現這種套利機會時，採用低成本、高效率的股指期貨工具，買入標準普爾指數期貨，並賣出日經 225 指數期貨就可以獲得非常好的收益。

再如，如果套利者預期標準普爾 500（S&P500）指數期貨合約的價格上漲幅度將大於

紐約證券交易所綜合股票指數期貨合約的價格上漲幅度時，買進 S&P500 指數期貨合約，賣出紐約證券交易所綜合股票指數期貨合約；而當套利者預期紐約證券交易所綜合股票指數期貨合約的價格上漲幅度將大於 S&P500 指數期貨合約的價格上漲幅度時，則賣出 S&P500 指數期貨合約，買進紐約證券交易所綜合股票指數期貨合約。

在中國金融期貨交易所上市的股指期貨品種有滬深 300 指數期貨、上證 50 指數期貨、中證 500 指數期貨，在它們之間也可以進行跨品種套利。

第二節　貨幣期貨

貨幣期貨又稱外匯期貨，是指交易雙方訂立的標準化合約，約定在未來某個確定的日期以雙方協商的匯率交易一定數量的某種外匯。

1992 年 7 月，上海外匯調劑中心建立了中國第一個外匯期貨市場，進行人民幣兌換美元、日元、英鎊、德國馬克和港幣的外匯期貨交易。但是由於當時外匯的現貨市場還不成熟，匯率沒有市場化，監管制度和體系不夠完善等原因，中國人民銀行總行和國家外匯管理局在 1996 年 3 月 27 日最終宣布《外匯期貨業務管理試行辦法》完全失效並加以廢止。

目前，遠期結售匯業務是國內市場的外匯保值工具。所謂遠期結售匯業務，就是外匯遠期合約。通過辦理這項業務，境內機構可以在涉及外匯資金的投資、融資以及國際結算等經營活動中達到「避險保值」的目的。但是中國銀行間外匯市場中的外匯遠期合約遠沒有開始時人們所預想的那樣好，交易量不大，參與的人也不多，沒有真正發揮其保值的作用，其重要原因就在於外匯遠期的流動性遠不如外匯期貨。

中國外匯期貨的適時推出將極大提高中國金融市場的運行效率，加大吸引外資的力度，為國內企業提供更完善的保值手段，進一步改善中國投資環境，並加速中國期貨市場的大變革。

在國外，芝加哥商品交易所已於 2006 年美國中部時間 8 月 27 日下午 5 點，即北京時間 8 月 28 日凌晨推出人民幣外匯期貨並開始正式交易。

外匯期貨的交易仍可分為套期保值、基差、投機和套利這四種方式和策略。

一、外匯期貨的套期保值策略

外匯期貨的套期保值分為賣出套期保值和買入套期保值兩種。其主要原理就是利用期貨市場和現貨市場價格走勢一致的規律，在期貨市場和現匯市場上做幣種相同、數量相等、方向相反的交易。不管匯率如何變動，利用期貨市場上盈與虧和現貨市場上的虧與盈相補平，使其價值保持不變，實現保值。

出口商和從事國際業務的銀行預計未來某一時間會得到一筆外匯，為了避免外匯匯率

下浮造成的損失，一般採用賣出套期保值。

進口商或需要付匯的企業因擔心付匯時本國貨幣匯率下浮，可以採用買入套期保值。

案例 5.11[①]

振華港機賣出套期保值策略

（一）案例資料

振華港機 2008 年 12 月為 2009 年 6 月和 12 月分別收到的 3 億歐元進行外匯保值。振華港機擔心 2009 年的歐元匯率會下跌，為了鎖定這 6 億歐元的遠期人民幣價值，2008 年 12 月以平均匯率 9.95 先在美國芝加哥期貨交易所賣出了人民幣兌歐元的期貨，即振華港機賣出 6 億歐元的價格是 9.95，也就是說買入人民幣的價格是 0.100,5。2009 年 6 月，人民幣兌歐元的期貨價格如圖 5.7 所示。

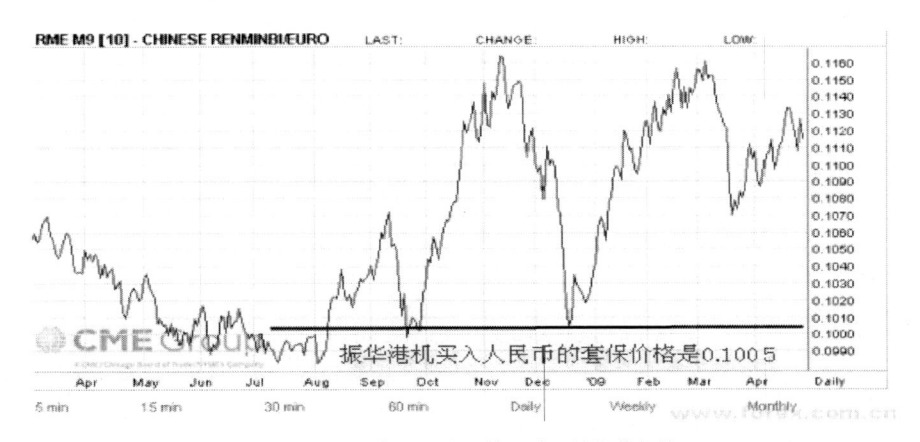

圖 5.7　2009 年 6 月人民幣兌歐元的期貨價格

2009 年 12 月人民幣兌歐元的期貨價格如圖 5.8 所示。

[①] 此案例來源於外匯通——2009 年振華港機套保（http://biz.forex.com.cn/QiYe/cwbx/2009-04/1116952p2.htm）。

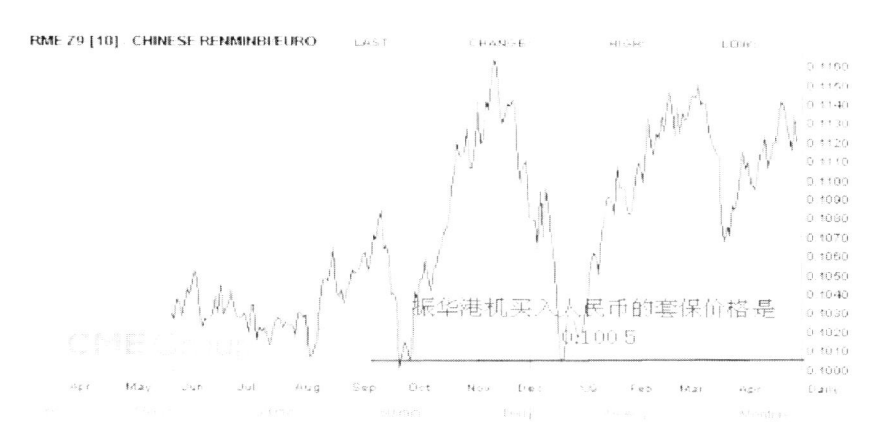

圖 5.8　2009 年 12 月人民幣兌歐元的期貨價格

（二）案例分析

我們從圖5.8來看，現在的期貨價格無論是2009年12月交割的，還是2009年6月份交割的都在0.112,0左右，遠遠高出振華港機買入價格0.100,5，如果以對應時間的期貨價格來算，不算遠期費用，那麼現在在期貨上大約浮盈6,865萬元，振華港機通過買回期貨平倉期貨合約，規避了歐元下跌的風險，此案例中的歐元外匯保值措施獲得成功。

案例5.12

外匯期貨多頭套期保值策略

（一）案例資料

美國人大衛準備2007年6月到中國旅遊，為期6個月。他預計此次旅行將花費100,000元人民幣。為防止屆時人民幣升值而使他多支付美元，他便在芝加哥國際貨幣市場（IMM）買進了6月份交割的人民幣期貨合約，匯率為1∶7.78（1人民幣等於0.129美元）。到了6月1日，他準備啓程，在外匯市場上以美元買進100,000元人民幣，可那時人民幣匯率已經漲到了1∶7.65（1人民幣等於0.131美元）。這樣他為買進100,000人民幣多支付了200美元，因為人民幣升值使他在現貨市場蒙受損失。萬幸的是，由於他提前按照原來的匯率買進了人民幣期貨合約，現在他可以賣出合約，從中賺取200美元的收入。這樣，他在現貨市場蒙受的損失正好通過期貨市場的收益抵補，從而避免了匯率波動的風險。這一過程可以用表5.7來表示。

表5.7　　　　　　　　　　**外匯期貨多頭的套期保值**

日期	現貨市場	期貨市場
1月19日	計劃於6月啓程，預計花費100,000元人民幣，按照目前匯率0.129，需支付12,900美元	買進6月份交割的人民幣外匯期貨合約，匯率為0.129，合約總成本是12,900美元
6月1日	人民幣即期匯率升至0.131，買進100,000元人民幣，支付了13,100美元	賣出人民幣期貨合約，匯率為0.131，合約總值13,100美元
盈虧	12,900-13,100=-200美元	13,100-12,900=200美元

（二）案例分析

如果進口商或需要付匯的人擔心付匯時本國貨幣匯率下浮而多付出外匯的話，可以採取買入套期保值策略。如本案例中，先買入人民幣外匯期貨合約，如果人民幣果真升值後再賣出期貨合約獲得升值好處，這個利潤可以彌補在現貨市場上多付出的美元，達到保值效果。

二、外匯期貨的基差策略

外匯期貨上的基差（B）就是即期匯率（S）與期貨匯率（F）之間的差額。對於外

匯期貨，由於電信網路的轉帳支付，使其運輸成本基本為零。因此，其基差主要表現為持有成本，主要包括儲藏費用（風險成本）、利息（因購買外匯期貨而佔有資金的成本）、保險費和利率。由基於利率平價公式的持有成本模型知 $F=Se^{(r_1-r_2)T}$，則外匯期貨的基差 $B=S-F=S[1-e^{(r_1-r_2)T}]$。外匯期貨的基差變化分為三種狀態：基差強化、基差不變和基差弱化。基差強化是指匯率上升時即期匯率比期貨匯率上升得多，而在匯率下降時即期匯率比期貨匯率下降得少（$B>0$）。基差弱化正好相反，當匯率上升時即期匯率比期貨匯率上升得少，而在匯率下降時即期匯率比期貨匯率下降得多（$B<0$）。基差不變是指無論匯率如何變動，即期匯率的變化總是等於相應的期貨匯率的變化（$B=0$）。其中基差不變正是套期保值者所期待的，因為在這種情況下期貨匯率與即期匯率呈現出完全的相關性，套期保值者在現貨市場的虧損會在期貨市場上得到完全的補償，從而達到完全化解匯率風險的目的。但在實際的匯率變動中，基差總是在不斷地變動中，從而使套期保值者常常面臨基差風險。

基差的變動對套期保值的效果有直接的影響。如果基差為有利變動，套期保值者在保值的同時還能獲得額外收益；如果基差為不利變動，套期保值者不能達到完全的套期保值。

案例 5.13

加元的套期保值

（一）案例資料

假如進口商買入 5,000 手 10 月到期的加元期貨合約為兩個月後的加元進行套期保值，當時，即期匯率 S_0 為 1 加元 = 0.750.0 美元，期貨匯率 F_0 為 1 加元 = 0.755.0 美元。兩個月後加元升值，即期匯率 S_1 為 1 加元 = 0.756.0 美元，期貨匯率 F_1 為 1 加元 = 0.760.0 美元。進口商進行平倉，了結套期保值，其保值效果如表 5.8 所示。

表 5.8　　　　　　　　買入套期保值在基差強化下的保值效果

	現貨市場	期貨市場	基差
7 月 15 日	1 加元 = 0.750.0 美元	按 1 加元 = 0.755.0 美元買進 5,000 手加元期貨合約	-50 刻度
9 月 15 日	按 1 加元 = 0.756.0 美元買入 5 億加元	按 1 加元 = 0.760.0 美元的價格平倉	-40 刻度
盈虧	虧損：500,000,000×(0.756.0-0.750.0) = 3,000,000 美元	盈利：5,000×100,000×(0.706.6-0.755.0) = 2,500,000 美元	
合計	淨虧損為 500,000 美元		基差強化

（二）案例分析

最小變動價位稱為報價的最小變化刻度。從本案例中可以看出進口商在規避了絕大部分風險的同時，由於基差轉強了 10 刻度，虧損了 500,000 美元，並沒有達到完全轉移匯

率風險的目的。由於基差強化，進行買入外匯套期保值策略的結果是期貨市場上的盈利不能完全彌補現貨市場上的虧損。對於買入外匯套期保值策略來說，基差弱化對其有利，賣出外匯保值策略則相反。從此案例的分析中可以看出，保證外匯期貨套期保值效果的關鍵是控製基差風險。套期保值者可以根據所選擇外匯合約以往的特點和宏觀經濟因素來分析基差變動情況。在基差變動時，套期保值策略中採取的基差策略請參考之前講的商品期貨和股指期貨。

當基差變動有利於套期保值者時，套期保值繼續進行，如果在套期保值之前分析出基差變動將不利於套期保值，則還可以用基差交易來控製風險。所謂基差交易，是指以某月份的期貨價格為計價基礎，加上或減去雙方協商同意的基差來確定雙方買賣現貨商品的價格的交易方式。基差交易通過固定基差來防範套期保值中的風險。其防範風險的原理是無論現貨市場價格如何變化，只要套期保值者與現貨交易的對方協商得到的基差正好等於開始做套期保值時的基差，就能完全實現套期保值。如果套期保值者能爭取到一個有利的基差，套期保值者就能額外盈利。基差交易根據具體時點實際交易價格的權利歸屬可分為買方叫價交易和賣方叫價交易。買方叫價交易是指確定交易時間的權利屬於買方的交易；賣方叫價交易指確定交易時間的權利屬於賣方的基差交易。下面以芝加哥商業交易所（CME）的芝加哥國際貨幣市場（IMM）外匯期貨為例具體說明基差交易防範風險的原理。

案例 5.14

買方叫價交易

（一）案例資料

假設一美國出口商預計將在 5 月份收到一筆 3,000,000 加元貨款，為了防止匯率下跌，其在 4 月 15 日賣出 30 份加元期貨進行套期保值。當時 6 月份的期貨匯率為 1 加元 = 0.755,8 美元，即期匯率為 1 加元 = 0.754,0 美元，基差為 –18 刻度。5 月 1 日，某外匯現貨經紀商認為加元匯率仍會下跌，不想馬上購入加元。假定該出口商預測基差走勢對己不利，決定採用基差交易加強套期保值的效果，提出低於 6 月份期貨匯率 18 刻度成交價格的建議，並讓現貨經紀商在 20 天內選定任何一天的加元期貨匯率作為計價基礎，雙方達成協議。10 天後匯率果然下跌，並且即期匯率比期貨匯率跌得更慘，6 月份的期貨匯率為 1 加元 = 0.753,2 美元，即期匯率為 1 加元 = 0.751,0 美元，基差為 –22 刻度。現貨經紀商決定以當天 6 月份加元期貨匯率買進現貨，於是通知該出口商，該出口商恰好在 6 月 10 日收到貨款。如果該出口商未做基差交易，其保值效果是淨虧損 1,200 美元。如果該出口商做了基差交易，其保值效果就會得到很大的改善。效果如表 5.9 所示。

表 5.9　　　　　　　　　　　　出口商基差交易過程表

	現貨市場	期貨市場	基差
4月15日	1 加元 = 0.754.0 美元 3,000,000 加元 = 2,262,000 美元	賣出 30 手 6 月到期加元期貨合約， 價格為 1 加元 = 0.755.8 美元， 總值為 2,267,400 美元	-18 刻度
5月11日	以低於 6 月份加元期貨價格 18 刻度 賣出加元 1 加元 = 0.751.4 美元， 3,000,000 加元 = 2,254,200 美元	買入 30 手 6 月加元期貨合約， 價格為 1 加元 = 0.753.2 美元， 總值為 2,259,600 美元	-18 刻度
盈虧	虧損：7,800 美元	盈利：7,800 美元	
合計	淨虧損：0		基差不變

（二）案例分析

從此案例中可以看出，如果不進行基差交易，出口商將面臨 1,200 美元的損失，通過實施基差交易，出口商將基差穩定在 18 刻度，不管現貨價格如何變動，出口商都能實現完全的套期保值。如果出口商能夠爭取到更有利的基差，如 -15 刻度或 -10 刻度，則出口商還能額外盈利。

案例 5.15[1]

賣方叫價交易

（一）案例資料

假設一美國進口商預計將在 8 月份支付一筆 5,000,000 歐元的貨款，為了防止匯率上升給自己造成損失，其在 7 月 15 日買入了 40 手 9 月份到期的歐元期貨合約（1 手歐元期貨合約 = 125,000 歐元）。當時 9 月份歐元的期貨匯率為 1 歐元 = 1.243.7 美元，即期匯率為 1 歐元 = 1.240.0 美元，基差為 -37 刻度。8 月 1 日，現貨經紀商認為歐元匯率仍會上升，故不想立即拋售歐元。假定該進口商預測基差走勢對己不利，決定採用基差交易，提出低於 9 月份期貨合約 50 刻度的成交價格，並讓現貨經紀商在 20 天內選定任何一天的歐元期貨匯率作為計價基礎，雙方達成協議。15 天後歐元匯率大漲，並且即期匯率比期貨匯率漲得更多。9 月份歐元期貨匯率為 1 歐元 = 1.300.0 美元，即期匯率為 1 歐元 = 1.298.3 美元，基差為 -17 刻度。現貨經紀商認為匯率已經上升到頂，決定以當天 9 月份歐元期貨匯率為計價基礎進行交易，並通知該進口商。如果不進行基差交易，該進口商的套期保值效果為 1 歐元要多支付 0.002.0 美元。如果實施基差交易則交易效果會有很大改善。效果如表 5.10 所示。

---

[1] 此案例來源於《外匯期貨套期保值的基差風險》。

表 5.10　　　　　　　　　　　　　進口商基差交易過程表

	現貨市場	期貨市場	基差
7月15日	1 歐元 = 1.240,0 美元， 5,000,000 歐元 = 6,200,000 美元	買入 40 手 9 月到期歐元合約， 匯率為 1 歐元 = 1.243,7 美元， 合約總值為 6,218,500 美元	-37 刻度
8月16日	以低於 9 月份期貨合約匯率 50 刻度 購入歐元， 匯率為 1 歐元 = 1.295,0 美元	賣出 40 手 9 月份歐元期貨合約， 匯率為 1 歐元 = 1.300,0 美元	-50 刻度
	盈：0.056,3 美元	盈：0.001,3 美元	
	歐元買入價為 1 歐元 = 1.295,0 美元	保值目標價為 1 歐元 = 1.240,0 美元	
	減期貨交易盈利 0.056,3 美元	減基差盈利 0.001,3 美元	
	淨買入匯率為 1 歐元 = 1.238,7 美元	淨買入匯率為 1 歐元 = 1.238,7 美元	

（二）案例分析

實施了基差交易後，進口商不僅實現了套期保值目標 1 歐元 = 1.240,0 美元，還可以 1 歐元少支付 0.001,3 美元。

基差波動造成的基差風險給外匯期貨套期保值效果帶來了一定的影響，但是我們不能因此而否認套期保值的作用。在期望收益相同的情況下，套期保值優於不套期保值。因此我們只要認真地分析基差走勢，採取相應的基差交易，就能夠消除基差風險，達到完全套期保值的目標。

三、外匯期貨的投機策略

案例 5.16

外匯期貨的多頭投機策略

某投機者預計德國馬克對美元的匯率將會提高，於是在 3 月 1 日在芝加哥國際貨幣市場購進一份 6 月交割的德國馬克期貨合約，當天的匯價為 1 德國馬克 = 0.600,3 美元，合約值為 75,037.5 美元（125,000×0.600,3），支付的保證金是 7,500 美元。此後，期貨匯率開始上升。到 4 月 25 日，芝加哥國際貨幣市場在 6 月交割的德國馬克期貨合約的結算價格變為 1 德國馬克 = 0.611,4 美元。於是，該投機者決定按此匯率了結先前設置的多頭部位。該投機者在 4 月 25 日賣出一份 6 月到期的德國馬克期貨合約，合約值為 76,425 美元（125,000×0.611,4），對沖掉先前購進的合約，最後所得盈利為 1,387.5 美元（含佣金）。從事多頭投機，關鍵是對該外匯的匯率上升預測準確，否則就會虧損。

案例 5.17

外匯期貨的空頭投機策略

某投機者預計美元對德國馬克將會升值，於是在 4 月 1 日賣出一份 6 月到期的德國馬克期貨合約，當時的匯率為 1 馬克 = 0.628.2 美元，合約值為 78.525 美元（125,000×0.628.2），交付的保證金為 7.800 美元。此後，美元升值。到 5 月 1 日，德國馬克對美元的匯率為 1 德國馬克 = 0.609.8 美元。由於投資者預計美元不會再繼續升值，於是在 5 月 1 日以當時的匯率買進一份 6 月到期的德國馬克期貨合約，合約值為 76.225 美元，從而了結先前設置的空頭地位，最終盈利 2.300 美元（78.525-76.225）（含佣金）。

四、外匯期貨的套利策略

外匯期貨套利有跨市套利、跨幣種套利、跨期套利和期現套利。交易原理與其他期貨品種一樣，以下只舉三個交易策略的例子。

案例 5.18

跨期套利

某投資者預測 3 月份的日元期貨合約價格在未來的增長速度將快於 6 月到期的日元期貨合約價格，於是在 12 月 5 日，當 3 月份交割的日元期貨合約的價格比 6 月到期的日元期貨合約價格低 0.000.060 美元時，即 3 月合約的匯率為 1 日元 = 0.007.858 美元，6 月份合約的匯率為 1 日元 = 0.007.918 美元，購買了一份 3 月到期的日元期貨合約，同時出售一份 6 月到期的日元期貨合約。到下一年的 2 月 10 日，3 月份的日元期貨合約匯價為 1 日元 = 0.007.925 美元，而 6 月份日元期貨合約匯價為 1 日元 = 0.007.965 美元，於是出售一份 3 月到期的日元期貨合約，同時購買一份 6 月到期的日元期貨合約，從而了結兩手交易部位。兩筆交易盈虧相抵，淨盈利 250 美元（含手續費）。

案例 5.19[1]

跨市套利

（一）案例資料

3 月 20 日，某套利者在國際貨幣市場以 GBP1 = USD1.63 的價格買入 4 份 6 月期英鎊期貨合約，同時在倫敦國際金融期貨交易所以 GBP1 = USD1.65 的價格出售 10 份 6 月期英鎊期貨合約。之所以賣出份數與買入份數相差 2.5 倍，是因為國際金融期貨交易所每份英鎊期貨合約為 25,000 英鎊，而國際貨幣市場每份英鎊期貨合約為 62,500 英鎊。為保證實際金額一致，期貨合約份數也應與此相吻合。到了 5 月末，國際貨幣市場與倫敦國際金融期貨交易所的 6 月期貨價格都為 GBP1 = USD1.66，該交易者在兩個市場同時平倉，在國際貨幣市場上盈利 7,500 美元，在國際金融期貨交易所中虧損 2,500 美元，通過跨市場套利

---

[1] 此案例來源於豆丁網《外匯期貨交易及其案例分析》（http://www.docin.com/p-28084401.html）

交易淨盈利 5,000 美元。

（二）案例分析

套利淨盈利的原因就在於兩個交易所的 6 月期英鎊期貨合約都進入牛市，而且國際貨幣市場的漲幅（0.03 美元/英鎊）高於倫敦國際金融期貨交易所的漲幅（0.01 美元/英鎊），從而在國際貨幣市場做多頭的盈利超過在倫敦國際金融期貨交易所做空頭的損失，淨盈利正是來源於兩個交易所該種期貨合約的相對價格變動，即（0.03-0.01）×250,000＝5,000 美元。

（三）小結

進行跨市套利的經驗法則如下：

（1）兩個市場都進入牛市，A 市場的漲幅高於 B 市場，則在 A 市場買入，在 B 市場賣出。

（2）兩個市場都進入熊市，A 市場的跌幅高於 B 市場，則在 A 市場賣出，在 B 市場買入。

案例 5.20[①]

跨幣種套利

（一）案例資料

某年 1 月 1 日，假設在芝加哥國際貨幣市場（IMM）上，若 3 月份交割的英鎊期貨合約價格為 GBP/USD＝1.563,0，3 月份交割的加元期貨合約價格為 CAD/USD＝0.651,00，某套利者預測 3 月份交割的英鎊期貨合約價格將下跌而 3 月份交割的加元期貨合約價格將上升，因此立即採用跨幣種套利。假設 3 月份交割的英鎊期貨合約與加元期貨合約的價格分別為 GBP/USD＝1.552,0，CAD/USD＝0.654,0，該套利者擁有 25 萬英鎊和等值的加元。

（二）案例分析

由於該套利者預測英鎊期貨合約價格會下跌而加元期貨合約價格會上升，則可以買入加元期貨合約賣出英鎊期貨合約，然後賣出加元期貨合約買入英鎊期貨合約平倉獲得跨幣種套利利潤。英鎊期貨合約盈利為（1.563,0-1.552,0）×25＝2.75 萬美元，加元期貨合約盈利為（0.654,0-0.651,00）×25÷（1.563,0÷0.651,00）＝0.31 萬美元，共盈利 3.06 萬美元。

第三節　利率期貨

利率期貨是指以債券類證券為標的物的期貨合約，它可以迴避利率波動引起的證券價格變動的風險。利率期貨的種類繁多，分類方法也有多種。通常，按照合約標的的期限，

---

① 此案例來源於豆丁網《外匯期貨交易的動機》（http://www.docin.com/p-28085584.html）。

113

利率期貨可分為短期利率期貨和中長期利率期貨兩大類。中國分別於2013年9月6日和2015年3月17日在中國金融期貨交易所推出5年期和10年期國債期貨交易，這兩個品種都屬於中長期利率期貨。

一、利率期貨的套期保值策略

案例5.21

利率期貨的套期保值策略

（一）案例資料

假定8月初期限3個月的市場利率為8.75%，某企業此時準備在9月前投資一個200萬美元的項目。由於擔心9月份利率會上升，從而因貸款成本的增加而蒙受損失，該企業打算進行期貨交易，以規避預期利率提高帶來的風險。由於期貨交易成本很低，而且不存在違約風險，因此投資經理在期貨市場上賣出2份總價值為200萬美元、9月份到期的90天期國庫券期貨合約，IMM指數為91.25，收益率為8.75%。如果9月份利率真的上升，期限3個月利率為11%，IMM指數下降為89.00，投資者在現貨市場上的融資成本增加了11,250美元，因而蒙受了損失。同時，在期貨合約平倉的時候，由於利率提高，期貨合約的價格與現貨價格一樣下跌，投資方買進合約所支付的價格低於賣出合約時所得到的價格，因此在結清期貨交易時獲得了11,250美元的利潤。該企業融資的實際利率鎖定在8.75%。

$$\frac{55,000+11,250}{2,000,000} \times \frac{360}{90} = 8.75\%$$

該利率期貨空頭套期保值效果如表5.11所示。

表5.11　　　　　　　　　　　　利率期貨空頭套期保值

時間	現貨市場	期貨市場
8月1日	做出將向銀行貸款200萬美元的計劃，當時利率為8.75%，利息成本為200萬×8.75%×$\frac{3}{12}$=43,750美元	賣出2份9月份到期的90天期國庫券期貨合約，IMM指數為91.25，收益率為8.75%，合約總價值為1,956,250美元
9月1日	企業貸款200萬美元投資，期限為3個月，利率為11%，利息成本為200萬×11%×$\frac{3}{12}$=55,000美元	買入2份9月份到期的90天期國庫券期貨合約，IMM指數為89.00，合約總價值為1,945,000美元
盈虧狀況	在利率提高的情況下，企業由於融資成本提高而蒙受的虧損為43,750-55,000=-11,250美元	在期貨合約價格下降的情況下，企業進行期貨交易的利潤為1,956,250-1,945,000=11,250美元
淨盈虧	\multicolumn{2}{c}{-11,250+11,250=0}

（二）案例分析

由於現貨和期貨價格完全同步變化，現貨交易蒙受的損失正好由期貨交易的利潤所抵銷，這樣就達到了規避利率變化風險的目的。在此案例中，儘管市場利率由 8.75% 提高到 11%，但由於使用利率期貨合約做了套期保值，該企業的實際貸款利率仍然鎖定在 8.75%。反之，如果利率不升反降，該企業本來可以付出更小的融資成本，獲得較低利率的借款，但由於做了套期保值，期貨價格隨現貨價格同步上升，期貨交易出現的虧損就會抵消現貨市場上利率下降帶來的好處。在這種情況下如果不進行套期保值，該企業的境況會更加有利。

二、利率期貨的基差策略

案例 5.22

多頭套期保值中的基差變化

（一）案例資料

某投資者在 6 月初準備在 3 個月後投資 100 萬美元購買 GNMA 債券，如果 3 個月後利率水平下跌，其計劃的投資收益將會減少。為了使收益率鎖定在現有水平上，該投資者在期貨市場上買入 10 份 GNMA 合約，每份合約的價值為 100,000 美元。3 個月後，該投資者投資 100 萬美元到 GNMA 債券上時，由於利率下降，GNMA 債券的價格隨之上升。在現貨市場上以更高的價格購買 GNMA 債券的同時，該投資者在期貨市場上賣出 10 份期貨合約，衝銷其期貨交易的頭寸。由於現貨利率水平下降，期貨價格隨現貨價格上升而上升，賣出期貨合約獲利，從而抵消現貨市場上的損失。在基差擴大下，利率期貨多頭套期保值效果如表 5.12 所示。

表 5.12　　　　　　　　利率期貨多頭套期保值中的基差擴大

時間	現貨市場	期貨市場
6月1日	投資者擬將 100 萬美元投資於息票利率為 8%、價格為 82-08 的 GNMA 債券，以鎖定現有收益率水平	買入 10 份 9 月份 GNMA 合約，價格為 81-24，合約價值為 817,500 美元
9月1日	購買 100 萬美元的 GNMA 債券，息票利率為 8%，價格為 86-28	賣出 10 份 9 月份 GNMA 合約，價格為 86-08，合約價格為 862,500 美元
盈虧狀況	現貨損失為 4-20 個點或 $4\frac{20}{32}\times 100$ 萬÷$100=-46,250$ 美元	期貨交易的盈利為 4-16 個點或 $4\frac{16}{32}\times 100$ 萬÷$100=862,500-817,500=45,000$ 美元
淨盈虧	\multicolumn{2}{c|}{$-46,250+45,000=-1,250$}	

(三) 案例分析

在此案例中，基差變大，即朝著不利於套期保值的方向變動，套期保值的結果是損失將會大於盈利。如果基差沒有發生變動，都是 $\frac{16}{32}$ 或 5,000 美元，則達到完全套期保值效果。如果基差變小，即朝著有利於套期保值的方向變動，那麼損失將會小於盈利。對於空頭套期保值則剛好相反。

三、利率期貨的投機策略

案例 5.23[①]

用短期國庫券投機

(一) 案例資料

某投機商以 93.97 美元的價格購買了一份 12 月短期國債期貨合約，該期貨合約的面值為 100 萬美元。實際操作中是用距離到期日 90 天來計算期貨價格的變化。該投機商許諾購買面值 100 萬美元的短期國債的價格為：

$$價格 = 1,000,000 \times \left[1 - \frac{0.060,3 \times 90}{360}\right] = 984.925 (美元)$$

其中，$0.060,3 = \frac{100 - 93.97}{100}$

12 月中旬時利率上漲到 7%，該短期國債的最新報價為 93.00 美元。新的短期國債的價格為：

$$價格 = 1,000,000 \times \left[1 - \frac{0.070,0 \times 90}{360}\right] = 982.500 (美元)$$

(二) 案例分析

該投機商以為利率會下降而購買了期貨合約，而利率卻上升了，由此該投機商損失了 984.925 - 982.500 = 2.425 美元。

案例 5.24

「327」國債期貨風波

1992 年 12 月 28 日，上海證券交易所 (簡稱上證所) 首先向證券商自營推出了國債期貨交易。此時，國債期貨尚未對公眾開放，交易清淡，並未引起投資者的興趣。1993 年 10 月 25 日，上證所國債期貨交易向社會公眾開放。與此同時，北京商品交易所在期貨交易所中率先推出國債期貨交易。

1994 年至 1995 年春節前，國債期貨飛速發展，全國開設國債期貨的交易場所從兩家

[①] 此案例來源於豆丁網《利率期貨的基本原理》(http://www.docin.com/p-25433106.html#docTitle)

陡然增加到 14 家（包括兩個證券交易所、兩個證券交易中心以及 10 個商品交易所）。由於股票市場的低迷和鋼材、煤炭、食糖等大宗商品期貨品種相繼被暫停，大量資金雲集國債期貨市場尤其是上證所。1994 年，全國國債期貨市場總成交量達 28 萬億元。

在「327」風波爆發前的數月中，上證所「314」國債合約上已出現數家機構聯手操縱市場，日價格波幅達 3 元的異常行情。1995 年 2 月 23 日，財政部公布的 1995 年新債發行量被市場人士視為利好，加之「327」國債本身貼息消息日趨明朗，致使全國各地國債期貨市場均出現向上突破行情。上證所「327」合約空方主力在 148.50 元價位上封盤失敗，行情飆升後蓄意違規。16 點 22 分之後，空方主力大量透支交易，以千萬手的巨量空單，將價格打壓至 147.50 元收盤，使「327」合約暴跌 38 元，並使當日開倉的多頭全線爆倉，造成了傳媒所稱的「中國的巴林事件」。

「327」風波之後，各交易所採取了提高保證金比例、設置漲跌停板等措施以抑制國債期貨的投機氣氛。但因國債期貨的特殊性和當時的經濟形勢，其交易中仍風波不斷，並於 5 月 10 日釀出「319」風波。5 月 17 日，中國證監會鑒於中國當時尚不具備開展國債期貨的基本條件，做出了暫停國債期貨交易試點的決定。至此，中國第一個金融期貨品種宣告夭折。

四、利率期貨的套利策略

利率期貨的套利同樣分為期現、跨期、跨市、跨品種套利。

案例 5.25

利率期貨的期現套利策略

（一）案例資料

假設 45 天期短期國債的年利率為 10%，135 天期短期國債的年利率為 10.5%，還有 45 天到期的短期國債期貨價格中隱含的遠期利率為 10.6%（所有的利率均為連續複利率）。短期國債本身隱含的 45 天到 135 天中的遠期利率為（135×10.5−45×10）/90 = 10.75%，這就高於短期國債期貨價格中隱含的 10.6% 的遠期利率。投資者應如何進行套利？

顯然，套利者應在 45 天到 135 天的期限內以 10.6% 的利率借入資金並按 10.75% 的利率進行投資。這可以通過以下的策略來實現：

（1）賣空期貨合約。

（2）以 10% 的年利率借入 45 天的資金。

（3）將借入的資金購買 135 天的短期國債。

以上策略稱為第 1 類套利。如果情況與此相反，即短期國債期貨的隱含利率高於 10.75%，則運用以下第 2 類套利策略：

（1）買入期貨合約。

(2) 以 10.5% 的年利率借入 135 天的資金。
(3) 將借入的資金購買 45 天的短期國債。

(二) 案例分析

此案例中第 1 類套利的期貨合約的交易價格高於其正確的理論價格，套利者可以買入可交割債券或以短期國債利率（或接近的利率）借入資金，並在相應的期貨合約上建立賣出頭寸，進行套利。如果這種操作策略獲得的盈利大於對應時期內的為建立該頭寸所需要的融資成本，這種交易就是有利可圖的。第 2 類套利原理相同，操作相反。另外，為了驗證短期國債市場是否存在套利機會，交易者經常計算所謂的隱含回購利率。如果隱含回購利率高於實際的短期國債利率，理論上就可能進行第 1 類套利。如果隱含回購利率低於實際的短期國債利率，理論上就可能進行第 2 類套利。

案例 5.26[1]

利率期貨的跨期套利

(一) 案例資料

假定某年 1 月份市場利率呈上漲趨勢，某套利者預期，到同年 3 月份時，近期月份的利率上漲可能會快於遠期月份的利率上漲。套利者準備利用這種利率上漲幅度的差異來進行套利活動，從中牟利。跨期套利交易如表 5.13 所示。

表 5.13　　　　　　　　　　　跨期套利交易表

6 月份歐洲美元存款期貨交易	9 月份歐洲美元存款期貨交易
1 月：以 89.25 的價格賣出 6 月份合約 1 份	1 月：以 89.00 的價格賣出 9 月份合約 1 份
3 月：以 87.50 的價格對 6 月份合約做平倉交易	3 月：以 87.50 的價格對 9 月份合約做平倉交易
盈利：175 個基點	虧損：150 個基點

(二) 案例分析

因為套利者預期 6 月份利率上漲會快於 9 月份利率上漲，則 6 月份的期貨價格下降要快於 9 月份的期貨價格下降，所以先賣出 6 月份期貨合約，買入 9 月份期貨合約，待有利時機即 3 月份再做相反操作兩邊平倉，賺取跨期套利利潤。

習題

1. 2006 年 6 月 2 日，國內某證券基金股票組合的收益達到了 40%，總市值為 5 億元

---

[1] 此案例來源於豆丁網《利率期貨》(http://www.docin.com/p-43619554.html)。

該基金預期銀行可能加息和一些大盤股相繼要上市，股票可能出現短期深幅下調，但對後市還是看好。該基金決定用滬深 300 指數期貨進行保值。假設其股票組合與滬深 300 指數的相關係數 β 為 0.9。6 月 2 日的滬深 300 指數現貨指數為 1,400 點，假設 9 月到期的期貨合約為 1,420 點。6 月 22 日，股票市場企穩，滬深 300 指數現貨指數為 1,330 點，9 月到期的期貨合約為 1,349 點。該基金認為後市繼續看漲，決定繼續持有股票。請根據以上內容分析套期保值的操作步驟和最後的損益情況。

2. 中國某貿易公司於 3 月 10 日跟德國某公司簽訂了絲綢出口合同總價值為 625 萬德國馬克，約定在當年的 12 月 10 日德國某公司以德國馬克支付貨款，該貿易公司準備收取這筆貨款後換成美元支付給另一家公司作為購買紡織設備的資金。3 月 10 日，期貨市場匯率是 1 美元 = 2.5 德國馬克。在這個案例中，該貿易公司收進的是德國馬克，還要換成美元，中間還有九個月的時間差，因而存在匯率波動的風險，即擔心德國馬克貶值，美元升值。因此，該貿易公司決定用外匯期貨來保值。

該貿易公司可以在 3 月 10 日時在外匯期貨市場上賣出 10 份德國馬克期貨合約（假定每份期貨合約金額為 62.5 萬德國馬克），匯率為 1 美元 = 2.5 德國馬克，交割期為 12 月 10 日。到了 12 月 10 日，如果德國馬克升值，匯率變為 1 美元 = 3 德國馬克，請分析該公司的交易策略和損益情況。

3. 假設一家銀行可以在歐洲美元市場上以相同的利率借入或借出美元。90 天的年利率為 10%，180 天的年利率為 10.2%（都為連續複利）。90 天後到期的歐洲美元期貨合約的期貨報價為 89.5。對銀行而言，存在什麼樣的套利機會？

4. 假設當前滬深 300 指數為 3,300 點，投資者利用 3 個月後到期的滬深 300 股指期貨合約進行期現套利，按連續複利計，無風險年利率為 5%，紅利年收益率為 1%，套利成本為 20 個指數點，則該股指期貨合約的無套利區間為多少？

5. 假設瑞士法郎即期匯價為 USD/CHF = 0.625,9，而國際貨幣市場 3 個月期瑞士法郎的期貨價為 0.634,2 美元，美元和瑞士法郎的 3 個月期利率分別為 12% 和 9.5%。那麼 100 萬瑞士法郎的規模能否進行套利？可套利多少？如何套利？（瑞士法郎的交易單位是 12.5 萬瑞士法郎）

6. 假設現在為 2 月 20 日，某財務主管意識到公司將不得不在 7 月 17 日發行 5,000,000 美元期限為 180 天的商業票據。如果今天發行，公司可得 4,820,000 美元（也就是說公司可以收到 4,820,000 美元，180 天後用 5,000,000 美元贖回）。9 月份歐洲美元期貨的報價為 92.00。財務主管該如何對頭寸進行套期保值？

第六章 金融互換

學習提要：金融互換是買賣雙方在一定時間內，交換一系列現金流的合約。具體來說，金融互換是指兩個（或兩個以上）當事人按照商定的條件，在約定的時間內，交換不同金融工具的一系列支付款項或收入款項的合約。其可以看成一系列遠期合約的組合，因此對互換的研究很自然成為對期貨和遠期合約研究的擴展。

第一節　互換概述

金融互換是20世紀80年代在平行貸款和背對背貸款的基礎上發展起來的，它們之間既有聯繫又有區別。互換市場的起源可以追溯到20世紀70年代末。當時的貨幣交易商為了逃避英國的外匯管制而開發了貨幣互換。而1981年國際商業機器公司（IBM）與世界銀行之間簽署的利率互換協議則是世界上第一份利率互換協議。從那以後，互換市場發展迅速。利率互換和貨幣互換的名義本金金額從1987年年底的8,656億美元猛增到2002年年中的823,828.4億美元，15年增長了近100倍。可以說，這是增長速度最快的金融產品市場。

一、互換的類型

金融互換的發展歷史雖然較短，但品種不斷創新。除了傳統的利率互換和貨幣互換外，各種新的金融互換品種也不斷湧現。

（一）利率互換

利率互換（Interest Rate Swap）是指雙方同意在未來的一定期限內，根據同種貨幣的同樣的名義本金交換現金流，其中一方的現金流根據浮動利率計算出來，而另一方的現金流根據固定利率計算。互換的期限通常在2年以上，有時甚至在15年以上。雙方進行利率互換的主要原因是雙方在固定利率和浮動利率市場上具有比較優勢。由於利率互換只交換利息差額，因此信用風險很小。

（二）貨幣互換

貨幣互換（Currency Swap）是將一種貨幣的本金和固定利息與另一種貨幣的等價本金和固定利息進行交換。貨幣互換的主要原因是雙方在各自國家中的金融市場上具有比較優勢。由於貨幣互換涉及本金互換，因此當匯率變動很大時，雙方將面臨一定的信用風險。當然這種風險比單純的貸款風險小得多。

（三）非標準互換

從最普遍的意義上來說，互換實際上是現金流的交換。由於計算或確定現金流的方法有很多，因此互換的種類就有很多。前面我們介紹的是基本的金融互換，都具有本金固定、固定利率不變、定期支付利息、立即起算以及不附帶特殊風險等特點，而如果上述情況發生變化，可以派生出多種金融互換類型，我們稱之為非標準互換。

二、金融互換的功能

互換交易屬表外業務，不計入資產負債表，因此具有以下功能：降低籌資成本，提高資產收益；優化資產負債結構，轉移和防範利率風險和外匯風險；空間填充等。

（一）降低籌資成本，提高資產收益

互換交易是基於比較優勢而成立的，籌資者通過互換交易，可以充分利用雙方的比較優勢，降低籌資成本。同理，投資者也可以通過資產互換來提高資產收益。交易雙方分配由比較優勢而產生的全部利益是互換的主要動機。當一家企業或機構在某一市場具有籌資優勢，而該市場提供給該企業或機構的金融特性與其所需不符時，可以利用具有優勢的市場進行籌資，再通過互換得到自己所需要的金融特性。

（二）優化資產負債結構，轉移和防範利率風險和外匯風險

互換交易使企業和銀行能夠根據需要籌措到任何期限、面值、利率的資金。同時，企業和銀行可以根據市場行情的變化，靈活地調整其資產負債的市場結構和期限結構，以實現資產負債的最佳搭配。由於互換是以名義本金為基礎進行的，利率互換在對資產和負債利率暴露頭寸進行配置比利用貨幣市場和資本市場進行配置更具有優勢，它可以不經過真實資金運動而對資產負債的風險特性及其利率期限結構進行表外重組。

從防範風險方面看，某種貨幣的幣值極不穩定，而該貨幣又是某交易者需要的貨幣時，通過貨幣互換可以用一種貨幣換得幣值相對穩定的想要的貨幣，同時避免了因幣值易變風險而帶來的損失。由於交易者們對幣值變動預測不同，並且有甘願承擔風險的投機者參與，這種為保值、規避風險而進行的互換是能夠完成的。在利率互換中，為避免利率上升帶來的損失，有浮動利率負債的交易者可以與負債數額相同的名義本金的固定利率互換，所收的浮動利率與原負債相抵，而僅支出固定利率，從而避免利率上升的風險。

（三）空間填充

空間填充功能從理論上講是指金融機構依靠衍生工具提供金融仲介，以彌合總體空間

中存在的缺口和消除在此範圍內的不連續性,形成一個理想的各種工具的不同組合,創造一個平滑連續的融資空間。例如,發行形式間(證券籌措和銀行信貸間)存在的差異、工具運用者信用級別差異、市場進入資格限制等。事實上,這種缺口的存在正是互換交易能夠進行的基礎。從本質上講,互換就是對不同融資工具的各種特徵進行交換,就像融資空間中的一架梭機,有人稱之為金融交易中的「集成電路」。貨幣互換以把一種通貨負債換為另一種通貨負債,從而彌合了兩種通貨標值間的缺口;利率互換將浮動利率負債換為固定利率負債,等於在浮動利率債券市場上籌措資金,而得到固定利率債券市場的收益。受到進入某一特定市場限制的機構或信用級別較低的機構可以通過互換得到與進入受限制或信用級別要求較高的市場的其他企業同樣的機會,從而消除了業務限制和信用級別差異而引起的市場阻隔。互換交易具有明顯的對融資工具不同特徵的「重新組合」的特徵。

三、互換的風險類別和產生原因

參與互換活動的當事人面臨的風險主要有兩類:信用風險和市場風險。信用風險是互換的價值對一方當事人有利的時候,對手違約使其可能蒙受的損失。市場風險來源於匯率、利率變動,使得對一方當事人來說互換價值有變成負數的可能性。市場風險可以通過套期保值來對沖,信用風險則不能。例如,一家銀行充當一筆互換的買方和賣方的仲介,對於買方和賣方來說,如果沒有違約發生的話,銀行的市場風險就被抵消了,銀行就可以得到約定的一筆差額收入(然而還有信用風險)。如果其中一方A違約,銀行仍必須與另一方B繼續履行互換協議,為了沖抵市場風險,銀行就必須尋找一個新的對手來代替A。如果在A違約時,銀行與A的互換價值是正的,銀行就要支付大約等於這個正值給新的對手以使其願意交易。

互換參與者還會遇到國家風險和結算風險。國家風險是指由於某個國家發生戰爭或政變,使該國對手不履約,或因某國實施外匯管制,從而無法得到對手資金的風險。結算風險是指因為交易雙方在資金的支付時間上存在的差異導致的風險,如遲付的一方銀行倒閉或匯率在短時期內大幅波動。

互換風險的成因主要有以下幾個方面:

第一、經濟因素,主要是利率和匯率的變動,這是導致互換市場風險的最主要的原因。

第二、政治因素,如國家政治體制的變化、政權的更迭、軍事政變等,這類國際政治事件往往會造成金融市場價格的大幅波動。

第三、運作因素,如過分投機操作、內部協調失常、交易知識缺乏等。

第四、其他因素,如社會因素、自然因素等。

導致互換風險的因素並不是孤立的,如經濟的變化達到一定的程度時促使政治事件的發生、政權的更替帶來經濟政策的變化等。因此,分析互換風險時要對複雜的國際環境進行綜合研究,從而預測互換風險的變化趨勢。

第二節　利率互換

利率互換是20世紀80年代初在貨幣互換業務的基礎上發展起來的，而且由於當時國際貨幣借貸市場上利率的頻繁波動，使得利率互換在出現之後就蓬勃發展起來，其全球交易量已經遠遠超過其他金融衍生品的交易量而一直排在第一位。

利率互換是指雙方同意在未來的一定期限內，根據同種貨幣的同樣的名義本金交換現金流，其中一方的現金流根據浮動利率計算出來，浮動利率通常以倫敦同業拆借利率（LIBOR）為基礎。而另一方的現金流根據固定利率計算。在利率互換中，交易雙方無論在交易的初期、中期還是末期都不交換本金。本金是交易雙方的資產或負債。交換的結果只是改變了資產或負債的利率。

利率互換的基本結構圖如圖6.1所示。

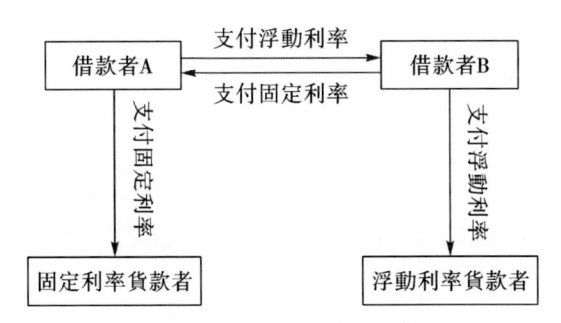

圖6.1　利率互換的基本結構圖

雙方進行利率互換的主要原因是雙方在固定利率和浮動利率市場上具有比較優勢。由於利率互換只交換利息差額，因此信用風險很小。

利率互換以名義本金為基礎，名義本金通常是指交易的名義本金額。例如，一次典型的互換交易的名義本金額為50,000,000美元。互換交易額通常是50,000,000美元的倍數，通常不進行名義本金額低於1,000,000美元的交易，大多數交易額在50,000,000～100,000,000美元。利率互換在一定時間內進行，利率互換的標準期限是1年、2年、3年、4年、5年、7年與10年，30年與50年的交易也較常見。利率互換市場變得越來越靈活，使許多派生交易成為可能。大體而言，交易越特殊，交易價格就越高。

案例6.1
古德里奇公司和荷蘭合作銀行的利率互換

古德里奇（Goodrich）公司和荷蘭合作（Rabo）銀行於1983年3月7日同時進行了兩次籌資和一次利率互換。這些交易既為Rabo銀行籌集了5,000萬美元的浮動利率歐洲

美元，又為 Goodrich 公司籌集了 5,000 萬美元的固定利率、期限為 8 年的資金，同時還給美國投資者提供了一種很有吸引力且獨一無二的以 LIBOR 為基礎的浮動利率票據；給歐洲債券市場的投資者提供了一種很有吸引力的 AAA 級固定利率債券。這種當時還較少見的融資安排取得了圓滿成功，互換交易的當事人從中都取得了利益。這是一個設計精美的互換案例。

（一）案例資料

Goodrich 公司是一個產品多樣化的製造商。其產品包括輪胎和相關橡膠製品、化工和塑料產品以及各種涉及該行業的產品、零件和系統設備。Goodrich 公司是美國第一大聚氯乙烯（PVC）合成樹脂及相關化工食物製造商，並且是第四大輪胎製造商。

與其他公司一樣，1982 年的經濟衰退給 Goodrich 公司造成了巨大的財務困難，Goodrich 公司的盈利和現金流量受到了負面影響，信用等級也降低了，並且 Goodrich 公司宣布 1982 年出現 3,300 萬美元的虧損。

1983 年年初，Goodrich 公司需要 5,000 萬美元的資金以滿足其財務需求。從理論上講，Goodrich 公司能以稍高於基本利率的利率水平從指定的貸款限額中借款 5,000 萬美元。但是，在貸款限額下要取得如此金額的貸款並保證它的短期可用性，確有困難。雖然借入中期貸款（2~5 年）能滿足上述要求，但又會使將來的靈活性受損。Goodrich 公司希望借入期限更長（如 8~10 年或 30 年）的利率固定的借款。但在此情況下，由於當時利率的總體水平偏高，Goodrich 公司的信用等級又比較低，這種期限長、利率固定的資金將會非常昂貴。例如，當時市場上 30 年期國債利率大約為 10.30%，那麼 30 年期的公司債務必須支付 13% 左右的利息。

不過，所羅門兄弟公司向 Goodrich 提出了一個建議：Goodrich 公司可以在美國的公債市場中借債，即發行盯住 LIBOR 的浮動利率債券，然後與已經在歐洲債券市場上籌集到固定利率資金的歐洲銀行進行利率互換。雖然此前在美國國內市場上從來沒有盯住 LIBOR 的公債，但所羅門兄弟公司卻對之充滿信心。考慮到當時的金融市場狀況，所羅門兄弟公司認為美國許多儲蓄機構將會成為這種證券潛在的積極購買者。因為美國政府對存款市場的管制有所放鬆，比如存款機構（包括商業銀行和儲蓄機構）可以提供新的可變利率的貨幣市場存款帳戶（MMDA 帳戶）和超級 NOW 帳戶（Super Now Accounts）。大型儲蓄機構，尤其是在紐約這樣的美國東部城市中的大型的互助儲蓄銀行，曾在 1983 年年初開創性地為新的存款帳戶定價，並成功地從貨幣市場基金、經紀人資助的現金管理帳戶（CMA 帳戶）和公開市場工具中籌集到相當數額的資金。這樣儲蓄銀行家們手中有數額巨大的存款資金要用於投資，雖然他們清楚地知道在進行傳統投資（如 30 年固定利率住宅抵押貸款）時所面臨的風險，但仍然在多種多樣的產品中進行選擇，可以投資於短期國庫券或商業銀行發行的大面額定期存單［美國國內的或歐洲市場上的 CD（Certificate of Deposit）］，也可能是收益率盯住國庫券利率的美國主要銀行的浮動利率票據，或者選擇所羅門兄弟公

司所建議的——收益率盯住 LIBOR 的浮動利率票據。

荷蘭的 Rabo 銀行是世界上最大的 50 家銀行之一，擁有的資產超過了 1,100 億荷蘭盾（約 420 億美元）。Rabo 銀行包括 1,000 多個農業合作銀行，在荷蘭擁有 3,100 家地方分支機構。其通過中央合作銀行，即中央 Rabo 銀行，構成了一個互相聯繫的網路，而中央 Rabo 銀行代表各個獨立的銀行在荷蘭國內和國際貨幣市場上進行統籌運作。Rabo 銀行不僅在農業部門占據壟斷地位（為種植業和農業多種經營提供的貸款大約占總貸款的 90%），而且其業務也轉向了商業貸款和其他傳統的銀行業務。據說 Rabo 銀行與全荷蘭 1/3 的公司有聯繫，並且擁有全荷蘭儲蓄存款的 40%。但是中央 Rabo 銀行在荷蘭以外卻不是很出名，甚至美國投資者幾乎沒有聽說過 Rabo 銀行。儘管擁有 AAA 級的信用，但 Rabo 銀行以前從來未在歐洲債券市場上籌資，只是從事少量的有關美元的業務，大多數以美元計價的資產是利率隨 LIBOR 浮動的貸款。Rabo 銀行能夠以利率為 LIBOR 的同業銀行存款或基本歐洲美元 CD 籌集資金。

一家美國的大型銀行在倫敦的分支機構曾與中央 Rabo 銀行接洽，建議與其共同發行數額巨大的固定利率歐洲債券，其最終目的是與一家美國公司進行利率互換，Rabo 銀行基本同意這筆交易。Rabo 銀行和這家美國銀行（潛在的歐洲債券辛迪加的發行者）從許多潛在的交易夥伴中選中了所羅門兄弟公司提供的 Goodrich 公司方案。

(二) 互換方案設計

1983 年 3 月 4 日，協議於周末簽訂，到下周一為止整個交易完畢。在這次交易中共存在 3 個獨立的且同時發生的互換部分。

首先，所羅門兄弟公司在美國債券市場上承銷 Goodrich 公司的 8 年期浮動利率票據，這是交易的第一部分。人們普遍認為這種票據大多數是賣給了許多位於主要大城市的互助儲蓄銀行。這種票據的條件如下：

發行人：Goodrich 公司。

信用等級：BBB。

發行總額：5,000 萬美元。

期限：8 年（不可贖回）。

息票：票據是帶息的，半年付息一次，年利率等於將來市場中公認的 3 個月歐洲美元倫敦銀行同業拆借利率（LIBOR）+0.5%。

同一天，Rabo 銀行在歐洲債券市場發行了 8 年期固定利率債券。其主要條件如下：

發行人：Rabo 銀行（中央組織）。

信用等級：AAA。

發行總額：5,000 萬美元。

期限：8 年（不可贖回）。

息票：年利率固定在 11%。

之後，以上兩個發行人與摩根擔保銀行各簽訂了一份雙邊互換協議，摩根擔保銀行的角色是中間擔保人。其中一份協議包括如下條款：

（1）Goodrich公司同意每年一次支付給摩根擔保銀行550萬美元，一共支付8年，用於支付固定年利率為11%的利息。

（2）摩根擔保銀行同意在8年中每半年向Goodrich公司支付一次，每年的金額為5,000萬美元乘以一個浮動利率所得值的1/2（因為是半年的利息）。這個浮動利率等於將來市場公認的3個月LIBOR減去一個折扣（LIBOR-X），折扣大小並未披露。

同樣，另外一個互換協議包括以下相應的條款：

（1）摩根擔保銀行同意每年一次付給Rabo銀行550萬美元，共支付8年。

（2）Rabo銀行同意以LIBOR-X的利率每半年向摩根擔保銀行支付利息，共支付8年。

如條款中所說，摩根擔保銀行只是同意在守約的情況下，作為兩個互換主體的中間人。但是，如果一方出現問題，摩根擔保銀行仍舊會與另一方繼續這一協議。事實上，摩根擔保銀行擁有AAA級的信用和良好的國際聲譽，因此就保證了在這次互換中把信用風險發生的可能性降低到Rabo銀行可以接受的程度。作為中間人，摩根擔保銀行從Goodrich公司那裡得到了一次性收費125,000美元，在以後8年中每年可得到一筆年費，具體數字也未披露。

（三）案例分析

下面針對該債券發行與互換交易的過程，我們再來認真考察一下這筆交易。表6.1表示1983年3月7日（星期一）那天的市場利率水平。根據相關利率水平，我們對Goodrich和Rabo銀行的需求、信用和舉債成本情況總結如表6.2所示，從表中可見Goodrich公司具有較低的信用級別，因此該公司在歐洲債券市場或是本國債券市場上的融資成本均要高於信用級別高的荷蘭Rabo銀行，特別是在Goodrich公司所需要的長期固定利率債券市場上，其劣勢更加明顯。依據比較優勢的原則，如果Goodrich公司發行LIBOR浮動利率債券，Rabo銀行發行歐洲美元固定利率債券，那麼在雙方進行互換之後，互換的參與方都可能受益。

表6.1　　　　　　　　市場利率表（1983年3月7日）

國內市場	歐洲美元市場
聯邦基金利率（同業拆借利率）：8.05%	
基本利率：10.625%	
3個月主要國內CD：8.4%	3個月主要歐洲美元CD：8.5%
3個月揚基CD：8.55%	3個月LIBOR：8.75%
7~10年固定利率債券	7~10年固定利率歐洲美元債券

表6.1(續)

國內市場	歐洲美元市場
國債：10.1%	AAA級歐洲債券：10.7%
聯邦機構債券 10.4%	
AAA 級公司債券：10.5%	
AA 級公司債券：10.7%	
BBB 級公司債券：12%	
7~10 年浮動利率債券	
AAA 級銀行控股公司債券：國庫券利率+1%	外國政府擔保：LIBOR+0.25%
AA 級銀行控股公司債券：國庫券利率+1.25%	AAA 級銀行：LIBOR+0.3%
30 年固定利率債券	
長期債券：	
國庫券 10.3%	
AAA 級公司債券 11.25%	
BBB 級公司債券 12.75%	
住房抵押貸款：	
有擔保的 FHA 12.5%	
傳統的住宅抵押 13%	

註：① 這裡所引用的全部利率都是以半年等值收益率為基礎的，即美國國內債券市場上傳統的到期收益率。在歐洲債券市場上，典型的債券每年付息一次，而不是在美國每半年付息一次。年息票為11%的歐洲債券半年的等值到期收益率為10.7%，而不是11%[$(1+0.107)^2 = 1.11$]。

②FHA：Federal Housing Administration, 聯邦房屋貸款

表 6.2　　　　　　　　　　　互換雙方基本情況

公司名稱	Goodrich 公司	Rabo 銀行
信用等級	BBB	AAA
資金需求	長期固定利率資金	LIBOR 浮動利率
固定利率成本	12.36%~12.89%	11%
浮動利率融資成本	LIBOR+0.5%	LIBOR

按此思路，根據當時的市場利率狀況和雙方的基本情況，仲介銀行選擇了適當的債券發行形式和市場，並安排了合理的互換交易，此互換交易過程如圖6.2所示。

```
            年率11%              年率11%
  ┌─────────┐──────────→┌────────┐──────────→┌────────┐
  │Goodrich │           │摩根銀行│           │Rabo銀行│
  │公司     │←──────────│        │←──────────│        │
  └─────────┘ 3個月LIBOR-X└────────┘3個月LIBOR-X└────────┘
      │                                           │
      │LIBOR+0.5%                                 │年率11%
      ↓                                           ↓
  ┌─────────┐                               ┌─────────┐
  │LIBOR浮動│                               │歐洲美元固定│
  │利率債券投資者│                         │利率債券投資者│
  └─────────┘                               └─────────┘
```

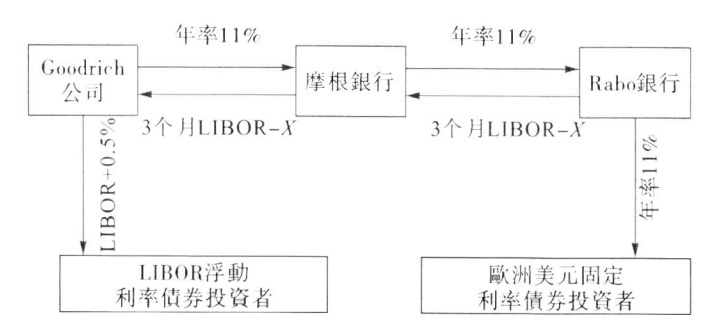

圖6.2 互換交易流程圖

雖然該筆互換交易的內容並沒有完全公布,特別是幾個重要的成本沒有披露,但這並不會影響對此互換交易的分析。從圖6.2中可以看到仲介機構分別與Goodrich公司和Rabo銀行簽訂互換協議,將兩者籌資的利息支付的方式加以改變,在不計算其他費用的情況下,摩根擔保銀行的收支相等。通過交易,Goodrich公司和Rabo銀行都實現了所期望的資金需求,Goodrich公司實現了融入長期固定利率的目標,其利率為11.50%+X,Rabo銀行只需支付LIBOR-X的利率債就可以籌集到所需的歐洲美元資金。

在當時的市場利率的狀況下(表6.3列出了當時市場上債券的收益率和收益率差額情況),這筆交易在很大程度上降低了各方的融資成本,因而引起了發行者、投資銀行家和商業銀行家們的濃厚興趣。正如一位商業銀行家所言:「Goodrich公司不能從其銀行那裡得到那種模式的定價,這種定價在目前的市場中根本沒有,但確實非常好。」

表6.3　　　　　　　　收益率和收益率差額(1975—1983年)

年份	3個月國庫券平均收益率(%)	與3個月國庫券的平均總差額		
		3個月CD(%)	商業票據(%)	3個月LIBOR(%)
1975	5.85	0.76	0.56	1.36
1976	5.03	0.27	0.25	0.58
1977	5.17	0.37	0.27	0.75
1978	7.12	0.92	0.61	1.48
1979	9.84	1.18	0.88	1.93
1980	11.25	1.72	1.12	2.81
1981	13.99	1.92	1.17	2.83
1982	10.75	1.66	1.16	2.68
1983	8	0.52	0.3	1.29

整個交易的收益情況總結見表 6.4。如表 6.4 所示，經過互換交易，三個參與者共可以獲得 0.86%~1.39%的利息收益，其中，仲介銀行摩根擔保銀行的收益為「125,000 美元+8 年間每年一筆年費（小於等於 0.375%）」。在考慮仲介費用後，Goodrich 公司的總支付為「11.50%+X」的利息再加上「125,000 美元+年費（小於等於 0.375%）」的費用。不過相對而言只要 X 不太大，Goodrich 公司仍然可以獲得相當大的收益（見表 6.5）。Rabo 銀行通過互換形式進行融資可以獲得比直接發行浮動債券低 X 的利率水平（見表 6.6）。

表 6.4　　　　　　　　　　　　互換交易各方總收益

公司名稱	Goodrich 公司	Rabo 銀行
固定利率成本（以 8 年期為例）	12.36%~12.89%	11%
浮動利率融資成本	LIBOR+0.5%	LIBOR
互換交易總收益	0.86%~1.39%	

註：因為要換算成年利率，年利率分別為$(1+0.12)^2-1=0.123,6,(1+0.125/2)^2-1=0.128,9$

表 6.5　　　　　　　　　　　Goodrich 公司的總支付比較

	直接發行固定利率債券	以互換形式發行
利率	12.36%~12.89%	11.5%+X
仲介費用		12,500 美元+年費（小於等於 0.375%）

表 6.6　　　　　　　　　　　　Rabo 銀行的總支付

	直接發行浮動利率債券	以互換形式發行
利率	LIBOR	LIBOR-X

第三節　貨幣互換

貨幣互換是將一種貨幣的本金和固定利息與另一種貨幣的等價本金和固定利息進行交換。具體是指交易雙方按固定匯率在期初交換不同貨幣的本金，然後按照預定的日期，進行利息和本金的分期交換。在某些情況下，交易雙方也可以不交換本金或者到期日不交換本金。簡言之，貨幣互換就是交易不同類別、相同期限、等值資金債務或資產的貨幣及利率。貨幣互換是雙方基於不同的交易目的和各自對市場行情趨勢的不同分析達成的交易。

我們將貨幣互換中雙方交換的資產數量稱為名義本金（Notionals），以便與現金市場上實際本金（Actuals）的交換區別開來。在貨幣互換中，交易對手按照當時的即期匯率交

換不同幣別貨幣的本金，在以後的反向交換中仍以同樣的匯率將本金換回。通常這類本金的交換是實際發生的，在個別情況下，它也可以是名義上的。

貨幣互換的基本業務流程通常分為三個步驟：初始本金交換、利息的定期支付和到期本金的再次交換。

案例 6.2
貨幣互換中比較優勢的運用

貨幣互換的主要原因是雙方在各自國家的金融市場上具有比較優勢。假定英鎊對美元的匯率為1英鎊=1.5美元。A公司想借入5年期的1,000萬英鎊借款，B公司想借入5年期的1,500萬美元借款。由於A公司的信用等級高於B公司，兩國金融市場對A、B兩公司的熟悉程度不同，因此市場向它們提供的固定利率也不同（如表6.7所示）。

從表6.7可以看出，A公司的借款利率均比B公司低，即A公司在兩個市場都具有絕對優勢，但絕對優勢大小不同。A公司在美元市場上的絕對優勢為2%，在英鎊市場上的絕對優勢只有0.4%。這就是說，A公司在美元市場上有比較優勢，而B公司在英鎊市場上有比較優勢。這樣雙方就可利用各自的比較優勢借款，然後通過互換得到自己想要的貨幣資金，並通過分享互換收益（1.6%）降低籌資成本。

表6.7　　　　　　　　　　市場向A、B公司提供的借款利率

	美元	英鎊
A公司	8%	11.6%
B公司	10%	12%

註：此表中的利率均為一年期一次複利

於是A公司以8%的利率借入5年期的1,500萬美元借款，B公司以12%的利率借入5年期的1,000萬英鎊借款。然後，雙方先進行本金的交換，即A公司向B公司支付1,500萬美元，B公司向A公司支付1,000萬英鎊。

假定A、B公司商定雙方平分互換收益，則A、B公司都將使籌資成本降低0.8%，即雙方最終實際籌資成本分別為：A公司支付10.8%的英鎊利率，而B公司支付9.2%的美元利率。

這樣雙方就可以根據借款成本與實際籌資成本的差異計算各自向對方支付的現金流，進行利息互換，即A公司向B公司支付10.8%的英鎊借款的利息計108萬英鎊，B公司向A公司支付8%的美元借款的利息計120萬美元。經過互換後，A公司的最終實際籌資成本降為10.8%的英鎊借款利息，而B公司的最終實際籌資成本變為8%的美元借款利息加1.2%的英鎊借款利息。若匯率水平不變的話，B公司的最終實際籌資成本相當於9.2%的美元借款利息。若擔心未來匯率水平變動，B公司可以通過購買美元遠期或期貨來規避匯率風險。

在貸款期滿後，雙方要再次進行借款本金的互換，即 A 公司向 B 公司支付 1,000 萬英鎊，B 公司向 A 公司支付 1,500 萬美元。至此，貨幣互換結束。若不考慮本金問題，上述貨幣互換的流程圖如圖 6.3 所示。

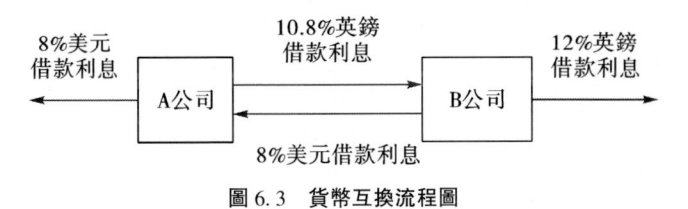

圖 6.3　貨幣互換流程圖

由於貨幣互換涉及本金互換，因此當匯率變動很大時，雙方就將面臨一定的信用風險。當然這種風險仍比單純的貸款風險小得多。

案例 6.3

IBM 公司和世界銀行貨幣互換簡介

正如我們在前面章節中提到的，在互換市場的發展中，雖然利率互換占了整個市場的絕大部分比重，但最早出現的是貨幣互換，通常是兩個機構分別利用自身優勢，發行不同國家貨幣的債券，然後相互交換，以減少雙方籌資成本。貨幣互換中的經典案例當屬 IBM 公司和世界銀行間的交易。這筆開互換先河的貨幣互換業務到目前為止依然有許多內容沒有對外公布，因此在對這一經典案例進行分析時，人們所使用的數據各有不同，這些數據有的甚至是基於個人猜測，因而在本案例中所要突出的是這一經典案例的理論實質，而案例中的具體數字或許並非實際情況。

（一）案例資料

互換市場出現以前，在金融市場上就出現了交易雙方同意對金融支付額進行長期交換的概念，特別是在第二次世界大戰後的一段時間內，英國實行了各種各樣的資本管制，這就對英國企業與國外的子公司或是外國企業與在英國的子公司之間的資金流轉造成了影響。在資本管制的條件下，要麼英國企業無法投資於海外公司，要麼獲取投資所需外幣價格昂貴。在這種情況下平行貸款或「背靠背貸款」就發展起來了，大大便利了企業的資金跨國融通。然而，這兩種貸款形式是資產負債表內項目，並且經常會遇到法律問題，風險也很大。

當時美國的 IBM 公司實力雄厚、資金充足、業務廣泛，IBM 公司和世界銀行的信用等級都是 AAA，但在現實中，並不是所有信用等級為 AAA 的借款人在所有的市場上都能以相同的成本籌集資金，即使債券發行者具有相似的特點。部分原因可能在於飽和與稀缺性價值，在經濟、政治、文化等方面的影響下全球債券市場並非是完整統一的，而是彼此分割的，各個市場均有其特點，從而引起各個市場飽和與稀缺性價值的差異。在其他條件相同的情況下，尋求 AAA 債券投資組合的投資者可能願意持有更多發行者的債券，以便分

散任何單一發行者特有的風險。如果一個發行者的債券在市場上沒有飽和,就會享有稀缺性價值的好處,就能以較低的利率發行債券。

20世紀70年代,依據其稀缺性價值,IBM公司開展了一項世界性的計劃來籌集資金。1979年,IBM公司發行了德國馬克(DM)和瑞士法郎(SwFr)的債務,並將這筆資金兌換為美元資金。IBM公司發行的德國馬克債券的票息是10%,瑞士法郎債券的票息為6.187.5%;兩者的到期日皆為1986年3月30日。在1981年,由於這些貨幣發行的債務,IBM公司承擔了大量的德國馬克和瑞士法郎的風險暴露。在債券發行之後,美元對德國馬克與瑞士法郎大幅升值,這使得IBM公司減少其以美元計值的外幣借款成本。IBM公司想把手頭的德國馬克和瑞士法郎債券轉換為美元債券,使其資產和負債相對應,以鎖定匯率上的既得利潤,規避匯率風險。

在1981年以前,世界銀行為了利用瑞士法郎市場名義利率比較低的機會,經常在瑞士資本市場上發行債券。在當時的利率水平下,世界銀行的債券需求已經飽和,只有提高世界銀行債券的利率,瑞士的投資者才願意增加持有世界銀行債券。然而在美元市場,世界銀行仍然是投資人希望提供資金的著名機構,但世界銀行不願意借取高利率的美元。

綜上所述,世界銀行和IBM公司在不同的市場上有比較優勢。例如,世界銀行通過發行歐洲美元債券籌資,其成本要低於IBM公司籌措美元資金的成本;IBM公司通過發行瑞士法郎債券籌資,其成本也低於世界銀行籌措瑞士法郎的成本(見表6.8)。因此,如果IBM公司以瑞士法郎債券融資而世界銀行以美元債券融資,那麼就會產生25個基點的利差。

表6.8　　　　　　　　　世界銀行和IBM公司的比較優勢[1]

	IBM	世界銀行	利差
美元融資	美國國債利率+45個基點	美國國債利率+40個基點	5個基點
瑞士法郎融資	瑞士國債利率	瑞士國債利率+20個基點	−20個基點

(二) 互換方案設計

在這種情況下,精明的投資銀行家意識到貨幣互換可以解決世界銀行和IBM公司的問題。於是,通過所羅門兄弟公司(Salomn Brothers)的撮合,世界銀行將其發行的29億歐洲美元債券與IBM公司等值的德國馬克、瑞士法郎債券進行互換,各自達到了降低籌資成本的目的。所羅門兄弟公司建議以固定對固定利率的貨幣互換交易來解決IBM公司和世界銀行的問題,相關交易如下:

(1) 世界銀行發行兩個等級的歐洲美元債券,面值為21億美元,票息為16%,發行費用為2.15%,到期日為1986年3月30日(這就與IBM的債券到期日相同)。該債券發

---

[1] 理查德·M萊維奇. 國際金融市場:價格與政策 [M]. 施華強, 譯. 北京:中國人民大學出版社, 2002: 478.

行於 1981 年 8 月 11 日，並於 1981 年 8 月 25 日結算。

（2）世界銀行發行債券所取得的美元資金大約為 205,485,000 美元（扣除了 2.15%的發行費用之後，相當於債券面值的 97.85%），在外匯市場上分別兌換為德國馬克與瑞士法郎。事實上，世界銀行是在 1981 年 8 月 11 日進行遠期外匯交易，並於 1981 年 8 月 25 日結算（即兩個星期的外匯遠期交易）。若當時美元/德國馬克與美元/瑞士法郎的遠期匯率分別為 2.56 與 2.18，則世界銀行將取得 191,367,479 瑞士法郎和 301,316,488 德國馬克，分別支付 87,783,247 美元和 117,701,753 美元。

（3）所羅門兄弟公司與世界銀行和 IBM 公司分別簽訂貨幣互換協議，幫助世界銀行規避美元/德國馬克與美元/瑞士法郎的匯率風險，同時 IBM 公司也可以鎖定美元/德國馬克與美元/瑞士法郎的匯率的既得利潤。這些協議的內容如下：在互換交易合約期間內，世界銀行支付固定利率 10%與 6.187,5%的德國馬克與瑞士法郎利息，並向 IBM 公司收取年利率為 16%的美元利息。同時，世界銀行利用所收取的美元利息來清償其歐洲美元債券的票息，IBM 公司則利用收取的德國馬克與瑞士法郎來清償其既有債券的票息。這就相當於實現了世界銀行以固定利率為 10%與 6.187,5%的德國馬克與瑞士法郎籌資，IBM 公司以年利率為 16%的美元籌資。

合約到期時，世界銀行支付 3 億德國馬克與 2 億瑞士法郎的本金給 IBM 公司，並換取 2.1 億美元的本金。世界銀行利用美元本金贖回歐洲美元債券，IBM 公司則利用德國馬克與瑞士法郎本金贖回其既有債券。

這筆互換交易生效於 1982 年 3 月 30 日，較債券發行落後 215 日，因此需要調整互換交易的起算日，以配合 IBM 公司的下一個票息日。整個互換交易的結構如圖 6.4 所示。

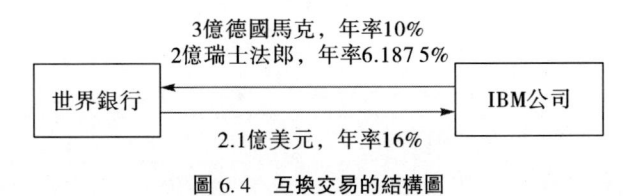

```
              3億德國馬克，年率10%
              2億瑞士法郎，年率6.187 5%
    ┌──────┐ ←──────────────────── ┌────────┐
    │世界銀行│                          │ IBM公司 │
    └──────┘ ────────────────────→ └────────┘
              2.1億美元，年率16%
```

圖 6.4　互換交易的結構圖

（三）案例分析

交易雙方同意，在交易到期時以 3 億德國馬克與 2 億瑞士法郎的本金交換美元本金。世界銀行商議取得的目標融資成本分別為德國馬克年利率 11%與瑞士法郎利率 8%。根據上述目標融資成本，則在互換交易中世界銀行的現金流量為：

合約期間內，每年支付 10%的德國馬克（本金為 3 億德國馬克）；

臺約期間內，每年支付 6.187,5%的瑞士法郎（本金為 2 億瑞士法郎）；

合約到期時，支付 3 億德國馬克與 2 億瑞士法郎的本金。

計算德國馬克和瑞士法郎現金流的價值，為此需要計算兩者的貼現因子：

$$貼現因子 = \frac{1}{(1+y)^{\frac{n}{360}}}$$

其中，y 表示相應貨幣的收益率，在本案例中德國馬克的收益率為 11%，瑞士法郎的收益率為 8%，而 n 表示的是到下個支付日的天數。

計算得出的貼現因子如表 6.9 所示。

表 6.9 貼現因子

日期	天數（天）	瑞士法郎	德國馬克
1982 年 3 月 30 日	215	0.955,077.5	0.939,576.4
1983 年 3 月 30 日	575	0.884,331.0	0.846,465.2
1984 年 3 月 30 日	935	0.818,825.0	0.762,581.3
1985 年 3 月 30 日	1295	0.758,181.3	0.687,010.2
1986 年 3 月 30 日	1655	0.702,010.4	0.618,928.1

依據目標融資成本（德國馬克為 11%，瑞士法郎為 8%），上述各期利息與期末本金分別貼現為現值，計算的結果意味著世界銀行需要借取 301,315,273 德國馬克與 191,367,478 瑞士法郎，具體計算如表 6.10 和表 6.11 所示。

表 6.10 互換交易德國馬克現金流情況 金額單位：德國馬克

日期	德國馬克現金流量	德國馬克貼現因子	現值
1982 年 3 月 30 日	30,000,000	0.939,576.44	28,187,293
1983 年 3 月 30 日	30,000,000	0.846,465.26	25,393,958
1984 年 3 月 30 日	30,000,000	0.762,581.32	22,877,440
1985 年 3 月 30 日	30,000,000	0.687,010.21	20,610,316
1986 年 3 月 30 日	330,000,000	0.618,928.11	204,246,276
淨現值			301,315,273

表 6.11 互換交易瑞士法郎現金流情況 金額單位：瑞士法郎

日期	瑞士法郎現金流量	瑞士法郎貼現因子	現值
1982 年 3 月 30 日	12,375,000	0.955,077.46	11,819,084
1983 年 3 月 30 日	12,375,000	0.884,330.99	10,943,596
1984 年 3 月 30 日	12,375,000	0.818,824.99	10,132,959
1985 年 3 月 30 日	12,375,000	0.758,171.28	9,382,270

日期	瑞士法郎現金流量	瑞士法郎貼現因子	現值
1986 年 3 月 30 日	212,375,000	0.702,010,45	149,089,469
淨現值			191,367,478

因為世界銀行是發行債券借入美元，並依據美元/德國馬克 2.56 與美元/瑞士法郎 2.18 的 14 天遠期匯率兌換為德國馬克與瑞士法郎，故其債券發行額為（扣除發行費用之前）：

SwFr 191,367,478/2.15 = $87,783,247

DM 301,316,488/2.56 = $117,701,753

因此，扣除發行費用之前的金額 205,485,000 美元，如果發行費率為 2.15%，則世界銀行發行的歐洲美元債券，面額將是 2.1 億美元（$205,485,000/0.978,5）。

通過交換交易，IBM 公司的美元融資成本如表 6.12 所示。

表 6.12　　　　　　　　　IBM 公司的美元融資成本情況

PMT	1982 年 3 月 30 日	$20,066,667
	1983 年 3 月 30 日	$33,600,000
	1984 年 3 月 30 日	$33,600,000
	1985 年 3 月 30 日	$33,600,000
	1986 年 3 月 30 日	$243,600,000
n	4.597,222	
PV	98.75（$205,485,000）	
FV	100（$210,000,000）	
i	16.6%	

美國所羅門兄弟公司為 IBM 公司和世界銀行安排的這次貨幣互換，仲介費用並沒有披露，因此暫時還無法評價仲介機構的收支情況。

但通過整個交易，互換參與方均有豐厚的收益。據《歐洲貨幣》雜誌 1983 年 4 月測算，通過這次互換，IBM 公司將 10% 利率的德國馬克債務轉換成了 8.15% 利率（兩年為基礎）的美元債務，世界銀行將 16% 利率的美元債務轉換成了 10.13% 利率的德國馬克債務。

第四節　　互換的創新

金融互換與其他金融工具相結合，可以衍生出很多複雜的互換衍生產品，比如互換與

期貨結合產生互換期貨、與期權結合產生互換期權、與股票指數結合產生股票指數互換等，還有從其他角度進行創新的互換，如槓桿互換。下面我們用一個案例來介紹槓桿互換。

案例6.4
寶潔公司的槓桿互換風險案例

自衍生工具誕生以來，無論是在數量上還是在規模上，幾乎沒有哪個時期發生的衍生品交易風險與損失事件可以與20世紀90年代中期相比。隨著市場利率的突然變動，在金融市場發生了一系列的風險事件，這其中包括巴林銀行的倒閉、美國奧蘭治縣衍生品交易損失最終導致破產等。引致高額虧損的寶潔公司的槓桿互換交易就是其中最為人所關注的事件之一，它不僅因為涉及的交易雙方均是美國的知名企業，更為重要的是，這一事件及隨後的法律訴訟對金融衍生品的交易風險管理有著非常大的影響。

（一）案例資料

寶潔公司（Procter & Gamble）是全球知名的消費品生產商，在1993年憑藉其多樣化的產品、近300個品牌在全球實現了300億美元以上的銷售額，成為美國第十二大工業企業，給全球30億人提供產品和服務。寶潔公司積極應用金融工具特別是衍生品來管理公司資產與負債，在公司的全球化經營體系中其主要目的只是最小化風險暴露並降低匯率利率變動風險。

美國信孚銀行（Bankers Trust，以下簡稱BT銀行）成立於1903年，在20世紀70年代經過一次成功的業務轉型，將其業務關注於批發銀行業務，如公司貸款、投資管理、政策與公共債券投資等。到1993年，BT銀行成為全美第十二大銀行集團。在其1993年的利潤中，衍生品買賣占31%，為客戶提供信貸、諮詢等服務占13%，而自營帳戶的利潤占56%。

寶潔公司與BT銀行具有長期穩定的聯繫，自1966年以來BT銀行就一直是寶潔公司的主銀行之一，在1985—1993年一直擔當寶潔公司債券發行的發行銀行，並為寶潔公司提供商業銀行和投資銀行諮詢服務。從1993—1994年寶潔公司與BT銀行簽訂了一系列互換協議，這些互換協議既有大眾型互換又有複雜的槓桿互換。

1993年10月，寶潔公司與BT銀行商議，希望用一個新的互換協議來替代將要到期的固定利率對浮動利率的利率互換協議。在這個協議中，寶潔公司收取固定利率而支付市場商業票據利率減40個基點的利息。寶潔公司希望能獲得相似的互換協議，並且能獲得較低的利率支付。對此，BT銀行為寶潔公司提供了三個選擇：一個是大眾型互換，兩個是帶有槓桿屬性的互換。經過商議和修改，寶潔公司選擇了其中的一個槓桿互換，即5/30年收益關聯互換（5/30 Year Linked Swap）。

（二）互換交易設計

1993年11月2日，寶潔公司與BT銀行簽署了這份5年期的互換協議。只要原本低於3%的利率上升幅度不是太大［30天商業票據（CP）利率減少75個基點］，該互換就能保證極低的融資成本。

這次互換為半年結算，名義本金為2億美元。根據這一互換，BT銀行同意向寶潔公

司支付 5.3% 的年利率，同時寶潔公司同意向其支付的利率為 30 天商業票據利率的日平均利率減去 75 個基點再加上一個利差。利差在前 6 個月的支付期設置為零，以後 9 期按同一利差支付，這個利差在 6 個月後也就是 1994 年 5 月 4 日設定，被設置為等於當日 5 年期定期國債利率和 30 年期國債價格的一個函數（1994 年 1 月，互換協議雙方同意對協議進行修改，將利差的決定日移到 1994 年 5 月 19 日，並將寶潔公司的浮動利率支付降低為 30 天商業票據利率的日平均利率減去 99 個基點再加上利差，利差的設定方式不變）。

$$利差 = Max\{0, [98.5 \times (5 年期 CMT\% / 5.78\%) - 30 年期國債價格]\}/100$$

其中，CMT（Constant Maturity Treasury）表示定期國債，5 年期 CMT 利率則是指還有 5 年到期的 5 年期國債利率。30 年期國債也就是 2023 年 8 月 15 日國債的買賣均價。

這種互換是一種典型的槓桿互換。我們知道，標準利率互換等價於同時持有面值等於名義本金的債券多頭和空頭頭寸（這兩種債券一種以浮動利率支付，另一種以固定利率支付）。現在假設改變標準互換，使得債券空頭頭寸上升。為保持互換在開始時的價值為零，將空頭頭寸增長所獲得的收益投資於無風險資產，最終得到的互換就稱為槓桿互換，因為其現金流是標準互換現金流加上額外的借貸。現在假設賣空的債券的利息支付取決於某種指數。互換的淨利息支付是債券空頭頭寸的利息支付減去無風險資產投資所獲得的利息。當指數較低時，淨利息支付為零甚至為負。然而如果指數上升，利息支付的增長會超過標準互換的情形，因為這種互換中的債券空頭頭寸要超過標準互換。

對於寶潔公司的槓桿互換，可以將其分解為兩個部分，其中一部分為一個普通的互換交易，在這個互換交易中寶潔公司收取固定利率為 5.30%，支付的利率為 30 天商業票據利率的日平均利率。與大眾型互換不同的是寶潔公司支付的利率為 30 天商業票據利率的日平均利率，而不是支付日那個時間點的商業票據利率，對於當時的市場環境來說，這一互換交易基本是合理的。另一部分就是一個鑲嵌的期權，可以將 BT 銀行支付給寶潔公司的 75 個基點的折扣額視為購買這個期權的權利金，BT 銀行購買的這個期權類似於一個吞跌期權，但它要受到兩個因素的影響，即 5 年期 CMT 利率和 30 年期國債價格，並要受到兩個波動率變化的影響。

根據寶潔公司的這一互換，當利率較低時，它獲得相當低的利息支付，但如果利差一旦變為正值，利率支付的增長就會超過 CMT 利率變化。CMT 利率有一個 98.5/5.78 也就是 17.04 的乘數。因此，短期債券價格保持不變，會使寶潔公司受益。當利差為正時，如果 CMT 利率上升 100 個基點，利差將上升 1,704 個基點。隨著 CMT 利率的上升，寶潔公司最終將按照名義本金支付超過 CMT 的利率。

利差公式可能看起來比較複雜，但它實際上很容易理解。起初，5 年期 CMT 利率是 5.02%，並且 30 年期國債的價格是 102.578,11，收益率為 6.06%。對利差進行計算如下：

$$Max\{0, [98.5(5.02\%/5.78\%) - 102.578,11]/100\} = Max(-0.170,3, 0) = 0$$

相應地，利差就被設定為零。如果市場利率在未來的 6 個月內沒有大的變化，那麼寶

潔公司將收取 5.30%的固定利率，而支付的成本卻很小，即 30 天商業票據利率的平均利率減去 75 個基點後的差額。經過計算，利率在一定程度內的增長也不會影響到利差，5 年利率可以增長到 5.78%，30 年期國債價格可以降到 98.5，而利差依然為零。為使這一期權達到損益平衡點（75 個基點的折扣值與給定利差時期權的支付相等時），5 年期和 30 年期國債的收益率要提高約 84 個基點。

對於寶潔公司來說，上面的分析表明只要債券市場債券的收益率不上升，即便小幅上升，利差也會保持為零，寶潔公司的支付將節約 75 個基點。對於寶潔公司而言，這筆槓桿互換交易實在是筆划算的買賣。

對於寶潔公司來說，不幸的是 1994 年的利率由於傾向緊縮政策而急遽上升。利率在 6 個月的時間裡急遽上升（見表 6.13）。1994 年 5 月 4 日也就是設定利差的計劃日期，5 年期 CMT 利率已由 5.02%上升到 6.71%，並且 30 年期國債價格是 86.843,75，收益率為 7.35%。當將這些數字代入公式後，得到 27.50%的利差。這一利差意味著寶潔公司必須支付商業票據利率（CP）再加上 27.5%減去 0.75%，也就是名義本金 2 億美元乘以 CP 加上 26.75%的年利率。這意味著寶潔公司要比只支付 CP 的情形下多付出 5,350 萬美元的年利息。幸好寶潔公司已分別於 1994 年 9 月 10 日、14 日和 29 日進行了對沖交易，鎖定了虧損。經過加權平均計算，最終由於這筆互換交易，寶潔公司需要支付商業票據日平均利率再加 1,412 個基點，大概每年需要多支付 2,824 萬美元利息，再考慮到互換協議期限為 5 年，實際上寶潔公司的損失已經超過了 1 億美元。該互換業務大約占了寶潔公司 2 億多美元奇異衍生產品損失的 2/3。

表 6.13　　互換交易期間利率、國債價格、利差和商業票據利率變動情況

日期	5 年期 CMT 利率	30 年期國債價格	Term	利差	30 天商業票據利率
1993 年 10 月 29 日	4.82	103.94	-0.218	0	3.14
1993 年 11 月 5 日	5.03	100.56	-0.148	0	3.15
1993 年 11 月 12 日	5.04	101.44	-0.156	0	3.15
1993 年 11 月 19 日	5.04	98.81	-0.129	0	3.14
1993 年 11 月 26 日	5.13	100.09	-0.127	0	3.15
1993 年 12 月 3 日	5.14	100.06	-0.125	0	3.27
1993 年 12 月 10 日	5.1	100.66	-0.137	0	3.41
1993 年 12 月 17 日	5.18	99.59	-0.113	0	3.34
1993 年 12 月 24 日	5.16	100.5	-0.126	0	3.31
1993 年 12 月 31 日	5.21	98.75	-0.112	0	3.35
1994 年 7 月 1 日	5.21	100.28	-0.115	0	3.21
1994 年 1 月 14 日	5.03	99.41	-0.137	0	3.12

表6.13(續)

日期	5年期CMT利率	30年期國債價格	Term	利差	30天商業票據利率
1994年1月21日	5.06	99.56	-0.133	0	3.13
1994年1月28日	5.05	100.44	-0.144	0	3.11
1994年2月4日	5.14	98.69	-0.111	0	3.14
1994年2月11日	5.36	97.97	-0.066	0	3.41
1994年2月18日	5.4	95.19	-0.032	0	3.46
1994年2月25日	5.6	94.13	0.013	0.013	3.47
1994年3月4日	5.74	92.59	0.052	0.052	3.57
1994年3月11日	5.85	91.81	0.079	0.079	3.61
1994年3月18日	5.91	91.72	0.09	0.09	3.61
1994年3月25日	6	90.44	0.118	0.118	3.67
1994年4月1日	6.19	87.66	0.178	0.178	3.68
1994年4月8日	6.47	87.84	0.224	0.224	3.77
1994年4月15日	6.47	87.53	0.227	0.227	3.71
1994年4月22日	6.6	88.16	0.243	0.243	3.88
1994年4月29日	6.56	87.34	0.245	0.245	3.89
1994年5月6日	6.76	84.81	0.304	0.304	4.05
1994年3月13日	6.98	85.28	0.337	0.337	4.37
1994年5月20日	6.65	87.31	0.26	0.26	4.35

註：Term = 98.5×(5年期CMT%/5.78%)-30年期國債價格

(三) 案例分析

從這個案例得出的教訓是，錯誤的尺度可能會極大地誤導對衍生產品的評估。在上面的分析中僅考慮到了利率發生變動的情況，那麼國債收益率在6個月內變化幅度超過84個基點的可能性有多大呢？

從歷史數據的觀察中可以發現，從1982年6月到1993年10月期間595周之中，相距6個月的兩周之間5年期收益率、30年期收益率的變動均超過84個基點的次數為63次，其頻率為10.59%，不過上次出現這樣的情況還是在1990年5月。在寶潔公司的槓桿互換合約開始生效時，市場利率幾乎已經達到歷史性的低水平。如此看來，這一互換交易本身就蘊涵了非常大的風險。

瞭解寶潔互換風險的一種有效方法是計算它相對於利差的風險價值（VaR）。換句話說，我們試圖回答下面的問題：利差有5%的概率會比它更糟的那個數字是多少？假設5年期CMT利率和T-國債價格都服從正態分佈，在這種情況下，決定百分比利差的條件可以寫為：

Max[(98.5/5.78)×(5年期CMT+△5年期CMT)-(T+△T),0]

上式的第一項的波動率由下式給出：

$Vol(利差) = [17.042 \times Var(5年期\ CMT) + Var(T) - 2\sigma \times 17.04 \times Vol(5年期\ CMT) \times Vol(T)]^{\frac{1}{2}}$

式中，$Vol()$ 表示波動率，Var 表示方差，σ 為5年期CMT利率和T（國債價格）的相關係數。根據利差決定時期（互換開始與利差確定日之間共有132天）計算的風險價值，就是對應於下式的利差：

Max[(98.5/5.78)×(5年期CMT)-T+1.65×Vol(利差),0]

式中的波動率是針對132天計算的。根據1993年的歷史數據，可以採用0.055作為5年期CMT利率的日波動率，0.6作為T（國債價格）的日波動率，-0.8作為5年期CMT利率和T（國債價格）的相關係數。在這種情況下，我們得到：

$VaR = (98.5/5.78) \times 5.02 - 102.157, 8 + 1.65 \times (17.042 \times 132 \times 0.055^2 + 132 \times 0.6^2 + 2 \times 132 \times 17.04 \times 0.8 \times 0.055 \times 06)^2 = 10.69\%$

由此得到 VaR 為10.69%。因為在5年期CMT利率前有一乘數，所以這一利率的小變動可能會導致 VaR 的巨大變動。在假設的條件下，每100年中有5年互換利差會超過10.69%，這也就是說損失將可能超過10%。

任何一位考慮進行這類互換交易以利用利率的某些性質的財務主管或分析師都應該計算出互換的 VaR 並畫出互換支付的圖形。為了方便，在計算 VaR 的過程中，我們對5年期CMT利率和30年期國債價格的聯合分佈進行了假設。為了全面地瞭解互換風險，財務主管應當調查 VaR 對這些假設條件的變動的敏感性。

總之，雖然像寶潔公司一樣，許多公司都強調企業利用金融衍生工具的目的在於減少風險暴露，管理在日常經營中可能出現的風險，然而現代衍生品特別是場外衍生品如槓桿互換的設置日趨複雜，隱藏在管理風險之下的巨大風險暴露對企業生產經營活動造成嚴重的影響，因而對企業的風險管理水平提出了更高的要求。如果互換是一個套期保值，財務主管必須評估這一互換作為套期保值的有效性，並運用金融工具如 VaR 對互換給公司帶來的風險進行管理。

習題

1. 根據以下資料設計一個利率互換，並收取10個基點作為手續費。說明通過利率互換兩家公司可以分別節省多少利息成本。

信用等級：甲為AAA，乙為A。

固定利率借款成本：甲為10%，乙為10.7%。

浮動利率借款成本：甲為LIBOR-0.10%，乙為LIBOR+0.30%。

財務需求：甲為需要浮動利率資金，乙為需要固定利率資金。

2. 貨幣互換案例

貨幣互換

某化工廠在1987年年底籌措了250億日元的項目資金，期限10年，固定利率5%，計劃1992年項目投產後以創匯的美元來歸還日元貸款。這樣企業到償還貸款時，將承受一個較大的匯率風險。如果匯率朝著不利於企業的方向波動，那麼即使1美元損失10日元，該企業將多支付16.56億日元。而日元兌美元的匯率幾年裡波動三四十日元是極平常的事情。因此，未雨綢繆，做好保值工作對於企業十分重要。以下是該企業通過貨幣互換對債務進行保值的具體做法：

(1) 交易的目的及市場行情分析。

1990年上半年，某化工廠在金融機構專家的指導下，通過對美、日兩國基本經濟因素的分析和比較，認為從中長期來看，日元升值的可能性是很大的。該企業預期日元經過三次大的升值和回跌循環期（第一次循環期為1971—1975年；第二次循環期為1975—1985年；第三次循環期為1985年至今），從1992年可能進入一個新的日元升值週期。這樣企業從1992年起還款，將會有很大的匯率風險。在1988年日元曾二度升值，其匯率為120日元，到1990年年初已貶值到145日元。從技術圖上分析日元還將從145日元兌1美元向下貶值至155日元水平。另外，有信息表明日本資金正大量外流，這對日元匯價造成了很大的壓力。因此，該企業預計1990年可能出現美元兌日元的相對高值時機，到時可以通過貨幣互換這一有效的保值工具，把250億日元債務互換為美元債務，以避免長期匯率波動的風險。

在籌資時，該企業請有關金融專家為項目制訂過一個籌資方案：如果借日元，項目設計的匯率水平應該是1美元兌148日元；如果是借美元，浮動利率是6個月或者是固定利率8.7%。由於1987年年底，日元貸款利率明顯比美元利率低3.7個百分點，如果還款時日元平均升值達1美元兌121.50日元，那麼借日元所得到的利差正好抵消對美元的匯率損失。如果企業能在行情有利的情況下，不失時機地運用貨幣互換，把匯率固定在一個比較理想的水平，這樣可以避免以後日元升值帶來的匯率風險，同時企業已經得到前三年借日元的利差好處。如果匯率能固定在設計的匯率水平以上，這樣又可以大大降低項目的預算成本。

(2) 實際交易。

1990年2月下旬，日本股票連連暴跌，日經指數平均跌幅達30%，由此引起日元匯價大跌。美元兌日元匯價從145日元經過不到一個月的時間，衝破了150日元臺階，3月下旬已達154日元，以後又升至160日元。當時有的國外金融專家分析美元兌日元匯價會到

170 日元，甚至有的預測可能會到 180 日元。但是該企業比較客觀實際，認為外匯趨勢是不好預測的，把握當前才是十分重要。1 美元兌 160 日元已比該企業預期和希望的匯價要好，比項目籌資方案中設計的匯價高出 12 日元（設計匯價是 1 美元兌 148 日元）。利率方面，由於 1990 年年初市場日元利率已是高水平，比原債務 5%固定利率約上升了 3 個百分點。因此，按當時的互換市場已能對日元債務進行保值，並且從匯率和利率得益中可以大大降低項目預算成本。該企業毅然決定於 1990 年 4 月份委託一家金融機構及時成交了該筆日元對美元的債務互換，最終把 250 億日元債務以 160 日元兌 1 美元的匯率互換成 1.562,5 億美元債務，並且支付美元浮動利率 6 個月。

與項目設計的匯率和利率水平比較，匯率部分比設計水平降低（250 億日元÷148 日元/1 美元）－（250 億日元÷160 日元/1 美元）＝1,269 萬美元。利率部分比設計成本降低 1.562,5 億美元（互換後的本金）×1.9%（降低的利差）×4.858,4（平均年限）＝1,442 萬美元。因此，匯率和利率部分合計比設計水平降低 2,709 萬美元，經濟效益十分顯著。這是一筆十分成功的貨幣互換交易。

（3）互換期限的計算。

互換交易中，如果本金是一次性到期歸還，那麼該互換期限的計算就是從交易日以後的第二個營業日開始到歸還本金這一天結束，如果這個期限是 5 年，我們就稱此為一筆 5 年期的互換交易。如果債務的本金是分次歸還的，那麼互換期限就要用平均期限來計算。從結構上講，一筆分次還本的互換交易可視為由一系列不同期限的互換交易組成。以本貨幣互換為例，這是一筆分 12 次還本的貨幣互換，通過下面的計算（見表 6.14），得出互換平均年限是 4.858,4 年，差不多是一筆 5 年期的貨幣互換，而不能因為整個交易期限為 7 年 6 個月（1990 年 4 月到 1997 年 11 月），而認定它是一筆 7 年 6 個月期限的互換交易。這點要十分注意，不能疏漏。

表 6.14　　　　　　　分期還本互換的平均年限的計算　　　　　　金額單位：美元

還本日期（A）	年限（B）（年）	還本金額（C）	D＝B×C
1992 年 5 月 8 日	2	12,500,000.00	25,000,000.00
1992 年 11 月 8 日	2.5	12,500,000.00	31,250,000.00
1993 年 5 月 8 日	3	12,500,000.00	37,500,000.00
1993 年 11 月 8 日	3.5	12,500,000.00	43,500,000.00
1994 年 5 月 8 日	4	12,500,000.00	50,000,000.00
1994 年 11 月 8 日	4.5	12,500,000.00	56,250,000.00
1995 年 5 月 8 日	5	12,500,000.00	62,500,000.00
1995 年 11 月 8 日	5.5	12,500,000.00	68,750,000.00
1996 年 5 月 8 日	6	12,500,000.00	75,000,000.00

表6.14(續)

還本日期 (A)	年限 (B) (年)	還本金額 (C)	D=B×C
1996年11月8日	6.5	12,500,000.00	81,250,000.00
1997年5月8日	7	12,500,000.00	87,500,000.00
1997年11月8日	7.5	18,750,000.00	140,625,000.00
—	—	156,250,000.00	759,125,000.00

$$平均年限 \frac{759,125,000}{156,250,000} = 4.8584 年$$

(4) 交易中必須注意的細節

①認真分析研究原貸款協議。在發出互換交易詢價書以前，一定要認真分析和研究日元貸款的協議文本。內容包括本金、寬限期、貸款終止日、利率、適用法律、還款日期、利息支付日、計算利率的基準日期等，特別是還款日期、利息支付日和計算利率的基準日期。如果這些日期在貸款執行和互換中有不一致，將會帶來結算日期等不匹配的情況，也可能造成不必要的差額損失。按照慣例，日元固定利率貸款是以365天為一年計算利息，日元浮動利率貸款是以360天為一年來計算利息，而美元無論是浮動利率還是固定利率貸款均以360天為一年計算利息。

②詢價書中要明確資金流量。資金流量表是最簡捷、最好的結算交割的計算依據，它包括支付（交割）日期、還款金額和計算利息的金額。有了這樣一個資金流量表，互換結算中就可以避免一些計算上的差錯。交易雙方可以根據資金流量表中的日期、餘額和還本計劃來互相交換本金和利息。

③認真審核交易行發來的確認電傳。逐項審核確認電傳的內容，特別是交易有效日、終止日、名義本金、匯率、利率、資金流量、營業日、適用法律、結算帳戶等，不能有一點錯漏，因為每一筆貨幣互換交易儘管受到「互換主協議」條款的約束，但交易雙方履行每筆互換的主要依據是確認電傳。

討論題：通過該案例，分析討論貨幣互換的背景、基本程序與過程。

3. 湖南國際經濟開發公司下屬倫敦分公司需借入5年期600萬英鎊，以滿足投資的需要，由於該公司已在英國發行了大量英鎊債券，很難再以5.75%的利率發行新債，但是該公司可按8.875%的固定利率發行5年期的歐洲美元債券。與此同時，在香港註冊的三湘股份有限公司需要從英國進口商品，需要借入一筆歐洲美元，原借的歐洲美元利率均在9.25%左右，但其從未發行過英鎊債券，並可以按5%利率發行5年期的歐洲英鎊債券。這兩家公司在英國資本市場上發行不同貨幣的債券存在相對的利差：

歐洲美元債券利差為37.5基點，即9.25%－8.875%

歐洲英鎊債券利差為75基點，即5.75%－5.0%

英鎊和美元的匯率為GBP1＝US$1.3。

中國銀行倫敦分行作為雙方互換的中間人，按年度本金金額的 0.25% 收取風險費，於是雙方達成協議，通過該銀行進行互換。

寫出互換流程及雙方節約的成本。

4. 王先生是一家中國公司的財務經理。該公司最近在日本市場上進行了較大的拓展，並希望能夠獲得固定利率的日元資金。最近王先生去倫敦與一些銀行討論了他可以選擇的融資方式。他發現他的公司可以選擇 LIBOR+0.125%、每季度調整一次的利率的銀行辛迪加美元貸款；另外，一家日本銀行提議王先生發行歐洲債券，考慮到各種費用後，4 年期日元債券的成本是 6.55%；第三種可能是，從中國政府出口信貸機構獲得優惠利率 8% 的固定利率美元資金。回國後，王先生得到了幾家銀行 4 年期互換的報價。他獲得的最好報價如下：

利率互換：美國政府債券利率+70~80 個基本點，每半年調整一次，與 6 個月的 LIBOR 互換。

基本利率互換：6 個月 LIBOR 對 3 個月 LIBOR+5~8 個基本點。

貨幣互換：日元與美元，日元利率 6.70%~6.80%（每年調整），美元利率為 6 個月的 LIBOR。

當時，4 年期美國政府債券回報率是 7.70%。王先生現在要做的是將互換和融資聯繫起來，使其融資選擇具有成本可比性，然後找到一個便宜的獲得固定利率日元資金的辦法。

5. A 公司和 B 公司調整稅金影響後，可獲得如表 6.15 所示的利率。

表 6.15

	A 公司	B 公司
美元（浮動利率）	LIBOR+0.5%	LIBOR+0.1%
加元（固定利率）	5%	6.5%

假設 A 公司希望以浮動利率借美元，B 公司希望以固定利率借加元。一家金融機構計劃安排互換，要求 50 個基點的收益。如果互換對 A 公司和 B 公司有同樣的吸引力，A 公司和 B 公司最終將支付什麼樣的利率？

第七章 期權

學習提要：金融衍生工具的核心作用是對風險的配置，而期權又是眾多基本衍生工具和複雜衍生工具的核心工具，由此可見學習期權的重要性和必要性。在已經掌握了期權基本知識的基礎上，本章的主要內容是通過具體的案例學習，來進一步鞏固和加深對期權這一衍生工具的認識，尤其是期權在對金融風險的控製和配置過程中的應用。

期權是基礎金融衍生工具之一，也是配置風險最常用的一種工具。期權是一種將投資者的權利和義務有效地分離，並加以利用的金融工具。根據合約標的資產的不同，期權合約可以劃分為不同種類的期權合約。這些合約在不同的金融環境中，有著不同的使用價值和方法。在本章我們將通過案例分析的方式闡述這些不同種類期權的具體運用。

第一節 股票指數期權

對較大的投資組合進行套期保值或投機，可以利用股票指數期權來進行。股票指數期權最早由芝加哥期權交易所於1983年開始推出，進入20世紀90年代後，股票指數期權交易所年末交易餘額均達千億美元以上。2015年2月9日，上海證券交易所推出了上證50ETF期權交易，開啟了中國金融期權新時代。本節的案例內容是利用股票指數期權對股票投資進行套期保值和投機，本節案例主要參考了約翰·C.赫爾（John C Hull）編著的《期權、期貨和其他衍生品》中的股票指數期權部分的案例。

一、背景知識

股票指數期權是指在一定的期限內，以股票指數作為標的物的期權。股票指數期權允許買方在一定期限內按協議價格向賣方購買或出售特定的股票指數合約，它實際上是一種權利交易，購買這種權利所支付的費用稱作「權利金」，買主獲得這種權利後，就可以在股票價格指數向有利於自己的方向波動時，行使這種權利。

（一）用股票指數期權進行套期保值

股票指數期權主要適用於進行分散投資的投資者（如機構投資者），而且所持股票組

合與相應股票指數的成分股密切相關，或者選擇與所持股票組合高度相關的股票指數構成的股票指數期權進行保值。股票指數期權交易中常見的保值交易目標有保護資產不受價格波動的影響、在波動的市場中穩定收益、當股票價格下降幅度較小時起緩衝的作用。

與股票指數期貨保值策略相比，股票指數期權買方可以在股票價格有利變動時執行期權頭寸，而在股票價格（或股票指數）不利變動情形下放棄所持期權買方頭寸，從而有效利用價格有利變動帶來的益處，規避不利價格變動的風險。與股票期權保值策略相比，股票指數期權也可以用來防範未來股市的不利變動，同時可以充分利用有利變動對所持股票組合增值的好處，其代價僅為所交付的期權費。

（二）股票指數期權和投機

股票指數期權在為投資者提供套期保值的同時，也為投資者利用股票指數期權進行投機獲利提供了機會。與利用期貨市場投機相比，股票指數期權可以使投資者的風險限制在一定的範圍內。

二、案例

股票指數期權不僅可以為單一股票進行套期保值，也可以為股票組合進行套期保值，下面來分析兩個案例。

案例 7.1
某證券公司包銷證券中的風險規避

（一）案例資料

某證券公司與一家上市公司簽訂協議，3 個月內按每股 8 元的價格包銷 100 萬股該公司股票，簽約後該證券公司為該項協議進行了套期保值的操作，以便規避市場價格變動帶來的風險。該證券公司買入 50 份 3 個月期的看跌股票指數期權合約，每份期權合約價格為 80 元，合約執行價格為指數點 3,000 點，若每一點代表 100 元，則 50 份合約的總價值為 $3,000 \times 100 \times 50 = 1,500$ 萬元。請分析該證券公司的套期保值情況如何。

（二）案例分析

該證券公司規避的是股票價格的變動風險，而股票價格與股票指數有很強的相關性。考慮一般情況，即股票價格和股票指數是正相關的情況來進行分析。3 個月後的股票指數的走勢有兩種可能，由此分以下兩種情況來討論：

（1）若 3 個月後，股票指數下跌到 2,950 點。在這種情況下，該證券公司選擇應該執行期權合約。執行期權合約可以獲利 $(3,000-2,950) \times 100 \times 50 - 50 \times 80 = 24.6$ 萬元。但是，受到股票指數下跌影響，假設股票只能以每股 7.50 元發行，則該證券公司損失 $0.5 \times 100 = 50$ 萬元。由於採取了購買看跌期權的套期保值措施，該證券公司少損失 24.6 萬元，最終損失為 $50 - 24.6 = 25.4$ 萬元。

（2）若3個月後，股票指數上漲到3,050點。在這種情況下該證券公司應選擇放棄執行期權合約。因指數上漲，股票發行價也上升，假設上升到8.2元/股，則由於股票價格上升該證券公司可以獲得的利潤為0.2×100＝20萬元。同時，該證券公司購買期權的費用為50×80＝4,000元，最終淨盈利為19.6萬元。

案例7.2
利用股票指數期權對證券組合進行套期保值

（一）案例資料

投資者李某計劃投資上海股票市場，他購買了總價值為120萬元的股票組合。基於對經濟形勢的分析，李某預計未來3個月大盤指數走低的可能性較大。為了避免股票指數下跌給自己帶來的損失，李某決定利用股票指數期權來對自己的證券組合進行套期保值。假設當前的無風險利率為每年12%，證券組合和指數紅利收益率預計都為每年4%，指數的現價為3,000點。李某要求的保險金額為110萬元，那麼他應該如何進行套期保值。

（二）案例分析

股票指數期權合約可以分為看漲期權和看跌期權兩種。本案例中，李某規避的是指數走低的風險損失。由此可知，李某應該選擇看跌股票指數期權合約作為其套期保值的工具。

確定了期權合約的類型後，進行套期保值的關鍵問題就在於選擇合理的執行價格和數量的股票指數期權來對相應的證券組合保值。

李某應該如何做出正確的保值策略呢？為了解答這個問題，我們首先要瞭解資產組合的 β 值。

根據資本資產定價模型（Capital Asset Pricing Model，CAPM）我們知道，股票組合的收益與整個股票市場收益之間的關係由參數 β 來描述。不同的 β 值，反應了證券組合與股票指數不同的關係。當 $\beta = 1.0$，該股票組合的收益就反應了市場的收益；當 $\beta = 2.0$，該股票組合的超額收益為市場超額收益（市場平均收益率減去無風險利率）的兩倍；當 $\beta = 0.5$，該股票組合的超額收益為市場超額收益的一半。因為股票指數反應整個股市的運行變化，所以套期保值者可以利用股票指數期權來對證券組合進行套期保值。

由於本案例中沒有說明李某證券組合的具體構成，我們可以分兩種情況來進行具體的套期保值策略分析，即 β 等於1與 β 不等於1兩種情況。

（1）當證券組合的 $\beta = 1.0$ 時，說明該證券組合和整個市場即指數的盈虧表現是完全一致的。證券組合管理者可以用股票指數期權管理證券組合的價格風險。李某可以採用完全分散化的證券組合策略。假設指數的價值為 S，則對於證券組合中每 $100S$ 元，套期保值者買入一份執行價格為 x 的看跌期權合約，就可以保護證券組合的價值使其免受指數下降到低於 x 時的損失。

本案例中，李某的套期保值要求的保險水平是 110 萬元，那麼可以確定相對應的股票指數期權的指數價值就是（110/120）×3,000＝2,750 點。購買期權合約的數量為 [1,200,000/（100×3,000）]×1.0＝4 份執行價格為 2,750 點的看跌股票指數期權就可以達到李某的保值目的。

（2）若證券組合的 β 不等於 1，比如說 β＝2.0 時，說明該證券組合不能完全反應股票指數的情況。要確定購買合約的執行價格和具體數量，則需要計算與要求的保險水平相對應的股票指數的合約價值。

根據本案例中的條件，無風險利率為 12%，資產組合和指數的紅利收益率都為 4%，指數的現價仍為 3,000 點，可以得出股票指數的價值與證券組合價值之間的關係。我們以 3 個月後指數價值為 3,100 點的情況為例，具體闡述計算過程：

3 個月後指數的價值為 3,100 點：

指數變化所得收益	每 3 個月 100/3,000＝3.3%
指數紅利	每 3 個月 0.25×4%＝1%
指數總收益	每 3 個月 3.3%＋1%＝4.3%
無風險利率	每 3 個月 0.25×12%＝3%
指數收益扣除無風險利率的淨收益	每 3 個月 4.3%－3%＝1.3%
證券組合扣除無風險利率的淨收益	每 3 個月 2.0×1.3%＝2.6%
證券組合收益	每 3 個月 3%＋2.6%＝5.6%
證券組合紅利	每 3 個月 0.25×4%＝1%
證券組合價值增加值	每 3 個月 5.6%－1%＝4.6%
證券組合的總價值	1.2×(1＋4.6%)＝1.26 百萬元

當 β＝2.0 時，指數價值與證券組合價值之間的預期關係如表 7.1 所示。

表 7.1　　　　　β＝2.0 時，指數價值與證券組合價值之間的預期關係

3 個月後指數的價值（點）	3 個月後資產組合的價值（百萬元）
3,200	1.34
3,100	1.26
3,000	1.18
2,900	1.10
2,800	1.02

若 S 是股票指數的價值，對於證券組合中每 $100S$ 元應當購買 $β$ 份看跌期權。執行價格是當證券組合價值達到保值時的指數所期望的價值。因此，李某套期保值的合約價格為

保險值 110 萬元相對應的 3 個月後的指數價值為 2,900 點；而李某需要購買的股票指數期權合約的數量為[1,200,000/(100×3,000)]×2.0＝8 份。因此，李某可以通過購買 8 份執行價格為 2,900 點的看跌股票指數期權進行套期保值。

為了說明套期保值的效果，我們假設股票指數下降到 2,800 點。指數 2,800 點對應的合約價值為 102 萬元。李某執行看跌期權可以盈利 (2,900−2,800)×8×100＝8 萬元，這正是將證券組合的總價值由 102 萬元彌補到要求的水平 110 萬元所需的數目。可見，股票指數期權合約達到了所要求的套期保值目的。

股票指數期權的主要應用是套期保值，在套期保值的過程中有可能獲得一定的收益，這種收益可以理解為投機獲利。股票指數期權的種類很多，每種期權的分配風險的效果和方式也不盡相同。

第二節　股票權證

一、背景知識

股票權證是股票期權的一種特殊的形式，股票權證市場是我們學習和瞭解期權交易的一個重要的渠道。本節選取了廈門大學金融工程精品課程案例庫中的典型案例進行闡述。

股票權證是指基礎證券發行人或其以外的第三人發行的，約定持有人在規定期間內或特定到期日有權按約定價格向發行人購買或出售標的股票，或者以現金結算方式收取結算差價的有價證券。

權證實質反應的是發行人與持有人之間的一種契約關係，持有人向權證發行人支付一定數量的費用之後，就從發行人那裡獲取了一個權利。這種權利使得持有人可以在未來某一特定日期或特定期間內，以約定的價格向權證發行人購買或出售一定數量的股票。

權證根據不同的劃分標準有不同的分類。

按買賣方向不同分為認購權證和認沽權證。認購權證持有人有權按約定價格在特定期限內或到期日向發行人買入標的證券；認沽權證持有人有權在特定期限內或到期日向發行人賣出標的證券。

按權利行使期限不同可分為美式權證和歐式權證。美式權證的持有人在權證到期日前的任何交易時間均可行使其權利；歐式權證持有人只可以在權證到期日當日行使其權利。

按發行人不同可分為股本權證和備兌權證。股本權證一般由上市公司發行，備兌權證一般由證券公司等金融機構發行。

二、案例

案例 7.3
F 集團在股權分置改革中發行的認購權證

（一）案例資料

在中國股票市場的股權分置改革中，F 集團為了順利實施改革，配合非流通股的上市流通，F 集團發行了認購權證。其發行要素如下：

(1) 發行人：F 集團。

(2) 存續期：378 天（2005 年 8 月 18 日至 2006 年 8 月 30 日）。

(3) 權證類型：歐式認購權證。

(4) 結算方式：實物。

(5) 發行數量：38,770 萬份。

(6) 行權日：2006 年 8 月 30 日。

(7) 行權比例：1∶1。

(8) 行權價：4.20 元。

(9) F 集團 A 股除權時：

新行權價＝原行權價×（標的證券除權日參考價/標的證券除權前一日收盤價）

新行權比例＝原行權比例×（標的證券除權前一日收盤價/標的證券除權日參考價）。

F 集團 A 股除息時：

權證行權比例不變。

新行權價＝原行權價×(標的證券除息日參考價/除息前一日標的證券收盤價)

例如，2005 年 5 月 25 日為 F 集團 A 股 2005 年度股利分配除息日，根據有關《F 集團認購權證上市公告書》的約定，行權價格按上述公式進行調整，從原行權價 4.50 元調整為新行權價 4.20 元。

(10) F 集團承諾：在股權分置改革方案通過後的兩個月內，如 F 集團股價低於每股 4.53 元，F 集團將投入累計不超過人民幣 20 億元的資金增持 F 集團 A 股；在股權分置改革方案通過後的兩個月屆滿後的 6 個月內，如 F 集團股價低於每股 4.53 元，F 集團將再投入累計不超過人民幣 20 億元並加上前兩個月 20 億元資金中尚未用完的部分（如有）增持 F 集團 A 股。在該項增持股份計劃完成後的 6 個月內，F 集團將不出售增持股份並將履行相關信息披露義務。

（二）案例分析

1. 權證特性

權證持有人有權利決定是否執行履約，獲得的是一個行使權利而不是責任，而發行者僅有被執行的義務。權證的特性如下：

(1) 避險性：通過對沖操作來避險。
(2) 高槓桿性：權證交易時僅需支付少數權利金。
(3) 時效性：權證具有存續期間，權證到期後即喪失其效力。
(4) 風險有限，獲利無窮。
(5) 商品多元化：有股票權證、債券權證、外幣權證及指數權證等。
(6) 權益有限：權證無法分享其標的資產的權益。

2. 權證價值的確定

(1) 權證價值。

權證價值＝內含價值＋時間價值

認購權證的內含價值＝標的資產價格－行權價

權證的時間價值：隨著到期日的不斷接近，時間價值將會不斷減少；時間價值損耗的速度並不與時間一致，權證越接近到期日，時間價值下跌的速度就會越快。

(2) 權證價值的計算方法：B-S 期權定價模型、蒙特卡洛模擬、二叉樹模型。

3. F 集團認購權證的理論價格與市場表現

(1) 權證理論價格的計算。

F 集團的權證的理論價格分析如下：

假設認購權證的行權價為 4.50 元，股價年波動率為 30.5%（一年），無風險收益率為 3.3%，根據 B-S 定價公式可以計算出上市首日的權證的理論價格，如表 7.2 所示。

表 7.2　　　　　　　　　上市首日的權證的理論價格　　　　　　　　單位：元

標的證券價格	5.00	4.80	4.50	4.20
權證理論價格	0.96	0.82	0.62	0.46

（蒙特卡洛模型）假設權證掛牌當日的收盤價為 4.63 元，波動率為 30%，可以利用蒙特卡洛模型模擬出每份 F 集團權證的理論的價值為 0.621 元。

(2) F 集團認購權證的市場表現。

結果 F 集團認購權證在 2005 年 8 月 22 日掛牌交易當天的收盤價為 1.26 元，比理論價值高出約 1 倍，並在接下來的 3 個交易日內一度升至 2.088 元。從掛牌交易後一年的表現可以看出，F 集團認購權證的市場價格一直在其理論價格之上運行。

F 集團認購權證的走勢由 2006 年 5 月 30 日收盤價 1.984 元高點連續回落，至 2006 年 6 月 13 日收盤價 1.088 元。由於其權證於 2006 年 8 月 30 日到期，其內含時間價值逐步衰減。而標的證券股價 6 月 13 日收盤價為 4.19 元，權證行權價為 4.20 元，因此到期日 F 集團股價如果不能達到 5.40 元以上，權證持有者將虧損。根據理論計算，到期日 F 集團權證價格較低甚至是廢紙一張的概率相當大，因此後期走勢是與理論預期相符的。

4. 原因分析

從 F 集團權證上市以後的走勢來看，用 B-S 模型指導投資者參與權證交易無疑是失敗的——F 集團權證在某些時點 B-S 模型價格為 0.263 元，而實際市場價格為 1.705 元。除了 B-S 模型自身在使用上有頗為嚴格的限定條件外，國內權證市場供需關係不合理、交易機制不健全、股票市場不夠成熟都加劇了 B-S 模型的不適用性。市場的現實情況是權證的內在價值並不能對價格起到引導作用，是資金意志而非內在價值主導價格走勢。

5. 一些建議

投資者可以用 B-S 模型價格和市價之間的差異作為評估風險的參考，根據自身的風險承受能力博取「滿意的」（而非最大化的）利潤。

隨著發行權證到期日的臨近，B-S 模型的理性價值會逐漸凸顯，權證交易會逐步正常化，投資者應更加注重參考理論價格。

案例 7.4

創設權證

（一）案例資料

2005 年 11 月 22 日，上海證券交易所公布《證券公司創設 M 公司權證有關事項的通知》，決定從 11 月 28 日起在權證市場引進連續創設機制，增加權證產品的發行量，為前期的炒作降溫。

1. M 公司創設通知主要條款

（1）創設人創設的權證應與 M 公司認購權證或 M 公司認沽權證相同，並使用同一交易代碼和行權代碼。

（2）創設認購權證的，創設人應在中國結算上海分公司開設權證、創設專用帳戶和履約擔保證券專用帳戶，並在履約擔保證券專用帳戶上全額存放 M 公司股份或股票，用於行權履約擔保；創設認沽權證的，創設人應在中國結算上海分公司開設權證專用帳戶和履約擔保資金專用帳戶，並在履約擔保資金專用帳戶全額存放現金，用於行權履約擔保。

（3）權證創設後，創設人可向上海證券交易所申請註銷權證。上海證券交易所經審核同意，通知中國結算上海分公司於當日註銷權證，次日解除對相應股票或資金的鎖定。

（4）權證行權時，創設人先於 M 公司履行義務。統一權證創設人超過 1 名的，創設人按照「後創設先被行權」的順序履行義務。

2. 市場反應

備受市場關注的權證創設機制快速啟動，多家創新試點類券商創設的總額為 11.27 億份的 M 公司認沽權證迅速亮相，並且可以在二級市場上銷售。

（二）案例分析

創設權證是在權證交易火爆、權證受到極大炒作、價格嚴重偏離價值、處於極其不理性的背景下推出的衍生子產品。

1. 分析創設權證如何平抑權證「爆炒」

抑制權證「爆炒」的原理如下：

(1) 當出現供求關係失衡、權證暴漲時，券商可以通過創設權證而獲利。

(2) 正是這種套利機制，在一定程度上抑制權證投機。

2. 券商如何獲利

市場人士認為，實時創設等於無限擴大權證的供應量——只要券商認為有利可圖。這樣一來，中小投資者沒法獲利了，權證將成為券商獨贏的工具。

券商在創設時，便獲得了以權證市價為基準的創設收入。

例如，當認購權證為1.5元時，M公司股價為2.65元，有券商創設5,000萬股行權價格為2.9元的認購權證，此時市場認購權證價格可能下跌。假設跌到1.3元，則該券商得到1.3×5,000＝6,500萬元的收入。

假設券商不註銷權證，到行權日，正股（即權證標的股票）價格為3.3元，券商行權，得到（2.9元行權價格－2.65元購買正股的成本）×5,000萬股＝1,250萬元，加上權證創設所得6,500萬元，一共為7,750萬元；到行權日，正股價格為2元，無人行權，券商承擔股票資本利得損失（2.65元－2元）×5,000萬股＝3,250萬元，但是可以得到分紅0.32×80%×5,000＝1,280萬元，實際收益為6,500－3,250＋1,280＝4,530萬元。

券商的風險只在於註銷權證是買入價格高於創設權證時的價格。

3. 創設權證的作用

不完全平抑權證價格。行權比例為1:1，要創設5,000萬份權證，需要購買5,000萬份正股。如果創設權證的數量少，就不足以影響權證的價格。如果多創設，對於一家券商資金壓力和市場風險都很大。因此，多家券商聯合比較有可能。多家券商聯合又存在相互之間的博弈行為，而博弈會導致分歧，從而不能完全影響權證價格。

由以上分析，可以知道券商創設權證風險極小，而收益極大，將會使其在權證創設上獲得暴利。

收斂股票交易價格，該作用的大小取決於創設權證發行的數量。

4. 創設隱藏的風險

據報導，截至2005年12月1日，M公司股份實際流通股份為23.7億股，而M公司認沽、認購權證總量卻已達到了25.46億份，超過了M公司流通股份的數量，缺口達到1.76億份。上海證券交易所規定，M公司權證行權時要用股票清算的，券商創設了8.22億份認購權證，意味著必須從二級市場購進8.22億股M公司股份正股用於抵押。如此，市場上流通的M公司股份只剩下15億股。這意味著，在行權日，可能會有數億份認沽權證面臨無法行權的局面。這種正股的供不應求，將導致只要股價超過3.13元/股的行權價格，認沽權證就成為廢紙一張。一個極端的現象是，創設認購權證導致股價上升，股價上

升進一步促進認購權證價格上升，而認購權證價格的上升又回過頭來刺激繼續創設認購權證——只要認購權證價格升幅與其本股升幅相當，循環就可能繼續下去。

5. 對權證創設規則的理解

基於上述分析，我們在加深對權證創設規則的理解基礎上，為了限制風險，保護中小投資者利益，應對權證創設規則進行改進。

（1）對每日可創設權證數量做出限制。

（2）對可創設權證的總量做出限制。

（3）給投資者騰出時間對創設做出反應。

T日新創設的權證當日即在網上發布公告，T+2日才能賣出。

權證是一個槓桿性極強的工具，在投資權證獲得巨大收益的同時，也必然要承擔一定的風險。權證往往被用於投機活動中，規範的權證市場交易機制是權證市場發展的保證。本節僅介紹了權證交易制度的一種，還有更多的關於權證的知識需要在實踐中不斷地瞭解和學習。

第三節　貨幣期權

一、背景知識

貨幣期權又稱外匯期權，作為保值和投機工具已經得到越來越廣泛的應用。由於貨幣期權本質上還是一種期權。因此，分析期權的一般方法可以利用到分析貨幣期權上來。跨國公司及金融機構已非常普遍地利用各類貨幣期權品種來防範匯率變動風險，以適應不同的風險迴避需求。世界上許多資本市場都提供非常靈活方便的貨幣期權交易。貨幣期權為防範匯率風險提供了除遠期外匯及外匯期貨合約之外的一種有效的保值手段。本節我們以中國銀行推出的三種外匯理財產品為例，對貨幣期權進行討論。

隨著經濟全球化的深入，在中國個人外匯業務越加頻繁，居民和家庭擁有的外匯也越來越多，外匯理財已經成為人們關注的新課題。除了防範外匯風險，從中還可以獲得外匯資產保值增值。貨幣期權也逐漸成為一種為大家所熟悉的外匯理財工具。

匯率風險也叫外匯風險，指的是匯率變動對外匯經營者或持有者造成損失的可能性。其被劃分為外幣對外幣的匯率風險和人民幣對外幣的匯率風險。

貨幣期權是在約定的期限內，以外國貨幣或外匯期貨合約為交易對象，以商定的價格和數量進行「購買權」或「出售權」的買賣的期權。貨幣期權賦予合約買方或持有者在期權合約到期之前或到期日以事先確定的價格（期權的協定價格或稱執行價格）買賣某一

特定數量外匯（期權相關貨幣）的權利，並且不承擔義務。

二、中國銀行的幾種貨幣期權

為了方便投資者，中國銀行先後推出了「外匯寶」「兩得寶」「期權寶」三個有關外匯的投資品種。

（一）「外匯寶」

「外匯寶」是三者中最早推出的交易品種。「外匯寶」是指在中國銀行開立本外幣活期一本通存折或持有外幣現鈔（匯）的客戶，可以按照中國銀行報出的買入或賣出價格，將某種外幣（匯）的存款換成另一種外幣（匯）的存款。利用「外匯寶」交易的好處有以下三點：

（1）可以借助「外匯寶」將存款利率低的外幣轉換成利率較高的外幣，以達到提高定期存款收益的目的。

（2）可以通過「外匯寶」規避未來匯率波動的風險，從而鎖定換匯成本。例如，某客戶有美元存款5,000美元，準備9月份赴澳大利亞求學時使用，而他在7月份預測美元可能下跌，而澳元上升（假設7月份澳元/美元的匯率是0.56）。他立即將手中的5,000美元通過「外匯寶」兌換得到約8,929澳元。如果真的按他所預計的那樣澳元匯率上升（假定9月份澳元/美元匯率是0.58），9月份將5,000美元兌換澳元的話，只能得到約8,621澳元，比7月份要少換308澳元。這位客戶通過「外匯寶」預先鎖定未來的匯率風險，不僅能節省換匯成本，並且由於澳元利率較高，還可以在利息收入上得到額外的回報。

（3）可以利用「外匯寶」交易，將手中持有的單一品種的外幣，兌換為多種外幣，使投資風險得到分散。客戶通過櫃面、電話銀行和網上銀行就可以方便操作「外匯寶」，只要學會操作方法，掌握相關匯市信息，投資收益就會相當可觀。

「外匯寶」適合行情波動大的短期操作，當外匯市場波動比較劇烈的時候，匯率出現大漲大跌，投資者在進行投資扣除了買賣差價以後，容易獲得一定的盈利空間。然而對於大部分人來說，並沒有太多時間和精力去把握外匯市場的每一波行情。為此中國銀行於2003年12月又推出了個人期權投資產品——「兩得寶」。

（二）「兩得寶」

「兩得寶」是指客戶在存入一筆定期存款的同時，根據自己的判斷向銀行賣出一個外匯期權，客戶除收入定期存款利息外，還可得到一筆期權費。期權到期時，如果匯率變動對銀行不利，則銀行不行使期權，客戶可獲得高於定期存款利息的收益；如果匯率變動對銀行有利，則銀行行使期權，將客戶的定期存款本金按協定匯率折成相對應的掛鉤貨幣。「兩得寶」開闢了個人外匯買賣的新渠道。「兩得寶」的好處在於它進一步擴大了「外匯寶」投資者的盈利空間，能使投資者實現外幣定期利息收入和期權費收入雙得利。具體可

以解釋為如果投資者覺得在一段時間內外匯波動不明顯，通過單純的買賣貨幣獲利空間不大，此時可以選擇「兩得寶」業務。

「兩得寶」較適合在中長期的「牛皮」盤整市中操作，此時操作「外匯寶」短線沒有盈利空間，而「兩得寶」就能夠利用這個匯市波動不大的市場情況，提供一個比定期存款高得多的回報，獲得除利息外的一筆額外收入。在國際匯市風平浪靜，匯率波動不大時，「兩得寶」可獲得較高收益，特別適合在預期匯價「牛皮整理」時進行投資。即使掛勾貨幣匯率升跌的幅度與預測不符，由於有期權費收入作為補償，也有可能降低因匯率升跌超過預期而引發的損失。

「兩得寶」主要適合以下幾類人的保值和避險需要：

（1）在銀行擁有大量的低息外匯存款，又不太熟識「外匯寶」業務，或者即使有一定認識，但又怕敘做「外匯寶」帶來太大的風險，這時可以選擇做「兩得寶」。做「兩得寶」進行保值，可收入一筆可觀的期權費。只要外匯市場波動不大，有了一筆期權費作為補償，其風險是相當小的。

（2）手持美元，但 2 周、1 個月或 3 個月後需要使用掛勾貨幣（如歐元）的。例如，將至歐洲學習、考察或旅遊的人，可將美元與歐元掛勾。做「兩得寶」賣出期權後，不但有一筆可觀的期權費收入，即使期權被銀行執行，換成歐元也用得著，從而一舉兩得。

（3）有孩子或親友出國留學的，將在一年或更長時間內使用掛勾貨幣的，可運用「外匯寶」或「兩得寶」配合操作。若操作得當，可以獲得保值、增值、防範外匯風險三方面的好處。

「兩得寶」即賣出期權。簡單來說，是客戶在存入一筆定期存款的同時根據自己的判斷向銀行賣出一份外匯期權，客戶立即可以收到一筆期權費。當期權到期時，客戶還能得到一筆存款貨幣的定期利息（扣除利息稅）。但是，銀行有權決定是否行使期權，銀行會按協議約定將當時的參考匯率同協定匯率比較，決定以存款貨幣還是掛勾貨幣支付存款本金。如果銀行行使期權，客戶將取回按原協定匯率折成相應的掛勾貨幣本金。否則，客戶將取回原存款貨幣。

當投資「兩得寶」賣出期權時，首先要選定存款貨幣，然後還必須選擇另一種有可能獲得的掛勾貨幣，存款貨幣和掛勾貨幣中有一種必須是美元。

無論客戶的存款是美元、澳元、日元還是歐元，當期權到期的時候，銀行執行期權，將客戶的存款貨幣置換成掛勾貨幣；銀行不執行期權，客戶仍取回原存款貨幣。具體的條款如表 7.3 所示。

表 7.3　　　　　　　　　　　　「兩得寶」具體條款

存款貨幣	歐元、英鎊、澳元、日元	美元
掛鉤貨幣	美元	歐元、英鎊、澳元、日元
最低交易金額	5萬美元（含）或其他等值貨幣	
交易期限	1周、2周、1個月、3個月	
交易時間	周一至周五10:00至16:30（如遇法定公休日及國際市場休市，中國銀行將暫停交易）	
交易形式	親臨中國銀行個人理財中心交易	

（三）「期權寶」

2004年4月28日，中國銀行又推出了「期權寶」外匯期權交易產品。在「兩得寶」交易中，投資者只能充當賣方，而在「期權寶」交易中，投資者可以根據自己的實際情況，自由靈活地選擇是充當外匯期權的買方或是充當外匯期權的賣方，從而可以在外匯交易中掌握更多主動權。「期權寶」即買入期權。簡單來說，就是客戶根據自己對外匯匯率未來變動方向的判斷，向銀行支付一定金額的期權費後買入相應面值、期限和執行價格的外匯期權。期權到期時如果匯率變動對客戶有利，則客戶可以執行買入的期權（軋差交割）獲得較高的收益；如果匯率變動對客戶不利，則客戶可以選擇放棄行使期權，客戶手中的外匯存款不受絲毫影響。

只要在中國銀行存有等值5萬美元以上（含5萬美元）的外幣存款，就可以進行投資了。期權的協定匯率及費率均隨國際外匯市場價格浮動，並在簽訂交易協議時確定，在公平合理的情況下做出決定。在所購入的期權到期前，適逢理想匯價，可以通過與中國銀行簽訂平盤協議，固定收益，確保獲得預期的投資回報。

期權到期日，當市場行情有利時，銀行將自動幫客戶行使期權，將收益轉入客戶的帳戶，不用客戶再親臨銀行辦理。「期權寶」的具體條款如表7.4所示。

表 7.4　　　　　　　　　　　　「期權寶」的具體條款

基礎貨幣	歐元	美元	英鎊	澳元
非基礎貨幣	美元	日元	美元	美元
最低交易金額	5萬美元（含）或其他等值貨幣			
交易期限	最長兩周			
交易時間	周一至周五10:00至16:30（如遇法定公休日及國際市場休市，中國銀行將暫停交易）			
交易方式	親臨中國銀行外匯理財中心交易			

「期權寶」適合行情波動大的中長期操作，當匯率可能出現單邊走勢時，「期權寶」可以起到以有限的風險損失博取可能收益無限的作用。

「外匯寶」「期權寶」「兩得寶」作為外匯投資工具來說，各有所長，各有獨自適宜的外在行情條件，它們在功能上具有一定的互補性，外匯投資者可以任意選擇中國銀行「外匯三寶」中的一種方式或者幾種方式組合進行投資，如果能靈活有效地利用它們，就可能得到超過只用單獨一種外匯投資工具的可觀收益，從而達到外匯資產增值最大化的目的。

期權業務的交易門檻，「兩得寶」是 1 萬美元，「期權寶」是 2.5 萬美元，交易期限有 1 周、2 周、1 個月、3 個月不等。

三、案例

案例 7.5

張先生購買的「兩得寶」理財產品

張先生在中國銀行有存款 10 萬美元，他購買了中國銀行的「兩得寶」理財產品並掛勾日元，協定匯率為 105.00，交易時間為一個月，期權費率為 0.8%。在交易生效的兩個工作日後，張先生就可以先拿到 800 美元的期權費。我們根據「兩得寶」產品的特點，分析一下張先生的收益狀況。

張先生投資「兩得寶」收益的具體情況取決於一個月後美元兌日元的匯率是多少。如果匯率低於或等於 105.00，張先生將拿到 10 萬美元及其稅後利息；如果匯率高於 105.00，張先生將拿到 1,050 萬日元和稅後利息。

案例 7.6

張先生購買的「期權寶」

張先生預期歐元匯價將下跌，但他無法賣空歐元獲利。假定目前歐元/美元匯率為 1.150,0。此時，持有「期權寶」（買入期權）的操作策略為：向中國銀行買入一個歐元看跌、美元看漲的期權，期限為一周，協定匯率為 1.150,0，期權費率為 0.7%，期權面值為 100,000 歐元。我們根據「期權寶」產品的特點，分析一下張先生的收益狀況。

張先生購買「期權寶」時，支付期權費 700（100,000×0.7%）歐元。如到期日市場匯率為 1.170,0，則放棄期權，張先生最大損失只是 700 歐元期權費，損失金額有限。如到期日市場匯率為 1.130,0，張先生可行使期權，收益為 2,000〔(1.150,0－1.130,0)×100,000〕美元，扣除 700 歐元期權費，客戶淨獲利 1,209（2,000－700×1.130,0）美元。

期權的作用是將投資者的權利和義務分開，投資者利用一部分資金便可獲得這種沒有義務的權利。期權的這種作用為金融機構開發理財產品提供了很好的選擇。中國銀行推出的三種外匯理財產品便很充分地利用了期權的特性。

第四節　期貨期權

一、背景知識

期貨期權的出現是繼20世紀70年代金融期貨的出現之後在20世紀80年代的又一次期貨革命。1984年10月，美國芝加哥期貨交易所首次成功地將期權交易方式應用於政府長期國庫券期貨合約的買賣，從此產生了期貨期權。相對於商品期貨為現貨商提供了規避風險的工具而言，期貨期權交易則為期貨商提供了規避風險的工具。目前，國際期貨市場上的大部分期貨交易品種都引進了期權交易。

期貨期權交易是對期貨合約買賣權的交易。一般所說的期權通常是指現貨期權，而期貨期權則是指「期貨合約的期權」，期貨期權合約表示在到期日或之前，以協議價格購買或賣出一定數量的特定商品或資產的期貨合同。期貨期權包括商品期貨期權和金融期貨期權，金融期貨期權根據期貨期權的標的物的種類，又可以分為利率期貨期權、外匯期貨期權和股票指數期貨期權。

與現貨期權相比，期貨期權具有以下優點：

第一，資金使用效率高。由於交易商品是期貨，因此在建立頭寸時，是以差額支付保證金，在清算時是以差額結帳。從這個意義上講，期貨期權能夠以較少的資金完成交易，因此也就提高了資金的使用效率。

第二，交易方便。由於期貨期權的交易商品已經標準化、統一化了，具有較高的流動性，因此便於進行交易。

第三，信用風險小。由於期貨期權交易通常是在交易所進行的，交易的對方是交易所清算機構，因此信用風險小。

二、案例

案例7.7

買入日元期貨期權的交易

（一）案例資料

假設2010年2月25日，某商品交易所日元期貨期權的交易行情如表7.5所示。

表 7.5　　　　　　　　　　　期貨期權的交易行情

交易月份	期貨期權協定價格 （100 日元/美分）	期貨期權合約價格 購買日元	期貨期權合約價格 出售日元
2 月	112	2.13	3.37
2 月	113	1.49	0.71
2 月	114	1.02	1.20
2 月	115	0.65	1.90
2 月	116	0.38	2.62
2 月	117	0.29	3.46

某從事期權交易的投資公司認為，2010 年 2 月日元有一次堅挺的過程。儘管這個過程不會很長，但值得利用這個機會做一筆期貨期權交易，以獲得收益。因此，該公司在 2 月 25 日決定做一筆買入日元的期貨期權交易。交易的內容如下：

交易月份：2 月。

交易數量：10 份合約，每份合約為 1,250 萬日元。

協定價格：每 100 日元為 113 美分。

期權到期日：2010 年 3 月 15 日。

以美元計價的交易金額如下：

購買日元總額為 1,250 萬日元×10＝1.25 億日元。

美元交易金額為 1.13 美元×1.25 億日元/100＝141.2 萬美元。

期權費用為每 100 日元為 1.49 美分。

以美元計算的期權費總額為 1.49 美分×1.25 億日元/100/100＝1.86 萬美元。

（二）案例分析

根據到期日時的日元匯率，這筆交易的收益情況分為以下兩種情況進行分析：

（1）日元幣值如預測一樣，呈現出堅挺的狀態，即時的價格為 100 日元兌 118 美分。該公司按照計劃應該行使期權，以 100 日元兌 113 美分的協定價格購買日元期貨，將期權協議轉換為不可撤銷的期貨協議。其收益情況為：

每 100 日元收益＝1.18－1.13－0.014,9＝0.035,1（美元）

總收益＝0.035,1×1.25/100＝4.39（萬美元）

（2）如果到期日時，日元幣值無變化或呈現疲軟狀態，那麼該公司可以選擇放棄執行期權。不執行期權給該公司帶來的損失為該公司購買期權時支付的期權費用。

期權費用＝0.014,9×1.25/100＝1.86（萬美元）

案例 7.8

利用看跌利率期貨期權合約對利率風險加以保值

(一) 案例資料

假定某年 9 月初，某公司預計於 12 月需籌集 1,000 萬美元用於購買大型設備，期限為 3 個月。9 月的短期利率水平為 8%，該公司財務主管預計未來幾個月的利率水平行上升趨勢，大致上漲至 9% 左右。為防止因利率水平升高而使公司未來融資成本增加的風險，同時在利率下降時能夠獲得收益，該公司財務主管決定利用看跌利率期貨期權合約對利率風險加以保值。該公司購入了 10 份利率期貨看跌期權合約。假設期權協議價格為 92.00 美元，期權費為 0.10，即 10 點（每點 25 美分）。

(二) 案例分析

根據 12 月時利率相對於現在利率的不同走勢，該公司在到期日時的損益狀況可以分為以下兩種情況來分析：

(1) 3 個月後，利率如公司預期一般上漲為 9% 時。由於利率上升，則期貨的價格會下降，假設期貨的即期價格為 91.00 美元。此時，該公司可以通過如下的操作來進行保值。首先，行使看跌期貨期權，以 92.00 美元的協議價格賣出一份 12 月到期的利率期貨期權。接著，以 91.00 美元的市場價格買進一份合同的利率期貨。我們計算該公司的實際籌集成本如下：

期權費用 = 10×10×25 = 2,500（美元）

3 個月期借款籌資成本 = 10,000,000×9%×90/360 = 225,000（美元）

利率期貨買賣的收益 = (92.00−91.00)×100×10×25 = 25,000（美元）

借款實際成本 = 2,500+225,000−25,000 = 202,500（美元）

將此成本換算成年利率 = 202,500/10,000,000×360/90×100% = 8.1%

從上面的計算可以知道，儘管利率上漲至 9%，但是通過期權交易操作，實際籌資成本僅為 8.1%。可見，通過利率期貨期權的行使，達到了公司的預期目的，既規避了風險，又固定了籌資成本。

(2) 3 個月後，利率沒有上升，而是下降為 7%。由於利率下降，期貨的市場的價格會上升，假設期貨的市場價格為 93.00 美元。這時該公司可以放棄執行看跌期權，以較低的籌資成本籌集資金。公司獲得的利率下降的收益要減去購買期權的費用。我們計算該公司的實際籌資成本如下：

期權費用 = 10×10×25 = 2,500（美元）

3 個月期借款籌資成本 = 10,000,000×7%×90/360 = 175,000（美元）

借款實際成本 = 2,500+175,000 = 177,500（美元）

將此成本換算成年利率 = 177,500/10,000,000×360/90×100% = 7.1%

由此可見，該公司顯然從利率下降中獲得了好處。

期貨期權是期貨與期權的複合衍生工具，其本質上還是一種期權。通過本節的案例，希望大家對期貨期權概念有一個直觀具體的瞭解，對這種工具的使用有一個初步的認識。

第五節 利率期權

一、背景知識

自 1982 年 3 月澳大利亞悉尼期貨交易所開始把期權交易運用到銀行票據期貨市場，成為世界上第一個在金融期貨市場上嘗試期權交易的交易所以來，世界上許多國家也紛紛建立金融期權市場，並開展利率期權交易，其中尤以美國期權交易發展最為迅速。自此，利率期權開始快速發展，並逐漸成為交易最活躍的，也是最有影響的金融期權之一。

利率期權是指買方在支付了期權費後即取得在合約有效期內或到期日以一定的利率（價格）買入或賣出一定面額的利率工具的權利。利率期權合約通常以政府短期債券、中期債券、長期債券、歐洲美元債券、大面額可轉讓存單等利率工具為標的物。

利率期權是一項規避短期利率風險的有效工具。借款人通過買入一項利率期權，可以在利率水平向不利方向變化時得到保護，而在利率水平向有利方向變化時得益。

二、案例

案例 7.9

固定貸款利率期權

（一）案例資料

中國銀行浙江省分行於 2006 年 11 月 29 日向社會各界隆重推出住房貸款固定貸款利率期權業務。所謂固定貸款利率期權，是指借款人在購買第一期固定貸款利率期權時，還可以選擇購買下一期固定貸款利率期權，在第一期固定貸款利率到期時，有權利以第一期價格繼續使用固定貸款利率，同時借款人也可以比較市場價格與當時的期權價格，放棄期權權利，就低選擇貸款利率，這樣既避免加息期內的利率上升風險，又不需被迫縮短供款年限增加供款壓力。比較市場上固定貸款利率政策，中國銀行的固定利率期權具有以下兩個優勢：

1. 較低的價格

中國銀行固定貸款利率業務分為三年期和五年期兩檔，利率定價在結合市場趨勢的同時，更多的是優惠於購房消費者。中國銀行三年期、五年期固定貸款利率價格分別為 5.62% 和 5.78%，低於同行業固定貸款基準利率，具有一定的價格優勢。具體的利率可參見表 7.6。

表 7.6　　　　　　　　　　各銀行基準利率及優惠表　　　　　　　　　　單位:%

銀行	三年期基準利率	五年期基準利率	三年優惠利率	五年優惠利率
中國銀行	5.62	5.78	5.62	5.78
招商銀行	6.36	6.48	5.88	5.97
建設銀行	6.36	6.57	5.72	5.88
光大銀行	6.12	6.21	5.55	5.73

2. 多種組合方式

中國銀行率先推出固定貸款利率期權業務，使得中國銀行固定貸款利率多達五種組合方式，多於同業的貸款利率組合。

五種利率組合模式如下：

(1) 三年期或五年期固定利率。貸款期限內，固定利率不變。

(2) 三年期或五年期固定利率+浮動利率。在借款合同中約定在一定貸款期限內執行固定利率，固定利率期限屆滿後，客戶按照合同約定執行浮動利率。

(3) 三年期或五年期固定利率+固定利率或浮動利率。貸款期限長於第一次約定的固定利率期限，第一期固定利率到期後，借款合同尚未到期，客戶有權選擇繼續執行固定利率或浮動利率償還剩餘貸款。如果客戶選擇繼續執行固定利率，可以在中國銀行提供的固定利率期限品種中自由選擇，新固定利率按照重定價日中國銀行同檔次個人住房固定利率確定；同時，客戶也可以選擇執行浮動利率。如果客戶放棄選擇，則執行浮動利率。

(4) 三年期或五年期固定利率+三年期或五年期固定利率。貸款期限長於第一次約定的固定利率期限，固定利率到期後，借款合同尚未到期，按照合同約定客戶繼續選擇固定利率償還剩餘貸款，在中國銀行提供的固定利率期限品種中自由選擇，新固定利率按重定價日中國銀行同檔次個人住房固定利率確定。

(5) 三年期或五年期固定利率+三年期或五年期固定利率期權。

王先生於 2005 年 5 月購買了一套住宅，按揭期限為 6 年，貸款金額為 100 萬元，採用月均還款方式。當時的三年期固定利率價格為 6.12%。2006 年 4 月 27 日和 8 月 19 日，中國人民銀行分別進行了兩次調息。綜合中國經濟形勢來看，當時中國利率今後的升值空間較大。王先生可以採取哪些策略來避免由於利率上升帶來的還款壓力呢？

(二) 案例分析

按揭初期，王先生向按揭銀行購買了三年期固定貸款利率和固定貸款利率期權。

2006 年 4 月 27 日 6 年期商業貸款利率調整為 6.39%，之後 8 月 19 日又進行了一次升息，利率上升為 6.84%。由於王先生購買了固定貸款利率期權，王先生可以在 2008 年 5 月第一期固定貸款利率到期時，以 6.12%的價格享受第二期固定貸款利率。

假設 2006 年 8 月之後一直到王先生貸款到期利息都保持不變，王先生購置的三年固定利率及固定貸款利率期權可以幫助他直接節省利息 1 萬元以上。同時，固定貸款利率期權更有它的靈活性，當固定利率或浮動利率都低於 6.12%，王先生可以放棄履行期權權利，選擇更低利率進行還款。

案例 7.10

運用利率期權防範利率波動的風險

（一）案例資料

投資者李先生持有長期國債。當時的市場利率為 3.5%。由於國內經濟快速發展，經濟環境中的流動性過剩，因此預計國內市場利率會在近期內上升。利率升高會引起長期國債價格的下降，從而給長期國債持有者李先生帶來損失。假設李先生可以承受的市場利率的上限為 3.6%。運用利率期權可以有效地防範這種利率波動的風險，以下分析李先生如何操作可以避免利率波動帶來的損失。

（二）案例分析

李先生可以買入國債看跌期權進行風險防範。國債期權的執行價格為市場利率為 3.6% 時對應的國債的價格。

如果經過一段時間，市場利率如預期一樣上升超過 3.6%，李先生可以執行國債看跌期權，及時止損。其損失為利率由 3.5% 上升至 3.6% 造成的損失，這一損失在李先生可以接受的範圍內。

如果一段時間以後，利率並沒有如預期一樣上升，則李先生可以放棄執行期權。李先生的損失為購買期權時支付的期權費用。

利率是金融市場中的一個重要的經濟指標。利率可以理解為資金的成本，利率的波動直接影響著資金成本和資產價格。利率期權可以有效地規避利率波動帶來的風險。利用利率期權設計出來的金融產品不僅是投資者理財避險的工具，也可以為金融機構帶來收益、增加業務。

習題

1. 中國某公司向美國出口機器設備，雙方約定在 6 個月後以美元收取貨款，貨款金額為 300 萬美元。為了避免 6 個月後實際收取貨款時匯率變動可能造成的損失，該出口商決定提前購入一份美元看跌期權以將收益固定下來。於是該出口商以 1 美元的期權費為 0.05 元的價格購買了一份 300 萬美元賣權，這樣該出口商支付 15 萬元期權費。期權商定的協議匯率為 1 美元＝6.85 元人民幣。試分析 6 個月後該出口商可能面臨的情況及收益狀況。

2. 如果某投資者預計滬深300指數在近期可能會上揚，要想獲得股票指數上升帶來的收益，並盡可能承擔少量的風險，該投資者可以選擇哪些金融工具並如何操作

3. 某公司現有金額為100萬美元、期限為6個月、以LIBOR計息的浮動債務。該公司既希望在市場利率降低時能享有低利率的好處，又想避免市場利率上漲時利息成本增加的風險。這時該公司支付一定的期權費，向銀行買入期限為6個月、協定利率為5%的利率頂。請分析該公司購買利率頂後的風險情況及該公司在到期日時的收益情況。

4. 假定某年7月初，某公司預計於9月份需籌集2,000萬美元用於購買大型設備，期限為3個月。該公司財務主管預計近期內利率水平有上升趨勢。為防止因利率水平升高而使公司未來融資成本增加的風險，該公司財務主管決定利用歐洲美元期貨期權合約對利率風險加以保值。由於每手歐洲美元期貨期權合約金額為100萬美元，該公司財務主管決定在LIFFE買入20手9月份到期的3個月期歐洲美元看跌期貨期權。假定期權協定價為91.00美元，期權價格為0.36，即36個基本點。由於每一基本點等於25美元，則該公司保值成本等於 $20 \times 36 \times 25 = 18,000$ 美元。請分析該公司在到期日時的損益狀況。

5. 假設某證券組合的價值為500,000美元，指數值為250點，β值為1.5。某管理者買入20份執行價格為240點的看跌股指期權，有效期為3個月，若在接下來的3個月裡證券組合價值大跌至400,000美元，請問該投資組合的最大虧損是多少？

6. 解釋一個組合價值為6,000萬美元，S&P 500為1,200點，若組合價值反應了指數的價值，為防止該組合的價值在一年內降到5,500萬美元以下，應購買何種期權？

第八章　奇異期權

學習提要：期權市場是世界上最具有活力和變化的市場之一，規避風險和追求盈利的需求不斷推動各種結構特殊、性質各異的奇異期權的產生。本章我們將對這些奇異期權的性質、構造以及運用做初步的探討。

在第七章中，我們主要學習的是標準的歐式或美式期權，比這些常規期權更複雜的期權常常被稱為奇異期權（Exotic Options），它們的特點是沒有標準的形式。例如，執行價格不是一個確定的數，而是一段時間內標的資產的平均價格；或是在有效期內，如果標的資產價格超過一定界限，期權就作廢；等等。大多數的奇異期權都是在場外市場進行交易的，往往是金融機構根據客戶的具體需求開發出來的，或者是嵌入結構性金融產品中以增加結構性產品的吸引力，其靈活性和多樣性是常規期權所不能比擬的。但是相應地，正是由於其靈活性和多樣性，奇異期權的定價和保值通常也更加困難。

第一節　奇異期權概述

與常規期權相比，奇異期權的類型很多，大多數奇異期權的特點體現在以下一些性質中：分拆與組合、路徑依賴、時間依賴、維數和階數。需要注意的是，因為奇異期權變化很多，本節內容並不能包括奇異期權的所有特點。

一、分拆與組合

通常見到的奇異期權往往是對常規期權和其他一些金融資產的分拆與組合，其目的是得到我們所需要的損益，如利率多期期權、打包期權。

分拆與組合的思想還可以用在為奇異期權的定價上，這一方法也是金融工程的核心之一。通過對奇異期權到期時的損益進行數學整理，常常可以把奇異期權分拆為常規期權和其他金融資產的組合，從而可以大大簡化定價過程。

二、路徑依賴

路徑依賴（Path Dependence）性質是指期權的價值會受到標的變量所遵循路徑的影響，它又可以分為弱式路徑依賴（Weak Path Dependence）和強式路徑依賴（Strong Path Dependence）。例如，障礙期權是弱式路徑依賴，而亞式期權和回溯期權則是強式路徑依賴。

由於詳細區分弱式路徑依賴和強式路徑依賴需要很專業的期權定價知識，故在此我們不做過多論述。與弱式路徑依賴相比，強式路徑依賴的顯著區別是期權到期時的損益需要更多的關於標的變量所遵循路徑的信息。這一點反應在定價模型中，就是需要增加獨立的變量。

三、時間依賴

奇異期權的一種變化形式是在常規期權中加入時間依賴（Time Dependence）的特性。比如說，百慕大期權可以看成美式期權只能在某些確定的日期提前執行。此外，敲出期權的障礙位置也可以隨著時間的不同而不同，每個月都可以設定一個比上個月更高的水平；或者一個敲出期權的障礙只在每個月的最後一星期有效。這些變化使得期權合約更加豐富，也更符合客戶和市場的特定需求。

四、維數

維數（Dimensions）指的是基本獨立變量的個數。常規期權有兩個獨立變量 S 和 t，因此是二維的。弱式路徑依賴期權合約的維數與那些除了路徑依賴之外其他條件都完全相同的期權合約的維數相同。而強式路徑依賴的期權合約則會依賴更多的獨立變量。

五、階數

常規期權是一階的，其損益僅直接取決於標的資產價格，其他的如路徑依賴期權，如果路徑變量直接影響期權價格的話，也是一階的。若某個期權的損益和價值取決於另一個（些）期權的價值，就被稱為高階期權。典型的二階期權的例子是複合期權和選擇者期權。

第二節　障礙期權

障礙期權（Barrier Options）是指期權的回報依賴於標的資產的價格在一段特定時間內是否達到了某個特定的水平，即臨界值，這個臨界值就稱為障礙水平。

一、障礙期權的種類

通常有很多種不同的障礙期權在場外市場進行交易，它們一般可以分為以下兩大類：

（一）敲出障礙期權（Knock-out Options）

當標的資產價格達到某個特定的障礙水平時，該期權作廢（即被「敲出」）；如果在規定時間內資產價格並未觸及障礙水平，則仍然是一個常規期權。

（二）敲入障礙期權（Knock-in Options）

與敲出期權相反，只有標的資產價格在規定時間內達到障礙水平，該期權才得以存在（即「敲入」），其回報與相應的常規期權相同；反之該期權無效。

在此基礎上，可以通過考察障礙水平與標的資產初始價格的相對位置，進一步為障礙期權分類。如果障礙水平低於初始價格，將其稱為向下期權；如果障礙水平高於初始價格，將其稱為向上期權。

將以上分類進行組合，我們可以得到向下敲出看漲期權（Down-and-Out Call）、向下敲入看跌期權（Down-and-In Put）、向上敲出看漲期權（Up-and-Out Call）和向上敲入看跌期權（Up-and-In Put）等 8 種障礙期權，4 種看漲期權的障礙期權如圖 8.1 所示，看跌期權的障礙期權類似。

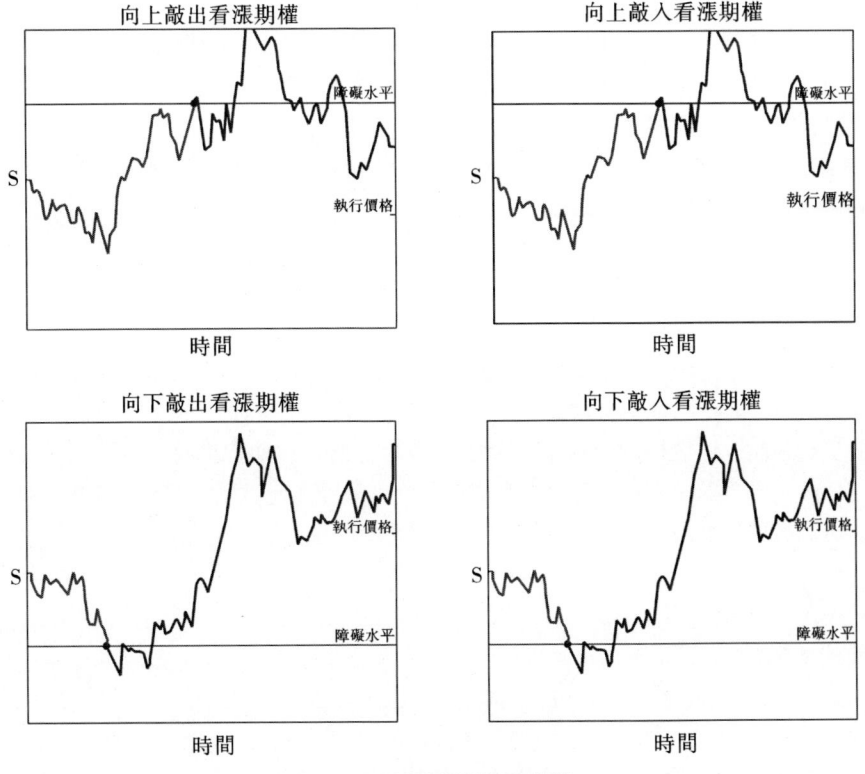

圖 8.1　看漲期權的障礙期權

讓我們來看一個例子。對於英鎊的向下敲出看跌期權來說，如果在期權存續期內匯率下跌到特定水平，那麼該期權就會作廢。假如持有執行價格為 1,950.0 美元的英鎊看跌期權，而且該期權還具有 1,850.0 美元的障礙水平，那麼一旦匯率跌至 1,850.0 美元以下，該期權就將作廢。因為常規期權對於期權買方而言沒有作廢的風險，常規期權的獲利空間比障礙期權的獲利空間要大，所以向下敲出看跌期權總會比相應的常規期權更便宜一些。因此，對那些相信障礙水平不會被觸及的投資者而言，向下敲出看跌期權更具吸引力。

注意，當執行價格大於等於障礙水平時，向上敲出看漲期權是沒有任何價值的。很容易明白這一點，敲出期權意味著若標的資產價格達到障礙水平，期權就作廢；向上期權意味著一開始時，標的資產價格小於障礙水平（因此也就小於執行價格）。因此，只有當標的資產價格上升並超過執行價格時，看漲期權才會具有正的回報，但在這之前標的資產價格會先達到障礙水平，期權已經作廢了。運用同樣的原理，可以得知，當執行價格小於障礙水平時，向下敲出看跌期權沒有任何價值。

二、障礙期權的性質

從前面可以知道，障礙期權的回報和價值都受到標的資產價格到期前遵循路徑的影響，這稱為路徑依賴性質。例如，一個向下敲出看漲期權在到期時同樣支付 $\max(S_T-X,0)$，除非在此之前標的資產價格已經達到障礙水平 H。在這個例子中，如果資產價格達到障礙水平（顯然是從上面向下達到），那麼該期權作廢。但障礙期權的路徑依賴性質是較弱的，因為只需要知道這個障礙是否被觸發，而並不需要知道關於路徑的其他任何信息。

障礙期權受歡迎的主要原因在於它們通常比常規期權便宜，這對那些相信障礙水平不會（或會）被引發的投資者很有吸引力。而且購買者可以使用它們來為某些非常特定的具有類似性質的現金流保值。通常來說，購買者對於市場方向都有相當精確的觀點，如果他相信標的資產價格的上升運動在到期之前會有一定的限制，希望獲得看漲期權的回報，但並不想為所有上升的可能性付款，那麼他就有可能去購買一份向上敲出看漲期權。由於上升運動受到限制，這個期權的價格就會比相應的普通看漲期權價格便宜。如果預測是對的，這個障礙水平並沒有被引發，那麼購買者就可以得到他想要的回報。障礙距離資產價格現價越近，期權被敲出的可能性越大，合約就越便宜。

三、案例

案例8.1
中信泰富外匯衍生品交易

（一）案例資料

2006年3月底，中信泰富與澳大利亞的採礦企業裡洛基私人有限公司（Eralogy Pty Ltd）達成協議，以4.15億美元的價格收購西澳大利亞兩個擁有10億噸磁鐵礦資源開採

權的公司中澳鐵礦（Sino Iron）和巴爾莫勒爾鐵礦（Balmoral Iron）的全部股權。收購之後中信泰富會成為中國巨大的鐵礦石供應商。

中信泰富大股東是國企中信集團，屬紅籌股，而香港恒生指數的成分股都屬藍籌股，中信泰富恰是恒指成分股，因此中信泰富可謂「集紅藍於一身」。澳大利亞的鐵礦收購項目是當時澳大利亞已規劃開發的規模最大的磁鐵礦項目，中信泰富的資金實力可見一斑。

然而，這只香港藍籌股卻於 2008 年 10 月 21 日曝出 155 億港元巨額外匯交易虧損的噩耗，當日股價下挫 55%，累及恒生指數下挫 1.84%。使中信泰富遭受巨虧的則是為其在澳大利亞的磁鐵礦項目規避風險而購買的槓桿式外匯累計期權合約——Accumulator。

（二）案例分析

Accumulator 意為累計期權，英文全稱是 Knock Out Discount Accumulator（KODA），期限通常為 1 年，屬於槓桿式期權的一種。所謂槓桿合約，是指收益放大的同時風險也放大的合約。

最初，Accumulator 是投資者與私人銀行訂立的股票累計期權合約，合約通常設有「敲出價」與「執行價」（敲出價大於執行價），而執行價通常比簽約時的市價有所折讓。合約生效後，當股價在敲出價及執行價之間時，投資者可定時以執行價從私人銀行買入指定數量的股票。當股價高於敲出價時，合約便終止。可是當股價低於執行價時，投資者必須定時用執行價買入雙倍數量的股票，一般最低認購額是 100 萬美元。因此，對於 Accumulator 買方而言，由於受到敲出條款限制，其一定時期內的盈利是有限的，而虧損則可能是無限的；對於 Accumulator 賣方而言，由於受到敲出條款保護，其一定時期內的虧損是有限的，而盈利則可能是無限的。

運用分拆與組合思想，我們可以得到以下關係：1 份 Accumulator 多頭 = 1 份向上敲出看漲期權多頭 + 2 份向上敲出看跌期權空頭①。通常簽約時，敲出價格 > 目前市場價格 > 執行價格。在對 Accumulator 進行定價時，我們可利用以上關係。

中信泰富購買的為變種累計期權，把對賭的目標從股價改成了匯價，實際上都是 Accumulator，只是形式有所變化，即由投資銀行設定一個執行匯率和敲出匯率，當市場匯率高於執行匯率、低於敲出匯率時，投資者可以以執行匯率每天（或合約規定的頻率）買入 1 個單位的外匯。當市場匯率高於敲出匯率時，合約便作廢。但當市場匯率低於執行匯率時，則投資者必須每天（或合約規定的頻率）以執行匯率買入 2 個單位的外匯。

由此可見，Accumulator 是一個風險與收益不平衡的合約，其合約設計開始時會給投資者帶來一些「甜頭」，一旦投資者預測錯誤，市況大幅逆轉，投資者就會損失慘重，因此有人戲稱其為「I will kill you later」。

虧損原因分析如下：

---

① 在下跌行情中，敲出條款實際上已經沒有意義了。

(1) 直接原因：澳元匯率巨幅波動。

如背景資料所述，中信泰富在澳大利亞經營的鐵礦項目規模龐大，據估計總投資約42億美元，很多設備和投入都必須以澳元來支付。

2008年10月，中信泰富披露持有的澳元合約到期日為2010年10月，當每份合約達到150萬~700萬美元的最高利潤時，合約終止。中信泰富購買的澳元累計期權合約共90億澳元，平均價為每1澳元兌換0.87美元，合約規定中信泰富的購買頻率為每月，當匯率低於0.87美元時，中信泰富更要兩倍買入。簽約時，市場普遍認為澳元市場匯率會高於0.87美元。合約還規定每份澳元合約都有最高利潤上限，當達到這一利潤水平時，合約自動終止。因此，在澳元兌美元匯率高於0.87時，中信泰富可以賺取差價，但有最高利潤限制；而如果匯率低於0.87時，卻沒有自動終止協議，中信泰富必須不斷以高匯率兩倍購入澳元，理論上虧損可以無限大。

2008年9~10月，澳大利亞儲備銀行連續兩次降息，導致澳元大幅貶值。從7月中旬到8月短短一個月時間，澳元開始出現持續貶值，澳元兌美元跌幅也高達10.8%，這幾乎抹平了該年以來的漲幅。2008年9月7日，中信泰富察覺到合約帶來的潛在風險後，終止了部分合約，但自2008年7月1日至10月17日，中信泰富已因此虧損8.07億港元。其公告中表示，有關外匯合同的簽訂並沒有經過恰當的審批，其潛在風險也沒有得到評估，剩餘的合同主要以澳元為主。截至2008年10月17日仍在生效的槓桿式外匯合約按公允價評定的虧損為147億港元。

(2) 重要原因：合約定價陷阱。

中信泰富外匯衍生品合約頭寸主要有四類：澳元累計目標可贖回遠期合約（AUD Target Redemption Forward Contracts）、澳元日累計合約（AUD Daily Accrual）、雙貨幣累計目標可贖回遠期合約（Dual Currency Target Redemption Forward）和人民幣累計目標可贖回遠期合約（RMB Target Redemption Forward）。其中，澳元累計目標可贖回遠期合約是虧損最嚴重的，也是我們這裡重點研究的合約。該合約規定，中信泰富必須以固定匯率（加權匯率0.87美元/澳元）每月買入一定數額的澳元，到期日為2010年10月，累計最大買入數額為90.5億澳元，其中每一份合約都有最大收益敲出條款。

公開披露資料顯示，中信泰富在2008年7月密集簽署了16份每月累計外匯遠期合約，合約槓桿倍數絕大多數為2.5倍。當價格對中信泰富有利時，每月的購買量為3,000萬澳元到416萬澳元不等。通過統計方法，將上述16份合約標準化為15個同樣的合約，即交易標的為澳元兌美元匯率；簽署時間為2008年7月16日；合約開始結算時間為2008年10月15日，到期時間為2010年9月（24個月）；價格有利時買進1,000萬澳元，價格不利時買入2,500萬澳元，加權執行價為0.89美元，按月支付。那麼中信泰富的這個外匯合約可以分解成兩種障礙期權組合，一種是向上敲出的看漲期權（Up-and-Out Call）；另一種是向上敲出的看跌期權（Up-and-Out Put）。從障礙期權結構看，看漲期權和看跌

期權的條款是一樣的。通常這種合約在簽訂之時，雙方沒有現金支付，相當於在未來兩年內的每一個月，中信泰富獲得 1 個向上敲出的看漲期權，同時送給銀行 2.5 個向上敲出的看跌期權作為對價。根據蒙特卡羅（Monte Carlo）方法定價測算，按匯率歷史波動率（約 15%）模擬，經過十幾萬次的運算結果表明，中信泰富在簽訂這單筆外匯合約當時就虧損了 667 萬美元。其原因就是中信泰富得到的 1 個向上敲出看漲期權的價值遠遠小於其送給交易對手的 2.5 個向上敲出看跌期權的價值。正常情況下，如果一個合約是「公平的」，簽訂時合約雙方沒有現金支付，那麼在合約簽訂時，其價值應為零，即合約雙方都沒有占對方便宜。但這筆合約，投資銀行卻占了非常大的便宜。按歷史波動率測算，既然中信泰富一份合約的損失為 667 萬美元，那麼整個 15 份外匯合約在簽訂時就損失約 1 億美元。倘若波動率變大，如 30%，虧損將高達 4.5 億美元。

第三節　亞式期權

亞式期權（Asian Options）又稱均值期權（Average Options），是當今金融衍生品市場上交易最為活躍的奇異期權之一，其最大的特點在於它在到期日的支付依賴於標的資產在一段特定時間（整個期權有效期或其中部分時段）內的平均價格。

亞式期權最早是由美國銀行家信託公司（Bankers Trust）在日本東京推出的。一般來說，亞式期權只能在到期日那一天執行，而不能提前執行。

一、亞式期權的種類

亞式期權的分類主要從兩方面進行考慮：執行價格與到期資產價格哪個值取平均值？如何取平均值？

首先，如果用平均值 I 取代到期資產價格 S_T，就得到平均資產價期權（Average Price Options）。因此，平均資產價看漲期權到期的回報為 $\max(I-X, 0)$，平均資產價看跌期權到期的回報為 $\max(X-I, 0)$。其中，X 是在合約中約定好的執行價格。如果用平均值 I 取代執行價格 X，就得到平均執行價期權（Average Strike Options）。因此，平均執行價看漲期權到期的回報為 $\max(S_T-I, 0)$，平均執行價看跌期權到期的回報為 $\max(I-S_T, 0)$。

其次，使用的平均值主要可以分為兩類：算術平均和幾何平均。算術平均的一般形式可以表示如下：$I=\dfrac{1}{n}(S_1+S_2+\cdots+S_n)$。而幾何平均一般可以用 $I=(S_1 S_2 \cdots S_n)^{\frac{1}{n}}$ 或 $\ln I=\dfrac{1}{n}(\ln S_1+\ln S_2+\cdots+\ln S_n)$ 來計算。除此之外，還有一種廣泛使用的方法是指數加權平均，與算術平均或幾何平均賦予每個價格相同權重不同，它賦予最近價格的權重大於以前價格的權重，並以指數形式下降。

事實上，在亞式期權中還有一個很重要的問題，即在取平均值時是使用離散方法還是連續方法。在前面的平均值公式中，我們採用的都是離散方法。由於離散形式更易觀察和計算，因此在現實情況中也多採用離散平均值。

二、亞式期權的性質

可以看出，亞式期權和障礙期權類似，其回報和價值都要受到到期前標的資產價格所遵循路徑的影響，但對於亞式期權而言，需要更多關於路徑的信息，因此亞式期權的路徑依賴性質比障礙期權更強。很容易明白這一點，障礙期權只需要知道障礙水平是否被觸發，而亞式期權需要知道標的資產價格的平均數。

亞式期權受歡迎的一個重要原因在於平均值的採用減少了波動，因此亞式期權比一個類似的常規期權更便宜，而任何能降低期權合約前端費用的東西都會使其更受歡迎。另外，在許多時候，在市場上尋求套期保值的公司往往需要為公司在未來一段時間內連續平穩的可預測現金流進行保值，這時持有一個合適的亞式期權可以對沖平均價格的風險。有時亞式期權使用的是一段特定時期內的平均價格，往往可以滿足投資者的特殊需求。例如，有一類亞式期權被稱為尾部亞式期權（Asian Tail），使用的是期權快到期之前一段時間內標的資產的平均價格，這對於那些到期時有固定現金流出的交易者（比如養老金帳戶）就很有意義，其可以避免到期前標的資產價格突然波動帶來的風險。此外，亞式期權比常規期權更有效地降低了市場風險，具有很強的抵抗市場操縱的能力。顯然，操縱某一商品在一段時間內的平均價格，尤其是在成交量大、交易活躍的金屬市場，要比操縱它在某一天的價格困難得多了。因此，亞式期權的交易比常規期權更有利於市場的穩定。

三、案例

案例 8.2

平均資產價期權

假設一家美國公司的財務主管預測在明年內將平穩地收到來自德國子公司的一份1億歐元的現金流。他可能對一種能保證該年內平均匯率高於某一水平的期權感興趣。顯然，常規的看跌期權很難滿足這一要求，因為若使用常規的看跌期權，則需要購買很多的合約，不僅操作繁瑣而且會增加保值成本。此時，購買一份平均資產價看跌期權就能很好地達到這一目的，既完成了保值又節約了保值費用。

相應地，假定一家美國進口公司的財務主管預測在未來6個月內將平穩地支付貨款2億日元從日本進口貨物。他可能對一種能保證這一段時期內平均匯率低於某一水平的期權感興趣。顯然，常規的看漲期權很難滿足這一要求，因為若使用常規的看漲期權，則需要購買很多的合約，其不僅操作繁瑣而且會增加保值成本。此時，購買一份平均資產價看漲期權就能很好地達到這一目的，既完成了保值又節約了保值費用。

以上兩例為平均資產價期權的應用。對於平均執行價期權而言，平均執行價看漲期權可以保證購買在一段時間內頻繁交易的資產所支付的價格不高於平均價格，平均執行價看跌期權可以保證出售在一段時間內頻繁交易的資產所收取的價格不低於平均價格。

　　目前，亞式期權還應用於股票期權報酬，其主要有兩個作用：一是避免人為炒作股票價格；二是減少公司員工進行內幕交易、損害公司利益的行為。

案例 8.3

深南電亞式期權合約的交易

（一）案例資料

　　深圳南山熱電股份有限公司（簡稱深南電）成立於 1990 年 4 月，為中外合資股份制企業。深南電的經營範圍為供電、供熱、發電廠（站）建設工程總承包以及相關技術諮詢和技術服務。1993 年 11 月，經深圳市人民政府批准，深南電正式改組為股份有限公司。1994 年 11 月，深南電在深圳證券交易所上市。2008 年 10 月 17 日起深南電因期權合約問題被深圳證券交易所停牌，深圳證監局下發的《關於責令深圳南山熱電股份有限公司限期整改的通知》指出，深南電於 2008 年 3 月 12 日與美國高盛集團有限公司的全資子公司杰潤（新加坡）私營公司簽訂的期權合約因未按規定履行決策程序、未按規定及時履行信息披露義務以及涉嫌違反國家法律、法規的強制性規定，因此要求限期整改。之後，也許是為了規避所面臨的巨大風險，也許是為了回應深圳證監局的整改要求，深南電經股東大會決議出售了其全資子公司香港興德盛有限公司，這也是深南電為了切割自身與期權合約的法律責任，防止自身因巨額現金流出導致破產而設置的最後一道防線。因為該公司在此次期權合約中扮演了接受杰潤公司支付金的角色，應該是合約的簽訂人與法律責任承擔者。

　　深南電陷入期權交易困境，還要從深南電的經營困境談起。從深南電 2003—2007 年的盈利能力指標來看（見表 8.1），自 2003 年起其淨資產收益率、銷售淨利率、主營業務淨利率與主營業務毛利率幾乎同步下降，並且在 2005 年降幅最大。其中，主營業務毛利率是構成淨資產收益率、銷售淨利率、主營業務淨利率的主要部分，它的下降將不可避免地導致其他主要盈利能力指標的下降。從表 8.2 可以看出，深南電主營業務毛利率下降的主要原因一方面是由於主營業務收入出現了明顯下降，另一方面是由於主營業務成本顯著上升。綜合來看，2004 年、2005 年深南電主營業務利潤下降是由主營業務成本上升造成的，而 2006 年、2007 年主營業務利潤下降是由主營業務成本上升與主營業務收入下降共同作用導致的。由此可見，主營業務成本上升成為深南電主營業務毛利率下降的持續影響因素。

表 8.1　　　　　　　　　　深南電 2003—2007 年財務指標　　　　　　　　單位：%

年份 項目	2003	2004	2005	2006	2007
淨資產收益率	30.04	24.80	3.40	7.90	8.49
銷售淨利率	30.86	26.32	3.04	7.60	10.18
主營業務淨利率	31.66	26.16	3.16	7.80	10.51
主營業務毛利率	17.36	9.31	-9.80	-22.80	-34.87

表 8.2　　　　　　　　　　深南電主營業務盈利情況　　　　　　　　單位：元

年份 項目	2003	2004	2005	2006	2007
主營業務利潤	264,860,536.93	159,015,148.78	-165,916,103.50	-310,739,000.00	-416,173,534.05
主營業務收入	1,524,185,403.39	1,703,031,404.29	1,694,187,720.91	1,373,917,000.00	1,198,796,000.00

實際上，深南電主營業務中的重點業務供電的收入一直處於維持甚至萎縮的狀態。一方面，中國掀起了電力建設的高潮，電力產能迅速擴大，供需基本平衡，同時中國政府對電力價格實行了管制制度。在這種宏觀經濟環境下，深南電難以通過擴大電力銷售量、提高電力價格來擴大收入。另一方面，深南電發電生產所採用的主要工藝技術是利用燃氣-蒸汽聯合循環發電機組和燃煤機組發電，燃油、天然氣作為該公司生產電力的主要原材料，構成了發電業務的主要成本。隨著國際市場燃油等能源價格的不斷上漲，發電業務成本必然會隨之增加，居高不下。因此，從源頭看深南電擺脫經營及盈利能力下降困境的出路是控制燃油價格的上漲。據此，深南電在 2007 年年報中確定了在保證發電燃料及時供應的基礎上，實施燃料油採購的套期保值，合理控制並降低燃料成本的目標，並把燃料油採購套期保值作為控制電力業務成本的一項重要手段。

（二）案例分析

1. 套期保值合約及特點

為了對發電業務所需的燃油進行套期保值，緩解以致擺脫國際油價上漲所帶來的經營困境，2008 年 3 月深南電與杰潤公司簽訂了期權合約。根據 2008 年 10 月 21 日深南電發布的有關期權合約方面的公告披露，與杰潤公司簽訂的期權合約包括兩份確認書。第一份確認書的有效期為 2008 年 3 月 3 日~2008 年 12 月 31 日，由三個期權合約構成，即當浮動價（每個決定期限內紐約商品交易所當月輕質原油期貨合約的收市結算價的算術平均數）高於 63.5 美元/桶時，深南電每月可獲得 30 萬美元的收入（20 萬桶×1.5 美元/桶）；當浮動價低於 63.5 美元/桶、高於 62 美元/桶時，深南電每月可獲得（浮動價-62 美元/桶）×20 萬桶的收入；當浮動價低於 62 美元/桶時，深南電每月需向杰潤公司支付與（62 美元/

桶-浮動價)×40 萬桶等額的美元。第二份確認書的有效期為 2009 年 1 月 1 日~2010 年 10 月 31 日，也由三個期權合約構成，杰潤公司在 2008 年 12 月 30 日 18:00 前，有是否執行的選擇權。當浮動價高於 66.5 美元/桶時，深南電每月可獲得 34 萬美元的收入（20 萬桶×1.7 美元/桶）；當浮動價高於 64.8 美元/桶、低於 66.5 美元/桶時，深南電每月可獲得（浮動價-64.8 美元/桶)×20 萬桶的收入；當浮動價低於 64.5 美元/桶時，深南電每月需向杰潤公司支付與（64.5 美元/桶-浮動價)×40 萬桶等額的美元。

　　從合約內容來看，深南電在收入與支出方面具有如下特點：

　　（1）從合同中我們似乎找不到一點期貨期權的字眼，但細究下去，不難發現這是一份場外期權交易合同。深南電作為期權的賣方，杰潤公司作為期權的買方，由於兩份合同類似，只是到期時間不同，我們就第一份合同做出解釋，簡單地說這是一份匯聚 10 次交易（每月一次）的亞式期權交易合同，即深南電連續賣出 10 個到期日的看跌期權，在每個到期日的執行價分別為 63.5 美元和 62 美元，數量各為 20 萬桶。我們知道不同到期日的期權費不同，該合同的「精妙」之處是把各個到期日的期權費平均化，這給我們一個錯覺，即認為賣出了好價錢，其實只是把遠期期權的期權費貼補到近期期權而已。

　　（2）在第一份確認書中，合約限定了深南電收入的上限，即油價在 2008 年超過 63.5 美元/桶時，深南電每月最多獲得 30 萬美元收入，有效期內總收入為 300 萬美元。而且合約也約定了深南電最大支出的上限，即當油價接近 0 時，每月向杰潤公司支付接近 2,480 萬美元。顯然，深南電的最大支出遠超過最高收入。

　　（3）第二份確認書與第一份確認書收支的特點基本相同。不同的是，第二份確認書是否執行的選擇權在杰潤公司。杰潤公司可以根據未來環境的變化選擇是否繼續執行合約來控製風險，而深南電除非違約，否則就沒有這個機會。

　　（4）這是一份對賭協議。深南電是在賭原油期貨價格上漲，而杰潤公司是在賭原油期貨價格下跌。

2. 期權損益分析

　　通過上面的分析，我們可以畫出深南電合約到期的損益圖，見圖 8.2。

　　在原油浮動價高過 63.5 美元/桶時，深南電每月可獲得 30 萬美元的收入，在浮動價低於 63.5 美元/桶時，執行價為 63.5 美元/桶的看跌期權被執行，相當於深南電於 63.5 美元/桶買入，數量為 20 萬桶，而當浮動價低於 62 美元/桶時，執行價為 62 美元/桶的看跌期權也被執行。也就是說，深南電的多頭擴大到 40 萬桶，這也是為什麼在損益圖中，一旦浮動價低於 62 美元/桶時，深南電虧損的數額翻倍的原因。

　　場外交易的關鍵是定價，與場內市場不同，場外市場沒有一個公開報價的場所，這使得場外市場的價格非常不透明，特別是涉及複雜的衍生品。例如，上述案例中，由於期權不是一般的美式或歐式期權，無法從場內市場看到對應的價格，這就使得交易雙方都要依賴各自的交易定價模式，而這恰恰是國內公司的軟肋。因為國內衍生品市場發展滯後，連

图 8.2 深南电合约到期的损益图

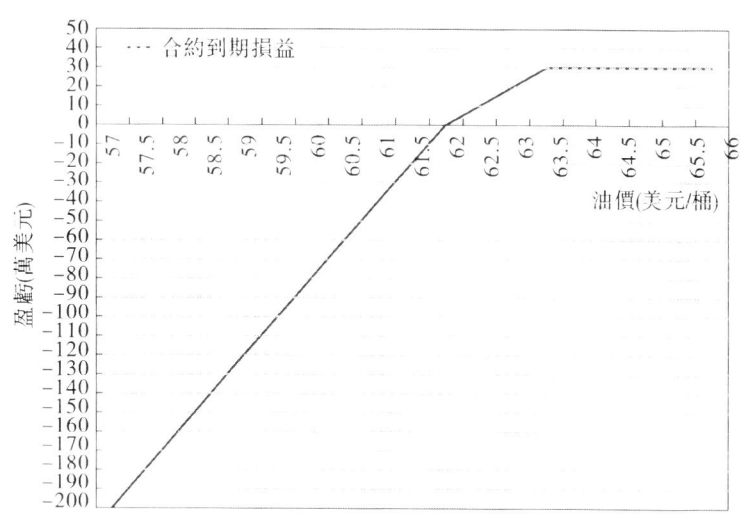

专业的期货公司都没有专业的定价模式，一般实体公司更无从谈起，国内公司在签订场外合同时往往依据国外投资银行的报价。这份合同中的期权是亚式期权，所谓亚式期权，就是均价期权，其到期价格是一段时间的平均价，一般都是月均价。亚式期权与欧式期权比较近似，只需把原油报价转化成 22 天（一个月交易日）的均线价格代入 B-S 模型，即可推出理论期权定价。当然，亚式期权是均价期权，由于均线的波动低于价格波动，亚式期权的波动率低于欧式期权，因此亚式期权的价格会小于欧式期权的价格。

根据粗略的模型推导，可以发现在深南电的第一份合同中，深南电的期权费卖出了一个好价格，但我们在看到附带的第二份合同时，就明白为什么在 3 月签合同时，原油期货市场处于反向市场，即远期价格比近期低，如在 3 月 12 日，3 月期货价格为 110 美元，而 2009 年 10 月合约报价仅为 100 美元，但在第二份合同中，执行价不但没有降低，反而提高。在到期时间大大延长的情况下，深南电的期权费仅仅提高了 0.2 美元。另外，杰润公司还有选择是否执行合同的权利，这相当于一份期权的期权，这是深南电卖给杰润公司的，但很难对这份期权的期权做出估价。由于国内公司没有自己的定价模式，往往会对此忽略不计，相当于白送给杰润公司一份期权。试想一下，如果深南电不是卖出这份期权的期权，而是买入，也就是执行的第二份合同的权利在深南电，而不是杰润公司，后果会完全的不同。

本来国内大部分企业对像期货这样简单的衍生品工具都相当谨慎，为什么还是有企业会参与这样复杂的衍生品场外交易，这不得不「佩服」国外投资银行的行销能力。国外投资银行非常了解客户的心理，其推出的产品都有共同的特点：首先，「看去很美」，如深南电这份合同，只要价格不跌入 62 美元/桶，都可以稳稳地收钱。其次，风险掩藏在小概率

中，如3月簽合同的時候，價格在100美元/桶以上，可能深南電也無法想像原油價格會重新回到60美元/桶以下。最後，由於場外交易只是到期結算，而不像場內交易每日結算，這可以降低的公司的財務分擔，也是吸引一些公司參與場外交易的誘因。

由於原油價格後來已跌落70美元/桶以下，深南電的第二份合同已經暴露在巨大的風險之中。要處理深南電的合同，理論上有三種處理方式：第一種方式是向杰潤公司要求終止合同，相當於把以前賣出的看跌期權買回來，這時候會發現原先以1.7美元/桶的賣出期權現在已經高出了數倍。原因之一是原油價格下跌。原因之二（可能也是最致命的）是原油期權市場隱含的波動率從3月的30%急升到80%，從這個角度看，結算合同是十分昂貴的。第二種方式就是通過場內期權市場買入看跌期權，對沖部分風險，或者利用β中性的方式通過賣出期貨來對沖。由於場內交易的是美式期權，要來對沖亞式期權，需要專業技術，這對深南電而言可能有難度。最後一種方式是尋找別的投資銀行，與其簽訂購買亞式期權合同，因為與高盛一家公司談判可能並不能得到合適的價格，多尋找幾家供應商，也許能得到相對公允的報價。

3. 套期保值功能失效困境

期權套保是對標的商品進行套期保值，目的是規避與管理風險，其原理是通過對沖來降低風險。因此，從規避和控制風險目的出發，合理的期權合約應該是：首先，合約收入能夠有效抵消標的價格上漲而推動的成本增加風險。其次，標的價格下跌能夠補償合約的支付風險。最後，價格下跌帶來的好處不能被合約支付完全抵消，否則期權合約不僅不能規避和管理風險，相反還會因期權合約增加自己的風險。

(1) 深南電合約收入對燃油價格上漲的抵消程度。

深南電2007年年報顯示，報告期內深南電累計完成綜合發電量53.30億千瓦時。其中，南山熱電廠（含新電力）完成發電量33.36億千瓦時（含天然氣發電量10.50億千瓦時）。根據發電量與耗油量的關係推算，深南電全年發電需耗油629萬桶，平均每月約52.42萬桶。假如原油期貨價格全年高於63.5美元/桶，深南電期權全年合約收入為300萬美元。那麼，合約收入能抵消每桶油價上漲的幅度為0.477（300÷629），即一旦原油期貨價格每桶上漲超過0.477美元，合約收入便不能完全抵消因油價上漲所帶來的成本增加，合約對油價成本上漲的控製作用就非常有限。

從實際情況來看，2008年8月以前，相對於有限的合約收入，油價上漲所帶來的成本增加額非常大，如2008年4月油價上漲所帶來的成本增加是當月合約收入的22.79倍（見表8.3）。可見，合約對油價成本增加的控製作用非常有限。

(2) 深南電合約支付對燃油價格下降所得收益的抵消程度。

根據期權合約可知，每桶62美元的原油期貨價格是深南電期權合約收支的轉折點。當原油期貨價格P低於每桶62美元時，深南電每月需向杰潤公司支付的金額為$(62-P) \times 40$；由於價格下降而節約的支出為$(62-P) \times 52.42$。由於$(62-P) \times 52.42 > (62-P) \times 40$，因此

價格下降且低於62美元/桶時,深南電節約的燃料成本支出在補償合約支出後仍有較大的餘額。例如,在2008年12月原油期貨價格為每桶44.60美元時,深南電需要向對手支付合約金696萬美元,但在燃料成本方面卻節約了912.11萬美元。因此,從整體上看,價格下降所獲得的成本節約完全能夠彌補合約的支出。但該合約也嚴重侵蝕了原油期貨價格下降而產生的成本節約。例如,雖然2008年12月深南電節約了912.11萬美元,但卻被期權合約侵蝕了696萬美元,占成本節約的76.31%。

上述分析表明,從套期保值角度看,深南電簽訂的期權合約存在如下問題:簽訂期權合約的目的是為了控製因燃油價格上漲而推動的成本增加,但合約卻未能有效地控製燃油價格上漲對成本增加的推動作用;雖然燃油價格及燃料成本下降能夠彌補深南電的期權合約支出,但期權合約支出也部分地抵消了燃料成本下降帶來的收益,並且抵消程度超過了合約收入對燃油價格成本增加的補償程度。因此,深南電簽訂期權合約不僅沒有擺脫燃油價格上漲造成的困境,反而陷入了期權合約巨額支付困境及巨額支付消耗燃油價格下降所得收益的困境。

表8.3　　　　　　　　深南電2008年3~12月的綜合損益情況

時間	3月	4月	5月	6月	7月	8月	9月	10月	11月	12月
原油期貨價格（美元/桶）	101.58	114.69	127.35	140.00	124.08	115.46	100.64	67.81	54.43	44.60
期貨合約收入（萬美元）	30	30	30	30	30	30	30	30	-302.8	-696
成本增加額（萬美元）	-3.67	683.56	1,347.19	2,010.31	1,175.78	723.92	-52.94	-1,773.89	-2,475.27	-2,990.56
抵消後的成本增加額（萬美元）	-33.67	653.56	1,317.19	1,980.31	1,145.78	693.92	-82.94	-1,803.89	-2,172.47	-2,294.56

註:2008年2月原油期貨價格為101.65美元/桶;當月成本增加額=(當月原油價格-101.65)×52.42;當月抵消後的成本增加額=當月成本增加額-當月期權合約收入

第四節　　多期期權

多期期權(Multiple Periods Options)涉及兩個以上的不同期限,有時其整個期限被分為若干個互不重疊但又緊密連接的獨立子期限,不同的子期限內期權的性質(如執行價格、期限長度等)可發生變化。簡而言之,多期期權就是由若干個單期期權或子期權構成的組合。常見的多期期權主要有利率期權,如利率頂(Cap)、利率底(Floor)、利率套(Collar)、互換期權與復式期權等。考慮到難度所限,這裡我們僅對利率多期期權進行介紹。

一、利率頂

利率頂是在20世紀80年代中期伴隨著浮動利率票據的發行而設計出來的，目的在於防止在票據到期前由於利率上升給票據發行者（借款者）造成的損失。

利率頂（Interest Rate Cap）又稱利率上限，是指交易雙方達成一項協議，指定某一種市場參考利率，同時確定一個利率上限水平。利率頂的賣方向買方承諾在規定的期限內，如果市場參考利率高於協定的利率上限，賣方向買方支付市場利率高於協定利率上限的差額部分；如果市場利率低於或等於協定的利率上限，賣方無任何支付義務。同時，買方由於獲得了上述權利，必須向賣方支付一定數額的期權費。

利率頂實際上可以看成一系列浮動利率歐式看漲期權的組合[1]，其可以鎖定最大借款成本。利率頂的購買方可以選擇某個上限利率，從而將最大借款成本鎖定在其希望的水平上，但利率頂的期權費隨著所選擇的上限利率的不同而有所區別。

二、利率頂案例

案例8.4

利率頂

（一）案例資料

某公司有尚未償還的債務2,000萬美元，該筆債務以3個月美元LIBOR+100個基點[2]的浮動利率計息，每3個月支付一次利息，借款期限為4年。3個月LIBOR當前水平為6.6%。該公司擔心未來4年內利率會上升從而增大借款成本，並且希望借款利率不超過8%。於是該公司購買了一份以3個月LIBOR為基準利率的利率頂，上限利率為7%[3]。以下我們分析利率頂在該公司償還債務過程中發揮的作用。

利率頂合約的具體條款見表8.4。

表8.4　　　　　　　　　利率頂合約的具體條款

上限利率	7%
基準利率	3個月美元LIBOR
名義本金額	2,000萬美元
期限	4年
利率重設日	每3個月一次
期權費	120個基點

---

[1] 利率頂也可以看成一系列零息債券的歐式看跌期權的組合。
[2] 1個基點=0.01%。
[3] 因為借款利率為3個月LIBOR+1%，基準利率為3個月LIBOR，所以上限利率應設定為7%，而不是8%。

(二) 案例分析

1. 利率頂工具在公司償還債務過程中發揮的作用

利率頂的作用在於鎖定了每次公司償還債務時的利率最大值。在各利率重設日，如果3個月 LIBOR 高於7%，該公司將收到利率頂出售方（通常為銀行）所支付的一筆補償金額[1]。金額數量等於以3個月 LIBOR 計息的未來3個月利息成本與以上限利率7%計息的未來3個月利息成本之間的差額。如果3個月 LIBOR 低於等於7%，無補償金額支付。

該利率頂將該公司4年期借款的最大成本鎖定為8%（利率頂上限利率7%加100個基點）。該公司不但不會承擔因為利率上升而造成的損失，還可以從利率下降中受益。表8.5顯示了當重設利率為如下水平時將發生的情況。

表 8.5　　　　　　　　重設利率時將發生的情況

利率重設日（月末）	3個月 LIBOR（%）	補償金額
第一年0時刻	6.6	
第一年3月	6.8	無
第一年6月	6.5	無
第一年9月	6	無
第一年12月	7.25	無
第二年3月	7.5	有（0.25%）
第二年6月	7.25	有（0.5%）
第二年9月	8	有（0.25%）
第二年12月	7.8	有（1%）
第三年3月	7.9	有（0.8%）
第三年6月	7.3	有（0.9%）
第三年9月	7	有（0.3%）
第三年12月	7	無
第四年3月	6.5	無
第四年6月	6.4	無
第四年9月	6.7	無
第四年12月		無

---

[1] 補償金額將在下一個利率重設日支付

2. 利率頂合約的內容

從上面這個例子我們可以看出，利率頂協議一般包括以下內容：

（1）上限利率。利率頂的上限利率為鎖定的最高利率，是買賣雙方依據利率行情對利率變化趨勢的預測和交易期限等因素商定的利率水平，通常是以百分數表示的整數，如5%、6%、7%、8%、9%等。

（2）基準利率。基準利率是與上限利率相比較的參考利率。典型利率頂的基準利率為3個月或6個月的LIBOR，但也可用其他的參考利率，如1個月的LIBOR、國庫券利率、商業票據利率等。

（3）名義本金額。名義本金額用於計算期權出售者向持有者支付的補償金額。利率頂的本金額一般不會低於1,000萬美元。在借款人逐漸償還貸款的情況下，利率頂的名義本金額也會分期減少，以便與減少的貸款金額相匹配。

（4）期限。典型的利率頂期限為2～5年。

（5）利率重設日。這是對基準利率重新調整的日期，也即將基準利率與上限利率相比較並由此確定利息差額的日期，一般在每3個月、6個月或1年調整一次。

（6）期權費。期權費是由利率頂買方向賣方支付的費用，是作為賣方承擔利率封頂風險的補償，合同期限越長，上限利率越低，則費用越高。期權費一般在利率頂出售時支付。期權費在名義本金的基礎上以基點報價，通常為100～500個基點（名義本金的1%～5%）。

由於利率頂是場外交易的金融工具，因此合約的具體條款由銀行與客戶自行商定，比如利率重設日可以根據客戶的需要確定，以便與客戶貸款的還款日相匹配，而基準利率也可以選擇此類貸款的利率作為參考利率。

3. 利率頂的利息差額

以 r_c 記上限利率，L 記名義本金額。每一段支付利息的時間間隔記為 τ（$\tau = \dfrac{\text{利率重設日之間間隔的天數}}{360 \text{ 或 } 365}$，對諸如英鎊等某些貨幣而言，分母取365；對包括美元和歐元在內的大多數貨幣而言，分母取360。但為了簡便，在下面的例子中，我們都以月份數為單位進行計算），因此在時刻 τ, 2τ, 3τ, $\cdots$, $n\tau$ 支付利息差額。利率頂的利息差額計算和支付方式是這樣的：根據時刻 $k\tau$ 的基準利率 r_k 和上限利率 r_c 的差計算時間段 $[k\tau, (k+1)\tau]$ 的利息差額，在時刻 $(k+1)\tau$ 支付利息差額。因為在時刻0計算的利息差額一般為0，所以在時刻 τ 沒有利息差額支付，利息差額支付發生在時刻 2τ, 3τ, $\cdots$, $n\tau$。

於是，在時刻 $(k+1)\tau$ 利率頂賣方支付的利息差額為：

$$\tau L \max(r_k - r_c, 0)$$

如果某公司買入一個利率頂，其名義本金額為3,000萬美元，基準利率為3個月LIBOR，上限利率為6%，利率重設日為每3個月一次。假設在某個利率重設日（6月1日），

3個月LIBOR為7%。

由於在這個利率重設日，3個月LIBOR大於6%，因此利率頂出售者將支付一筆補償金額，金額的大小為：

0.25×3,000×(7%-6%) = 7.5（萬美元）

這筆補償金額將在下個利率重設日（即9月1日）時支付給利率頂持有者。

案例8.5
公司運用利率頂管理英鎊浮動利率貸款風險

（一）案例資料

某公司借入一筆2,000萬英鎊的浮動利率貸款，貸款期限為2年，每6個月償還一次利息，本金在期末還清。貸款利率為6個月LIBOR+50個基點。6個月LIBOR目前水平為6%。該公司希望將最大借款成本鎖定在7.5%。因此，該公司從銀行購買了一份利率頂，合同條款見表8.6。

表8.6　　　　　　　　　　　合同條款

上限利率	7%
基準利率	6個月LIBOR
名義本金額	2,000萬英鎊
期限	2年
利率重設日	每6個月一次
期權費	100個基點

（二）案例分析

1. 保值情況

按照合同規定，在每個利率重設日，如果LIBOR高於7%，利率頂賣方向買方支付一筆補償金額；如果LIBOR低於7%，則無需支付補償金額。表8.7顯示了當重設利率為如下水平時將發生的情況。

表8.7　　　　　　　　　重設利率時將發生的情況

利率重設日（月末）	6個月LIBOR（%）	補償金額
第一年0時刻	6	
第一年6月	8.5	無
第一年12月	6.5	有（1.5%）
第二年6月	8	無
第二年12月		有（1%）

由於第一年 6 月和第二年 6 月的 6 個月 LIBOR 高於 7%，因此該公司將會收到補償金額。補償金額分別為：

0.5×2,000×(8.5%-7%) = 15（萬英鎊）

0.5×2,000×(8%-7%) = 10（萬英鎊）

於是，購買利率頂後，該公司實際的借款利率為 6.5%、7.5%、7%、7.5%。如果該公司沒有購買利率頂，則實際的借款利率為 6.5%、9%、7%、8.5%。因此，利率頂為該公司節約了 125（150×0.5+100×0.5＝125）[①] 個基點，除去期權費 100 個基點，也還有 25 個基點。

2. 利率頂的優缺點

利率頂的有利之處在於其設置了一個上限利率，鎖定了最大借款成本，並讓持有者可以從利率的降低中獲益。因此，利率頂提供了一種極富吸引力的手段來對沖在中期浮動利率貸款中出現的利率風險暴露。

利率頂主要的不利之處是它較高的成本。在本案例中，若第一年 6 月時 6 個月 LIBOR 為 7.5%，則利率頂就僅節約了 75（50×0.5+100×0.5＝75）個基點，考慮期權費後，該公司還虧損了 25 個基點。

3. 利率頂的運用

利率頂主要運用的情形是當利率行情呈上升趨勢，資金需求方擬對利率上升風險進行套期保值，但同時又希望在利率下降時能獲得低成本好處的情況下。

當某公司收購另一公司時，通常以浮動利率貸款為其收購行為融資，除非浮動利率貸款可以被固定利率融資（如債券）或權益融資所取代，否則利率上升的風險暴露是無法避免的。購買利率頂，公司只需要支付期權費，就可以將收購融資的最大成本鎖定在某一個水平上，並可以根據需要維持多年。這樣，就有效地降低了利率風險。一些房地產公司以浮動利率貸款為發展項目融資，通過購買利率頂鎖定項目的最大借款成本，保證了項目的盈利。

一般而言，利率頂的上限利率與期權費是對應變化的，上限利率設定得越低，費用就越高。因此，在確定上限利率時必須將費用成本與將來利率變化趨勢結合起來考慮。在貸款業務中附加利率頂時，應注意利率頂的各項內容必須與貸款條件相符合，以利於利率頂的順利執行。

案例 8.6

「港幣浮動封頂」理財計劃

（一）案例資料

在中國市場上也出現了內嵌利率頂的結構化理財產品。例如，中國銀行北京分行於

[①] 因為利率重設日間隔為 6 個月，並且利率是年利率，所以要乘以 0.5。

2005年1月18日推出的「港幣浮動封頂」理財計劃。「港幣浮動封頂」理財計劃的收益率與6個月香港銀行同業拆借利率（HIBOR）正向掛鉤。第一年的收益率鎖定為1.7%，第二年、第三年的收益率則是浮動的（6個月HIBOR），並且第二年、第三年的收益率上限分別設定為2.5%、3.5%。如果在某個收益期，6個月HIBOR超過了收益率上限，當期收益率就按收益率上限支付。有關該產品的詳細條款如下：

發售時間：2005年1月18日至2005年1月31日15:00。

投資期：2005年2月3日至2008年2月3日（受提前終止條款決定）。

投資起點：5,000港幣（遞增額為1,000港幣整倍數）。

投資收益率如下：

第一年：1.70%。

第二年：6個月HIBOR，封頂在2.50%。

第三年：6個月HIBOR，封頂在3.50%。

計息基礎：30/360。

收益支付頻率：每半年支付一次。

提前終止條款：銀行在每個收益支付日都有權決定是否終止此理財協議。

（二）案例分析

1. 收益分析

本金安全無憂；首年1.70%的高收益；從第二年開始，收益和6個月HIBOR的走勢掛鉤。如果HIBOR上升，則可以享受利率上升帶來的高收益，但受到上限的限制。

2. 風險揭示

從第二年開始，如果6個月HIBOR保持在較低水平，甚至下降，則投資者的投資收益在後兩年較低；從第二年開始，如果6個月HIBOR大幅上升，則投資者的收益率受到收益率上限的限制。

註：2005年1月12日的6個月HIBOR為0.983%左右。

三、利率底

利率底（Interest Rate Floor）又稱「利率下限」，是指交易雙方達成一項協議，指定某一種市場參考利率，同時確定一個利率下限水平。賣方向買方承諾：在規定的有效期內，如果市場參考利率低於協定的利率下限，則賣方向買方支付市場參考利率低於協定的利率下限的差額部分；若市場參考利率大於或等於協定的利率下限，則賣方沒有任何支付義務。作為補償，賣方向買方收取一定數額的期權費。

利率底的合約條款與利率頂基本相同，區別僅在於利率頂設定利率上限而利率底設定

利率下限。利率底可以視為一系列浮動利率歐式看跌期權的組合①。

利率底主要適用於市場利率水平呈下降趨勢，資金運用方擬對利率下降風險進行套期保值，同時在利率上升時也希望能獲得好處的情況。

一般而言，利率底是一種在資金運用中能確定最低收益率的金融產品，依據利率走勢來運用利率底是較好的選擇。例如，第一芝加哥公司（現在的第一芝加哥 NBD 公司）在 1993 年 7 月發行了一種內嵌利率底的浮動利率票據，到期日為 2003 年 7 月。這一票據按季度支付息票，支付公式為 3 個月 LIBOR+12.5 個基點且下限為 4.25%。因此，當 3 個月 LIBOR 跌到 4.125%以下時，息票率仍會保持在 4.25%的水平。從投資者的角度來看，利率底顯然是一個富有吸引力的特徵。

四、利率底案例

案例 8.7

利率底

（一）案例資料

某公司擬投資 2,500 萬英鎊於 3 年期浮動利率債券，該浮動利率債券以 6 個月 LIBOR+100 個基點計息，每 6 個月計息一次。6 個月 LIBOR 的現期水平是 6.5%。由於該公司有部分資金是以 7%的固定利率融資得來的，因此希望從浮動利率債券上獲得的收益至少應彌補固定利息的支出，即該公司希望保證投資收益不會低於 7%。於是該公司購買了一份利率底，下限利率為 6%②，基準利率是 6 個月 LIBOR。該利率底合約的具體條款見表 8.8。

表 8.8　　　　　　　　　　利率底合約的具體條款

下限利率	6%
基準利率	6 個月 LIBOR
名義本金額	2,500 萬英鎊
期限	3 年
利率重設日	每 6 個月一次
期權費	170 個基點

以下分析利率下限在該公司償還債務過程中發揮的作用。

（二）案例分析

（1）利率底是在期權交易期限內的各利率重設日，當基準利率低於下限利率（即執

---

① 利率底也可以看成一系列零息債券的歐式看漲期權的組合。
② 因為債券利率是 6 個月 LIBOR+1%，基準利率是 6 個月 LIBOR，所以下限利率應設定為 6%，而不是 7%。

行利率）時，由期權賣方向買方支付利息差額的利率期權交易方式。

利率底的合約條款與利率頂基本相同，區別僅在於利率頂設定利率上限而利率底設定利率下限。利率底可以視為一系列浮動利率歐式看跌期權的組合[1]。

仍然使用前面的符號，在每個利率重設日 $k\tau$ 時刻，根據基準利率 r_k 和下限利率 r_b 計算下一個利率重設日 $(k+1)\tau$ 時刻支付的利息差額為：

$$\tau L \max(r_b - r_k, 0)$$

（2）利率底相當於出售方向持有者提供了一份保證，保證投資收益不會低於下限利率的6%。在各利率重設日，當6個月 LIBOR 低於6%時，利率底賣方將向買方支付一筆補償金額。表8.9顯示了當重設利率為如下水平時將發生的情況。

表8.9　　　　　　　　　　重設利率時將發生的情況

利率重設日（月末）	6個月 LIBOR（%）	補償金額
第一年0時刻	6.5	
第一年6月	7	無
第一年12月	6	無
第二年6月	4.5	無
第二年12月	5	有（1.5%）
第三年6月	5	有（1%）
第三年12月		有（1%）

由於第二年6月、第二年12月和第三年6月的6個月 LIBOR 低於6%，因此該公司將會收到補償金額。補償金額分別為：

0.5×2,500×(6%-4.5%) = 18.75（萬英鎊）

0.5×2,500×(6%-5%) = 12.5（萬英鎊）

0.5×2,500×(6%-5%) = 12.5（萬英鎊）

於是，購買利率底後，該公司實際的投資收益為7.5%、8%、7%、7%、7%、7%。如果該公司沒有購買利率底，則實際的投資收益為7.5%、8%、7%、5.5%、6%、6%。因此，利率底使該公司獲利了175（150×0.5+100×0.5+100×0.5 = 175）個基點，除去期權費170個基點，也還有5個基點。

（3）利率底主要適用於市場利率水平呈下降趨勢，資金運用方擬對利率下降風險進行套期保值，同時在利率上升時也希望能獲得好處的情況。

一般而言，利率底是一種在資金運用中能確定最低收益率的金融產品，依據利率走勢來運用利率底是較好的選擇。但在使用利率底時，應注意利率底的各項內容要與資金運用

---

[1] 利率底也可以看成一系列零息債券的歐式看漲期權的組合。

條件一致。

案例 8.8

區間累積保底型理財產品

(一) 案例資料

目前，在中國市場上也存在內嵌利率底的結構化理財產品。例如，工商銀行深圳分行在 2004 年 9 月 8 日至 9 月 19 日推出的「第一桶金」五期之個人外匯利率區間累積保底型理財產品。該產品的收益率與 6 個月 LIBOR 掛勾，同時設有保底收益率。在產品期限內，如果當天參考利率符合預設條件時，投資者當天可按名義年投資收益率 4.10%（5,000 美元以上收益率為 4.15%）獲得收益；如果當天參考利率不符合預設條件時，投資者當天則按最低年投資收益率 0.8% 獲得收益。這一點與其他同類產品的不在預定區間則當日收益為 0 的設計有很大的不同，這意味著投資該保底型產品天天都將有收益。有關該產品的詳細條款如下：

投資幣種：美元。

起息日：2004 年 9 月 22 日。

到期日：2007 年 9 月 22 日。

起點金額：1,000 美元。

提前終止條款：該產品投資期最長 3 年，銀行每 3 個月有一次提前終止權。

年投資收益率：

5,000 美元以下投資收益率 $= 4.10\% \times \dfrac{n_1}{m} + 0.80\% \times \dfrac{n_2}{m}$

n_1：6 個月 LIBOR 落在預設區間內的天數（含區間上下限）。

n_2：6 個月 LIBOR 未落在預設區間內的天數。

m：計息期間的天數。

5,000 美元以上收益率 $= 4.15\% \times \dfrac{n_1}{m} + 0.80\% \times \dfrac{n_2}{m}$

在最壞的情況下，可能獲得 0.80% 的年平均收益率。

在最好的情況下，可能獲得 4.10%（或 4.15%）的年平均收益率。

(二) 案例分析

區間累積保底型理財產品與其他同類型產品[1]相比，最大優勢在於保證產品天天都將有收益，因此對於投資者更有吸引力。而其主要風險是如果倫敦同業拆借利率大幅上漲，並超過預設區間上限時，當日投資者將只有保底收益。從而，預設區間上下限的設定就顯得尤其重要。通常，如果利率區間設定較為寬鬆，則投資者需承擔的風險較小。

---

[1] 其他同類型產品指如果參考利率未落在預設區間，則當日收益為 0。

五、利率套

利率套（Interest Rate Collar）又稱利率上下限，是將利率頂和利率底兩種金融工具合成的產品。利率套有兩種基本類型：其一，購買一項利率套，就是在買進一項利率頂的同時賣出一項利率底，以收入的期權費來部分抵消需要支出的期權費，達到既規避利率風險又降低費用成本的目的；其二，賣出一項利率套，則是指在賣出一項利率頂的同時，買入一項利率底。當借款人預計市場利率會上漲時，可以考慮購買一項利率套，即：

一個利率套多頭＝一個利率頂多頭＋一個利率底空頭

一個利率套空頭＝一個利率頂空頭＋一個利率底多頭

購買一個利率套，通過買進利率頂而避免籌資中利率上浮的風險，同時通過出售利率底所獲得的期權費抵銷一部分買進利率頂的費用，這樣既降低了實際保值成本，又可以將債務的利率鎖定在上限和下限利率之間。例如，假設某公司有一筆尚未償還的浮動利率貸款，該公司決定通過購買利率套來進行保值，於是買入了一個上限利率為6%的利率頂，同時賣出了一個下限利率為3%的利率底。這樣如果市場利率處於3%~6%之間，利率頂和利率底都不會被執行，該公司按實際的市場利率支付債務利率。如果市場利率下跌到3%以下（如2%），該公司以2%支付債務利率，同時按利率底協議的規定，向交易對手支付1%的利差，因此該公司支付的總利率成本為3%，也就是下限利率。如果市場利率上升到超過6%（如6.5%），該公司以6.5%支付債務利率，同時按利率頂協議的規定，從交易對手處收到0.5%的利差，該公司支付的總利率成本為6%，也就是上限利率。因此，無論市場利率如何變動，該公司支付的利率水平總在下限利率和上限利率之間，即3%~6%之間。

利率套的主要運用範圍為借款人預測貸款利率呈上升趨勢，需要對利率風險進行套期保值，同時降低套期保值成本。

六、利率套案例

案例8.9

匯聚寶0806J—「澳」視群雄之五谷豐登理財產品

（一）案例資料

目前，在中國市場上也存在內嵌利率套的結構化理財產品。例如，中國銀行在2008年6月推出的匯聚寶0806J—「澳」視群雄之五谷豐登理財產品（1年）。該產品的收益率與所有掛勾指標的到期平均表現掛勾，同時設有保底、封頂收益率，保底、封頂收益率分別為4%和18%。到期時，如果所有掛勾指標的平均表現大於4%小於18%，則投資者按所有掛勾指標的平均表現獲得收益；如果所有掛勾指標的平均表現小於4%，則投資者收益率為4%；如果所有掛勾指標的平均表現大於18%，則投資者的收益率為18%。有關該

產品的詳細條款如下：

發行銀行：中國銀行。

委託幣種：澳大利亞元。

發售時間：2008 年 6 月 13 日至 2008 年 6 月 24 日。

收益起始日期：2008 年 6 月 27 日。

收益結束日期：2009 年 6 月 29 日。

委託起始金額：8,000 澳元（遞增單位為 100 澳元）。

提前終止條款：投資者與中國銀行均無權單方面主動決定提前終止。

收益說明：投資收益率（絕對收益率）為所有掛勾指標到期平均表現，保底在 4%，封頂在 18%。其中，所有掛勾指標到期平均表現＝單個掛勾指標到期表現之和÷掛勾指標個數；單個掛勾指標到期表現＝單個掛勾指標期末價格/期初價格－1。期初價格為基準日掛勾指標對應交易所公布的該指標最近一個即將到期的期貨合約的結算價格。期末價格為觀察日掛勾指標對應交易所公布的該指標最近一個即將到期的期貨合約的結算價格。基準日為 2008 年 6 月 25 日。觀察日為 2009 年 6 月 22 日。

特殊價格：調整原則。如果某一個掛勾指標因漲停或跌停等原因無法在基準日或觀察日收市時獲得該掛勾指標的期初價格或期末價格，則以最近下一個可以獲得該掛勾指標價格的工作日所公布的掛勾指標價格為準。如果在基準日或觀察日之後連續 2 個工作日無法獲得該掛勾指標價格，則計算行將在基準日或觀察日之後的第 2 個工作日根據公平、合理的原則確定該掛勾指標價格。

（二）案例分析

由於該產品設有保底收益率，因此對投資者是很有吸引力的，而封頂條款則限制了最大收益。此外，在投資中，投資者還將面臨以下風險：

（1）流動性風險。由於該理財產品不提供到期日之前的每日贖回機制，因此投資者在理財期限內沒有提前終止權。

（2）信用風險。銀行發生信用風險，如被依法撤銷或被申請破產等，將對理財產品的投資收益產生影響。如果掛勾指標發生破產、無力償付、債務重組等信用事件將對理財產品的投資收益產生影響。

（3）匯率風險。在產品到期日之前，人民幣匯率變化將可能影響投資者以人民幣幣值計算的實際收益率。

第五節　其他奇異期權

一、回溯期權

回溯期權（Lookback Options）是這樣一種期權：它給投資者提供一種能在價格最高點賣出或在最低點買進的可能性。回溯期權的收益依附於標的資產在期權有效期（稱為回溯時段）內達到的最大或最小價格（又稱為回溯價）。就像常式期權一樣，根據是資產價格還是執行價格採用這個回溯價格。回溯期權可以分為以下兩類：

（一）固定執行價期權（Fixed Strike）

除了收益中用回溯價替代資產價格 S_T 之外，其他地方都與相應的常規期權沒有區別。因此，固定執行價看漲期權收益為 max $(S_{max}-X, 0)$，這裡 S_{max} 為期權有效期內達到的最大資產價格；固定執行價看跌期權回報為 max $(X-S_{min}, 0)$，這裡 S_{min} 為期權有效期內達到的最小資產價格。

（二）浮動執行價期權（Floating Strike）

收益中回溯價替代的是執行價格 X 而非資產價格 S_T，如浮動執行價看漲期權收益為 max $(S_T-S_{min}, 0)$[1]。顯然這裡的回溯價應該是最小值 S_{min}。試想一下，若取最大值 S_{max}，則有 $S_{max} \geq S_T$，這個期權一定不會被執行。在最小值的情況下，由於 S_{min} 必然小於 S_T，這個浮動執行價看漲期權的意義已經發生了一定的變化，因為必然會被執行，只不過給予了期權買方以最優回溯價執行的權利。

回溯期權，或者說回溯的特徵，常常出現在市場上許多不同種類的金融產品中，尤其是固定收益類工具中，如其中的利息支付取決於在確定時間內利率到達的最大水平。總體來說，回溯期權很適合那些對資產價格波動幅度較有把握，但是對到期價格把握不大的投資者。回溯期權保證了持有者可以得到一段時期內的最優價格，因此與常規期權相比也相對昂貴。

二、兩值期權

兩值期權（Binary Options）是具有不連續收益的期權。兩值期權中的一種是或有現金期權，包括或有現金看漲期權和或有現金看跌期權。或有現金看漲期權（Cash-or-Nothing Call），在到期日，如果標的資產價格低於執行價格，該期權沒有價值；如果高於執行價格，則該期權支付一個固定的現金數額 Q。或有現金看跌期權（Cash-or-Nothing Put）的

---

[1] 浮動執行價看跌期權回報等於 max $(S_{max}-S_T, 0)$。

定義類似於或有現金看漲期權，在到期日，如果標的資產價格低於執行價格，該期權支付一個固定的現金數額 Q；如果高於執行價格，則該期權沒有價值。

另一種兩值期權是或有資產期權，包括或有資產看漲期權和或有資產看跌期權。或有資產看漲期權（Asset-or-Nothing Call），如果標的資產價格在到期日時低於執行價格，該期權沒有價值；如果高於執行價格，則該期權支付一個等於資產價格本身的款額。或有資產看跌期權（Asset-or-Nothing Put）的定義類似於或有資產看漲期權，在到期日，如果標的資產價格低於執行價格，該期權支付一個等於資產價格本身的款額；如果高於執行價格，則該期權沒有價值。

常規期權往往可以分解為兩值期權的組合。例如，一個常規歐式看漲期權就等於一個或有資產看漲期權多頭和一個或有現金看漲期權空頭之和，其中或有現金看漲期權的現金支付數額等於執行價格。這是因為歐式看漲期權到期收益為 $\max(S_T-X, 0)$，而兩值期權組合，即或有資產看漲期權多頭+或有現金看漲期權空頭，到期回報為如果 $S_T>X(=Q)$，組合回報為 $S_T-Q=S_T-X$；如果 $S_T<X(=Q)$，組合回報為 $0-0=0$。顯然，兩值期權組合收益與歐式看漲期權收益是一樣的。類似地，一個常規歐式看跌期權等於一個或有資產看跌期權空頭和一個或有現金看跌期權多頭之和，其中或有現金看跌期權的現金支付金額等於執行價格。這是因為歐式看跌期權到期回報為 $\max(X-S_T, 0)$，而兩值期權組合，即或有資產看跌期權空頭+或有現金看跌期權多頭，到期回報為如果 $S_T<X(=Q)$，組合回報為 $Q-S_T=X-S_T$；如果 $S_T>X(=Q)$，組合回報為 $0-0=0$。顯然，兩值期權組合回報與歐式看跌期權回報是一樣的。

三、打包期權

打包期權（Packages）是指由標準的歐式看漲期權、標準的歐式看跌期權、遠期合約、現金和標的資產本身等構成的證券組合。打包期權的經濟意義在於可以利用這些金融工具之間的關係，組合成滿足各種風險收益需要的投資工具。通常，一個打包期權被交易者構建為具有零初始成本。這類期權的種類繁多，典型的有如下組合：

（1）差價（Spreads）組合。差價組合是持相同期限，不同執行價格的兩個或多個同種期權頭寸組合（同是看漲期權或者同是看跌期權）。主要類型有牛市差價組合、熊市差價組合、蝶式差價組合等。

（2）期差組合（Calendar Spreads）。期差組合是由兩份相同協議價格、不同期限的同種期權的不同頭寸組成的組合。

（3）對角協議（Diagonal Spreads）。對角協議是指兩份協議價格不同、期限也不同的同種期權的不同頭寸組成的組合。

（4）跨式期權。跨式期權是由具有相同執行價格、相同到期日、同種標的資產的看漲期權和看跌期權組成的組合。其主要有兩類：一類是底部跨式期權（Bottom Straddle）或

買入跨式期權（Straddle Purchase），由具有相同執行價格、相同到期日、同種標的資產的看漲期權和看跌期權的多頭組成的組合；另一類是頂部跨式期權（Top Straddle）或賣出跨式期權（Straddle Write），由具有相同執行價格、相同到期日、同種標的資產的看漲期權和看跌期權的空頭組成的組合。

（5）條式組合（Strips）。條式組合是由具有相同協議價格、相同期限的一份看漲期權和兩份看跌期權組成。

（6）帶式組合（Straps）。帶式組合是由具有相同協議價格、相同期限的兩份看漲期權和一份看跌期權組成。

（7）範圍遠期合約（Range Forward Contract）。範圍遠期合約由具有相同期限、協議價格不同的一個看漲期權多頭和一個看跌期權空頭，或者由一個看漲期權空頭和一個看跌期權多頭組成。其中，看漲期權的執行價格大於看跌期權的執行價格，並且選擇的執行價格應使得看漲期權的價值等於看跌期權的價值。

（8）延遲支付期權（Deferred Payment Options）。延遲支付期權目前不支付期權價格，到期時支付期權價格的終值。當執行價格等於相應資產的遠期價格時，這類延遲支付期權又稱為不完全遠期、波士頓期權、可選退出的遠期和可撤銷遠期。

案例 8.10

範圍遠期合約

假定一家美國公司將在 3 個月後收到 1,000,000 英鎊，目前 3 個月遠期匯率為 1 英鎊 = 1.920,0 美元。該公司可以通過做空 3 個月期的英鎊遠期來鎖定匯率，這將保證公司收到 1,920,000 美元。

一種替代選擇是買入一份執行價格為 K_1 的歐式看跌期權，同時賣出一份執行價格為 K_2 的歐式看漲期權，這裡 $K_1 < 1.920,0 < K_2$。這被稱為範圍遠期合約空頭。如果 3 個月後匯率低於 K_1，則看跌期權被執行，該公司以匯率 K_1 賣出 1,000,000 英鎊。如果匯率位於 K_1 和 K_2 之間，兩個期權都不會被執行，該公司以當時市場即期匯率賣出英鎊。如果匯率高於 K_2，則看漲期權被執行，該公司不得不以匯率 K_2 賣出英鎊。因此，範圍遠期合約空頭將公司賣出英鎊的匯率鎖定在 K_1 和 K_2 之間。

如果該公司將在 3 個月後支付 1,000,000 英鎊，則可以賣出一份執行價格為 K_1 的歐式看跌期權，同時買入一份執行價格為 K_2 的歐式看漲期權。這被稱為範圍遠期合約多頭。通過同樣的分析可知，範圍遠期合約多頭將公司購買英鎊的匯率鎖定在 K_1 和 K_2 之間。

隨著範圍遠期合約中看漲期權和看跌期權的執行價格越來越接近，範圍遠期合約將變成常規的遠期合約。範圍遠期合約空頭變成遠期合約空頭，而範圍遠期合約多頭變成遠期合約多頭。

四、非標準美式期權

標準美式期權在有效期內的任何時間都可執行且執行價格總是相同的，但在場外市場

進行交易的美式期權有時會有一些非標準的特徵。例如：

(1) 只能在某些確定的日期提前執行，這種期權被稱為百慕大期權（Bermudan Option）。

(2) 只允許在期權有效期內某一段時間內提前執行。

(3) 執行價格在期權有效期內發生變化。

由公司發行的基於其公司股票的認股權證（Warrants）有時會具有上面一些或全部特徵。例如，一個 7 年期認股權證，有可能只能在第 3~7 年的特定日期執行，其中在第 3~4 年中執行價格為 30 美元，接下來兩年內執行價格為 32 美元，最後一年執行價格為 33 美元。

五、遠期開始期權

顧名思義，遠期開始期權（Forward Start Options）是現在支付期權費而在未來某時刻才開始的期權。我們在時刻 t_0 購買了期權，但期權在時刻 t_1（$t_1 > t_0$）才啓動，啓動時執行價格為當時的資產價格 S_1[1]，而該期權將在時刻 t_2（$t_2 > t_1 > t_0$）到期。有時，員工股票期權可視為遠期開始期權。這是因為公司（不明確地或明確地）向員工做出在將來時刻發放平價期權的承諾。

六、吶喊期權

吶喊期權（Shout Options）是一個常規歐式期權加上一個額外的特徵：在整個期權有效期內，持有者可以向空頭方「吶喊」一次。在期權到期時，期權持有者可以選擇以下兩種損益中的一種：一個是常規歐式期權的回報；另一個是根據吶喊時刻期權的內在價值得到的回報。投資者可以選擇其中較大者。

我們可以舉一個看漲吶喊期權的例子來說明。假設一個看漲期權的執行價格是 50 美元，持有者在標的資產價格上升到 60 美元的時候吶喊了一次，如果到期時資產價格低於 60 美元，持有者就可以獲得 10 美元[2]；如果到期資產價格高於 60 美元，就按到期價格計算持有者的收益。

吶喊期權實際上和回溯期權有點類似，但由於吶喊次數有限，相對要便宜一些。

七、複合期權和選擇者期權

複合期權（Compounded Options）和選擇者期權（Chooser Options）都是期權的期權，即二階期權。

複合期權在 t_0 時刻給予持有者一個在特定時間 t_1（$t_1 > t_0$）以特定價格買賣另一個期權

---

[1] 期權啓動時是一個平價期權。

[2] 吶喊時，期權的內在價值等於 10 美元。

的權利，這個標的期權將在 t_2 ($t_2>t_1>t_0$) 時刻到期。複合期權是二階期權，因為複合期權給了持有者對另一個期權的權利。

選擇者期權的特徵在於在一段特定時間之後，持有者可以選擇購買一個看漲期權或是購買一個看跌期權。假設做出選擇的時刻為 t_1，則選擇者期權在 t_1 時刻的價值為：

$$\max(c,p)$$

其中，c 為選擇者期權中標的看漲期權的價值，p 為選擇者期權中標的看跌期權的價值。

八、多資產期權

多資產期權（Multi-Asset Options）中往往包含兩個或兩個以上標的資產，這使得期權在多維世界裡得到擴展。例如，在兩種標的資產的情況下是三維的，包括兩種標的資產價格和時間因素。多資產期權主要有以下幾種：

彩虹期權（Rainbow Options）又稱為利差期權，是指標的資產有兩種以上的期權，這種期權的到期支付額取決於兩種或多種資產中的最高額與合同價格之差，或者就是兩種資產價格之差。

籃子期權（Basket Options）是多種標的資產的一個投資組合的期權，籃子期權的回報取決於一籃子資產的價值，這些資產包括單個股票、股票指數或是外匯等。這種期權在現代的結構化產品中非常多見。一籃子期權通常比單個資產期權的總價值便宜，這也是為什麼一份一籃子期權要比一籃子單個期權在費用上更有效率的原因。隨著投資者對其投資組合分散化日益增長的要求，人們對這種投資組合期權的需求也不斷增加。

資產交換期權（Exchange Options）是另一種常見的多資產期權，它可以有多種形式，比如對於一個美國投資者而言，用澳元購買日元的期權就是用一種外幣資產交換另一種外幣資產的期權。股權收購要約（Stock Tender Offer）則可以看成用一個公司的股份換取另一個公司的股份的期權。

九、奇異期權的發展

奇異期權是世界上最具有生命力的金融工具之一，它的內涵和外延無時不處在變化和拓展之中，沒有人能夠說出究竟有多少種奇異期權，也沒有人能夠精確地對它們進行分類和完全描述。上面介紹的只是最常見的一些奇異期權。只要市場需要，奇異期權就會不斷延展、不斷衍生，過去或現在被稱為奇異期權的東西，也正在成為進一步衍生的基礎。可以看以下一些有趣的例子：

部分回溯期權：這種期權回溯時段只是期權有效期的一部分，而不再是整個有效期，這樣期權價格將會有所下降。對於那些認為資產價格只可能在一段時間內發生有利變化的投資者來說，這是很有吸引力的。

俄式期權：這種期權是一種永遠不會到期的美式回溯期權，期權持有者可以選擇任意時刻執行期權，執行時收到資產價格的歷史最大值或最小值。

回溯-亞式期權：這種期權的價值受到多個路徑依賴變量的影響，是回溯期權和亞式期權的結合。

或有期權費期權：在這種期權中，期權費是在期權合約訂立日確定的，但是只有當期權到期時處於實值狀態時才會支付，如果期權在到期日處於虛值狀態，那麼期權的出售者就會得不到任何東西。由於期權出售者有可能得不到任何費用，因此或有期權費期權的費用要高於常規期權的費用。

巴黎期權：這種期權是一種障礙期權，但是其障礙特徵只有在標的資產價格在障礙值之外保持了預先要求的時間長度之後，才會被觸發。

……

可見，奇異期權確實是無法盡述的，可以說，奇異期權的豐富多變就是金融工程的核心和魅力的體現。

習題

1. 奇異期權的主要性質有哪些？
2. 分別為弱式路徑依賴期權、強式路徑依賴期權、高階期權、多期期權舉出幾例。
3. 分析障礙期權的性質。
4. 解釋為什麼當執行價格小於障礙水平時，向下敲出看跌期權沒有任何價值。
5. 為什麼障礙期權會受歡迎？
6. 亞式期權受歡迎的原因是什麼？
7. 分析利率頂、利率底的運用。

第九章　信用衍生品

學習提要：信用風險日益引起人們的關注，信用衍生品的產生使得信用風險獨立於其他風險，可以單獨進行交易，受到金融機構、企業和其他投資者的廣泛歡迎，成為20世紀90年代發展最快的金融衍生品之一。在本章中，我們通過案例分析來介紹典型的信用衍生產品，主要包括信用衍生產品對交易參與方的影響及成功設計信用衍生品需要注意的問題，以使讀者對信用衍生品有更深刻的認識和體會。

自20世紀90年代末以來，衍生品市場中最激動人心的是信用衍生品領域的發展。第一個信用衍生品於1991年在美國問世，但在隨後的幾年裡，信用衍生品市場的發展並不令人看好。然而，在1997—1998年的金融危機時期，信用衍生品得以大顯身手，它能夠在貨幣危機期間支持債務市場的需求，使銀行等金融機構在危機中得到保護。於是，在金融危機後，信用衍生品市場取得了驚人的發展。2000年，流通在外的信用衍生品合約的總名義本金達到8,000億美元。2003年，這一數值又漲到3萬億美元，至2005年已高達51,000億美元，成為20世紀90年代發展最快的金融衍生品之一。

信用衍生品是一種基於公司或證券的信用品質的衍生品，即它的價值取決於某個公司或證券的信用品質。信用衍生品是用來進行信用風險交易的金融工具，由於它的引入，使得本來很抽象的信用品質能夠像商品一樣進行交易，從而使得一些希望避免信用風險的個人或企業可以通過信用衍生品將信用風險轉移給願意承擔者，從而使信用風險管理第一次擁有了與市場價格風險管理同樣的對沖手段，從根本上改變了信用風險管理的傳統機制。信用衍生品市場參與者也從最初的銀行，擴展到固定收益投資者、保險公司、高收益市場基金、新興市場基金以及非金融機構。信用衍生品市場另一個重要變化是基礎標的物從主權債務已轉向公司債務。信用衍生產品種類繁多，主要代表性的產品有違約互換（Default Swap）、總收益率互換（Total Rate of Return Swap）、信用價差（Credit Spread）以及合成結構化產品（Synthetic Structure）等。本章通過信用衍生品案例的介紹來解釋信用衍生品的作用。

第一節　信用違約互換[①]

一、基本知識

信用違約互換是 1995 年由摩根大通銀行首創的一種金融衍生產品，被看成一種金融資產的違約保險。長久以來，持有金融資產的機構始終面臨一種潛在的危險，這就是債務方可能出於種種原因不能按期支付債務的利息，如此一來，持有債權的機構就會發現自己所持的金融資產價格貶值。如何「剝離」和「轉讓」這種違約風險一直是美國金融界的一大挑戰。

信用違約互換滿足了這種市場需求，給信用違約互換的買入方提供了信用保險。作為一種高度標準化的合約，信用違約互換使持有金融資產的機構能夠找到願意為這些資產承擔違約風險的擔保人。其中，購買信用違約保險的一方被稱為買方，承擔風險的一方被稱為賣方。雙方約定如果金融資產沒有出現違約情況，則買方向賣方定期支付「保險費」，而一旦發生違約，則賣方承擔買方的資產損失。承擔損失的方法一般有兩種，一是「實物交割」，即一旦違約事件發生，賣方承諾按票面價值全額購買買方的違約金融資產。第二種方式是「現金交割」，即違約發生時，賣方以現金補齊買方的資產損失。信用違約事件是雙方事先認可的事件，其中包括金融資產的債務方破產清償、債務方無法按期支付利息、債務方違規導致的債權方要求召回債務本金和要求提前還款、債務重組。

在這一交易過程中，信用違約互換的購買者被稱為「信用保護的買方」，信用違約互換的出售者被稱為「信用保護的賣方」，而債券的發行者被稱為「信用主體」，由信用主體發行的債券被稱為「參考資產」。

一般而言，買保險的主要是大量持有金融資產的銀行或其他金融機構，而賣信用違約保險的是保險公司、對沖基金，也包括商業銀行和投資銀行。合約持有雙方都可以自由轉讓這種保險合約。

一方面，信用違約互換這種信用衍生品滿足了持有金融資產方對違約風險的擔心；另一方面，信用違約互換也為願意和有能力承擔這種風險的擔保人提供了一個新的利潤來源。事實上，信用違約互換一經問世，就引起了國際金融市場的熱烈追捧，其規模從 2000 年的 1 萬億美元，暴漲到 2008 年 3 月的 62 萬億美元。這個數字還只包括受美聯儲管制的銀行，不涉及投資銀行或者對沖基金，而投資銀行和對沖基金都是最重要的信用違約互換發行方。例如，據估計，對沖基金已發放的信用違約互換佔信用違約互換全部規模的

[①] 尼爾肯. 實用信用衍生產品 [M]. 張雲峰，等，譯. 北京：機械工業出版社，2002.

31%。從20世紀90年代末期到21世紀初期,信用違約互換(Credit Default Swap,CDS)的市場增長非常快,已經成為市場上最流行的信用衍生產品,占所有信用衍生產品的70%左右。

二、案例

案例9.1

花旗集團對安然公司的信用違約互換

(一)案例資料

金融機構可以通過基於購買特定公司的信用風險的信用違約互換,成為「信用保護的買方」,來減少其對於特定公司的信用風險暴露。我們先來看花旗銀行通過信用違約互換成功規避安然公司信用風險的實例。

1. 安然公司的繁榮與衰敗

安然公司曾是一家位於美國德克薩斯州休斯敦市的能源類公司。在2001年宣告破產之前,安然公司擁有約21,000名雇員,是世界上最大的電力、天然氣以及電信公司之一,2000年披露的營業額達1,010億美元之巨。安然公司曾連續六年被《財富》雜誌評選為「美國最具創新精神的公司」。然而真正使安然公司在全世界聲名大噪的,卻是這個擁有上千億美元資產的公司於2002年在幾周內破產,使持續多年精心策劃乃至制度化、系統化的財務造假醜聞公之於眾。安然公司歐洲分公司於2001年11月30日申請破產,美國本部於兩日後同樣申請破產保護。從那時起,「安然」已經成為公司詐欺與陷落的象徵。

安然公司成立於1930年,最初名為北部天然氣公司,是北美電力電燈公司、孤星天然氣公司以及聯合電燈鐵路公司的合資公司。1941—1947年,隨著該公司股票上市,該公司的股權漸漸分散,到1979年,Inter North公司成為該公司的控股股東,並取代北部天然氣公司在紐約證交所掛牌。1985年,Inter North公司收購競爭對手休斯敦天然氣公司,並更名為「安然」(Enron)。本來該公司欲更名為「安特然」(Enteron),但很快因字意不雅(「enteron」意為「腸子」)而再次縮略。

經過10年的發展,安然公司收購了很多管道公司,經營領域延伸到天然氣和能源貿易,最終冒險在一些市場管制逐漸縮小的新區域投資,如水域、寬帶服務、某些耐用日用品——安然公司相信會從這些市場受益。隨著20世紀90年代末美國能源市場解除管制,安然公司更是將其業務轉向商業貿易,賣掉了許多實物性資產(如製造和管道業務)。2000年,安然公司的營業規模過千億美元,安然公司的股權價值達500億美元,年淨收益約10億美元,安然作為世界上最大的能源、商品和服務公司之一,曾名列《財富》雜誌「美國500強」的第7名。當時的安然公司在公眾眼裡是一個非常成功、業績卓越的公司,穆迪公司對安然公司的債務信用評級為BAA1,標準普爾公司對安然公司的債務信用評級為BBB+。

然而，2001年中期，安然公司的發展開始減慢，在水域和寬帶服務領域的投資價值出現問題。2001年10月，安然公司宣布要將某些帳外事項調進財務報表，這就使其權益資本減少了12億美元。這一變動震動了很多分析師，他們都沒有意識到安然公司的帳外負債。從那時起，那些曾支持過安然公司「資產輕型」貿易模式的分析師們開始仔細查看可以獲取的財務信息（事實上，安然公司的財務披露歷來就很模糊。這就意味著，信用和股權分析師、銀行家們是無法根據所有相關信息做出必要的決策）。隨著管理層面要求披露更多信息的壓力，一些新的細節暴露出來，其中就有安然公司採用多種專用手段［SPV (Special Purpose Vehicle，特別機構、貸款證券化的機構）］來調整債務並虛增收入這一事實。隨著這些信息的披露，公司被迫對過去5年的收益情況重新陳述，這就造成了股票暴跌，信用評級機構將安然公司信用降到僅比「垃圾級」水平稍好的一級。為了安撫投資者和債權人，安然公司將財務總監安德魯·法斯特解雇，並重新組合執行管理層。然而，這為時已晚，流動性危機緊接著就發生了。到2001年8月15日，安然公司的股價已經從90美元一股跌至42美元一股。到2001年11月28日，安然公司以前隱藏的經營虧損得以完全披露，而這時安然公司的股價已經跌破1美元，安然公司申請破產。

一些機構收回了全部的信用限額，安然公司很難再得到用以維持業務的現金來源。到了2001年11月，銀行和投資機構對安然公司及其管理層失去了信心，安然公司有必要去尋求兼併夥伴。這樣，安然公司就與競爭對手Dynegy公司在11個小時內簽訂了兼併協議。但是，Dynegy公司在幾天後就取消了這份協議，因為安然公司的經理們又披露了新的債務，信用評級機構將安然公司的信用降為「垃圾級」，並強迫安然公司進行抵押，可這時安然公司已無力抵押了。不久，安然公司就提出破產申請，成為美國歷史上最大的破產公司。在之後的缺席審判中，安然公司的許多執行官和董事會成員聲稱不知道法斯特的活動，不知道創建的SPV或是虛假陳述的收益情況。無數次美國國會聽證和法律行動開始針對安然公司的管理層，這個過程持續到了2002年。的確，可能要用幾年時間來確定所發現的問題。作為安然公司的審計師，安達信會計師事務所也因信息披露問題受到重創，該會計師事務所在多年間有效地為安然公司出具了「健康證書」。之後，安達信會計師事務所流失了很多重要的審計客戶，並因銷毀安然公司的重要憑證而被判阻礙司法罪。

安然公司的破產震動了全球，並且以前與安然公司「有染」的機構也被殃及，為安然公司服務的著名的五大國際會計事務所之一安達信會計師事務所被訴妨礙司法公正，並因此倒閉。另外，「安然事件」涉及的管理層都被起訴，最終受到法律制裁。美國的《證券法》也因此做了重要修改，編制了《薩班斯-奧克斯利法案》。

2. 花旗集團

花旗銀行是1955年由紐約花旗銀行與紐約第一國民銀行合併而成的，合併後改名為紐約第一花旗銀行，1962年改名為第一花旗銀行，1976年3月1日改名為花旗銀行。1998年4月6日，花旗銀行與旅行者集團宣布合併，合併組成的新公司稱為花旗集團，其

商標為旅行者集團的紅雨傘和花旗銀行的藍色字標。合併後，花旗集團總資產達 7,000 億美元，淨收入為 500 億美元，在 100 多個國家和地區有 1 億客戶，擁有 6,000 萬張信用卡的消費客戶，是美國第一家集商業銀行、投資銀行、保險、共同基金、證券交易等諸多金融服務業務於一身的全球最大規模的金融集團之一。

英國《銀行家》雜誌對世界排名前 1,000 家銀行 2002 年各項指標排名中，花旗集團以一級資本 590 億美元、總資產 10,970 億美元、利潤 152.8 億美元三項指標而排名第一，盈利水平占 1,000 家大銀行總盈利 2,524 億美元中 6.1%。在 20 世紀 90 年代，花旗集團的股票價格、盈利能力和收入複合年增長均達到兩位數字，而且盈利增長高於收入增長。尤其令同行嘆服的是，在 1998 年亞洲金融危機、2001 年阿根廷金融危機和反恐戰爭等一系列重大事件中，1,000 家大銀行總體盈利水平分別下挫 14.9% 和 29.7% 的情況下，花旗集團仍實現 3% 和 4.5% 的增長，顯示了花旗集團金融體系非凡的抗風險能力。

(二) 案例分析

花旗集團對安然公司的信用違約互換分析如下：

2000 年，花旗集團對美國的能源巨頭——安然公司提供的貸款總額達到 12 億美元。這些債務的平均利率為 8.07%。除此以外，花旗集團還持有安然公司的一些與保險相關的債務。

2000 年，安然公司的營業規模過 1,000 億美元，股權價值達 500 億美元，年淨收益約 10 億美元。大部分投資者都認為安然公司是一個非常成功、業績卓越的公司。而且穆迪公司對安然公司的債務信用評級為 BAA1，標準普爾公司對安然公司的債務信用評級為 BBB+。

儘管如此，花旗集團並沒有忽略安然公司債務的信用風險。為了對沖這些信用風險，花旗集團成立了一家信託公司，即花旗信託，通過該信託公司於 2000 年 8 月~2001 年 5 月的近 10 個月內在市場上向投資者發行了一種 5 年期、利率為 7.37% 的債券，累計面值達 14 億美元。同時，該信託公司將發行債券得到的款項投資於一種 5 年期、利率為 6% 的高信用品質債券。花旗信託發行的債券有下列條款：如果安然公司 5 年內沒有破產，那麼投資者將定期獲得 7.37% 的貼息，並於 5 年後收回本金。這樣，花旗集團將定期收到安然公司支付 8.07% 的利息和高品質債券支付的 6% 的利息，同時付出 7.37% 的利息。花旗集團的淨利息為 8.07%+6%-7.37% = 6.7%。5 年後，花旗信託將收回高品質債券的本金，並用來還給投資者。

如果在 5 年期間的某一個時候，安然公司破產了，那麼花旗集團有權將安然公司對它的債務與花旗信託對投資者的債務進行抵消。這時，作為法定清償程序的結果，安然公司可能只償還債務本金的一部分，假設為 x。現在，花旗信託將 x 轉付給投資者，同時債券合同終結。這樣的結果是投資者只得到了其本金的一部分，承受了安然公司倒閉的信用風險；花旗集團的本金投放在高品質債券上，並沒有因安然公司倒閉而損失。具體的現金流

如圖 9.1、圖 9.2 所示。

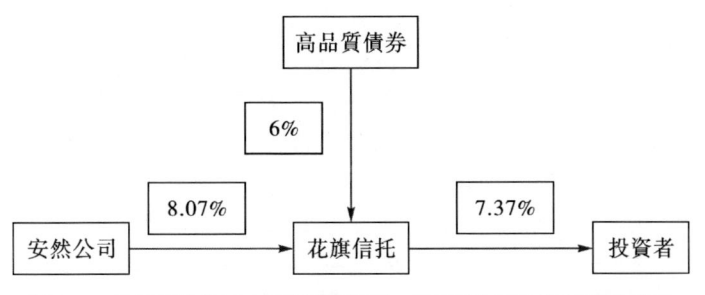

圖 9.1　如果安然公司 5 年內沒有破產，花旗信託所面臨的現金流量

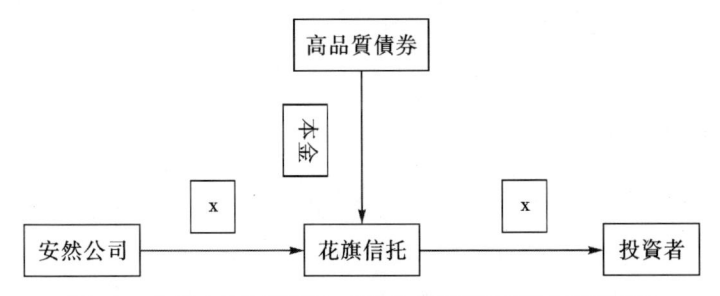

圖 9.2　如果安然公司破產，花旗信託所面臨的現金流動狀況

可見，花旗集團對於其持有的對安然公司的債權做了保護，將信用風險轉移給了願意承擔這些風險的投資者。作為回報，如果安然公司沒有破產，這些投資者將獲得較高的利息（7.37%）。花旗集團在減少信用風險的同時也放棄了獲得這種高利率的機會，而只獲得 6.70% 的利息。

後來實際情形的發展證明了花旗集團當時確實做了一個非常明智的舉動。從 2001 年 10 月開始，安然公司的信用評級就開始下滑，到 2001 年 12 月安然公司終於破產。由於預先進行了信用風險管理，花旗集團避免了一次大的金融災難。

可見，信用違約互換是兩個交易夥伴之間達成的一個合約。其中的一方（稱為保護買方）持有的一些資產可能會由於發生某種信用事件而遭受損失。為了尋求保護，轉移信用風險，該交易者向願意承擔信用風險保護的另一方（稱為保護賣方）在合同規定的期限內定期支付一筆固定的費用。保護賣方在接受費用的同時，承諾在合同期限內，當相應的信用事件（Credit Event）發生時，向保護買方賠付一定的金額。需要注意的是，信用違約互換只是將信用風險從一個投資主體手中轉移到另一個投資主體，並沒有消除信用風險。

但是信用違約互換的買方可以規避所有的信用風險嗎？在買方減少一個信用風險的時候，往往會面臨一個新的信用風險，這就是信用違約互換合同對手也有可能違約的信用風險。因此，信用違約互換的買方並不能規避所有的信用風險。

案例9.2

信用違約掉期升級次貸危機

信用違約掉期的由來與次貸危機的產生有關。在美國，貸款是非常普遍的現象，房子、汽車、信用卡、電話帳單等，通常都採用貸款方式。而那些收入不穩定甚至根本沒有收入的人，他們怎麼買房呢？因為信用等級達不到標準，他們被定義為次級貸款者。很多貸款公司推出次級貸款業務，一方面，貸款條件寬鬆，次貸者爭先恐後；另一方面，貸款公司由於利潤豐厚而樂此不疲，不用多久，次貸業務取得驚人的增長。

錢貸出去了，能不能收回來呢？房地產市場有風險，貸款公司要找個合夥人分擔風險。於是貸款公司找到了諸如美林、高盛、摩根等投資銀行，這些投資銀行設計了新產品——債務抵押債券（Collateralized Debt Obligation, CDO），通過發行和銷售這種CDO債券，讓債券的持有人來分擔房屋貸款的風險。投資銀行按照風險程度把CDO債券分成高級（約占80%）和普通（約占20%）兩部分。發生債務危機時，高級CDO債券享有優先賠付的權利，雖然總風險不變，但是高級CDO債券就屬於中低風險債券，評級為AAA，投資銀行很快賣了個滿堂彩，購買者全都是大型投資基金和外國投資機構，其中就包括很多退休基金、保險基金、教育基金和政府託管的各種基金。

剩下普通CDO債券是高風險債券，怎麼處理？投資銀行成立了對沖基金，將普通CDO債券從資產負債表上「剝離」給獨立的對沖基金，投資銀行從法律上完成了與普通CDO債券劃清界限的工作。對沖基金基本特點是高風險高槓桿運作，其在世界範圍內找利率最低的銀行貸款，然後大舉買入普通CDO債券。例如，在2006年以前，日本央行貸款利率僅為1.5%；普通CDO債券利率可能達到12%，因此光靠利息差，對沖基金就賺得盆滿鉢滿了。高風險對應著高回報，既然高風險沒有如期出現，高回報立刻引人矚目，一時間擁有普通CDO債券的對沖基金紅透華爾街。CDO債券市場相對於其他證券市場交易是要冷清得多，它很少在市場上換手，因此沒有任何可靠的價格信息可供參照。在這種情況下，監管部門允許對沖基金按照內部的數學模型計算結果作為資產評估標準。

與之配合，美國房地產自2001年年末一路飆升，短短幾年就翻了一倍多。一如次級貸款公司廣告詞中說的：「根本不會出現還不起房款的事，就算沒錢還，賣掉房子還可以賺一筆。」結果從貸款買房的人，到次級貸款公司，到各大投資銀行，到各家銀行，再到對沖基金，大家都賺錢了，尤其是持有大量CDO債券的對沖基金有搶眼的回報率，吸引越來越多的投資者要求入伙對沖基金。對沖基金竟然成了投資銀行的「生財機器」！同時，對沖基金再把手裡的CDO債券抵押給商業銀行，換得數倍的貸款，繼續向自己的「本家」投資銀行購買普通CDO債券。在資產證券化的快速通道中，發行次級貸款的銀行得以取得更多更快的現金去套牢越來越多的次級貸款人。

在某些情況下，投資銀行為增強投資人信心，自己手中也會保留一些普通CDO債券，這部分的風險在慢慢累計，這時投資銀行設計出一個新產品，叫信用違約掉期（Credit

Default Swap，CDS）。就是把 CDO 債券投保，每年從 CDO 債券裡面拿出一部分錢作為保險金分期支付給保險公司，一旦有事，大家一起承擔風險。推出 CDS 之前，投資銀行還先創造了一種理論體系解釋其合理性。投資銀行將 CDO 債券的利息收入分解成兩個獨立的模塊：一個是資金使用成本，另一個是違約風險成本。CDS 是將違約風險模塊轉嫁到保險公司，為此支付一定的成本。

這裡的保險公司指願意承擔 CDO 債券違約風險的擔保人。對擔保人來說，這種分期支付的保險金現金流與普通債券的現金流看起來沒有什麼不同，這就是 CDS 合約的主要內容。在這個過程中，承擔風險的擔保人並不需要出任何資金，也不需要與被保險的資產有任何關係，其只需要承擔 CDO 債券潛在的違約風險，就可以得到一筆分期支付的保險金。由於信息不對稱，普通投資人對違約風險的判斷不如投資銀行更準確，因此很多人被表面的回報所吸引而忽視了潛在的風險。對沖基金和這些擔保人一個願打一個願挨，於是 CDS 也賣火了。

接著，「聰明」的華爾街人又想出了基於 CDS 的創新產品，就是專門投資買 CDS 的基金。這種基金把投資 CDS 的收益作為保證金，如果基金發生虧損，那麼先用這筆保證金墊付，只有當保證金虧完了，投資的本金才會開始虧損，而在這之前投資人可以提前贖回，評級機構毫不吝嗇地將其定級為 AAA。於是這一創新產品又賣瘋了，各種養老基金、教育基金、理財產品，甚至其他國家的銀行也紛紛買入。例如，首發規模為 500 億美元，保證金為 50 億美元，如果出現虧損，先用 50 億美元保證金抵補。這樣，投資者基金淨值不低於 0.90 美元，即面臨不超過 10%的虧損時本金都是安全的，只有超過 10%的虧損才由投資者承擔。但是由於這種基金需求旺盛，後續又增發多次，而保證金 50 億美元卻沒有變，假設有規模 5,000 億美元，那保證金就只能保證在基金淨值不低於 0.99 美元，即在不超過 1%的虧損時投資人才不虧錢。這樣，保證金對風險的抵補作用大大降低了。

到了 2006 年年底，基準利率上升到 5.5%歷史高點，風光了整整 5 年的美國房地產終於從頂峰重重摔了下來，這條金融食物鏈也終於開始斷裂。因為房價下跌，房產變為負資產，先是普通民眾無法償還貸款，再是次貸者還不出錢，貸款公司受牽連虧損或倒閉，對沖基金大幅虧損，繼而連累保險公司和貸款銀行，花旗銀行、美林銀行、瑞銀銀行相繼發布巨額虧損報告，同時投資對沖基金的各大投資銀行也紛紛虧損，然後股市大跌，民眾普遍虧錢，無法償還房貸的民眾繼續增多……最終在 2007 年，美國次貸危機爆發了。

第二節　其他信用衍生品

一、總收益互換（Total Return Swap，TRS）

總收益互換是指投資者將自己投資的一種資產的所有收益（包括利息收入以及在互換

期限內資產的盈虧）調換成另一種較穩定的資產的總收益的交易方式。在此交易中，互換的出售者將基礎資產的全部收入支付給互換的購買者，而互換的購買者則支付給出售方以 LIBOR 為基礎加減一定的息差的收益率。可見，互換的出售方是風險的出售方，互換的購買方是風險的購買方。

例如，某個 3 年期且名義本金為 1,000 萬美元的總收益互換協議約定將息票率為 5% 的息票債券的總收益與 LIBOR 加上 20 個基點進行交換，如圖 9.3 所示。如果在 3 年內，債券都沒有發生違約，則共發生兩種收益互換：第一、在每年息票支付日，總收益互換的支付方將把從投資 1,000 萬美元的債券處所獲得的息票利息支付給總收益互換的接收方，而總收益互換的接收方支付基於 1,000 萬美元本金以 LIBOR 加上 20 個基點為利率支付的利息。與普通利率互換一樣，LIBOR 利率是在上一個息票日確定的。第二、在互換有效期結束時，總收益互換的雙方將針對債券價值的變化再發生一次支付。例如，在互換有效期結束時，如果債券的價值增長 10%，則總收益互換的支付方將需要在 3 年期末支付 100 萬美元（1,000 萬美元的 10%）給總收益互換的接受方。類似地，如果債券的價值下降 13%，則總收益互換的接收方需要在 3 年期末支付 130 萬美元（1,000 萬美元的 13%）給總收益互換的支付方。而如果在總收益互換期限內，債券違約了，則總收益互換的接收方將支付一筆款項給互換的支付方，該支付等於債券面值 1,000 萬美元和債券的市場價值之間的差值，互換終止。

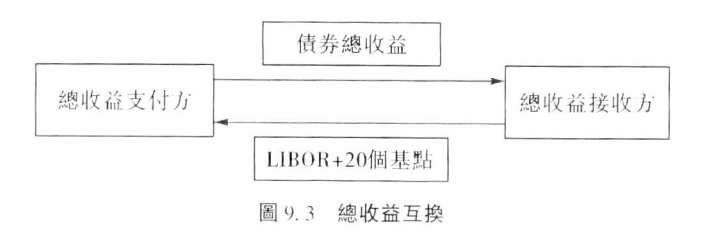

```
                      債券總收益
    ┌──────────┐ ──────────────▶ ┌──────────┐
    │ 總收益支付方 │                  │ 總收益接收方 │
    └──────────┘ ◀────────────── └──────────┘
                    LIBOR+20個基點
```

圖 9.3　總收益互換

可見，總收益互換與一般的互換和信用違約互換有很大的不同。與一般互換相比，總收益互換的交易雙方除了要交換在互換期內的所有現金流外，在基礎資產（如貸款）到期或出現違約時，還要結算基礎資產的價差，計算公式事先在簽約時確定。也就是說，如果到期時，貸款或債券的市場價格出現升值，風險出售方將向風險購買者支付價差；反之，如果出現貶值，則由風險購買者向出售方支付價差。與信用違約互換相比，總收益互換所要轉移的不僅有信用風險，而且還有因市場價格的不確定變動而發生的市場風險。

總收益互換常常用於融資工具。例如，某企業希望能夠從銀行融資 1,000 萬美元投資到某個參考債券上，而如果銀行貸款給該企業，可能擔心此貸款會成為不良貸款，造成重大損失。那麼，為了獲得該業務的收益，並降低銀行的風險暴露，則銀行可以通過以下操作：銀行投資 1,000 萬美元買下該參考債券，並作為總收益支付方，與該企業（作為總收益接收方）進行總收益互換，其互換結構仍然如圖 9.3。這就相當於使得該企業可以按照

LIBOR 加上 20 個基點的利率借錢去購買該債券，獲得相同頭寸的債券。與其借資金給企業購買債券相比，銀行在整個互換有效期內保持債券的所有權，將違約風險較少地暴露於企業。而且總收益互換的有效期通常大大短於基礎資產的有效期，如投資者可以購買一份 15 年期貸款的 2 年期的總收益互換。因此，通過這種方式，投資者只需籌措 2 年期的資金，就可以獲得這份 15 年期貸款的當期全部收益；而銀行也無須發生實際的貸款，就可以有效地獲得貸款收益。

但是，與信用違約互換類似，總收益互換並不能消除所有的信用風險，互換的出售方可能會面臨互換的購買方的違約風險。例如，銀行 A 和銀行 B 分別為總收益互換的支付方和接收方並達成如圖 9.3 所示的總收益互換，當標的資產價格下跌時，B 銀行不僅要向 A 銀行支付 LIBOR+20 個基點，而且還必須支付因標的資產跌價而產生的資本損失，這可能會使得標的資產跌價造成的損失超過利息等收益。此時，B 銀行應收到的總收益實際上是一個負數。在該情況下，B 銀行就很可能違約，而如果 B 銀行違約，則 A 銀行本來所面臨的信用風險和市場風險就不能得到轉移，此時由這些風險所造成的損失仍然由 A 銀行自己承擔。因此，投資者要通過總收益互換轉移信用風險和市場風險，必須以交易對手切實履行承諾的支付義務為條件。在實際操作中，總收益支付方必須準確地估計違約的概率，從而計算出互換後的淨信用風險，然後要求相對高的利差，以補償其承擔的總收益購買方可能違約的風險。因此，利差取決於總收益接收方的信譽、債券發行方的信譽以及總收益接收方和債券發行方兩者之間違約的相關性。

然而在實際操作時，對於總收益的出售方而言，要準確地估計違約概率事實上是很困難的。同時，出售方還要對交易對手進行考察，有時交易對手可能不止一個，要對每一個交易對手加以考察也是不現實的。因此，在總收益互換產生後，該產品的交易不是很活躍，成交量自然也就不大。

二、信用期權與信用價差期權（Credit Options & Credit Spread Options）

期權類的信用衍生產品主要有兩種：一種是以債券或票據的價格作為協定價格的期權，稱為信用期權；另一種則是以信用價差作為協定價格的期權，稱為信用價差期權。

（一）信用期權

信用期權之所以歸為信用衍生產品，是因為其基礎資產是信用敏感性資產，比如高收益率債券和新興市場政府證券，信用期權的持有者有權利按照約定價格買入或賣出標的資產。因此，信用期權給予期權持有者一個規避信用風險的保障。與一般期權一樣，信用期權也分為看漲期權與看跌期權兩個類別。信用看漲期權的購買者可以在特定時間，以特定價格買進作為標的物的信用敏感性資產；而信用看跌期權則賦予期權購買者在特定時間，以特定價格賣出作為標的物的信用敏感性資產的權利。當標的資產的信用風險增加時，標的資產的價格會下降，信用看跌期權的持有者可以通過執行該期權來轉移標的資產的信用

風險;當標的資產的信用風險下降時,標的資產的價格會上升,信用看漲期權的持有者可以通過執行該期權來獲取收益。因此,通過信用期權,投資者可以將自己面臨的信用風險轉移給交易對手。與一般期權類似,信用期權既可以用於套期保值,也可以用於套利,並且持有者可以是債券投資者,也可以是銀行等金融機構。

(二)信用價差期權

信用價差期權是一種以信用價差,即信用敏感性債券與無信用風險債券(如美國國庫券)收益率間的利差作為標的物,並以某一特定水平的價差作為協定價格的期權,是目前最為複雜的信用衍生產品之一。

當利率風險發生變化時,會影響所有的市場利率同方向變動,信用敏感性債券與無信用風險債券的收益率也同向變動。此時,信用敏感性債券收益率與無信用風險債券收益率之間的利差變動必定是由於信用敏感性債券的信用風險預期的變化所導致(表現為其信用等級的變化)。該利差的變動只體現信用風險變動,與利率風險變動無關,因此信用價差期權的購買者通過支付一定的期權費就可以鎖定標的資產與某一基準資產(政府債券或LIBOR)之間的信用價差,從而可以有效規避由於信用價差波動或評級變化所導致的風險。

與一般期權一樣,信用價差期權也分為看漲期權和看跌期權。信用價差看漲期權的購買者有權以事先約定的信用價差購買資產,從而可以對沖由於信用價差變窄而導致的基礎資產的價值損失。信用價差看跌期權的購買者有權以事先約定的信用價差出售資產,從而可以對沖由於信用價差變寬而導致的基礎資產的價值損失。

對於看漲期權來說,當實際的價差超過期權合約所規定的價差(即協定價格)時,期權購買者即可執行其持有的期權,以獲取利潤。例如,某投資者預期某特定的信用價差將在未來6個月內擴大,他可以買進6個月期的以該價差為標的物的看漲期權。在6個月後,如果該價差擴大,並高於協定價差,則該期權就有利可圖,投資者執行該期權即可獲利;而如果價差沒有擴大,則投資者只損失其支付的期權費。

第三節 資產證券化

案例9.3

次貸危機中次級貸款的多重證券化

次級貸款的放款機構大多是不能吸收公眾存款,而主要依賴貸款的二級市場和信用資產證券化回籠資金的非銀行金融機構。為了分散風險和提高變現水平,放貸者把這些貸款打包,以債券的形式向社會推銷。債券五花八門,有住房抵押貸款支持證券(MBS)、擔保債券憑證(CDO)、信用違約互換(CDS)等。在高回報率的誘惑下,這些債券受到了

投資銀行及各種基金的青睞。

例如，如果某個銀行發放了許多住房抵押貸款，該銀行（或某個第三者，如投資銀行）可能會把所有這些住房抵押貸款捆綁在一起組成一個住房抵押貸款池，發行以這個住房抵押貸款池為基礎的住房抵押貸款支持債券（RMBS）。這樣，一種債券（證券）就被創造出來了。該債券的收益來自住房抵押貸款的貸款收益，但是住房抵押貸款的風險也傳遞到該債券。發放住房抵押貸款的金融機構將住房抵押貸款支持債券賣給投資銀行家，從而將風險也完全轉移給投資銀行。

那麼，為什麼證券化可以把風險轉移給第三方呢？

在證券化過程中，涉及十多個參與機構。其中包括發起人（住房抵押貸款金融機構）、住房抵押貸款經紀人、借款人、消費者信用核查機構、貸款轉移人、特殊目的機構（Special Purpose Vehicle, SPV）、評級機構、包銷人、分銷人、保險公司、特別服務提供者、電子登記系統和投資者等。

在證券化過程中，SPV 發揮了重要作用。SPV 一般具有以下幾個重要性質：

第一，購買次貸，或根據某種協議獲得次貸的所有權或處置權。次貸所有權的轉移使發起人實現真實出售，發起人與資產風險實現隔離，債權人（投資者）不得向發起人（住房貸款金融機構）行使追索權。

第二，在法律和財務上獨立於發起人（如住房貸款金融機構），儘管可能是發起人所設立。

第三，它是一個空殼公司，可以沒有任何雇員，可能在澤西島（Jersey）或開曼群島（the Cayman Islands）註冊。

第四，它是債券（如住房抵押貸款支持債券）發行機構，住房抵押貸款支持債券則由發起人轉移給它的次貸所支持。

如前所述，SPV 購買或根據某種協議獲得次貸的所有權或處置權，然後將這些次貸（可能是成百上千項次貸）捆綁在一起（正如將許許多多雞蛋放在一個籃子裡）。以這些次貸為基礎（這些次貸是 SPV 的資產），相應發放債券（SPV 的負債）。這就是說，原本是住房抵押貸款金融機構和借款人之間一對一簽訂的、各不相同的一些住房抵押貸款合同，被住房抵押貸款金融機構轉賣給了 SPV，而後者將其打包之後，又以債券的形式賣給了投資者，這些債券就是所謂的住房抵押貸款支持債券（RMBS）。這就是次貸被證券化的過程。投資者，即 RMBS 的購買者因持有 RMBS 而獲得固定收益（像持有一般公司債券一樣），同時也要承擔債券違約風險。而住房抵押貸款金融機構由於已經將其對借款者的債權轉給（或賣給）了 SPV，因此將不再承擔借款人的違約風險。當然，它也不再享有獲得借款者所支付的利息和回收本金的權利。對於一般基金來說，對應於同一資產組合，一只基金（Fund）所發行的基金債券是完全相同的，即基金債券投資者所承擔的風險和享受的收益完全相同。與一般基金不同，儘管所對應的是同一資產池（由大量次貸構成），

SPV發行的RMBS卻有不同等級。RMBS的等級是根據約定的現金分配規則確定的。投資者可以選擇購買同一RMBS的不同等級，從而獲得不同回報和承擔不同風險。假設某一RMBS的價值是8,000萬美元，作為這一RMBS基礎的8,000萬美元住房抵押貸款可能會出現部分或全部違約。可以假設存在四種違約情況：第一種是有2,000萬美元住房抵押貸款違約，第二種是有4,000萬美元住房抵押貸款違約，第三種是有6,000萬美元住房抵押貸款違約，第四種是8,000萬美元住房抵押貸款全部違約。對應於這四種情況，MBS可以被分為四個等級：股權級、C級、B級和A級。投資者可以選擇持有任何一個等級的同一RMBS。當出現第一個2,000萬美元住房抵押貸款違約時，股權級債券持有者承擔全部2,000萬美元損失；當出現第二個2,000萬美元住房抵押貸款違約時，C級債券持有者承擔這2,000萬美元的損失；當出現第三個2,000萬美元住房抵押貸款違約時，B級債券持有者承擔第三個2,000萬美元的損失；當最後的2,000萬美元住房抵押貸款違約時，A級債券持有者承擔相應損失。股權級債券持有者承擔的風險最高（最先承擔違約風險），因而股權級債券回報率最高。相反，A級債券持有者承擔的風險最低，因而A級債券回報率最低。在實踐中，住房抵押貸款證券化後產生的RMBS分為優先級、中間級和股權級，三者占的比例分別約為80%、10%和10%。而RMBS各部分［段（trenches）］的等級要由評級機構確定。不同投資者有不同的風險偏好。一些投資者願意首先承擔損失以換取高回報，而另一些投資者則寧願取得較低收益，而不願冒較大風險。RMBS的分級滿足了不同風險偏好投資者的需要，因而使RMBS得到投資者的追捧。事實上，養老金和保險公司是RMBS高段級的購買者，而對沖基金則往往願意持有回報較高但風險也較高的RMBS低段級。這樣，通過證券化，住房抵押貸款金融機構就把發放次貸的風險轉移給了RMBS的購買者。

有意思的是，次貸的證券化過程並未止於RMBS。由於中間段級RMBS信用評級相對較低（風險較高），而發行RMBS的金融機構希望提高這些資產的收益，於是以中間段級RMBS為基礎，進行新的一輪證券化（Resecuritization）。以中間級RMBS為基礎發行的債券被稱為擔保債務權證（Collateral Debt Obligation, CDO）。CDO與RMBS的主要區別是CDO資產池的資產已經不再是次貸，而是中間段級RMBS和其他債券，如其他資產支持證券（ABS）和各種公司債。根據同RMBS類似的現金收入流的分配規則，CDO也被劃分為不同段或等級：優先段（Senior Tranche）、中間段（Mezzanine Tranche）、股權段（Equity Tranche或Junior Tranche）。現金收入流首先全部償付優先段CDO投資者，如果有富餘，則將償付給中間段CDO投資者。最後的償付對象是股權段CDO投資者。同MBS的情況相同，如有損失，股權段所有者將首先承擔損失。由於股權段CDO投資者風險最大，因而投資收益率最高；而優先段CDO投資者風險最小，因而投資收益率最低。不僅如此，中間段的CDO又會被進一步證券化並作為另一個CDO的基礎資產。這種過程可以繼續進行下去，於是出現了可形容為CDO平方、CDO立方之類的證券。需要指出的是，在對次貸

危機的討論中，另一種經常被提起的重要債券是資產支持債券（ABS）。ABS 與 MBS 的主要不同是 ABS 的資產池不僅包括次貸，而且包括其他各種形式的資產，如信用卡信貸、汽車信貸等。換句話說，RMBS 是 ABS 中的一種類型。

不難看出，住房抵押貸款→RMBS→CDO→CDO 平方→CDO 立方……這一過程，原則上說是可以無限進行下去的。這不但是一個次貸被證券化的過程，也是一個衍生金融產品被創造出來的過程。如果說次貸是一個基礎產品，RMBS 則可稱之為最初級的衍生金融產品，而 CDO 則是衍生的衍生金融產品。自然，CDO 平方是衍生的衍生的衍生金融產品，依此類推。這樣，由加利福尼亞州的某一個「Injna」（無收入、無工作、無資產的人）同當地某一住房金融公司簽訂抵押住房貸款合同所產生的風險，通過 MBS、CDO、CDO 平方……的創造與銷售就被傳遞到了世界的各個角落。理論上，通過金融創新創造各種債券和債券的債券，風險轉移的鏈條幾乎可以無限地延長，以至於投資者會誤認為風險已經消失。

但是，儘管通過證券化可以轉移風險，卻不會減少、更不能消滅風險。事實上，由於證券化，貸款者和借款者不再有一對一的面對面接觸。經紀人大力推銷按揭貸款，但並不提供貸款，貸款者和經紀人並沒有保證貸款不發生問題的強烈動機。對貸款者和經紀人的支付方式（算總帳）也使兩者產生盡量增加貸款的強烈動機。在這種情況下，風險不但不會減少，反而會增加。但是，不管怎麼說，至少從表面上看，風險已經從發起人轉移到最終投資人。雖然最終投資人願意承擔較高風險，但問題是其往往低估了自己所承擔的風險。

除轉移風險外，次貸證券化的另外一個重要作用是在資金給定的條件下，住房金融機構可以最大限度地增加貸款，從而增加盈利。由於每份住房抵押貸款合同各不相同，住房金融機構難以將各不相同的住房抵押貸款合同出售給第三方，因此住房抵押貸款本來是沒有二級市場的。但是，現在通過打包（把各不相同、數量巨大的住房抵押貸款集合在一起），做成標準化的金融產品，住房金融機構便可以在二級市場上出售這些產品。由於標準化的金融產品依靠評級機構評級，潛在投資者的信息獲取成本得以降低（只要相信評級機構就行了），從而增加了投資者對金融資產的需求。與此同時，發起人（發放住房抵押貸款的銀行或其他金融機構）通過 RMBS 和 CDO 的發行，不必等待住房抵押貸款到期就收回資金，可以擴大貸款規模，增加盈利。此外，把次貸轉移到 SPV，實現了金融機構資產從資產負債表到表外的轉移，從而可以規避對於資本金的有關限制。而這在早期曾是金融機構推進證券化的重要原因。

案例 9.4[1]

中國資產管理公司資產證券化——「東元」和「信元」

(一) 案例資料

20世紀90年代以來，特別是亞洲金融危機後，各國政府普遍對金融機構的不良資產問題給予了極大關注。中國國有商業銀行是金融體系的重要組成，是籌措、融通和配置社會資金的主渠道之一，長期以來為經濟發展提供了有力支持。然而，在1995年《中華人民共和國商業銀行法》出拾之前，國有銀行是以專業銀行模式運作的，信貸業務具有濃厚的政策性色彩，加之受到20世紀90年代初期經濟過熱的影響以及處於經濟轉軌過程中，在控製貸款質量方面缺乏有效的內部機制和良好的外部環境，從而產生了一定規模的不良貸款。此外，在1993年之前，銀行從未提取過呆帳準備金，沒有核銷過呆壞帳損失。這樣，不良貸款不斷累積，金融風險逐漸孕育，成為經濟運行中一個重大隱患，如果久拖不決，有可能危及金融秩序和社會安定，影響中國下一步發展和改革進程。

鑒於上述情況，在認真分析國內金融問題和汲取國外經驗教訓的基礎上，在1999年，中國成立東方、信達、華融、長城四大資產管理公司（AMC），並規定存續期為10年，集中管理和處置從商業銀行收購的不良貸款，主要負責收購、管理、處置相對應的中國銀行、中國建設銀行、國家開發銀行、中國工商銀行、中國農業銀行所剝離的不良資產，並由中國信達資產管理公司先行試點。

2006年12月，中國人民銀行正式許可「東元2006-1重整資產支持證券」在全國銀行間債券市場公開發行。同時，中國信達資產管理公司發起的不良資產證券化產品也獲得了中國人民銀行批准，並已正式開始發行。它們的正式發行，在中國資本市場上具有裡程碑式的意義，不僅標誌著中國資本市場上出現了一個新的投資品種，而且標誌著不良資產處置有了新的模式。

由東方資產管理公司發起的「東元2006-1重整資產支持證券」融資規模為19億元，以該公司遼寧地區的可疑類不良資產帳面本息91.5億元（其中本金60.2億元）為基礎資產，分優先級和次級兩檔，其中優先級產品規模為7億元，法定存續期為3年，產品固定收益率為3.7%，採取簿記建檔集中配售方式在全國銀行間債券市場公開發行。「東元2006-1重整資產支持證券」是中國首次公開發行的不良資產支持證券。

由信達資產管理公司發起的「信元2006-1重整資產支持證券」分為優先級資產支持證券和次級資產支持證券，法定存續期為5年，其中優先級資產支持證券為固定收益產品，發行規模為30億元，產品固定收益率為3.8%，預期實際存續期為兩年，次級資產支持證券作為剩餘權益全部由信達公司持有，規模約為18億元。

現將這兩種產品的發行信息歸納如表9.1和表9.2所示。

---

[1] 此案例來源於《中國資產管理公司不良資產證券化實證分析》（作者：張蓉，2007）

表 9.1　　　　　　「東元 2006-1 重整資產支持證券」發行相關要素表

債券名稱	東元 2006-1 優先級重整資產支持證券	債券簡稱	2006 東元 1A
債券代碼	0633011	發行總額	7 億元
發起人	中國東方資產管理公司	發行人	中誠信託投資有限責任公司
債券期限	3 年	票面年利率	3.70%
計息方式	附息式（固定利率）	付息頻率	6 月/次
發行日	2006 年 12 月 18 日	起息日	2006 年 12 月 21 日
交易流通終止日	2009 年 12 月 16 日	兌付日	2009 年 12 月 21 日

資料來源：中國債券網（www.chinabond.com）

表 9.2　　　　　　「信元 2006-1 重整資產支持證券」發行相關要素表

債券名稱	信元 2006-1 重整資產證券化信託優先級資產支持證券	債券簡稱	2006 信元 1A
債券代碼	0632011	發行總額	30 億元
發起人	中國信達資產管理公司	發行人	中誠信託投資有限責任公司
債券期限	5 年	票面年利率	3.80%
計息方式	附息式（固定利率）	付息頻率	6 月/次
發行日	2006 年 12 月 11 日	起息日	2006 年 12 月 20 日
交易流通終止日	2011 年 12 月 15 日	兌付日	2011 年 12 月 20 日

資料來源：中國債券網（www.chinabond.com）

（二）案例分析

產品結構上，兩種產品都採用了優先級、次級的分層式設計的內部增信方法。優先級債券發行給投資者，次級債券由發行人持有，在優先級本息償付完畢之前不進行轉讓。這樣次級產品首先承擔現金流不足的風險，為優先級產品提供內部信用提升。更為重要的是，信達公司、東方公司都為利息和本金的到期支付提供了一定的保證。

1. 資產選擇

一般情況下，資產證券化的資產有以下要求：第一，能夠帶來穩定的現金流；第二，要求資產還款期限和還款條件清楚並易於控制；第三，資產總額需要達到一定的規模，以獲取規模效益；第四，資產所有者的多樣化，以降低資產池中資產的相關性，降低風險。

中國商業銀行的不良資產大部分是國有企業無擔保、無抵押的信用貸款，質量較差，這些資產難以達到證券化的資產要求，因此如果對這些不良資產證券化首先需要對資產進行篩選，重新整合，提高資產池質量。在「東元」項目中，東方公司確定的初選資產池為

從信達公司收購的遼寧省範圍內可疑類貸款。經初步分析，銀河證券公司認為該資產池難以滿足證券化的需要，建議東方公司進行篩選。初選資產池包括 2,498 筆不良貸款，資產池共有 1,527 戶、2,114 筆不良債權，總本金餘額為 62.78 億元，本息合計金額為 91.74 億元。債務人包括法人、自然人和政府機構。自然人債務人存在數量大、單筆金額小、處理費用高的問題；政府機構債務人存在處理困難、規模較小的問題，因此將這兩類資產不納入資產池。法人債務人筆數少、金額大、處理難度和成本相對較低，應為資產池的主要構成部分。因此，在構建資產池過程中剔除了執行終結、破產清算、列入全國政策性關閉破產計劃的企業以及個人、政府、軍、警類貸款。

在「信元」項目中，該項目資產池為發起機構於 2004 年 6 月經公開競標，從中國銀行收購的不良貸款（可疑類）中的企業貸款部分。資產池共涉及 3,111 戶借款人、7,619 筆貸款，全體貸款的未償本金餘額為人民幣 210 億元，利息餘額為 104 億元，本息合計為 314 億元。借款人分佈在廣東省除深圳市以外的 20 個地區，涉及製造、批發和零售、房地產等 20 個行業。

綜上所述，從證券化要求角度看，「東元」和「信元」項目在資產選擇方面相對比較理想，資產包的帳面價值都具有了一定的規模，容易形成規模經濟效益。同時，資產池中資產分佈的行業和地區很廣，單項資產相當分散，為證券化創造了良好的條件。

2. 中國資產管理公司普遍選擇信託機構作為特殊目的載體（SPV）

特殊目的載體（Special Purpose Vehicle，SPV）是指獨立的專門從事資產證券化業務的特殊目的機構。SPV 以資產支撐發行證券作為資產證券化交易過程的中心環節，由其進行一定的結構安排、分離和重組，通過資產的信用增級，並以此為支撐，發行可自由流通的證券。SPV 將證券銷售收入支付其以轉讓方式從發起人處受讓資產的對價，以資產產生的現金流償付投資者。SPV 作為購買或承受發起人的資產並以此為基礎設計、發行資產擔保證券的結構，是資產信用的承載實體，對資產證券化能否獲得成功具有決定性作用。基於對 SPV 的組織形式的考慮，借鑑國外的資產證券化經驗，SPV 主要採用的形態為有限責任公司型和信託型。

公司型 SPV 又稱為特殊目的公司（簡稱 SPC），在這種形式下，原始權益人將基礎資產的所有權完全、真實地轉讓給 SPC，SPC 向投資者發行資產支持證券，募集的資金作為購買基礎資產的對價。在發起人破產時，基礎資產將不納入破產範圍，從而實現破產隔離。

信託型 SPV 又稱為特殊目的信託（簡稱 SPT），在這種形式下，資產轉移通過信託實現，即原始權益人將基礎資產信託給作為受託人的 SPT，成立信託關係，由 SPT 作為資產支持證券的發行人，發行代表對基礎資產享有權利的信託受益憑證。在此信託關係中委託人為發起人，受託人為 SPT，信託財產為證券化資產組合，受益人則為信託收益證書的持有人（即投資者），根據信託法律的特別規定實現風險隔離。在這種模式下，作為受託

的 SPT 一般是經核准有資格經營信託業務的銀行、信託公司等。

「東元」和「信元」在證券化時都是選擇信託型特殊目的載體，這是為什麼呢？

首先，從中國當時的法律環境來看，採用信託方式的資產證券化方案遇到的法律障礙會相對小些。與信託型 SPV 相比較，公司型 SPV 可以擴大資產池規模，進行多次反覆的資產證券化，從而攤薄證券化發行費用和交易費用，而且可以靈活地發行證券，吸引更多投資並具有較強的穩定性、易規範性。但是這種模式最大的弊端是註冊較為困難，需要特別立法。《中華人民共和國公司法》的規定將大大增加證券化操作的複雜性和融資成本，有違證券化低成本的初衷，加上其難以擺脫雙重徵稅的境地，以 SPC 的形式實施資產證券化必然受到限制。

其次，信託結構在證券化資產的原始權益人與 SPV 和投資者之間築起一道防火牆，前者的破產風險與後兩者被一定程度地隔離開來。這個特徵非常重要，恰好較為滿足資產證券化對「破產隔離」的要求，信託組織也因此在資產證券化中得到了廣泛的運用。相對於公司型 SPV 而言，信託型 SPV 具有明顯的優勢在於 SPV 的構建比較簡單，操作成本節約，更主要的是這種資產證券化交易的實質是一筆投資人轉貸給發起人的抵押貸款，發起人的信託剩餘收益實質上起到了超額擔保的作用，發起人對其享有取決於投資人收回本金和利息的情況，投資人具有優先求償權。這樣一種結構安排兼顧了發起人與投資人兩者的利益，發起人省卻了許多吸引投資者的技術操作麻煩和經濟成本的損失。

3. 發行設計上採用內部信用增級方式

一般情況下，資產證券化需要配以一定的「信用增級」手段來構造出具有不同風險收益特徵的、受益權級別不同的證券化產品，即進行產品結構設計以滿足不同投資者的風險收益需求。信用增級方法有內部信用增級和外部信用增級法。內部信用增級方法是在一個資產池中同時開展兩類或兩類以上資產支持證券的交易，按資產支持證券獲得本金和利息的先後次序劃分為優先和次級兩部分，這種安排是將基礎資產產生的現金流先支付給優先證券持有者，多餘部分再支付給次級證券持有人。通過這種方式，優先級證券信用等級高，收益穩定，可以吸引風險規避型投資者；次級證券風險大，但其收益也相對較高，適合機構投資者。外部信用增級方法主要是增加政府擔保和資產池保險。最簡單有效的外部信用增級就是由第三方提供擔保，歸納起來主要有政府、企業和個人擔保等。

中國在不良資產證券化的過程中，信用增級主要採用內部增級的方法。「東元」項目將產品的受益權分為優先級和次級兩個級別。優先級受益權屬於固定收益的資產支持證券化產品，其發行規模為 7 億元，產品固定收益率為 3.7%，本金和利息的保障來源於以該公司遼寧地區的可疑類不良資產帳面本息 91.51 億元（其中本金 60.2 億元）為基礎資產。優先級受益權的信用級別為 AAA 級，其本息的支付順序優先於次級。「信元」項目也類似地分為優先級資產支持證券和次級資產支持證券，其中優先級資產支持證券為固定收益產品，發行規模為 30 億元，產品固定收益率為 3.8%，預期實際存續期為兩年；次級資產支

持證券作為剩餘權益全部由信達公司持有，規模約為 18 億元。

在中國，四大資產管理公司以及四大國有商業銀行事實上存在著政府的隱形擔保。在這種情況下，如果再通過外部信用增級的方式，由國家財政為不良資產證券化中的證券發行提供擔保，那最終的風險還是回到了國家財政，並沒有實現真正的風險轉移，這顯然違背了開展不良資產證券化的初衷。因此，中國不良資產證券化的信用增級將只能選不良資產內部增級，而不可能是外部提供擔保。

4. 不良資產證券化產品公募發行缺乏經驗，市場流動性不足

從「Bloomberg」和「Wind 諮詢」數據庫查找「東元 2006-1 重整資產支持證券」和「信元 2006-1 重整資產支持證券」自發行以來的相關交易情況，結果是兩種債券自 2006 年年底發行以來到 2007 年 4 月底近 4 個月的時間裡，二級市場沒有實現一筆交易。而同時期的國債、金融債、企業債的二級市場交易均較為活躍。

導致「東元」和「信元」流動性較差的主要原因有以下兩點：一是定價水平不足，中國現行的定價技術不佳，導致對新興產品的定價缺乏標準，影響交易。二是在國外，資產支持證券的最主要投資者是機構投資者；而中國機構投資者數量較少，承受風險的能力較差，這嚴重限制了中國對不良資產證券化的需求。

通過以上分析可見，在不良資產證券化操作過程中，進入資產池的資產的選擇、信用增級方式的選擇、證券發行價格的確定等是非常關鍵的環節。

案例 9.5
中國建設銀行個人住房抵押貸款支持證券（MBS）

（一）案例資料

1. 中國資產證券化實踐

中國資產證券化最早的實踐可以追溯到 1992 年，三亞市開發建設總公司以地產銷售和存款利息收入為支撐，發行 2 億元的地產投資券。由於當時中國資本市場尚處於整合與發展階段，在國內發行資產支持證券的難度比較大，而離岸是以國內資產的未來現金流為基礎，國內的資產證券化主要是通過海外的 SPV 等發行機構和仲介機構，在海外實施信用增級和融資。因此，中國早期的資產證券化探索多是離岸產品。例如，1996 年，珠海高速公路有限公司以高速公路收費和交通工具註冊費為支撐發行了 2 億美元證券；1997 年，中國遠洋運輸總公司將北美分公司的航運收入進行證券化，發行了 8 億美元證券；2000 年，中國國際海運集裝箱（集團）股份有限公司把應收帳款出售給荷蘭銀行，由後者發行應收帳款證券；2002 年，中國工商銀行與中國遠洋運輸總公司啟動 6 億美元的 ABS 融資項目，在此基礎上發行資產擔保證券。

隨著中國資本市場的不斷完善，中國的一些銀行、信託機構、評級機構積極參與到資產證券化交易中來，資產證券化呈現出「本土作戰」的趨勢。商業銀行也加快了不良資產證券化的進程。2004 年，中國工商銀行寧波分行將 26 億元的不良貸款證券化；2005 年，

國家開發銀行發行第一期開元信貸資產支持證券,總規模為 41.77 億元;2005 年,第一期建元個人住房抵押貸款資產支持證券發行,總規模為 30.17 億元,這是中國住房抵押貸款證券化的一個重要的嘗試。

對於住房抵押貸款而言,貸款者最擔心的是人們提前償還其抵押貸款。貸款者從貸款上收取高額利息,然而正當總體利率下跌,貸款者為其得到的高利息而高興的時候,借款者提前還貸了。結果是一種負面的凸效應。為了緩和這一難題,華爾街推出了將抵押貸款合併成 MBS 的主意。一個 MBS 由許多抵押貸款組成,它們被組合成幾個部分。第一本金的償付對應於某個特定的部分。只有在第一部分的所有本金都得到償付之後,其他部分的投資者才能開始收回本金。

2. 案例簡述

2005 年 12 月 15 日,中國建設銀行公開發行國內首個個人住房抵押貸款證券化產品——建元 2005-1 個人住房抵押貸款支持證券(MBS)。建設銀行此次的 MBS 產品是通過中信信託投資有限公司發行實施的,發行量約 30 億元,法定最終到期日為 2037 年 11 月 26 日,票息率為基於 B_IM 的浮動利率,每月付息一次。建設銀行本身購買了其中 9,050 萬元的次級資產支持證券,其餘的 29 億多元優先級資產支持證券按照不同信用評級分為 A、B、C 三級,其中,A 級為 26.70 億元,B 級為 2.04 億元,C 級為 5,279 萬元。MBS 將和按揭貸款一樣,採取每月付息還本並採用浮動利率,由 51 家機構作為一級分銷商認購了該批資產,其中商業銀行有 21 家。具體產品情況如表 9.3 和表 9.4 所示。

表 9.3　　　　　　　　　　　　建元 MBS 產品種類

資產支持證券	預定評級	發行額(萬元)	占比(%)	利率上限	利率下限
A 類	AAA	266,976.45	88.5	BIM+110bp	Ra-119bp
B 類	A	20,362.61	6.75	BIM+170bp	Ra-60bp
C 類	BBB	5,279.19	1.75	BIM+280bp	Ra-30bp
次級	無評級	9,050.06	3.00		
合計		301,668.31	100.00		
入池資產	中國建設銀行股份有限公司發放的個人住房抵押貸款,抵押貸款位於上海、無錫、福州、泉州					
本金金額	人民幣 301,668.31 萬元				

註:① 利率上限是建設銀行給各類優先 MBS 發行設定的投標利率上限
　　② B_IM 為 7 天回購加權利率的 20 個交易日算術平均值
　　③ Ra 為入池貸款的加權平均貸款利率

表 9.4　　　　　　　　　建元 MBS 資產池基本特徵

資產池本金金額	3,016,683,138 元
貸款筆數	15,162 筆
單筆貸款最高本金金額	1,868,239 元
單筆貸款平均本金金額	198,963 元
單筆貸款平均合同金額	245,430 元
借款人平均年齡	36 歲
加權平均初始貸款抵押率	67.19%
貸款加權平均利率	5.31%
貸款加權平均合同期限	205 個月
貸款加權平均已償還期限	32 個月
貸款加權平均剩餘年限	172 個月
貸款地區分佈	上海：56.17%；無錫：4.84%；福州：24.24%；泉州：14.75%

資料來源：建元 2005-1 個人住房抵押貸款證券化信託發行說明書

（二）案例分析

1. 建設銀行個人住房抵押貸款的好處

住房抵押貸款證券化可以給住房貸款的貸方帶來很多好處，不僅可以將流動性差的住房貸款變成具有流動性高的資金，而且可以補充資本金，提高資本充足率。具體分析如下：

（1）MBS 能規避貸款期限錯配，盤活了建設銀行在上海、無錫、福州、泉州四市的部分個人住房抵押貸款。

期限錯配問題是銀行經營中面臨的共同問題，可造成流動性風險和利率風險，影響商業銀行經營的持續性。2006 年 3 月發布的《中國商業銀行競爭力評價報告》顯示，國內商業銀行的貸款期限錯配嚴重，各家銀行集中發放住房貸款，住房抵押貸款的資金回收期比較長和週期性風險突出是造成貸款期限錯配的主要因素。通過本次 MBS，建設銀行把入選資產池內的原來流動性較低的住房抵押貸款（平均剩餘年限為 172 個月），轉換成具有高度流動性、可以在市場上自由交易流通的證券（A、B、C 和次級），在短期內收回現金，盤活了自身的資產，能達到規避住房貸款週期性風險的目的。

（2）補充資本金，提高了建設銀行的資本充足率。

根據中國銀監會出拍的《商業銀行資本充足率管理辦法》的規定，2007 年 1 月 1 日後商業銀行資本充足率不能低於 8%，雖然 2004 年年底建設銀行的資本充足率已經達到 11.27%，但作為中國第一家成功改制上市的國有股份制商業銀行，其資本充足率更加受到國際社會各界關注。這次的 MBS，雖然入池資產僅為 30 億元，只分別占建設銀行 2004

年貸款總額和個人住房抵押貸款總額的 0.13% 和 0.87%，但由於建設銀行 2004 年年底不良貸款率仍有 3.92%，因此通過 MBS 還是能在總量上減少風險資產。如果將變現資金再投向優質資產，建設銀行可以通過採用「分母策略」提高資本充足率。

2. 建設銀行個人住房抵押貸款的缺陷

建設銀行 MBS 雖然不是國內首家商業銀行資產證券化產品，但卻是規模最大、首發成功、交易結構相對完善的首個商業銀行個人住房抵押貸款證券化產品。雖然 MBS 可以給建設銀行帶來很多好處，但是自其發行以來，與同時期發售的國家開發銀行 ABS 相比，建設銀行 MBS 的市場認購相對不是很活躍。這可能是由於建設銀行 MBS 產品本身設計存在以下一些缺陷：

(1) 入池資產規模小、MBS 產品單一。

首先，中國住房抵押貸款業務起步時間較晚，雖然在近幾年總量上升較快，但總量占比仍然較小。截至建設銀行 MBS 發售之日，中國個人住房抵押貸款仍然只占全年商業銀行貸款總額的 9.27%，遠遠低於發達國家的 40%～50% 的指標。其次，雖然建設銀行一共從上海市、江蘇省和福建省 4 家一級分行中篩選出 15,162 筆、金額約為 30 億元的個人住房抵押貸款來進行 MBS，但是與 2005 年建設銀行 3,431 億元的個人按揭貸款餘額相比，入池資產規模很小。最後，MBS 的產品類型從性質上看介於帶擔保的企業債和短期融資券之間，屬於比較簡單的資產證券化產品。而在美國等發達國家，MBS 產品多樣，類型繁多，既有簡單易行的抵押過手證券，又有表現形式多樣化的擔保抵押證券（Collateralized Mortgage Obligation，CMO），還有發展成熟的剝離式抵押擔保證券。

(2) 信用增級方式不夠完善。

信用增級的目的是為了提高證券的信用評級，由此改善資產支持證券的可銷售性和流動性，從資產證券化的增級方式來看，這些增級可以通過外部增級或內部結構性信用增級來實現，甚至還涉及具有政府背景的擔保機構的參與。例如，美國有聯邦國民抵押協會、政府國民抵押協會和聯邦住宅抵押公司三大政府和準政府機構為 MBS 提供擔保。而中國建設銀行 MBS 的推出只採用了內部升級方式，增級方式不完善不利於降低風險。

(3) 優質的資產證券化對降低建設銀行流動性風險意義不突出。

商業銀行個人住房貸款餘額從 1997 年的 190 億元增長到 2005 年年底的 1.3 萬億元，基礎資產初具規模。中國國內個人住房貸款的不良率普遍低於 0.5%，是一筆難得的巨額優質資產。商業銀行將這類低風險性資產證券化實際並沒有最大限度地轉移風險，卻將收益分給了投資者。

(4) 建設銀行自身持有次級債券，引起本金帳戶現金流不穩定。

與同時發行的國家開發銀行（簡稱國開行）ABS 相比，建設銀行 MBS 的次級證券由自己持有，作為貸款服務機構的報酬是在證券利息和準備金帳戶支付之後才能獲得。從理論上講，這種結構可能使建設銀行比國開行更有動力去做好貸款回收工作，對優先級證券

的信用保護更強。但從現金流結構來看，國開行 ABS 的利息收入在支付完各種費用、服務報酬和證券利息後，直接進入本金帳戶，用於償還本金，所以費用和服務報酬支付額的大小對本金的提前償還速度還有一些影響。而建設銀行 MBS 只有在加速清償的情況下，帳戶下的資金才能進入本金帳戶，正常情況下直接歸次級債券持有人，也就是建設銀行本身所有，這就使得本金帳戶的現金流不夠穩定。

習題

1. 信用違約互換案例[1]

1998 年 2 月，《全球金融》報導了下面的交易：

加拿大帝國商業銀行（CIBC）與捷克斯洛伐克銀行（CSOB）達成共同契約，為捷克斯洛伐克國有飛機制造商公司安排 5 億美元的貸款，以支持政府委託的戰鬥機飛行員訓練機種的設計與製造項目。但是，在政府批准程序結束以前，該公司必須支付波音公司與聯合信號公司的供應合同費用。CIBC 同意提供給捷克斯洛伐克國有飛機制造商公司 1 億美元的過渡性貸款以支付這筆費用，條件是能夠將風險減少 50%。

通常的辦法是組織貸款辛迪加，但是時間太緊了，並且那筆接下來的 5 億美元的辛迪加貸款還有在市場上被人競爭搶走的危險。於是，CIBC 進行了兩筆信用違約互換，總額為 5,000 萬美元，在一週之內就完成了，而傳統的辛迪加方案需要 30 天。

互換的基礎債權是由捷克斯洛伐克出口銀行發行的 2.5 億美元的 5 年期歐洲債券。如果捷克斯洛伐克國有飛機制造商公司違約，CIBC 將按面值把債券賣給互換的兩個交易對家。

請注意 CIBC 有權賣掉的債券是由捷克斯洛伐克出口銀行而不是由捷克斯洛伐克國有飛機制造商公司發行的，但是，它們都是政府機構。如果捷克斯洛伐克國有飛機制造商公司違約，捷克斯洛伐克出口銀行也面臨著同樣不利的狀況。在這種情況下，歐洲債券的結果將是價格的下降，從而 CIBC 銀行可以獲得損失補償，相當於為自己的 1 億貸款提供了保險。

請分析在政府批准程序和取消該計劃兩種情況下，該信用違約互換對交易各方的影響。

2. 國外專利權證券化案例解析[2]

（1）融資動機。耶魯大學為完成校內一批基礎設施建設急需資金。當時耶魯大學已經

---

[1] 陳信華，葉龍森．金融衍生產品：天使抑或惡魔 [M]．上海：上海財經大學出版社，2007．
[2] 鄒小芃，王肖文，李鵬．國外專利證券化案例解析 [J]．世界知識產權，2009（1）：91-93．

成功開發了抗愛滋病新藥澤瑞特（Zerit）並將其獲得的藥品專利許可給了必治妥公司（Bristol-Myers Squibb）。如果按照許可使用合同的支付慣例，許可人獲得全部許可費收入需要漫長的時間，在急需資金的情況下，耶魯大學遂將其藥品專利的許可使用費收益權賣給了皇家醫藥公司（Royalty Pharma公司）。耶魯大學的另一層考慮是分散風險。通過對Zerit專利進行許可，耶魯大學每年可以獲得近1,000萬美元的許可使用費收入，但這些收入僅來源於單種產品Zerit。Zerit專利是一種總價值約為1.1億美元的資產，但這種資產沒有流動性，因此具有很大風險。耶魯大學當然不想把雞蛋全放在一個籃子裡，因此將許可使用費收益權予以出售的選擇是謹慎的，這樣就可以避免將過多的價值依附於單種流動性資產上面。

（2）基本情況。Royalty Pharma公司於2000年7月專門成立了一家遠離破產風險的特殊目的機構BioPharma Royalty信託，並將許可使用費收益權以真實銷售的方式轉讓給了該信託公司。BioPharma Royalty信託隨後對該專利許可使用費收益的70%進行證券化處理，發行了7,915萬美元的浮動利率債券和2,790萬美元的股票並向耶魯大學支付了1億美元的對價。其發行的債券和股票以耶魯大學專利許可使用費收益的70%作為擔保。

（3）信用增級和評級。標準普爾根據Zerit專利使用費的歷史數據，對其未來收入情況進行了測算，並在此基礎上進行壓力測試。壓力測試中假設的情況有：第一，醫學研究上的突破帶來新藥物的發明從而導致Zerit的市場佔有份額下降；第二，藥物目標使用者人數的下降；第三，價格波動。除了超額抵押外，BioPharma Royalty信託還對證券化交易進行了優先/次級債券的內部增級，將所發行的債券分成兩部分：5,715萬美元的高級債券和2,200萬美元的次級債券。Bristol-Myers Squibb公司和耶魯大學AAA級的信用級別在評級機構評定債券的投資級別時也起到了很大的作用。其中，5,715萬美元的優先債券被評為A級，其償債覆蓋系數為1.6；2,200萬美元的次級債券雖然償債覆蓋系數只有1.3，但得了AA-級的投資級別，原因是一個名為「ZC Specialty」的保險公司以第三人身分提供了市值為2,116萬美元的股權擔保。該證券化交易還有一個信用增強條件，即BioPharma Royalty信託，而非耶魯大學在無法維持償債覆蓋系數的目標水平時，需要立即對債券進行提前攤還。

（4）債券的發行和償付。除了債券外，BioPharma Royalty信託發行的2,790萬美元股票分別由Royalty Pharma公司、耶魯大學以及「BancBoston Capital」公司持有。BioPharma Royalty信託於每個季度直接從必治妥公司獲得許可使用費收入，在收到資金後按照協議將收益支付給服務商和投資人，在交易結束時將餘額平均分配給三個股東。交易結束時，耶魯大學收到了現金和信託中的股權。

（5）後續情況。自2001年第四季度起，BioPharma Royalty信託連續三個報告期違約。在2002年11月底的第三季度受託人報告出爐之後，BioPharma Royalty信託被迫進入提前攤還階段。此次專利證券化交易失敗的直接原因是必治妥公司為了達到一定的財務基準於

2001年下半年將 Zerit 打包後折價出售給了批發商，這一行為導致 Zerit 的銷售額在隨後幾個季度裡急遽下跌，致使 Zerit 的許可使用費收入也隨之銳減。2002年7月，必治妥公司的資信等級被標準普爾從原來的 AAA 級降至 AA 級。

(6) 交易失敗原因探討　從表面上看，這次證券化交易的失敗是由專利使用方的折價出售行為引起的。實際上，這次證券化交易存在一個致命缺陷，那就是交易僅由單一的授權許可協議支持，交易的成功與否僅取決於單一被許可人的金融力量和表現。當然，在這次證券化交易中也有贏家，那就是耶魯大學。由於此次證券化交易是以 Zerit 的專利許可使用費收益權而非耶魯大學的信用為擔保的，而且該收益權已經轉移給了 BioPharma Royalty 信託，因此投資人對耶魯大學沒有追索權，耶魯大學無需對此次交易失敗承擔責任。另一家證券化運作和價值評估專業公司「Invasis」公司的副總裁雷·斯羅克莫頓 (Ray Throckmorton) 認為，此次證券化交易失敗的另一個原因是 Royalty Pharma 公司採用了錯誤的估值方法，從而對 Zerit 未來銷售收入的預測產生了很大偏差。2003年，Royalty Pharma 公司對 Zerit 的預計銷售收入就比實際值多了 3.92 億美元。雷·斯羅克莫頓指出，Royalty Pharma 公司應該聘請第三方機構進行獨立的價值評估。

請對以上案例中的資產證券化失敗進行分析。

3. 中集集團的資產證券化案例[1]

(1) 中集集團的資產證券化概況。2000年3月，中集集團與荷蘭銀行在深圳簽署了總金額為 8,000 萬美元的應收帳款證券化項目協議。此協議有效期限為3年。在3年內，凡是中集集團發生的應收帳款，都可以出售給荷蘭銀行管理的資產購買公司，由該公司在國際商業票據市場上多次公開發行商業票據，總發行金額不超過 8,000 萬美元。在此期間，荷蘭銀行將發行票據所得資金支付給中集集團，中集集團的債務人則將所得應收款交給約定的信託人，由該信託人履行收款人職責。商業票據的投資者可以獲得高出倫敦同業拆借市場利息率 1% 的利息。

這次應收帳款證券化項目的基本流程如下：

① 中集集團首先要把上億美元的應收帳款進行設計安排，結合荷蘭銀行提出的標準，挑選優良的應收帳款組合成一個資產池，然後交給信用評級公司評級。中集集團委託兩家國際知名的評級機構：標準普爾和穆迪，兩個機構給予了短缺融資信用最高的級別（正是憑著優秀的級別，這筆資產才得以注入荷蘭銀行旗下的資產購買公司 TAPCO 建立的大資產池）。

② 中集集團向所有客戶說明 ABCP 融資方式的付款要求，令其應收帳款在某一日付至海外 SPV（特別目的公司）帳戶。

③ 中集集團仍然履行所有針對客戶的義務和責任。

---

[1] 此案例來源於《深圳中集集團的資產證券化案例解剖》（作者：何小鋒）。

④SPV再將全部應收帳款出售給TAPCO公司〔TAPCO公司是國際票據市場上享有良好聲譽的資產購買公司,其大資金池匯集的幾千億美元的資產,更是經過嚴格評級的優良資產。由TAPCO公司在商業票據(CP)市場上向投資者發行CP,獲得資金後,再間接付至中集的專用帳戶〕。

⑤由TAPCO公司在商業票據(CP)市場上向投資者發行CP。

⑥TAPCO公司從CP市場上獲得資金並付給SPV。SPV又將資金付至中集集團設於經國家外管局批准的專用帳戶。

項目完成後,中集集團只需花兩周時間,就可以獲得本應138天才能收回的現金,作為服務方,荷蘭銀行可以收取200多萬美元的費用。

(2)中集集團資產證券化中的各參與方。中集集團資產證券化過程中有以下各方參與其中:原始權益人——中集集團;發起人及海外SPV——荷蘭銀行;專門服務機構——TAPCO公司;信用評級機構——標準普爾和穆迪;政策機構——國家外匯管理局。

①原始權益人——中集集團。

中集集團曾於1996年、1997年和1998年分別發行了5,000萬美元、7,000萬美元和5,700萬美元的商業票據。此方式雖然能夠以中集集團的名字直接在市場上進行融資,但其穩定性也隨國際經濟和金融市場的變化而發生相應的波動。為保持中集集團資金結構的穩定性並降低融資成本,中集集團希望尋找一種好的辦法替代商業票據。這時一些國外銀行向中集集團推薦應收帳款證券化,經過雙向選擇,中集集團決定與荷蘭銀行合作,採用以優質應收帳款作為支持來發行商業票據的ABCP方案。為此,中集集團首先把上億美元的應收帳款進行設計安排,結合荷蘭銀行提出的標準,挑選優良的應收帳款組合成一個資產池,然後交給信用評級公司評級。

②政策機構——國家外匯管理局。

中集集團的資產證券化前後經歷了一年半的時間,最初的障礙在於缺乏政策條例的支持。中集集團必須向國家外匯管理局申請,同樣還需國內外的律師對應收帳款這種資產能否買賣、能否賣到海外市場等問題加以研究解決。國家外匯管理局大力支持中集集團的這個項目。在國家外匯管理局支持下,中集集團在一個多月之後拿到了批文,這才開始與荷蘭銀行談判,進入實質性的階段。

③發起人及海外SPV——荷蘭銀行。

荷蘭銀行(ABN AMRO Bank)在世界排名第16位,資產總額4,599.94億美元,一級資本額178.17美元,資本回報率為26%,資產回報率為0.93%,無不良貸款。

④專門服務機構——TAPCO公司。

TAPCO公司是票據市場上享有良好聲譽的公司,其大資金池匯集的幾千億美元的資產,更是經過嚴格評級的優良資產。由TAPCO公司在商業票據(CP)市場上向投資者發行CP,獲得資金後,再間接付至中集集團的專用帳戶。

(5)信用評級機構——標準普爾和穆迪

中集集團委託了兩家國際知名的評級機構——標準普爾和穆迪，它們都給予了該短期融資信用的最高評級。憑著優秀的級別，這筆資產得以注入荷蘭銀行旗下的資產購買公司TAPCO建立的大資產池。

項目完成後，中集集團只需要花兩周時間就可以獲得本應138天才能收回的現金，並且由於該方式通過金融創新帶來了一個中間層——SPV公司和TAPCO公司，將公司風險和國家風險與應收帳款的風險隔離開來，實現了破產隔離，降低了投資者的風險，確保了融資的成功。

請分別從宏觀和微觀角度分析中集集團通過資產證券化獲得的好處。

第十章　結構化金融產品

學習提要：結構化金融產品是最近 30 年來全球金融創新中的傑出代表。借助金融工程技術，結構化金融產品不但滿足了投資者的種種個性化需求（多樣化投資渠道），向企業提供了有效的風險管理工具和資金管理（資金跨期配置）工具，還為金融機構創造了增加中間業務收入的重要途徑。本章將簡要地就國內幾種常見的結構化金融產品，通過案例分析，介紹其特點、主要作用，並闡釋其金融意義。

本章我們主要介紹結構化金融產品中的債券結構化產品和結構性理財產品（包括利率–匯率產品、利率–權益產品、利率–商品產品）。事實上，它們都是圍繞著普通債券這一簡單融資工具進行的金融創新，但通過不同的條款設計，使這一簡單金融工具符合不同發行者和投資者的個性化需求，體現出金融工程技術的無窮魅力。

第一節　債券結構化產品

一、可贖回債券

可贖回債券是指賦予發行者一個權利，即發行人可以在特定的時間內、以預先確定的價格贖回債券。從投資者角度來說，投資可贖回債券可視為在買入債券的同時，向債券發行者賣出一個或是一組基於利率的看跌期權。而賣出所得的期權費往往表現為其債券的票面利率較無可贖回條款債券的同類票面利率高。

（一）背景知識

對投資者而言，可贖回債券自然成為一項資產種類，可以在適當的條件下用於增加收益水平，當然也就存在投資風險，尤其是利率再投資風險。例如，當市場利率走低時，債券發行者可以執行期權，按約定價格贖回債券，而需要重新進行固定收益債券投資的投資者就不得不接受當期較低的利率水平；同時，對未來現金流的估計也就相應存在著比較多的不確定性。

在分析可贖回債券的投資價值時，需要考慮多少額外的名義利差來補償這些風險，體現在公式上可以表示為：

同類普通債券價格−嵌入期權的價格＝可贖回債券價格

因此，嵌入期權的價值將是決定可贖回債券投資的重要變量。但在計算該價值時，往往比較複雜，這是因為可贖回債券有贖回封鎖期（即在封鎖期內，發行者不得贖回債券），有「通告」期限（即在發行者在債券贖回之前的數天裡必須有效地通知投資者），其存續期也往往比較長，這都將影響到期權價值計算的準確性。

對發行者而言，儘管支付了部分期權費為代價，卻得到了當市場利率下降後，降低融資成本的可能；在進行中長期融資或是認為利率水平在未來一段時間有可能下降時，採用可贖回債券進行融資不失為明智之舉。

(二) 案例

案例 10.1

可贖回外匯理財產品

1. 案例資料

中國工商銀行北京分行個人外匯可終止理財產品說明書如表 10.1 所示。

表 10.1　　中國工商銀行北京分行個人外匯可終止理財產品說明書

銷售地區	北京
發行方	中國工商銀行
投資幣種	美元
投資期限	3 年
最低認購金額起點	5,000 美元
起息日	2004 年 4 月 14 日
到期日	2007 年 4 月 14 日
收益類型	本金保證
年化收益率	2.4%
贖回條款	本期產品投資期限是 3 年，年收益率固定為 2.4%，銀行每半年擁有一次提前終止權

資料來源：中國工商銀行北京分行網站

2. 案例分析

(1) 產品基本情況。

很容易發現，如果沒有產品說明書最後提到的贖回條款，該產品可以被看成普通的外幣存款業務，只是其年化收益率水平明顯高於當時同期限的美元存款利率——以中國人民銀行公佈的外幣存款利率歷史數據中可以推測，當時 3 年期美元存款利率不應超過 1.5%。而這種名義利差就來自於產品投資者賣出的一系列美元利率看跌期權。

這一系列期權賦予了發行方銀行當美元存款利率下降時，終止該理財產品的權力。這

樣，發行方可以在當美元存款利率下降時靈活地調整融資結構，達到減小利率風險的目標。而當期權被執行，即產品被銀行要求以面值贖回後，投資者就必須面對以較低利率進行再投資的風險。由於受到期權價值變動的影響，該理財產品價值與美元存款利率之間的關係可用圖10.1表示出來。

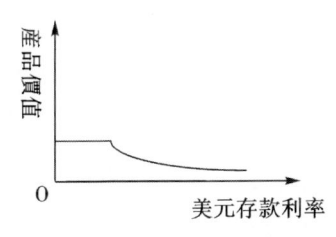

圖10.1 外匯理財產品價值的變動圖

（2）發行該產品的動因分析。
發行該產品的銀行主要目的是為吸收存款（分析見第二節相關內容）。
（3）投資該產品的動因分析。
一方面，自2001年到2003年年底，美聯儲已經連續降息13次之多，使得聯邦短期貸款利率維持在1958年來的最低水平，低利率減緩了消費者的債務負擔，提高了人們買房的能力，推動美國的房屋市場進入空前繁榮的一年，因此市場人士普遍認為進一步降低利率的可能性已經不大。另一方面，美國經濟主要指標（GDP增長率、私人總投資、失業率）等在過去的兩年裡都保持了較好的水平，而2003年第二季度、第三季度美國經濟增長速度極為驚人，達到了近20年來之最，道瓊斯工業平均指數也突破了萬點大關，因此不少分析師還認為美元利率水平存在著上行的壓力。
（4）結論。
面對這樣的外部環境，投資這樣一款理財產品對投資者來說，是頗具吸引力的，畢竟該產品的收益率明顯高於現行的美元存款水平；而發行這樣一款理財產品對銀行來說，也是基於對利率風險進行對沖的有效手段。事實上，從圖10.2可以看到，在產品的整個續存期內，美元存款利率的確保持了一個向上攀升的發展態勢。

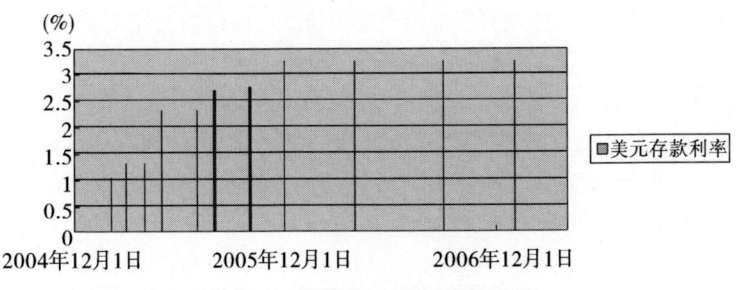

圖10.2 2年期美元定期存款利率圖

綜上所述，通過投資可贖回債券、賣出期權，投資者可以得到比當前市場利率更高的收益率，在預期正確情況下，投資者可以獲得一定的收益；而通過發行可贖回債券，發行方銀行也可以獲得對沖利率風險的工具。

二、可轉換債券

可轉換債券是在普通債券的基礎上，附加一個股票看漲期權構成的。它賦予持有人在約定時間內，依其自由意志，選擇是否依約定的條件將所持有的債券轉換為發行公司的股票或者另外一家公司股票的權利，從而享受股利分配或資本增值的利益。當然，理論上說，可轉換債券的持有人還可以選擇持有債券一直到期，並要求債券發行方還本付息。

（一）背景知識

可轉換債券具備普通公司債券的一般特徵，它需要定期支付利息並償還本金，有票面面值、票面利率、價格、償還期限等要素。此外，可轉換債券還有以下一些典型特徵：

（1）可轉換債券具有債務和股權兩種性質，兩者密不可分。一般來說，可轉換債券都可以轉換成公司的普通股，因而可轉換債券具有轉換前屬債券、轉換後屬股票的兩階段特徵。對投資者來說，轉換前為債權人，獲得利息收益；轉換後為股東，獲得紅利或資本收益。對發行人來說，轉換前屬債務，轉換後屬股權資本。

（2）可轉換債券的利息較普通公司債券的低。可轉換債券的票面利率通常低於一般公司債券的利率，有時甚至低於同期銀行存款利率。這是因為債券的投資收益中，除了債券的利息收益外，還附加了股票看漲期權的預期收益。一個設計合理的可轉換債券在大多數情況下，其股票看漲期權的預期收益足以彌補債券利息收益的差額。

（3）可轉換債券是在一定條件下轉換為發行公司股票的特殊債券，轉換條款本質上屬於一種股票看漲期權，從而使得可轉換債券成為一種既可用於保值又可用於投資的金融工具。可轉換債券持有者既可以獲得可轉換債券本金和利息的安全承諾，又可以在發行公司股價攀升時，將債券轉化為股票，獲得股票價差收益的好處。

（4）可轉換債券具有較低的信用等級和有限避稅權利。可轉換債券是一種僅憑發行人的信用而發行的債券，所評定等級一般比公司發行的不可轉換公司債券要低。當公司破產時，可轉換債券對資產的索賠權一般都後於其他債券，僅優於公司優先股。可轉換債券在轉換成公司普通股以前的若干年裡，公司所支付的債息可作為固定開支，計入企業成本，避免繳納公司所得稅。

（5）可轉換債券的發行時機選擇往往會影響市場對其的接受度。一般認為，當股票市場表現出由低谷開始回暖的階段時，發行可轉換債券對發行者和投資者存在雙贏的可能，也使雙方容易接受。

此外，發行可轉換債券在中國還有一些特殊的規定，比如按照中國證券監督管理委員會於2001年4月發布的《上市公司發行可轉換公司債券實施辦法》的相關規定，中國境

內可轉換公司債券的合法發行主體為最近 3 個經營年度內持續盈利的上市公司，債券續存期限最短為 3 年，最長為 5 年，由發行人和主承銷商根據發行人具體情況商定。

（二）案例

案例 10.2

萬科 A（000002）2004 年 9 月發行可轉換債券

1. 案例資料

萬科 A（000002）2004 年 9 月可轉債募集說明書摘要（部分）如表 10.2 所示。

表 10.2　　萬科 A（000002）2004 年 9 月可轉債募集說明書摘要（部分）

債券發行總額	19.9 億元
債券票面金額	100 元
債券期限	5 年
債券票面利率	第一年 1%、第二年 1.375%、第三年 1.75%、第四年 2.125%、第五年 2.5%
付息及本金償付情況	計息起始日為可轉換公司債券發行首日，即 2004 年 9 月 24 日。轉股期內每年的 9 月 24 日為該付息年計息日。本次發行可轉換公司債券自發行日起，每年付息一次，付息登記日為每年「計息日」的前一個交易日。公司將在付息登記日後 5 個交易日之內支付當年利息。可轉換公司債券到期後 5 個工作日內，由公司一次性償還未轉股可轉換公司債券的本金及最後一期利息
轉股價格	本次可轉債初始轉股價格為 5.48 元/股，以公布本募集說明書前 30 個交易日公司 A 股股票平均收盤價格 5.22 元/股為基準，上浮 5%。設調整前的轉股價格為 P_0，送股率或股份轉增率為 n，增發新股或配股率為 k，增發新股價或配股價為 A，每股派息為 D，則調整後的轉股價格 P 為：①送股或轉增股本：$P=P_0/(1+n)$；②增發新股或配股：$P=(P_0+Ak)/(1+k)$；③派息：$P=P_0-D$。在可轉債的存續期間，當公司 A 股股票連續 30 個交易日中累計 20 個交易日的收盤價格不高於當時轉股價格的 70% 時，公司董事會有權在不超過 20% 的幅度內向下修正轉股價，但修正後的轉股價格不能低於修正前連續 20 個交易日公司 A 股股票價格（收盤價）的算術平均值
轉股起止時期	本次發行根據可轉債的存續期及公司財務情況，確定可轉債的轉股期自發行之日起（2004 年 9 月 24 日）滿 6 個月後的第一個交易日（2005 年 3 月 24 日）起（含當日），至可轉債到期日止的期間為轉股期（2005 年 3 月 24 日至 2009 年 9 月 24 日止的公司股票交易日），可轉債持有人在轉股期內的可轉換時間內，可隨時申請將其持有的可轉債轉換成公司流通 A 股
發行方式與發行對象	本次發行的可轉債將全部優先向原 A 股股東配售。如有原 A 股股東放棄配售，被放棄部分採用網下對機構投資者發售和網上發行相結合的方式發行。發行對象為在深交所開戶的自然人、法人、證券投資基金（國家法律法規禁止購買者除外）

資料來源：中銀國際證券有限責任公司網站

2. 案例分析

（1）產品基本情況。

以上萬科 A 可轉債與一般公司債券最大的區別是它允許債券持有人在相當長的一段時間內，可以將債券按照一定比例轉換成為萬科 A 股票。因為只有當萬科 A 股票上漲到一定幅度（超過轉股價一定比例）後，將手中的債券轉換為股票能夠獲得更大的收益（資本利得）時，理性的投資者才會選擇轉股。實際上，每份萬科 A 可轉債都嵌入了對標的股票（萬科 A）的看漲期權，只要持有可轉債，就擁有了期權。而從上文發行說明來看，由於在轉股期內任意一時點均可執行期權進行轉股操作，則該內嵌期權類型為美式看漲期權。當然，基於期權的收益特點，當投資者遇到萬科 A 股票價格低迷、轉股無利可圖的情況時，也可以放棄執行期權而持有可轉債到期，獲得本金與利息。

對於投資者而言，由於可轉債比普通債券多附加了期權，那麼支付期權費也就是理所當然的事；對於發行者而言，收取期權費也就意味著可以降低發行成本。在現實中，這兩方面的客觀要求就體現為可轉債債券的票面利率往往比同期限、同信用的普通公司債券利率低。根據和訊債券提供的 2004 年 9 月初與萬科 A（多家銀行類金融機構給予其 AAA 信用等級）擁有大致相同的信用評級的普通公司債券利率曲線，可以估計 1 年期利率水平為 2.4%、2 年期利率水平為 2.94%、3 年期利率水平為 3.64%、4 年期利率水平為 4.02%、5 年期利率水平為 4.36%。對比上文說明書中相關信息可知，每個時間段對應利息均存在較大差異，這種差異就體現為期權費。而與普通公司債券不同的是，可轉債的票面利率還表現出「分段有別」的特點，這也主要是考慮到其債券持續期不確定等因素。

可轉債轉股價格的確定有著一系列計算公式，充分保證了投資者和發行方的利益，也是內嵌期權的必然要求。需要注意的是，最初轉股價格的確定是在債券募集說明書公布的前 30 個交易日收盤價算術平均值的 105%。一方面，這可以說是反應了內嵌看漲期權的部分特徵；另一方面，這也暗示了如果轉股成功，則債券發行方總能夠以高於目前市價的價格發行股票，以更少的股份募集到更多的資金。

對於可轉債價值的確定，在若干假定下，可以證明簡單可轉債價值由以下兩個部分線性構成：一部分是普通債券價值，相當於是以債券發行方公司價值為標的物的看跌期權；另一部分是上面所提到的、以發行方公司股票為標的物的看漲期權。而這兩項期權價值的確定均比較複雜且學術界對相關參數確定存在爭議，故此處略過。在實際操作中，由於無套利定價的約束，進入轉股期的可轉債價格應該要高於其轉股價值，而普通可轉債價格在任何時候不應低於其債券價值也是很自然的。

（2）發行該可轉債的動因分析。

萬科 A 是一家境內大型房地產開發企業，本次發行可轉債可能有以下幾方面的考慮：

第一，如果僅僅是希望借助可轉債「債性」，即是採用債務融資的方式募集資金，發行可轉債的發行成本明顯低於普通公司債券，只是由於存在轉股的可能，未來出現股權稀

釋情況的不確定性也就相應存在。於是，募集說明書指出「本次發行的可轉債會優先向原 A 股股東配售」，應就是出於減小股權稀釋效應的考慮。

第二，如果是希望借助可轉債「股性」──股權再融資的方式募集資金，一個很自然的問題便是為什麼不採用配股和增發等形式呢？為了清楚地說明這個問題，表 10.3 詳細對比可轉債、配股與增發這三種常見的再融資形式。

表 10.3　　　　　　　　可轉債、配股與增發的優缺點分析

	優點	缺點
配股與增發①	①沒有利息負擔，公司只有在盈利並且有充足現金的情況下才考慮是否支付股利，而支付與否及支付比率的決定權由公司董事會掌握。 ②無本金償還的強制要求，在決定留存利潤和現有股東配售新股時，董事會可以自主掌握利潤留存和配股的比例及時機，而且運作成本較低。	①融資後由於股本大大增加，而經營效益短期內難以保持相應的增長速度，企業的經營業績指標往往被稀釋而下滑，可能出現融資後效益不如融資前的情況，嚴重影響公司的形象和股價。 ②融資的成本較高，為融資額的 5% 左右。 ③股利只能在稅後利潤中分配，無法獲得稅盾。
可轉換債券	①避免賤賣資產。在不考慮出現送股、增發等情況下，由於可轉換債券的轉股價格總是高於發行前 30 個交易日內的股票收盤價價算術平均價並隨著公司股價的上漲而不斷上漲，則對於發行方而言，只要債權人選擇轉股，就相當於以高於市價的價格發行股票，在同等股本擴張條件下，則比增發或配股可為發行人籌得更多的資金。 ②業績壓力較輕。股權融資易導致每股盈利水平大幅下滑，而可轉債在 6 個月後方才進入轉股期，有半年的緩衝期；即使進入可轉換期後，為避免股權稀釋過快，上市公司還可以調節轉股頻率，使得股權擴張隨項目收益的逐漸體現而進行，並且隨著投資者的債轉股，企業還債壓力也會逐漸下降。	①可轉換債券方式對股權的稀釋是逐步的，其最終對股權的稀釋要視其能否轉化為股票而定，因而帶有一定的不確定性。 ②若在轉股期結束後仍存在部分可轉債沒有轉股成功，發行企業則將面臨較大的償還本金的壓力，而這時公司股票價格也往往處於低位，再融資難度大。

從表 10.3 可以看出，排除其他有利因素，發行可轉債對於在 2004 年漫漫熊市裡掙扎的萬科 A 來說，也的確是不錯的選擇。事實上，萬科 A 從 2002 年股市進入下跌通道後就曾多次採用可轉債進行融資。再考慮到發行可轉債的債券利率遠比發行普通公司債券要低，也能合理避稅，因此發行可轉債進行項目融資也就成為不二選擇。

（3）投資該可轉債的動因分析。

對於投資者而言，投資該可轉債就意味著不得不接受比普通公司債券低得多的利息收

---

① 增發與配股相比，本質上沒有大的區別，都是股權融資，只是操作方式上略有不同而已，故本書將兩者合起來介紹。

入，那麼其投資動因何在呢？這可以從以下幾個方面進行分析：

首先，該公司歷年來被中國銀行、中國建設銀行、中國農業銀行、招商銀行等各家銀行授予 AAA 的資信等級，截至 2004 年 6 月 30 日，公司總負債為 75 億元，其中流動負債為 64.27 億元，占總負債的 85.6%，主要為銀行借款、應付帳款以及預收款項等正常經營負債，無重大已到期仍未償還的債務，因此該可轉債債券利息及本金的償還應該不存在較大風險。

其次，從公司所處的房地產行業來看，仍保持著快速理性增長的勢頭，特別是公司主要產品——商品住宅，保持良好的發展態勢，銷售均價總體呈上揚態勢，變化漸趨平穩，國內住房金融服務發展潛力巨大，有力地保證了住房消費的增長。而萬科 A 已經憑藉規模優勢、成熟的管理和品牌優勢成為行業的領先者，伴隨著經濟週期和股市調整過程的結束，其股價一定會有著較大上漲空間。因此，投資該可轉債既可以獲得固定的利息收入，又有機會獲得股價上漲帶來的資本利得，可謂是「可攻可守」的投資策略。

（4）結論

可轉換債券的神奇之處在於它只是簡單地借助看漲期權一項工具，就實現了債券融資和股權融資之間的轉換，而表面的「債性」和「股性」實際上深刻地決定著公司的財務結構，對公司的經營現金流產生著重要影響。當資本市場借貸利率很高或企業收益暫時欠佳的情況下，它可以使企業實現低成本融資。而當企業有了一定的發展，股票具有高成長性預期時，可轉換債券將完成轉換過程，企業不需要面臨因還本付息而導致的資金週轉困境，權益資本代替了債務資本，資本結構在這種動態過程中實現了優化。這是其他融資工具所不具備的獨有特徵，而這一切奇妙變化來源於債券內嵌的看漲期權。

使用金融工具的重要目的在於實現資源的跨期有效配置，考慮到可轉換債券的獨特現金流安排，可利用其為處於創業階段的高新企業提供有效的融資服務。前期項目投資大、效益差，因此只需要支付少量利息；而後期項目回報豐厚，公司股價上揚時，實施轉股，充分享受資本利得收益。當然，這其中自然包含了更大的投資風險，也對可轉換債券的持續期提出了更長的要求，需要投資者進行深入分析。

三、可贖回的可轉換債券

可贖回的可轉換債券，事實上就是附加了可贖回條款的可轉換債券。具體而言，就是指該債券的發行人被允許在債券到期日前，以事先確定的價格按照債券招募說明書中規定的方式發出贖回通知，贖回已發行的部分或全部債券。

（一）背景知識

《上市公司發行可轉換公司債券實施辦法》的相關條款規定，可轉債發行人每年可按約定條件行使一次贖回權。每年首次滿足贖回條件時，發行人可贖回部分或全部未轉股的可轉換公司債券。但若首次不實施贖回的，當年不應再行使贖回權。同時，發行人在行使

贖回權時，應在贖回條件滿足後的 5 個工作日內，在中國證監會指定報刊和互聯網網站連續發布贖回公告至少 3 次，贖回公告應載明贖回的程序、價格、付款方法、時間等內容。贖回公告發布後，不得撤銷贖回決定。贖回期結束，應公告贖回結果及對發行人的影響。

贖回是發行方在債券到期前償還債務的一種方法，帶有強制性。贖回條款是基於可轉換債券市價的看漲期權，是絕對有利於發行人的條款。同時，贖回條款限制了可轉換公司債券持有人的潛在收益。此外，發行人在股價大幅高於換股價的情況下行使贖回權，可以達到迫使投資者將債券轉換為股票的目標。

（二）案例

案例 10.3

萬科 A（000002）2004 年 9 月發行的可贖回可轉換債券

1. 案例資料

萬科 A（000002）2004 年 9 月可轉債募集說明書中的可贖回條款（提前贖回）如表 10.4 所示。

表 10.4　萬科 A（000002）2004 年 9 月可轉債募集說明書中的可贖回條款（提前贖回）[①]

| 贖回條款 | 1. 有條件的提前贖回
可轉債發行後 6 個月內，公司不可贖回可轉債。在本次發行的可轉債的轉股期間，如果公司 A 股股票連續 30 個交易日中累計 20 個交易日的收盤價格高於當期轉股價的 130%，則公司有權以面值加當期利息的金額贖回全部或部分未轉股的可轉債。若在該 30 個交易日內發生過轉股價格調整的情形，則在調整前的交易日按調整前的轉股價格和收盤價計算，在調整後的交易日按調整後的轉股價格和收盤價計算。公司每年（付息年）可按上述條件行使一次贖回權，但若首次不實施贖回，公司當年（付息年）將不再行使贖回權。
公司行使贖回權時，在贖回條件滿足後的 5 個工作日內在公司指定信息披露報刊和互聯網網站連續發布 3 次贖回公告，通知持有人有關該次贖回的各項事項，並在贖回日按約定條款進行贖回。
當公司決定執行全部贖回時，在贖回日當日所有登記在冊的可轉債將全部被凍結。
當公司決定執行部分贖回時，對所有可轉債持有人進行等比例贖回。每個可轉債持有人的被贖回額按 1,000 元取整數倍贖回，不足 1,000 元的部分不予贖回；如某一可轉債持有人按該贖回比例計算的贖回額不足 1,000 元，則該可轉債持有人所持可轉債不被贖回。
2. 提前贖回的手續
公司將委託深圳證券交易所通過其清算系統代理支付贖回款項。公司將在贖回日之後的 3 個交易日內將贖回所需資金劃入深圳證券交易所指定的資金帳戶。
深圳證券交易所將在贖回日後第 5 個交易日辦理因贖回引起的清算、登記工作。贖回完成後，相應的贖回可轉債將被註銷，同時深圳證券交易所將按每位持有人應得的贖回金額記加持有人帳戶中的交易保證金。未贖回的可轉債，於贖回日後第 1 個交易日恢復交易和轉股。 |

資料來源：中銀國際證券有限責任公司網站。

[①] 通過在前文案例——普通可轉換債券基礎上，加上可贖回條款，來討論可贖回的可轉換債券，可以更清楚、更集中地分析贖回條款對可轉換債券的影響。

2. 案例分析

（1）發行可贖回的可轉債動因分析。

首先，當市場利率下調後，可轉換債券發行人能夠以更低的成本籌資。在市場利率下降或貼現率下調幅度較大時，對發行人來說，贖回已發行的可轉換公司債券，再進行新的融資安排顯得十分合算。

其次，通過發布贖回公告，促使投資者將債券轉換為股票。這是因為可轉換公司債券上市後，其市場價格同股票價格保持著密切的相關關係，而且可轉換公司債券的市場價格所對應的實際轉股價格同市場股票價格一般保持著一定的溢價水平。也就是說，在實際交易中，當時購買的可轉換公司債券立即轉股不可能即刻獲利。在這種情形下，可轉換公司債券的持有人沒有必要也沒有理由把可轉換公司債券轉換成股票，轉股的目的就難以實現。為此，發行人通過設計可贖回條款促使可轉債持有人轉股，以減輕發行人到期兌付可轉債本息的壓力。

（2）投資可贖回的可轉債動因分析。

從前述贖回條款設置可以看出，內嵌的贖回條款相當於投資者向債券發行方賣出了一個期權，本質上限制了可轉換公司債券持有人的潛在收益，但同時在理論上將得到一個期權費，體現在可轉換債券的票面利率上。換句話說，可贖回的可轉債票面利率應該要比不含可贖回條款的可轉債票面利率高，但也就喪失了股價上漲帶來的轉股潛在收益，而這正是可轉債吸引人之處。因此，對於投資者而言，可贖回條款的設置並不具有太大的吸引力。

（3）結論

通過附加並實施可贖回條款，可轉債的發行方擁有了更多影響債券現金流的手段，更好地滿足了發行目的，而這只用通過內嵌期權的方式便可以實現，又一次展示了金融工程技術的巨大魅力。

第二節　結構性理財產品

結構性金融產品（Structured Product），是指將債券收益特徵與衍生交易（期權合約或期貨合約）收益特徵融為一體的金融產品[1]，因其衍生交易部分的個性化設計而著稱。這種利用金融工程技術設計的產品，在20世紀80年代的低利率背景下，由美國的投資銀行和商業銀行推出，行銷全球，至今不絕。在結構性金融產品中，面向普通投資者銷售的結構性理財產品更是受到了廣泛的歡迎。

---

[1] 劉莉亞、邵斌．結構化金融產品[M]．上海：上海財經大學出版社，2002：1．

在中國，結構性理財產品的發展速度驚人。據中國社會科學院金融研究所的理財評價與設計團隊研究統計，2007年全年，中國大陸中外資銀行共計發行了3,062款理財產品，2008年這一數字達到了4,456款，而僅在2009年上半年，全國70家商業銀行就發行了2,431款理財產品；而在這些理財產品中，結構性理財產品占據了1/3的市場份額。

國內銀行理財產品市場的出現與跨越式發展有著深厚的背景，這包括「金融脫媒」的大趨勢、世界範圍內的流動性過剩、預期不斷攀升的通貨膨脹水平、國內普通民眾缺乏充足的投資渠道和商業銀行擁有的龐大行銷網路等。此外，中國商業銀行多年來通過穩健經營獲得的良好聲譽，也是推動著理財產品市場迅速發展不可忽視的力量。

目前國內較為普遍的結構性理財產品，從產品風險暴露的大小分類，可以分為固定收益型、保本浮動收益型以及非保本浮動收益型；從產品收益掛勾對象（標的資產）的種類分類，可以分為利率-權益型（與股票指數或是藍籌股資產池收益掛勾）、利率-匯率型（與某幣匯率水平掛勾）以及利率-商品型（與大宗商品期貨價格掛勾）[1]。接下來，我們將從產品收益掛勾的不同對象的角度，逐一選擇每類中的典型產品進行分析。

一、利率-權益型理財產品

利率-權益型理財產品的收益特點是無論產品是保本的或是非保本的，其收益往往會同某一股票指數或是某一籃子股票價格相聯繫。比較普遍的產品收益形式是當對應某一股票指數或是籃子股票價格上漲時，產品收益也就跟著以一定的比例上漲，反之則反是。當然，如果是逆向與股票指數或是籃子股票價格掛勾，則當對應某一股票指數或是籃子股票價格上漲時，產品收益反而會以一定比例下降，反之則反是。

（一）背景知識

目前收益與權益掛勾的理財產品一般有兩種形式：一種是「打新股」的信託類理財產品，另一類是本書所討論的利率-權益型結構性理財產品。前者反應了中國新股發行制度的一些缺陷，即詢價制度流於形式導致的「新股不敗」、發行過程中過度向機構投資者傾斜、以資金多寡作為配售依據，這些不足使得打新股產品的收益積少成多，在一二級市場之間獲取超額利潤，因此這類產品深受歡迎。但隨著中國資本市場制度的逐步完善，這類產品也會漸漸退出大眾的視野。後者則是充分利用了金融工程技術，將標的物為股票指數或是一籃子股票的期貨、期權合約等嵌入理財產品，在股票市場行情看漲、大眾開始將銀行存款取出轉向股市投資時，該類理財產品往往就成為商業銀行穩定客戶資源的重要手段。

---

[1] 詳細情況可以參考中國社會科學院2006年、2007年和2008年發布的《銀行理財產品評價報告》。

(二) 案例

案例 10.4

民生銀行非凡理財人民幣十二期產品

1. 案例資料

民生銀行非凡理財人民幣十二期產品產品說明書（摘要）如表 10.5 所示。

表 10.5　　民生銀行非凡理財人民幣十二期產品產品說明書（摘要）

產品收益掛鈎標的物	中國工商銀行股份有限公司（H股）；中國銀行股份有限公司（H股）；中國建設銀行股份有限公司（H股）；招商銀行股份有限公司（H股）；交通銀行股份有限公司（H股）；中國人壽保險股份有限公司（H股）；中國人民財產保險股份有限公司（H股）；中國平安人壽保險股份有限公司（H股）
產品收益率計算方法	理財收益率按照公式 32%−(B−W) 來計算，理財收益率最低為 0，即如果 32%−(B−W) 小於 0 則理財收益率為 0； B = 最好的三只股票的平均表現，即按照各只股票表現值進行排名，排名前三位股票的平均表現； W = 最差三只股票平均表現，即按照各只股票表現值進行排名，排名最後三位股票的平均表現 股票表現值：就每一掛鈎股票而言，該股票的表現值為[（期末觀察日當日收盤價 / 初始觀察日當日收盤價）−1]×100%
期限	2 年（2006 年 12 月 8 日～2008 年 12 月 8 日）
觀察日	初始觀察日：2006 年 12 月 8 日 期末觀察日：2008 年 12 月 4 日
產品風險提示	利率風險：人民幣利率的波動可能導致客戶收益低於以定期存款或其他方式運用資金而產生的收益； 市場風險：掛鈎股票的價格波動對本產品的收益存在決定性影響，中國民生銀行對掛鈎股票價格的未來表現不提供任何擔保或承諾； 流動性風險：本產品不允許客戶提前支取，客戶違約提前支取將無法獲得任何理財收益並且會發生本金損失
是否保本	無論產品最終收益如何，投資者本金不受任何損失

資料來源於：民生銀行網站

2. 案例分析

（1）產品基本情況

該產品屬於保本浮動型理財產品，這是頗受投資者青睞的形式。投資者的本金在產品到期日將會 100% 償還，而收益將為一個非負數，這符合大多數人的投資偏好。

該產品最吸引人的地方也最讓人迷惑的地方，在於它獨特的收益率計算方法：「理財收益率按照公式 32%−(B−W) 來計算，理財收益率最低為 0，即如果 32%−(B−W) 小於 0 則理財收益率為 0；B = 最好的三只股票的平均表現，即按照各只股票表現值進行排名，排

名前三位股票的平均表現；W=最差三只股票平均表現，即按照各只股票表現值進行排名，排名最後三位股票的平均表現。」如果 B 和 W 之間差距很小直至為零的話，則該理財產品將獲得最大為 32%的收益率；如果 B 和 W 之間的差距逐漸變大，直至大於 32%的話，則理財產品收益率為零。但這樣的表述對投資分析作用不大，畢竟在日常投資中，投資於股票價格之間變動差異的策略並不常見。

事實上，如果將收益率計算公式變形為 32%+W-B 的話，我們可以對這款產品收益有著更深刻的認識：32%為最優收益率水平，加上 W（該組合中回報率最差三只股票的平均回報率，值得注意的是，W 的理論值可以為負數），再減去 B（該組合中回報率最優的三只股票的平均回報率）。換句話說，該理財產品的收益將是得到投資組合中最差的股票收益，並支付組合中最優的股票收益率，作為對這種只有義務沒有權利的不對稱投資（考慮 W-B 始終是個非正數），產品事先給予投資者 32%的補償。

因此，投資該理財產品的投資者事實上是向發行方賣出了一個複雜期權，所承擔的義務是向發行方補償其投資組合（產品說明書中提到的 8 只金融行業股）中的最壞投資收益，並向發行方支付投資組合中的最優投資收益，即發行方在得到了組合最好股票收益率的同時，還有權將最壞的股票投資收益向投資者換取最好的股票投資收益；而為了獲取這樣的權力，理財產品發行方向投資方支付了以 32%收益率計算得到的期權費。

（2）發行該理財產品的動因分析。

發行方銀行在設計這款產品時，理論上有兩方面的動機：一是為其持有的 8 只金融行業股票組合資產池提供風險管理工具，二是達到吸收存款的目標。但第一種動機的可能性不大，原因有三：第一，若是出於投機性質持有以上 H 股，則可以選擇更便宜、更方便的套期保值手段（如指數期貨）進行風險管理，而不必使用該款理財產品進行風險對沖——畢竟該理財產品內嵌的期權是歐式的，而事實上，如果存在 W<B<0 的情況時，該理財產品的套期保值效果也並不理想；第二，若是出於戰略投資意義持有以上 H 股，該理財產品 2 年的續存期也略顯短暫；第三，對發行方銀行的硬件水準和人員配置有較高要求。

事實上，第二種動機才是目前眾多銀行發行結構性理財產品的主要目的。為了更清楚地說明問題，我們先來介紹眾多結構性理財產品的基本運作原理：以理財產品投資方為內嵌期權買入方為例，產品設計部先將公眾投資理財產品的資金匯聚起來作為儲蓄存款上繳銀行總行，銀行總行按照內部資金轉移定價原理給予該筆資金一個固定利息，產品設計部再用該利息收入作為期權費，在國際衍生品交易市場上尋在適當的交易對手，以購買相應產品的內嵌期權，從而實現理財產品的構建。值得注意的是，銀行總行支付固定利息的時間為理財產品的到期日，因此產品設計部事實上是在期末支付的期權費，清算手段是與交易對手進行軋差。最後，銀行將所得收入扣減相關費用後支付給理財產品投資者。由於上文所討論的理財產品的投資方為內嵌期權的賣出方，因此銀行總行支付的利息將被算入期

權費收入（32%）中，其他操作原理相同。換句話說，民生銀行在發行此類理財產品時，實際上是進行了一個產品「組合式」生產：產品保本部分的收益由銀行自己提供，而產品收益（衍生品）部分則採用「外包」形式，通過購買外國銀行產品來實現。由於中國銀行業發展水平所限，目前國內商業銀行幾乎都是採用這樣的「外包」形式設計結構性理財產品。

通過發行這樣的結構性理財產品，民生銀行高效地吸收了居民儲蓄存款，對推動銀行負債業務發展起到了重要作用。這對視存款為生命線的商業銀行而言，具有極大的吸引力。這也就是眾多商業銀行大量發行理財產品的根本動因。

（3）投資該理財產品的動因分析

只要相信股票資產池中的8只金融業股票收益具有較好的相關性（相關統計檢驗略），就可以進行投資。但值得注意的是，該項投資策略比較複雜，並且存在著較大的流動性風險，對投資者的H股投資經驗有著較高要求。

（4）結論

通過該理財產品，發行方銀行成功實現了拉動儲蓄存款的目標，而投資者也獲得了投資H股的機會，但需要結合當時市場情況慎重考慮。

二、利率-匯率型理財產品

利率-匯率型理財產品是將理財產品的收益與某一貨幣對的匯率變化相掛勾，本質上和上文中提到的利率-權益型理財產品差異不大。但從已發行的產品來看，掛勾匯率的結構性理財產品的內嵌期權形式通常比較簡單，並不像掛勾股票類理財產品那麼複雜，其主要有設置區間交易型和看漲型兩種類型，並且以區間型的產品最多，看跌型的產品數量極少。

（一）背景知識

利率-匯率型理財產品一般以外幣進行認購，在中國理財產品市場發展初期曾經獨領風騷。事實上，2003年，由一些外資銀行開始銷售「外匯結構性理財產品」正是中國公眾首次接觸到的理財產品。同年10月，中國銀行也推出了一系列以「匯聚寶」為品牌的外匯理財產品。這主要是因為外匯市場是全球最大的金融市場，擁有眾多交易對手和大量交易產品，而中國銀行還處於理財產品業務發展早期，自身設計能力有限，因此多採用「外包」方式設計理財產品，數量眾多的外匯交易產品就很自然地成為理財產品選擇的「合作對象」。而伴隨著中國理財產品市場的逐步發展和在發展中頻繁遭遇到「零收益」或「負收益」事件影響，利率-匯率型理財產品的市場份額已經大幅下降。我們接下來對利率-匯率型理財產品中最為典型的區間交易型產品進行分析。

(二) 案例

案例 10.5

荷蘭銀行「多區間累計」匯率掛勾結構性理財產品

1. 案例資料

荷蘭銀行「多區間累計」匯率掛勾結構性理財產品如表 10.6 所示。

表 10.6　　荷蘭銀行「多區間累計」匯率掛勾結構性理財產品

期限	6 個月
產品類型	保本浮動收益型
募集期	2009 年 7 月 14 ~ 2009 年 7 月 21 日
起息日	2009 年 7 月 30 日
付息日	2010 年 1 月 30 日
付息方式	到期一次性付息
本金	50,000 澳元
投資幣種	澳元
掛勾對象	銀行間電子交易系統 EBS 上連續觀察到的澳元兌美元即期匯率
波動區間設置	第一區間：[-0.015+期初匯率，期初匯率+0.015] 第二區間：[-0.030+期初匯率，期初匯率+0.030] 第三區間：[-0.045+期初匯率，期初匯率+0.045]
收益率設定	第一區間對應的年化收益率為 4.50% 第二區間對應的年化收益率為 3.75% 第三區間對應的年化收益率為 2.75%
觀測期	投資期內的 133 個定息日，對應產品有效期內的每一個工作日
計息方式	參考匯率的每日收盤價如果突破某一區間，則該波動區間停止累積天數；投資者到期獲得：50,000+25,000×[（第一波動區間累計天數/定息日總數）× 4.50%+（第二波動區間累計天數/定息日總數）× 3.75%+（第三波動區間累計天數/定息日總數）× 2.75%]

資料來源：荷蘭銀行（中國）網站

2. 案例分析

（1）產品基本情況。

在利率-匯率型理財產品的收益形式上，設置區間交易是一種普遍情況。具體來說，其可以分為交易區間終止型和交易區間累積型兩種基本類型。需要指出的是，市場上還有著一些兼有這兩種類型收益特徵的理財產品，但都只不過是基本類型的變形。

①產品類型之一——交易區間終止型。

此類產品往往對一種或多種基礎資產的價格分別設立單層或多層變動區間，每一變動區間對應著不同的收益率。區間和對應收益率水平設定的一般規律是設定得越寬的區間，

對應的投資者收益率往往越低或越高，這取決於產品設計是基於投資者對基礎資產價格未來波動水平看多還是看空的判斷。產品最終收益的計算規則是以看空波動水平的產品為例，若基礎資產價格在理財產品有效期間內的任何時間都處於最小區間，投資者拿到對應相對較高的報酬率；而在產品有效期間內的任何時間裡，只要基礎資產的價格超過最小區間的限制，落入第二個較寬的區間，則投資者拿到相對較低的報酬率，並以此類推；而一旦最寬的區間被突破，產品終止。

計算產品最終收益的方法是：產品本金×收益率×產品發行到終止前的時間長度[1]。根據波動區間的設置不同，交易區間終止型還可以分為金字塔區間型和上/下階梯區間型兩種，其區間與對應收益率設置情況，以看空波動率水平的產品為例，可以用圖10.3 和圖10.4 表示

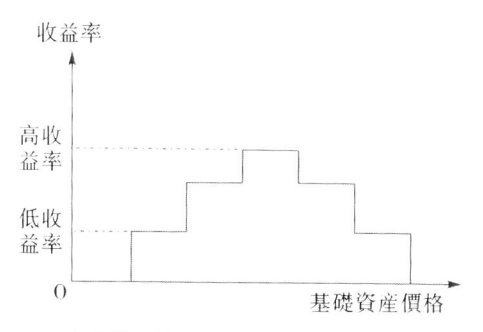

圖10.3　金字塔區間型收益圖（「塔」的層數可以調整）

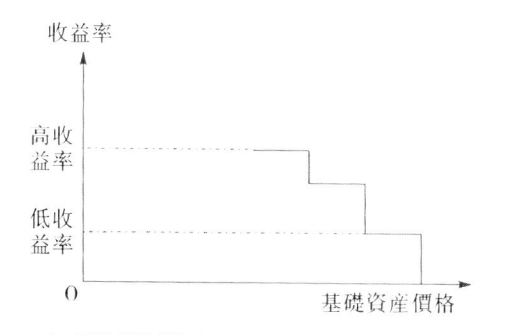

圖10.4　上/下階梯區間型[2]收益圖（「階梯」的層數可以調整）

交易區間終止型產品在市場上頗為常見，典型的例子有：中信貴賓理財——金價區間觸發型產品（2006 年發行）；中國銀行「匯聚寶」系列產品——0602B「美元金易求金」（2006 年發行）；等等

---

[1]　一般採用單利計算法。
[2]　上/下階梯區間收益型的圖形基本類似，只需要做一對稱調換即可，故此處只描述了下階梯形區間收益型產品的圖形。

②產品類型之二——交易區間累積型。

交易區間累積型產品的區間設定規則和交易區間終止型的區間設定規則基本相同，但是累積型產品的最終收益計算規則有以下新特點：在產品有效期內的每一天裡，以資產價格是否落在區間內，計算當天是否可以得到對應的收益率；等到理財產品有效期滿，計算過去每天的資產價格落在哪個區間及在各區間的累計天數，落在某一區間內的天數越多，則表明投資者可以賺取越多對應該區間的收益率，以此類推。產品總收益率計算公式為：

$$\sum_{i=1}^{z} \frac{x_i\%}{N} \times Y_i$$

其中，z 為產品波動區間的數目，$x_i\%$ 為對應 i 區間的收益率，Y_i 為產品有效期內落入 i 區間的天數，N 為產品有效期內的總天數。

換句話說，此類產品的最終收益率，不但受到基礎資產價格個別時間的波動情況的影響，更受到了有效期內資產價格波動的平均水平影響。以看多波動水平型產品為例，其最終收益率①用圖 10.5 和圖 10.6 共同表示。

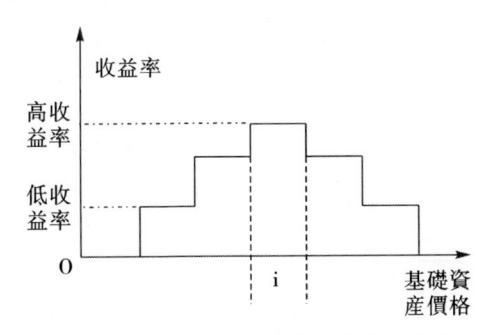

圖 10.5　波動區間累計型每天的收益率圖

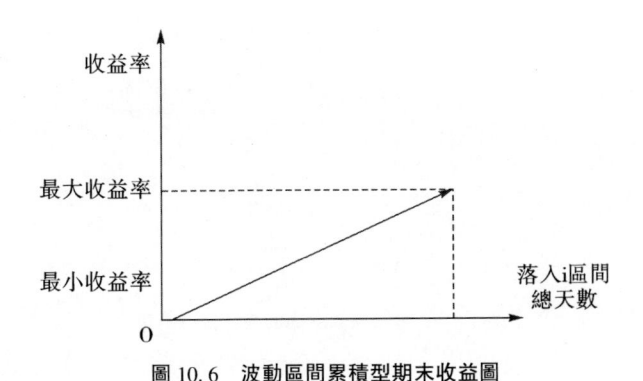

圖 10.6　波動區間累積型期末收益圖

---

① 這裡使用金字塔區間收益型，但並不失一般性。在計算產品最終收益時，還需要將圖 10.6 中的 z 個收益率相加，才可得到理財產品的最終收益率。

從上面的產品介紹中可以發現，區間觸發型產品只不過是區間累計型產品的特例。也就是說，對波動率交易型產品的研究可以簡化為對區間累計型產品的研究。區間累計型產品在市場上也很常見，比較典型的例子有招商銀行「外匯通」理財計劃金卡系列 15 號（2005 年發行）等。

但很明顯，本案例中的理財產品並不屬於標準的區間觸發型或是標準的區間累計型，而是屬於前面提到過的產品基本類型的變異情況。從產品具體條款的設置來看，仍可將該產品歸屬於區間累計型，只不過該產品的波動區間設置存在著以下附加條件：如果前期匯率水平曾經突破過較窄的區間限制，則較窄的區間和對應的收益率限制被取消，而在計算此後的收益率時，只考慮未被擊穿過的較寬區間和對應的收益率限制。

（2）發行該理財產品的動因分析。

發行該產品的銀行的主要目的是吸收存款，詳見前述相關內容。

（3）投資該理財產品的動因分析。

投資該產品的投資者需要分析產品續存期內的澳元兌美元即期匯率波動情況；如果波動情況較小，則投資該產品不失為好的選擇；如果波動情況比較大，則投資該產品就將面臨零收益的結果。匯率波動情況可以用標準差進行表示，我們選擇 2001 年 10 月 28 日～2009 年 7 月 20 日[1]，銀行間電子交易系統 EBS 上連續觀察到的澳元兌美元即期匯率收盤價[2]為樣本值，使用 Eviews 5.0 進行統計分析。圖 10.7 匯率序列的描述統計分析表明，相

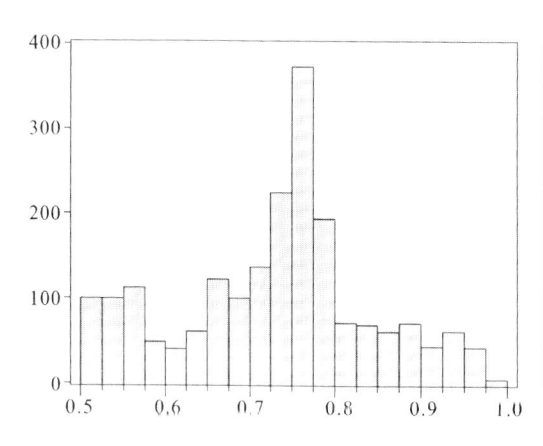

圖 10.7　澳元匯率序列的描述統計結果

1　因為產品的募集期是 2009 年 7 月 14 至 2009 年 7 月 21 日，投資者即使是在最後一天進行投資決策，所依據的數據也只能到 7 月 20 日，因此選擇 2009 年 7 月 20 日為數據截止日期；匯率價格數據的樣本量總計 2,012 個。

2　由於外匯市場是 24 小時滾動交易，因此實際上並不存在收盤價一說，但為了研究的方便，還是假設每天零點的匯率價格為收盤價；同時，為了簡化，澳元對美元匯率簡稱澳元匯率。

對匯率均值水平 0.728,3 而言,樣本區間的澳元匯率價格波動率不小,標準差達到 0.112,4,最高值為 0.978,4,最低值為 0.503,0,偏度為 -0.156,0,略低於標準正態分佈的偏度(0),說明匯率出現較大跌幅的次數超過出現較大漲幅的次數。

由此,投資者可以大致判斷:本案例提到的理財產品設置的波動區間幅度(第一區間為 0.03、第二區間為 0.06、第三區間為 0.09)和歷史觀察的波動率(0.112,4)相比較,即使考慮正態分佈的情況,如果沒有足夠的理由判斷未來一段時間內澳元兌美元匯率的波動率會明顯下降的話,投資該產品並不明智。

(4)結論。

通過該理財產品,發行方銀行成功實現了拉動儲蓄存款的目標,而投資者獲得了投資澳元對美元匯率波動區間的機會,但需要結合當時市場情況慎重考慮。

三、利率-商品型理財產品[①]

在美國次債危機後,由於美元貶值和世界經濟復甦勢頭明顯,特別是尚處於高速經濟建設中的發展中國家對能源、工業原料以及食品的需求增長強勁,國際大宗商品交易的現貨和期貨價格進入了快速上升通道,自然拉動了對利率-商品型理財產品的市場需求。

案例 10.6

平安銀行安盈理財 0913——跟蹤石油指數人民幣理財計劃

(一)案例資料

平安銀行安盈理財 0913——跟蹤石油指數人民幣理財計劃基本資料如表 10.7 所示。

表 10.7　　平安銀行安盈理財 0913——跟蹤石油指數人民幣理財計劃

產品類型	保本浮動收益理財計劃
理財幣種	人民幣
理財期限	548 天
理財起點	人民幣 5 萬元,追加部分應為萬元的整數倍。
理財起止日期	2009 年 4 月 24 日 ~ 2010 年 10 月 24 日
收益特點	理財收益率區間 [0.54%, 8.00%],本產品掛勾標的為美國石油基金 [美國石油基金(本理財計劃掛勾標的)是通過遠期合同、期貨和掉期方式來反應美國西德克薩斯州石油價格的交易型開放式指數基金],每日觀察,到期清算收益。保底理財收益率為 0.54%,封頂理財收益率為 8.00%
安全保障	本金 100% 安全,提供最低收益保障

---

① 從前面的介紹中大家可以發現,結構性理財產品鑒於其掛勾對象的不同可以分為諸如利率-匯率型理財產品、利率-權益型理財產品等,自然也包括本節的利率-商品型理財產品。因此,為了避免重複介紹,本節將借助案例,著重開始介紹對保本型理財產品進行定量分析的一般方法,以提高讀者對理財產品的分析能力。

表10.7(續)

提前終止權	銀行和投資者均無提前終止權
產品收益計算方法	理財收益率 = max[0.54%, 8%×(n/N) - 2%×(1-n/N)] n = 理財存續期內，收盤價格 P_i 等於或高於累計價格 F_i 的交易天數； N = 理財存續期內，交易日總天數； 理財收益 = 理財本金×理財收益率，單位理財產品份額收益精確到小數點後4位； 到期收益率最低為0.54%，最高為8.00%；平安銀行在理財計劃到期後按上述公式計算理財收益後，向投資者分配
相關名詞定義	收盤價格 P_i 指掛勾標的在理財存續期第 i 交易日（指交易所正常交易日）收盤價格； 累計價格 F_i 指理財存續期第 i 交易日的比較基準價格； $F_i = (100\% + 0.1\% \times D_i^1) \times P_0^2$ ①D_i 指從理財起始日第二天起至第 i 交易日的自然日天數； ②P_0 指掛勾標的在理財起始日當日的收盤價格

資料來源於：平安銀行網站

(二) 案例分析——產品預期收益的定量分析模型

從產品說明可以知道，該產品是保本型的結構性理財產品，在國內市場上頗受投資者青睞。我們重點介紹如何對該類理財產品的預期收益進行定量分析。

保本型結構性理財產品（以下簡稱產品）往往包括了固定收益部分（債券）和衍生交易部分（內嵌期權）。不妨設產品的面值，即期初價值為 V_0，固定收益部分的最終價值為 B_1，衍生交易部分預期的期終價值[1]為 $E(C_1)$，而產品預期最終價值 V_1，即滿足如下公式：$V_1 = B_1 + E(C_1)$。產品的預期收益為 R_1，滿足 $R_1 = V_1 - V_0$。

根據產品說明，平安銀行安盈理財0913——跟蹤行油指數人民幣理財計劃（以下簡稱安盈計劃）的期初價值為 (5+C) 萬元，C 是正整數；產品理財收益率 = max[0.54%, 8%×(n/N) - 2%×(1-n/N)]，對其進行簡單變形可得：

理財收益率 = 0.54% + max[0, 8%×(n/N) - 2%×(1-n/N) - 0.54%]
          = 0.54% + max[0, 10%×(n/N) - 2.54%]

1. 固定收益部分的最終價值計量模型

產品中的固定收益部分是指該產品投資者在初始時刻就知道的、在產品持續期內和產品清算到期時、由商業銀行承諾的固定償付額，而這些固定償付額的期末終值，就是固定收益部分（債券）的最終價值 B_1。

一般來說，計算固定收益部分的最終價值 B_1，可以採用如下公式：

---

[1] 之所以是預期價值，是因為在投資初始時刻，該部分的最終價值並不確定，而是一個期望值形式。出於簡化的考慮，省略期望值符號，只寫成 C_1。

$$B_1 = P + \sum_{t=1}^{N} I_t (1 + i_t)^{N-t}$$

其中，P 為固定收益部分的期末償付值，N 為產品持續期內的支付次數，I_t 為產品持續期內每次支付的固定償付額，i_t 為對應時點上的再投資利率水平①，t 為到期末的投資剩餘時間。特別地，當不存在產品持續期內的償付時，B_1 就直接等於 P。

由此可以知道，安盈計劃的固定收益部分最終價值為 $0.54\% \times (5+C)$ 萬元。

2. 衍生交易部分的期終價值（期望值）計量模型

產品中衍生交易部分的期終價值 $E(C_1)$ 的確定，有著比較繁瑣的過程。很多時候，因為產品說明書往往只給出了計算產品收益率的方法，所以 $E(C_1)$ 需要在計算出衍生交易部分的期終收益率之後才能得到。而為了得到期終收益率的估計模型，又必須先建立與理財產品收益掛勾資產的價格預測模型。因此，我們接下來將討論如何建立資產價格預測模型，然後再討論 $E(C_1)$ 模型的建立步驟。

針對安盈計劃而言，衍生交易部分的期終價值（期望值）為 $E(C_1) = \max[0.10\% \times (n/N) - 2.54\%] \times (5+C)$ 萬元，問題的焦點在於計算出 n 的數值，而 n 等於理財存續期內、美國石油基金收盤價格 P_i 等於或高於累計價格 F_i 的交易天數。收盤價格 P_i 為美國石油基金在理財存續期第 i 交易日（指交易所正常交易日）收盤價格；累計價格 F_i 為指理財存續期第 i 交易日的比較基準價格。$F_i = (100\% + 0.1\% \times D_i) \times P_0$，其中 D_i 指從理財起始日第二天起至第 i 交易日的自然日天數；P_0 指美國石油基金在理財起始日當日的收盤價格。只有模擬計算出收盤價格 P_i 的序列，才有可能得到 $E(C_1)$ 的值。

（1）掛勾資產的價格預測模型。

儘管建立 $E(C_1)$ 計量模型的關鍵步驟是建立掛勾資產的價格預測模型，但從大量的金融學文獻中可以知道，資產價格的時間序列往往並不平穩，並不適合用來直接建模，因此可以考慮先對掛勾資產的未來收益率進行建模，然後將其與資產的期初價格相乘，最後得到掛勾資產的價格預測模型。從安盈計劃說明書中可以知道，由於掛勾資產為美國石油基金（United States Oil Fund LP），因此需要首先對其基金未來收益率進行建模，然後得到基金的價格走勢預測模型。

第一，掛勾資產的未來收益率模型。對資產的未來收益率建模，往往需要用到線性時間序列分析。如果把資產收益率看成隨時間推移而形成的一組隨機變量，就自然得到了一個時間序列 $\{r_t\}$。

簡單自迴歸 $AR(p)$ 模型常被用來對資產收益率序列建模。其一般形式為：

$$r_t = \varphi_0 + \varphi_1 r_{t-1} + \cdots + \varphi_p r_{t-p} + a_t$$

其中，假設 $\{a_t\}$ 是均值為零、方差為 σ_a^2 的白噪聲序列，r_t 是因變量，其餘延遲收

---

① 在投資初期，只能用對應時點的遠期利率進行估計。

益率 r_{t-i}（$i=1, 2, \cdots, p$）為自變量。而 AR（p）時間序列的階數 p，可以通過自相關檢驗決定。

但大量針對金融資產收益率的實證研究表明，方差 σ_t^2 往往並不是恒定的，而且還呈現出波動率聚集效應。前面的分析也指出，由於波動率本身對市場信息高度敏感，因此簡單假設 σ_t^2 為常量並不合理。為了把握住資產收益率的時變波動率特徵，條件異方差自迴歸（General Autoregressive Conditional Heteroscedastic，GARCH）模型經常被用來對資產收益率序列建模。這是因為 GARCH 族模型是公認的、能對金融資產收益率的時變波動率特徵進行比較準確模擬的模型。

GARCH 族模型裡面又包括了 GARCH、TGARCH、EGARCH、PGARCH 和成分 GARCH 等具體的模型形式。基本的 GARCH（p, q）模型有著如下形式：

$$r_t \mid I_{t-1} = \mu(r_{t-1}, \cdots, r_{t-k}, x) + e_t \quad (10.1)$$

$$e_t \mid I_{t-1} = \sigma_t \varepsilon_t \quad (10.2)$$

$$\sigma_t^2 = a_0 + \sum_{i=1}^{p} a_i e_{t-i}^2 + \sum_{i=1}^{q} \beta_i \sigma_{t-i}^2 \quad (10.3)$$

其中，r_t 代表著資產收益率；σ_t 代表著在已有信息集合 I_{t-1} 的條件下、預期在第 t 個單位時間的條件波動率水平；$\mu(\cdot)$ 是條件均值函數；k 為滯後階數；x 是影響 r_t 的其他因素；ε_t 代表著均值為 0、方差為 1 的獨立同分佈隨機變量。由於金融資產收益序列往往表現出比較明顯的厚尾現象，因此不少研究認為 ε_t 除了可以服從正態分佈外，還可以服從那些有著厚尾特徵的分佈，如 t-分佈、廣義誤差分佈（Generalized Error Distribution，GED）等。

第二，產品掛勾資產的價格預測模型。在得到美國石油基金的未來收益率模型後，我們就可以借助以下方法得到對應的美國石油基金的價格預測模型。

首先，設定方程中殘差 e_t 的初始值 e_0 和方差 σ_t^2 的初始值 σ_0^2，通過式（10.3），計算出第一個方差 σ_1^2，將 σ_1^2 帶入式（10.2），同時利用相應的計算機程序產生隨機數 ε_t，這樣就可以得到 e_1，並進而得到 r_1。

其次，將產生的 e_1 和 σ_1^2 重新帶入式（10.3），並以此類推，就可以得到整個的未來收益率時間序列。

最後，通過價格和收益之間的確定性關係推出美國石油基金未來價格時間序列。

（2）衍生交易部分的期終價值 $E(C_1)$ 模型的建立

在以上研究的基礎上，建立衍生交易部分的期終價值 $E(C_1)$ 模型的具體步驟如下：

首先，利用美國石油基金的價格預測模型，借助計算機程序模擬，得到第一條完整的、在產品有效期內的資產價格變動軌跡。

其次，依據產品事先約定的收益率確定方法，結合已經得到的未來資產價格時間序列，確定在第一條模擬資產價格變動軌跡下的該部分期終收益 $C_{1,1}$。

再次，將以上過程進行 n 次，產生 n 條基礎資產價格可能路徑，計算出每條基礎資產價格可能路徑下的該部分期終收益 $C_{1,t}$。

最後，將模擬得到 n 個到期價值加以算術平均，便得到了產品中衍生交易部分的期終價值 $E(C_1)$，即 $C_1 = \frac{1}{n}\sum_{i=1}^{n} C_{1,t}$。

需要進行以下兩點說明：

一是產品中衍生交易部分期終價值計量模型的建立中，利用了蒙特卡羅（Monte Carlo）方法，該方法是在大數定理和中心極限定理保證下，實現對期望值（積分式）的離散變換：

$$E(C_1) = \int_a^b C_1(x)dF(x) \Rightarrow \hat{C}_1 = \frac{1}{n}\sum_{i=1}^{n} C_{1,i}, \quad \hat{C}_1 \xrightarrow{n\to\infty} E(C_1)$$

其中，C_1 是 x 的確定性函數；a 和 b 是 x 取值的變動範圍；$F(x)$ 是 x 的累積概率分佈函數；$\hat{C}_1$ 是 $E(C_1)$ 的樣本值，隨著 $n\to\infty$ 而無限趨近於 $E(C_1)$；x_i 是對 x 取值的一個樣本點。

二是本書所指的產品中衍生交易部分的期終價值研究和該部分的期初價值研究有著完全不同的研究假設。對於期初價值研究來說，計量模型的建立完全等價於期權定價模型的建立，採用的方法有求偏微分方程定解問題和風險中性（等價鞅）定價方法兩種。借助哥薩諾夫定理（Girsanov Theorem）兩者還可以實現轉換。這意味著在建立該部分期初價值模型時，就已經暗含著是在風險中性的金融市場中建模、其投資者有著風險中性偏好等前提假設。而對於期終價值研究而言，從前文可以看出，並沒有進行關於投資者風險偏好的任何假設，所有數據、討論過程以及研究結果都是建立在真實的金融世界裡。換句話說，絕不能認為將衍生交易部分的預期最終價值以無風險利率折現後，就可以得到期初價值。

3. 產品的期望收益和預期收益率

在得到安盈計劃產品的固定收益部分期終價值 B_1 和衍生交易部分期終預期價值 $E(C_1)$ 後，加總兩者，就得到了產品的預期期終價值 V_1；產品的期望收益為 $V_1 - V_0$；預期投資收益率為 R_T，$R_T = \frac{V_1 - V_0}{V_0} \times 100\%$。

當然，單憑 R_T 的水平很難進行產品的投資決策，但可以通過以下方法輔助投資篩選：由於投資理財產品承擔了一定的投資風險，因此投資收益率應該包含著風險溢價水平。換句話說，如果計算出的 R_T 值反而比產品投資期內的、對應人民幣的銀行存款利率 $r_{riskless}$ 還小的話，對於普通的理財產品投資者而言，該產品就不值得投資；如果 R_T 值比 $r_{riskless}$ 值要大，則至少說明該產品存在投資的可能，值得投資者對其進行更深入的投資分析。

（三）結論

由於美國石油基金本身是對石油價格的綜合反應，從理論上來說，通過投資該款與美

國石油基金掛勾的理財產品，投資者可以分享石油價格上漲帶來的收益；同時，還可以作為對沖由於石油價格上漲給生活增加的成本的工具。

習題

1. 可轉換優先股也是可轉換證券的一種，查閱資料，試說明其與可轉換債券之間的不同點。

2. 如果在案例——萬科A（000002）2004年9月可轉換債券發行說明書中，加入如表10.8所列條款，請結合所學知識，分析該條款可能對可轉換債券的發行方和投資方產生何種影響，對債券價值的影響又是如何的呢？

表10.8　　　　　　　　　　　　回售條款

回售條款	在可債轉股期間，如果公司A股股票連續30個交易日中累計20個交易日的收盤價格低於當期轉股價的60%時，可轉債持有人有權將其持有的可轉債全部或部分回售給公司。回售價格為面值的101%+付息當年度利息（已含當期利息）。具體為：第一年102%、第二年102.375%、第三年102.75%、第四年103.125%、第五年103.5%。可轉債持有人每年（付息年）可按上述約定條件行使回售權一次，但若首次不實施回售的，當年不應再行使回售權。

3. 平安銀行安盈理財0913——跟蹤石油指數人民幣理財計劃的產品發行說明書中，給出了如表10.9所示的產品收益模擬結果，請利用本章介紹的定量分析知識，分析該產品預期收益到底處於該表情景分析的哪一類中？

表10.9　　　　　　　　　　　　產品收益模擬結果

情景分析	$P_t \geq F_t$累計天數（天）	總交易天數（天）	理財天數（天）	年化理財收益率（%）	實際理財收益率（%）
最差情景	0	375	548	0.36	0.54
較差情景	125	375	548	0.89	1.33
一般情景	250	375	548	3.11	4.67
最好情景	375	375	548	5.33	8.00

4. 案例：某公司可轉換債券發行與轉換分析。

中國某企業（集團）股份有限公司是一個以房地產業為龍頭、工業為基礎、商業貿易為支柱的綜合性股份制企業集團，該公司為解決業務發展所需要的資金，於1992年年底向社會發行了5億元可轉換債券，並於1993年2月10日在深圳證券交易所掛牌交易。該公

司可轉換債券是中國資本市場第一張 A 股上市可轉換債券。

該公司可轉換債券的主要發行條件是：發行總額為 5 億元人民幣，按債券面值每張 5,000 元發行，期限是 3 年（1992 年 12 月~1995 年 12 月），票面利率為年息 3%，每年付息一次。債券載明兩項限制性條款，其中可轉換條款規定債券持有人自 1993 年 6 月 1 日起至債券到期日前可選擇以每股 25 元的轉換價格轉換為該公司的人民幣普通股 1 股；推遲可贖回條款規定該公司有權利但沒有義務在可轉換債券到期前半年內以每張 5,150 元的贖回價格贖回可轉換債券。債券同時規定，若在 1993 年 6 月 1 日前該公司增加新的人民幣普通股股本，按下列調整轉換價格：

$$\frac{(調整前轉換價格-股息)\times 原股本+新股發行價格\times 新增股本}{增股後人民幣普通股總股本}$$

該公司可轉換債券發行時的有關情況如下：

由中國人民銀行規定的 3 年期銀行儲蓄存款利率為 8.28%，3 年期企業債券利率為 9.94%，1992 年發行的 3 年期國庫券的票面利率為 9.5%，並享有規定的保值貼補。根據發行說明書，可轉換債券所募集的 5 億元資金主要用於房地產開發和工業投資項目，包括支付購買 W 地土地款及平整土地費，開發興建中高檔商品住宅樓；購買 S 地土地，興建綜合高檔公司大廈；開發生產專用集成電路及生物工程基地建設；等等。

該公司可轉換債券發行條件具有以下幾個特點：

（1）溢價轉股。可轉換債券發行時該公司 A 股市價為 21 元左右，轉換溢價為 20% 左右。

（2）票面利率較低。3% 的票面利率相對於同期的企業債券利率低了近 7 個百分點，可使該公司的資本成本率下降了 200%；與國外同類企業可轉換債券票面利率相比也低了 1~2 個百分點。

（3）期限較短。該公司可轉換債券的期限設計為 3 年，而其資金投向卻主要是超過 3 年的中長期項目。若債券到期時未能實現轉股，而資金投入又尚未有回報，發行公司將面臨償還巨額本金的資金壓力。

（4）未規定債券贖回的轉股價格上限。雖然按發行條件，該公司有權在最後半年內以每股 5,150 元的溢價贖回債券，但在轉股價格上無上限規定。因此，從理論上說，債券持有人在兩年的可自由轉股的期限內，隨公司股票價格上漲所能獲取的收益不受限制。

（5）轉股價格的合理調整規定時間限制。按國際慣例，可轉換債券的轉換價格在當基準股票受諸如分紅送股、低價配股、股票拆細與合併等情況下的人為稀釋時，可按既定的規則調整股票價格。但是，該公司可轉換債券的設計規定，在可轉換債券發行半年內（即 1993 年 6 月 1 日之前），公司增發新股可按給定的調整公式進行價格調整，而對此段期間以後新發股票的價格調整，發行公告未予以說明與規定。實際上，該公司在 1993 年上半年曾派發股利每股 0.9 元，並按 1：1.3 送紅股。按上述公式，可轉換債券的轉換價格調

整為[(25-0.09)元×26.403萬股+1元×0.3×26.403萬股]/(1.3×26.403萬股) = 19.392元。而在1993年和1994年,該公司的分紅方案分別是10股送7股派1.22元和10股送2.5股派1元,其可轉換債券的轉換價格則沒有進行相應調整。

該公司可轉換債券的上述設計特點,應該說歸因於當時股票市場持續的大牛市行情和高漲的房地產項目開發的熱潮以及該公司可轉換債券設計者對轉股形勢和公司經營業績過於樂觀的估計。從1993年下半年起,由於宏觀經濟緊縮,大規模的股市擴容及由此引發的長時間低迷行情,加之房地產業進入調整階段等一系列的形勢變化,該公司的可轉換債券在轉股中遇到的困難就不足為奇了。

該公司可轉換債券從上市到摘牌,轉換為股票的共計1,350.75萬股,按每股19.392元的轉換價格計算,轉換為該公司A股691.584股,實現轉換部分占發行總額的2.7%。如此低的比率恐怕大大出乎當初該公司可轉換債券發行決策者的意料,更是與該公司經營者的意圖和最初願望背道而馳。毫無疑問,該公司可轉換債券的轉股結果是一個徹底的失敗。

轉換失敗及由此帶來的巨額資金的償還給該公司經營的壓力和負面影響是不言而喻的。在短時期內拿出5億多元的現金,對於一個企業來說是相當困難的。據該公司1995年度的財務報告反應,為了償還這筆巨資,該公司不得不提前一年著手準備,確保資金到位,其間不得不放棄許多的投資獲利機會。該公司在經營上也被迫做出了很大的調整。這些都成為該公司1995年度利潤下降的直接原因。但該公司最終是經受住了考驗,順利完成了可轉換債券的還本付息工作,按期將現金兌付給了該公司可轉換債券的持有人,避免了任何債務違約糾紛。這對於企業的信譽是具有積極作用的。

該公司可轉換債券的轉股雖然是失敗的,但對於公司而言,從總體上看,發行可轉換債券的嘗試並不意味著完全的損失。畢竟該公司可轉換債券為公司提供了利率僅為3%的3年期資金來源,如果不是完全投資於那些長期性的項目,應該能從這筆低成本資金中獲得較高的投資回報。但對於投資者來說,損失是確定無疑的。對於以面值認購的投資者,持有該公司可轉換債券就有直接的利息損失,而對於那些在該公司可轉換債券上市初期從市場上以高於面值甚至以兩倍以上的價格購買可轉換債券的投資者來說,損失就更大。出現這種結局的原因,除了前面提及的諸如股市異常波動、可轉換債券設計缺陷等因素外,投資者本身對可轉換債券性質的認識不足也是一個重要原因。投資者在近乎瘋狂的投機氣氛中,根本不顧及可轉換債券本身特定的收益與風險特徵,當然也不可能理會該公司可轉換債券設計本身存在的缺陷。因此,當股市下跌風潮漸息之後,隨即便是投資損失,這直接反應了投資者投資理念不佳和風險意識不足。

該公司可轉換債券作為中國第一張可轉換債券,其產生的過程充滿了當時的現實因素,它是市場化與行政化結合的產物,它的實踐為中國證券市場提供了大量的經驗與教訓,總結這一實踐,將給後來者提供有益的幫助。

請根據上述案例進行討論：

(1)該公司可轉換債券發行成功而轉換失敗所引發的經驗與教訓是什麼？

(2)假如你是該公司的總經理，你將採取什麼措施改進可轉換債券設計與發行中的失誤？

(3)企業發行可轉換債券時應考慮哪些因素？如果你是該公司的財務經理，你將會向總經理提出何種建議籌措資金？

(4)可轉換債券投資者在購買此類債券時應注意什麼問題？

第十一章 衍生工具的運用和發展

學習提要：金融衍生品體現出的創新理念往往比產品本身更為重要，這充分體現在它的動態發展上。本章我們首先介紹實物期權的相關概念，為大家提供一個基於期權定價基本思想、管理不確定性的思維方式和應用框架；然後介紹旨在完善企業內部約束和激勵機制的管理者股票期權（認購期權）；最後介紹氣候衍生產品、能源衍生產品和保險衍生產品等幾類新型衍生工具。

第一節 實物期權

本書在前面章節中介紹過期權的相關知識，總體來說，期權賦予其持有者一種選擇權（Option），在規定的時間內，按照自身利益最大化的原則進行選擇。當然，購買期權需要付費。換句話說，期權能夠使持有者以一定成本控製他們面臨的風險並確定其收益形態，損失是有限的，但收益（價值增長）的可能性可以無限，這就是期權最具吸引力的特性。

在企業管理中，經營者時刻面臨著眾多投資決策，而且很多投資決策的未來結果是不確定的，因此採用怎樣科學的選擇方式對決策進行比較、篩選是個重要問題。如果在決策過程中運用期權思想，將未來不確定事件視為期權的標的資產，利用期權定價思想將該項決策的價值計算出來，則不失為一種有效的決策選擇方式，這就是實物期權。

一、背景知識

「實物期權」（Real Option）一詞最初由斯圖爾特・邁爾斯於1997年提出，他最先指出，用期權思想分析公司成長機會並進行合理的估價極為重要。因為許多公司的實物資產可以看成一種看漲期權，而這種期權價值與公司業務利潤增長與否直接相關。由於公司在未來一些項目上可能有機會獲得超過「競爭性費率」的收益，公司價值就有可能超過當前所屬項目的市場價值。

傳統的資本預算為這樣的項目估值所採用的標準方法是把預期完成日期的項目價值貼現為當前的淨現值，也就是說，這暗示著公司未來一定會完成該項目。但是，這忽略了在

項目完工日之前，若經營條件發生變化，經營者客觀上擁有終止項目的權力。而且，由於財務人員對於投資項目的未來利潤只能做出不精確的估計，考慮這樣的經營選擇權就顯得更為重要了。

邁爾斯還指出，公司資本結構的選擇也會顯著地影響到這些項目的價值。傳統資本預算方法不考慮項目經營選擇權，也不考慮公司資本結構的靈活性問題。而和經營選擇權一樣，財務靈活性也可以用財務選擇權的價值來衡量，公司可以通過資本結構的選擇而獲得財務選擇權。對於包含相當不確定性的長期投資項目而言，財務靈活性和經營靈活性之間的相互影響是相當明顯的。邁爾斯強調，實物期權是分析未來決策能如何增加項目價值的一種思考方式，或者研究在將來可以相機而動的選擇權具有多大價值的一種思考方法。

(一) 實物期權的七個要素與特徵

我們知道，確定金融期權價格需要七大要素：金融標的資產、金融標的資產市場價格、執行價格、無風險利率、金融標的資產波動率、金融標的資產分紅率、期權時效。那麼，實物期權也相應有七個要素與其對應。從表11.1中可以看到兩種期權的七個要素之間的對應關係。

表 11.1　　　　　　　　　　　兩種期權要素對應關係

金融期權	實物期權
金融標的資產	實物標的資產
金融標的資產市場價格	實物標的資產市場價格
執行價格	合約中約定的未來獲得該資產的成本
無風險利率	無風險利率
金融標的資產波動率	實物標的資產波動率
金融標的資產分紅率	實物標的資產的維護費用
期權時效	期權時效

從表11.1可以知道實物期權有如下特徵：

(1) 標的資產為實物資產。這是金融期權與實物期權最本質的不同，而兩種期權的其他區別都源於此。金融資產是無形的，具體表現為金融市場上各種金融工具，其特性表現為收益性、流動性、風險性，易於形成市場化、規模化的連續性交易；而實物資產往往是有形的，其交易是非連續的，甚至是非市場化的，這就使實物期權的定價更為複雜化。

(2) 實物期權更加隱蔽。金融期權作為一種成熟的金融工具，已經為人們所熟悉，所有參與交易的當事人對期權各個要素都很熟悉；而實物期權通常存在於投資項目決策中，其中的要素會因決策者的判斷不同而不同，甚至對於相同投資項目，可能會出現不同形式的實物期權，要確認這些期權形式，則需要對實物期權進行透澈的理解和仔細的辨別。

（3）與金融期權相比，實物期權的時效和執行價格具有更強的隨機性。金融期權的時效在合約中往往是有明確具體規定的，而實物期權的時效具有相當的不確定性。這是因為投資項目的未來價值受到多種因素影響，如外來競爭者隨時會加入，使得技術創新的時間一般不能準確預測，因此實物期權的期限不可能像金融期權那樣在合約中加以明確規定。另外，由於類似原因，實物期權的執行價格同樣也具有很強的隨機性。

（4）由於實物投資的複雜性、多階段性，使得實物期權出現混合期權的情況。由於期權之間存在交互作用，因此不能簡單地將各個期權價值相加來得到總的期權價值。一般對於這種情況的處理可以採用更為複雜的期權定價模型。

（二）實物期權的種類

實物期權可大致分為以下四種：推遲投資期權、擴張投資期權、收縮投資期權和放棄期權。

1. 推遲投資期權

推遲投資期權又稱觀望期權，是指項目的持有者有權推遲對項目的投資，從而獲取更多的信息或技能，以解決項目面臨的一些不確定性。當產品的價格波動幅度較大或投資權的持續時間較長時，推遲期權的價值較大，較早投資意味著失去了等待的權利。與其他實物期權不同，觀望期權往往是投資人天然就擁有的，由投資人決定什麼時候進行投資。

2. 擴張投資期權

擴張投資期權的項目持有者有權根據項目實際進展情況在未來的時間內增加項目的投資規模，即在未來時間內，如果項目投資較好，則投資者有權擴張投資規模。但是，第二階段的投資存在很大不確定性，如果第二階段不再繼續投資，則在第一階段為其做的準備就會失去了意義。那麼，究竟應不應該在第一階段就為再投資做些準備呢？這就需要計算出擴張投資期權的價值。首先，可以把投資者為再投資做準備看成購買看跌實物期權；其次，計算出其價值；最後，減去成本得到淨現值。

3. 收縮投資期權

收縮投資期權是與上述擴張投資期權相反的實物期權，即項目的持有者有權在未來的時間內減少項目的投資規模。

4. 放棄期權（擱置期權）

項目的持有者在未來時間內，如果項目的收益不足以彌補成本或市場條件變壞，則投資者有權放棄對項目的繼續投資；如果投資者在投資某一項目後，市場情況變壞，則投資者可以放棄對項目的繼續投資，以控製繼續投資的可能損失。

二、案例

案例 11.1
橄欖榨油機租用權

（一）案例資料

古希臘人喜歡食用橄欖油，而橄欖油是通過專門的機械設備從新鮮橄欖中榨取得來的。年初，一名叫泰勒斯的古希臘人預測橄欖將獲得大豐收，於是他拿出 C 元支付給那些擁有橄欖榨油機的老板，並約定在當年橄欖收穫時，泰勒斯有權優先以 A 元/臺租用橄欖榨油機，同時他也可以放棄這一優先租用權，但無論泰勒斯如何選擇，榨油機老板都無需償還 C 元。榨油機老板們欣然接受泰勒斯的提議。

當年橄欖果然大豐收，橄欖種植者對榨油機需求大增，但榨油機都被泰勒斯優先租用了，因此市場上的榨油機租金從 A 元/臺上漲到 B 元/臺。這時泰勒斯以 B 元/臺的市場價格將優先租用的榨油機再轉租給橄欖種植者們，從而獲得了每臺 B－A 元的價差收益。即使把預先支付的 C 元考慮進來，泰勒斯仍是獲利頗豐。

（二）案例分析

這是一個古老而典型的實物期權的應用。榨油機優先租用權可以看成期權，如果當年橄欖豐收，泰勒斯就會執行期權，利用價差獲利；如果沒有豐收，泰勒斯會放棄行權，也只不過損失當時從榨油機擁有者那裡購買榨油機租用權的費用——期權費 C 元。

其實，只要存在不確定性，實物期權就會存在。無論在我們的生活、生產、經營和交易中，只要我們留意，就會發現實物期權的影子。

案例 11.2
油田開發中隱含的期權

（一）案例資料

某油區項目生產期為 20 年，項目現金流的貼現值為 813,791 萬元，此油區是油田土地所有者（80%的股份）和開發商（20%的股份）共同投資開發。假設在未來第 5 年年末，土地所有者可以將股份作價 600,000 萬元回售給開發商而退出。如果你就是這片油田土地的所有者，你該如何考慮這份「放棄」期權的價值呢？已知某家著名石油公司股價年平均波動率為 9%，目前無風險利率為 6%。

（二）案例分析

實物期權把金融期權的思維推廣到更廣泛的領域，而金融期權為實物期權提供了定價的現實方法。不同的是，金融期權用一種標準化的合約形式，其標的資產往往是可以上市交易的金融資產；而實物期權標的資產則是範圍更廣的實物類資產。

本案例中隱含的期權顯然是一個放棄期權，其定價類似於看跌期權的定價，如果我們假設石油項目的價值變化服從布朗運動的話，根據 B-S 看跌期權定價公式，我們可以得到對該期權價值的估計值：

$$p = Xe^{-r(T-t)}N(-d_2) - SN(-d_1) = 891（萬元）$$

其中，$d_1 = \dfrac{\ln(S/X) + \left(r + \dfrac{\sigma^2}{2}\right)(T-t)}{\sigma\sqrt{T-t}}$

$d_2 = \dfrac{\ln(S/X) + \left(r - \dfrac{\sigma^2}{2}\right)(T-t)}{\sigma\sqrt{T-t}} = d_1 - \sigma\sqrt{T-t}$

因此，放棄期權的價值為891萬元。

案例11.3

不確定性投資項目分析
——基於淨現值（NPV）方法與實物期權方法

（一）案例資料

有一個項目，其投資成本是2,000萬元。期初，市場前景存在較大的不確定性，未來現金流估計較為困難。但投資一年後，由於市場環境逐步明朗，項目現金流只有如下兩種情況：50%的情況下，每年產生400萬元現金流；50%的情況下，每年不產生現金流。假設現在市場利率為10%，項目持續經營，該項目值得投資嗎？

（二）案例分析

（1）用淨現值法計算項目的投資價值：

$$PV = \dfrac{400}{10\%} \times 50\% + \dfrac{0}{10\%} \times 50\% = 2,000 （萬元）$$

因此，項目淨現值為：

$NPV = 2,000 - 2,000 = 0$

結論：該項目的淨現值為零，不值得投資。

（2）實物期權方法計算項目的投資價值。

投資人可以等待一年，當市場環境明朗後再進行投資，如果市場環境好，項目每年可產生400萬元現金流，則進行投資；如果情況相反，就不進行投資。換句話說，對於這個項目，投資人擁有投資收益權和投資取消權。

因此該項目淨現值為：

$$ENPV = \left[50\% \times \max\left(-2,000 + \dfrac{400}{10\%}, 0\right) + 50\% \times \max\left(-2,000 + \dfrac{0}{10\%}, 0\right)\right] / (1 + 10\%)$$
$$= 909.09（萬元）$$

上式中，我們分別考慮了有利情況和不利情況的決策方案。另外，由於投資者可以一年後再進行決策，因此需要把項目價值貼現。最終我們算出該項目投資價值為909.09萬元，值得投資。

面對同樣的項目，為什麼用兩種方法計算出的價值會有如此大的差距，以致用兩種方法得出相反的結論？計算結果不同的原因在於淨現值法沒有考慮不確定性對項目價值的影響，而實物期權法考慮了不確定性的影響。淨現值法從靜止的角度考慮問題，不但投資產生的現金流量是確定的，管理者的行為也是僵硬的。淨現值法認為投資是可逆的，如果市場條件比預期的差，可以用某種方式不投資並收回成本；同時，淨現值法還認為投資是不可延緩的，現在如果不投資，以後就沒有機會了。實物期權法著眼於描述實際投資中的真實情況，從動態的角度考慮問題，管理者不但要決策是否投資，而且還要在投資後進行項目管理，根據變化的情況趨利避害。也就是說，按照實物期權法，項目的價值不僅包括其自身價值，還包含等待未來投資或放棄投資權利的價值即期權價值。其用公式表達如下：

$ENPV = NPV + C$

其中，$ENPV$ 為項目的真實價值，NPV 為項目的淨現值，C 為項目的期權價值。

第二節　管理者股票期權

作為職業經理人股權激勵的一種方式，管理者股票期權制度（Executive Stock Option，ESO）產生於發達的市場經濟國家。在這樣的國家裡，股票市場往往已經發展得非常成熟，股票價格對公司經營情況的變化反應迅速而準確。所謂管理者股票期權，就是由企業賦予管理者一種權利，在規定的時間內，管理者可以按照某個固定價格 A 購買一定數量的企業股票，並在某一時間內按照股票市價 B 抛出以獲得資本利得 B-A。當然，如果固定價格 A 高於行權時刻的股票市價 B，則該期權價值趨近於零；如果該固定價格 A 遠遠低於行權時刻的股票市價 B，則該期權價值極為可觀。

一、背景知識

管理者股票期權制度產生於 20 世紀 70 年代末的美國，在 20 世紀 80~90 年代得到了迅速發展。1952 年，輝瑞（Pfizer）製藥公司推出第一個股票期權計劃。1974 年，美國國會通過了第一個關於員工持股計劃（Employee Stock Ownership Plan，ESOP）的法律《職工退休收入保障法》。1984 年，美國國會通過了《稅收改革法》，對股權激勵正式給予了稅收優惠。根據《商業周刊》2000 年的統計，1999 年，美國收入最高的前 20 位首席執行官（CEO）獲得的收入中，來自於股票升值的部分平均占總收入的 90%以上。可以說，股權激勵制度已經成為現代公司特別是上市公司，用以解決代理問題和道德風險問題的不可或缺的重要制度安排。

管理者股票期權制度的支持者認為，現行的股票市場是有效市場，股票價格能夠充分反應企業發展成果及未來企業發展的市場預期，因此通過對管理者進行股票期權激勵，讓

企業高管在公司股票價格上升時獲得收益，以股票的增值來實現高管作為代理人的剩餘索取權。這就形成了一種利益共享、風險共擔的運行機制，使管理者的個人利益與企業的長期發展緊密地結合在一起，促使管理者的管理行為長期化，以解決委託代理問題，實現公司股東利益的最大化。然而，隨著安然、世通等採用股票期權制度的公司出現了一系列的財務造假醜聞，也引起了世界各國監管機構、公司員工、投資者、學術界等各方面人士對管理者股票期權制度的反思。

在中國，從 1997 年開始，有企業率先嘗試這一制度。隨著國家相關制度的出拾，2006 年被認為是中國「股權激勵元年」。截至 2009 年 10 月，A 股上市企業中已有 150 多家公布了股權激勵計劃，約占上市企業總數的 10%。可以預見，股票期權激勵制度將在中國企業中不斷推行，並逐步呈現快速發展的趨勢。

二、案例

案例 11.4

歷史上的管理者期權計劃

（一）案例資料

公元前 361 年，積貧積弱的秦國迎來改變它命運的新國君秦孝公。這位年輕的秦王登基後不久，就公布宏偉的人才招募計劃——「使秦國恢復穆公霸業者，居高官，領國政，與本公共治秦國、分享秦國」。這份極為豐厚的管理者「股票期權」打動了商鞅，直接促使他西入訪秦，四見孝公，最終獲得秦孝公的許諾「你我君臣相知，終我一世，絕不負君」。其後，便有了改變秦國命運直至影響中華民族歷史進程的商鞅變法。自此秦國走向強盛，為最終統一中國奠定了基礎。

1492 年，西班牙女王伊莎貝爾接見了哥倫布，經過 3 個月的談判，雙方達成協議：西班牙贊助哥倫布尋找新大陸的計劃，並任命他為發現地的最高行政長官，可以獲得當地所得全部財富和商品的 1/10，並且一律免稅；對於以後駛往這一屬地的船只，哥倫布可以取其利潤的 1/8。由此，這一年成為西班牙歷史上最偉大的年份。哥倫布帶領的探險隊經過 70 天航行之後，終於到達北美洲的巴哈馬群島，為西班牙這個新成立的國家帶來不盡的財源和廣闊的拓展空間。此後一個世紀，西班牙依靠廣闊的海外領地和源源不斷的黃金輸入，確立了世界霸權。

（二）案例分析

這兩個歷史案例都是以未來收益的資產所有權分享為核心，激勵高級人才為組織長遠目標全心投入，實質上就是管理者股票期權的最初形式。它一方面說明了管理的基本規律就是尊重人性規律，尊重人性共通的根本需求；另一方面也說明了管理者股票期權制度的巨大力量。

案例 11.5
浙江 X 技術有限公司的激勵計劃

（一）案例資料

浙江 X 技術有限公司（以下簡稱公司）是一家民營公司，主要從事通信設備製造，公司規模在 200 人左右。2002 年，公司在 Z 證券公司投行部的指導下，做出了上市之後的股權激勵計劃，之後還不斷地進行了補充和修正。

在變更為股份有限公司之前，根據《中華人民共和國公司法》的規定，公司股本以出資計算，沒有股票。為計算方便，以公司註冊資本作為總股本，每股一元計量股份期權數量。公司變更為股份公司後，按照《中華人民共和國公司法》的有關規定，確定股票期權的計量單位和數量。因此，在公司變更為股份公司前，應是股份期權激勵計劃，變更為股份公司後是股票期權激勵計劃。

1. 計劃設計的思路

不同時期的股票（股份）授予方案不同。公司根據不同發展時期的不同狀況，採用不同的股票（股份）期權定價方法。公司不同的發展時期確定不同的授予數量上限，在公司公開發行股票成為股份有限公司前後採用不同的行權股票（股份）來源，不同的授予時機和授予方式可能是不同的期權種類。

公司股票（股份）期權計劃遵循以下激勵原則：股票（股份）期權計劃是公司薪酬體系的重要組成部分，授予股票（股份）期權的目的主要是獎勵和激勵，而不是一種全員所有的福利制度。股票激勵計劃受益人為公司高層管理人員、核心技術人員、行銷骨幹、重要崗位中層管理人員以及公司董事會認為對公司的發展具有重要作用的其他人員。

2. 公司股票（股份）期權的來源

公司首次公開發行股票成為股份有限公司前，公司原有股東根據出資比例留出相應比例出資（股份），作為股票期權來源。公司增資新股東加入時，新股東必須同意根據相同比例將其相應出資（股份）留出作為公司股票（股份）期權。此外，公司還可以根據股票期權行權數量和行權價格向受益人定向增資。公司公開發行股票成為公眾公司後，股票期權來源方案根據相應法律法規另行制訂。

3. 股票（股份）期權的數量

在公司未變更成為股份有限公司前，期權計劃涉及股份總數最高限額為公司總註冊資本的 25%；公司變更為股份有限公司之後，公司總股本的 10% 作為公司股票（股份）期權計劃數量的上限，並且保持以後的期權計劃總量不得突破，除非公司股東大會批准。

4. 授予期和有效期

公司公開發行股票（上市）前授予期為 2 年，上市後授予期為 3 年。公司股票（股份）期權有效期為 8 年，從贈予日開始後的 6（5）年內，股票（股份）期權有效；超過

8年後，股票（股份）期權過期，任何人不得行權。行權時間表採用均速行權法，即授予期後，在3年內每年行權1/3的獲贈可行權股票期權。公司高層管理人員的行權時間表由董事會單獨確定。

5. 行權價的確定方法

2002年授予的股份期權行權價格按照註冊資本面值，即1元/股。2003年至公司公開發行股票前，以公司每股淨資產值與公司最近一次增資每股價格高者作為該時期授予的期權行權價。公司公開發行股票後授予股票期權的行權價按《上市公司股權激勵管理辦法》中的有關規定確定操作。

6. 不同授予時機授予股票（股份）期權的數量的確定

不同的授予時機授予數量不同。用於聘用員工的期權總量不低於年度股票（股份）期權計劃中授予期權總量的25%；用於受益人升職時授予的期權總量為年度股票（股份）期權計劃中授予期權總量的15%；每年一次的業績評定時授予的股票（股份）期權數量總額不高於當年授予期權總量的20%。對取得重大科技成果或做出重大貢獻的受益人授予的期權總量為年度股票（股份）期權計劃中授予期權總量的40%。

根據現行法律法規的規定，公司對不同授予時機的執行方法、送紅股、轉增股、配股的行權價調整、股票（股份）期權的行權方法、行權時機、回購、公司併購或控製權變化、贈予外部董事的股票（股份）期權、稅收規定、公司對股票（股份）期權計劃的管理等都做出了相應規定。

(二) 案例分析

對於這樣一家高成長性、經營前景不確定性因素多且知識密集型的新興公司來說，採用股票期權激勵計劃無疑是合適的。這樣的制度安排既可以避免將寶貴的研發資金過早地用於派發員工薪酬而流失，又可以將管理者和特殊員工的自身利益與公司發展緊緊綁定在一起，最大限度地調動他們的積極性。但是股票期權計劃涉及公司股權的轉移，強調對影響企業發展的個人進行有針對性的獎勵，因而不是一種普遍福利制度，也不適宜全員持有。本案例中，受益對象為「公司高層管理人員、核心技術人員、行銷骨幹、重要崗位中層管理人員以及公司董事會認為對公司的發展具有重要作用的其他人員」，這樣的安排是合適的。

管理者股票期權標的物來源有三種具體方法：一是由原股東把其股權出讓予激勵對象（如果是多元股東，則是股東間協商，按照各自比例出讓），還可以約定將每年預定淨利潤的一定比例轉增股本，出讓給員工；二是由公司增發新股（份）給予激勵對象（具體數量根據期權涉及股份或股票數量來確定）；三是二級市場上回購股票來支付認股期權、可轉換證券等的需求（僅適應於上市公司）。從這個案例看，其企業股票期權標的物來自於第一類和第二類。

為股票期權的總量設定一個限額，目的是防止企業在日後的經營中出現內部人控製問題。從這個案例看，25%和10%的「雙限」如同雙保險，制約了企業管理者通過合法的手段不斷稀釋大股東股份、提高自身股份佔有額的企圖，這樣的設計是對企業所有者的保護。

第三節　氣候衍生產品

在日常生活中，我們使用「天氣風險」來描述諸如熱、冷、降雪、下雨、臺風等天氣事件侵襲的可能性。這種侵襲很大程度上是非災難性的，它影響的是企業的收益率而不是企業的財產（做此說明的目的在於將氣候衍生產品和某些保險產品加以區分），為了減少或除去企業不歡迎的與天氣有關的金錢損失，天氣風險一定要加以管理。例如，在街頭售賣雨傘的小販會因連日陽光燦爛而減少收入，但他可以賣太陽鏡來對沖他的損失。這樣他就有效地轉移了天氣條件變化的風險。當然，在一個較大的企業環境中，風險管理決策並不總是如此簡單明了，而且企業業務種類也不是那麼容易改變。於是在尋找實際的解決辦法的過程中，天氣風險市場正發展成為金融領域最具創造性的市場之一。

一、背景知識

氣候衍生產品市場的歷史始於1996年，當年美國解除了電力供應方面的管制，電力供應市場開始由一系列的地方性壟斷企業分塊壟斷的局面變為競爭的區域性批發市場。在傳統公司之外，出現了經營電力的新企業，市場參與者往往從一家公共事業公司購買電力，然後再賣給另一家公共事業公司。而公共事業公司為了競爭也不得不調整其經營模式，從原來關注資產收益率轉而關注股票價值。

在這快速地解除管制的環境裡經營的能源公司很快就意識到天氣對經營的影響。在新的監管制度下，天氣決定短期需求也決定長期供給。美國南部的暑期會增加空調負載，西北部太平洋的降雨和山區的積雪會增加水電能力，東海岸的暴風會損害輸電線，這些天氣事件中的任何一個都會影響電力的流動和電力的價格。在解除管制的初期，當天氣風險首次被定量的時候，能源市場指望保險業提供解決方案，然而保險業卻不能提供此類災難性保險。因此，能源公司不得不開始圍繞著天氣風險創造新的業務。

2001年，天氣風險管理協會（WRMA）委託普華永道會計事務所（PWC）對1997年10月至2001年3月WRMA會員之間的天氣風險合約量進行了調查。調查結果顯示，雖然天氣風險市場於1997年始自於美國能源行業，但它已經變得越來越全球化了。能源公司所占市場份額僅占37%，而保險公司（或再保險公司）和銀行則分別佔有37%和21%，

剩餘則是其他商品交易者。

二、案例

案例 11.6

冬季外套分銷商 WIF 與 CoDD 期權合約

（一）案例資料

一家冬季外衣生產商 WIF 公司占據著美國冬衣的主要市場份額，無長期債務且口碑響亮，但在連續經歷了 3 個比往年正常年份更暖和的冬季後，該公司面臨一個難題：對於這個單季收入占全年收入 80% 的公司來說，公司管理層、股東不能再容忍天氣風險放任自流。在由行業主要的分析師所撰寫的產業報告中，該公司被特別提到「對於天氣極端敏感的一只股票，根據它過去 3 年收入的不穩定性，該股票的市盈率偏高」。那麼，WIF 公司首席財務官該怎麼辦呢？

（二）案例分析

WIF 公司首席財務官與天氣風險管理公司——安盛再保險公司（Axa Re 公司）取得了聯繫，後者幫助其分析問題且尋找解決方案。Axa Re 公司首先列出 WIF 公司的歷史財務數據和對應的天氣變量數據，發現第四季度收入和氣溫——特別是按第四季度每日氣溫計算的用戶化的外套指數（CoDDs）——有著很強的相關性。需要指出的是，CoDDs 指數刻畫的是 55 華氏度〔約 12.78 攝氏度，攝氏度=（華氏度-32）/18，下同〕基線與每日最高氣溫的差的累積值。因此，Axa Re 公司很自然地建議使用以 CoDDs 為標的的衍生品合約來對沖 WIF 公司的天氣風險。

然後，Axa Re 公司需要確定 CoDDs 指數每一最小變化值與 WIF 公司經營業績之間定量關係。為了更為精確地對應兩者之間的定量關係，Axa Re 公司重新設定了 CoDDs 指數，辦法是將 WIF 公司五大主要銷售地區的 CoDDs 指數加權，權重為 WIF 公司在以上各地區銷售量占總銷售量的百分比。這樣的處理方法考慮到了 WIF 公司經營的「地域多樣化效應」，即一個地區的寒冷冬天由另一個地區的溫暖冬天平衡，因此能提高 WIF 公司經營業務與 CoDDs 指數之間的相關性，增強風險對沖的效果。

經過對 CoDDs 歷史數據和 WIF 公司財務歷史數據的分析，Axa Re 公司最後確定冬季外衣生產商 WIF 公司的業績將隨著 CoDDs 指數每增加一個單位而下降 50,000 美元，WIF 公司整體潛在損失為 2,500 萬美元，而 WIF 公司正常經營年份的 CoDDs 指數應為 1,160。

Axa Re 公司向 WIF 公司首席財務官提供了如下合同，見表 11.2。

表 11.2　　　　　　　　　　　　　CoDDs 保險合同條款摘要

各地區 CODDs 指數所占權重	西雅圖（觀測站編號#24233）	15%
	紐約中心區（觀測站編號#94728）	25%
	波士頓（觀測站編號#14739）	15%
	芝加哥（觀測站編號#94846）	30%
	明尼波利斯（觀測站編號#14922）	15%
合同有效期	2009 年 11 月 1 日至 2009 年 12 月 31 日	
標的	累計外套指數（CoDDs）	
賠付率	$ 50,000 對每一 CoDDs 值	
保額上限	$ 2,500 萬	
行權價格	1,160CoDDs	

WIF 公司首席財務官想對溫暖天氣帶來的銷售損失盡心保護，但同時享受由寒冷天氣推動的銷售增長帶來的收益。為了實現這一點，他可以使用上述 CoDDs 保險合同，同時也就意味著必須將天氣保險費用永久性放在公司年度預算中。但他知道如果這樣做，可以消除時常出現的非預期收益波動的「幽靈」，董事會和證券分析師們也會認同這個預算。因此，在 WIF 公司第二季度董事會前，首席財務官完成了保險申請，董事會經過討論後批准了該申請，指示 Axa Re 公司簽發保單。

在接下來的一個冬季，當氣溫連續第 4 年高於正常年份的時候，來自保單的賠付就變得非常有意義。當整個冬季服裝產業遭受損失時，WIF 公司的 CODDs 保單由於觸發了行權價格，產生了賠付，帶來了穩定的收入，使得 WIF 公司業績在同行中出類拔萃。

案例 11.7
天然氣批發商與雙觸發風險管理策略

（一）案例資料

對於那些收入受兩方面因素影響的公司來說，使用雙觸發風險管理策略是合適的。這兩個因素可能都與天氣相關，如氣溫和降雨；也有可能一個與天氣有關，另一個與天氣無關。為了說明後者，我們考慮天然氣批發商 NIOR 的案例，該批發商有一個客戶是芝加哥天然氣地方分銷公司（LDC）。天然氣批發商 NIOR 有一份向 LDC 供應天然氣的合約，時間是從 11 月到來年 3 月底，價格是固定的——每百萬英國熱量單位（MMBtus）的天然氣價格為 4 英鎊，每天向 LDC 出售 20,000MMBtus；同時，只要芝加哥機場當日平均氣溫低於 0 攝氏度，基於需求原因，LDC 還可以用相同的價格再購買不超過 20,000MMBtus 的天然氣。那麼，NIOR 公司經營面臨哪些風險呢？能採取哪些措施將這些風險控制在合理的範圍內呢？

（二）案例分析

很顯然，對天然氣批發商 NIOR 經營不確定性分析，需要從氣溫和天然氣價格兩個方面展開。我們先將天然氣批發商 NIOR 面臨的不確定性列示總結，見表 11.3。

表 11.3　　　　　　　　　天然氣批發商面臨的不確定性

氣溫	等於或低於 4.00 英鎊/MMBtus 價格	高於 4.00 英鎊/MMBtus 價格
≥0 攝氏度	（情況一）無影響	（情況二）無影響
<0 攝氏度	（情況三）無負面影響	（情況四）負面影響

情況一與情況二：當氣溫高於 0 攝氏度，無論市場上天然氣價格如何變動，受到合約規定，LDC 總是需要以固定價格向天然氣批發商 NIOR 購買 20,000MMBtus 天然氣，因此 NIOR 公司經營不存在任何不確定性（此案例不考慮交易存在的信用風險）。

情況三：當氣溫低於 0 攝氏度，此時市場天然氣售價低於 4 英鎊/MMBtus，若 LDC 按協議價格此時提出再購買天然氣，則對 NIOR 公司的經營業績存在著正面影響。但同時可以預料，由於氣溫和市場天然氣價格呈現出負相關關係變化，再考慮到 LDC 可以從其他天然氣供應商處以較低市場價買入天然氣，本情況發生的可能性不大，因此情況三對 NIOR 公司應無負面影響。

情況四：當氣溫低於 0 攝氏度，同時市場天然氣售價高於 4 英鎊/MMBtus 時，若 LDC 按協議價格此時提出再購買天然氣，則對 NIOR 公司的經營業績存在著負面影響，因為這時 NIOR 不得不以低於市場售價做著虧本買賣。

為了對情況四進行套期保值，批發商可以購買一組基於天然氣價格的每日看漲期權和一組基於氣溫的每日看跌期權，但這樣做極有可能導致過量套期保值，因為公司最需要保護的是情況四，而採用上述期權進行保值則將情況一、二、三均納入保值範圍，既無必要也增加了套期保值的成本。

更為有效的套期保值辦法是購買帶雙觸發條款的期權，該期權僅在天然氣價格高於 4 英鎊/MMBtus 且氣溫低於 0 攝氏度時才發生賠付。該期權合同條款見表 11.4。

表 11.4　　　　　　　天然氣/平均氣溫雙觸發期權合同條款摘要

氣溫觀察地點	芝加哥國際機場（觀測點編號#94846）
期間	11 月 1 日至次年 3 月 31 日
天然氣指數	Gas Daily Chicago City Gat
每日增量	MAX(0,天然氣價格-4.00)×1,000MMBtus/華氏度×MAX(0,32-當日平均氣溫)
類型	看漲
行權價格	4 英鎊/每 MMBtus 天然氣
賠付額上限	1,000 萬英鎊

表 11.4 中的天然氣的價格是從《天然氣日報》（天然氣行業的重要日出版物）得到的，日平均氣溫來自芝加哥機場報告。1,000MMBtus/華氏度這個常數是指溫度每上升一度後 LDC 公司對天然氣的增加量，這個數據來自 NIOR 公司的常年歷史數據。

通過以上的套期保值安排，NIOR 公司成功規避了自身經營的不確定性，實現了經營風險的轉移。當然，有人會質疑，如果和 LDC 公司簽訂合約時不設置那麼多的「複雜」規定，這些套期保值安排不就可以避免了嗎？NIOR 公司還可以免去支付套期保值成本的麻煩。但事實上，現實總是不完美的。由於市場各參與主體需求千差萬別，加之不總是平等的談判地位，一份合同的簽訂往往難以使得交易各方的所有需求得到充分滿足。比如說 NIOR 公司作為半公益性機構，對芝加哥東區居民負有供氣責任，對購氣價格也就有嚴格限制。為了得到 LDC 這樣的大型客戶，占據當地天然氣市場份額，NIOR 公司不得不簽訂這樣頗為繁瑣的合同，默默承受由此帶來的不確定性，而這樣的不確定性在某些時候可能會給自身經營現金流帶來巨大壓力。

而金融衍生品市場的作用就在於它能給 LDC 和 NIOR 這樣零和遊戲提供新的參與者，通過套期保值合約，使得 NIOR 公司可以將自己無法承受的經營風險轉移出去，而使得自己專注於自身專業領域。很顯然，這樣的制度安排能夠提高社會總效益水平。

案例 11.8
某建築公司與 ACD 看跌保險合同

（一）案例資料

某建築公司贏得了密蘇里州堪薩斯城市政公路的修建合同。該工程的條款包括從現在起 3 年內竣工，每提前一天獎勵 100,000 美元，每逾期一天罰款 100,000 美元，工程修理沒有寬限期。從以往的經驗來看，該公司知道降雨、降雪和低氣溫是延誤竣工期的主要原因，而會導致工程延期的氣象條件列示如下：

（1）日降雨量超過一英吋（1 英吋等於 2.54 厘米，下同）。

（2）日降雪量超過兩英吋。

（3）日平均氣溫低於 22 華氏度。

那麼，為了盡可能減少該公司面臨的逾期風險，該公司該做點什麼呢？

（二）案例分析

在分析了歷史天氣數據之後，該公司確定：平均起來，以上情況在「正常」年份每年只出現 30 次〔不重複計算，即超過兩英吋的降雪和日平均氣溫低於 22 華氏度同時發生只算一次事件或稱為不利建築日（ACD）〕。該公司將這些信息加入它的施工進度表，認為如果 3 年間天氣均「正常」，就能按期完工。因此，該公司還需要尋找對修建期間 ACD 超過 90 天這種異常情況進行對沖的氣候衍生品合約。

從風險量化的角度考慮，如果以上假定中的任何一個出現，公司知道工程的財務將受到 100,000 美元的影響，這個數就成為合約中每一個不利建築日的價格。從該公司對天氣

歷史和自身對風險承受能力來說，總風險不超過700萬美元，這也就是該衍生品合約的賠付上限，合約摘要見表11.5。

表11.5　　　　　　　　　ACD看漲保險合約摘要

氣候觀測點	堪薩斯城國際機場（觀測點編號#03947）
合約有效期間	2007年9月1日至2010年9月1日
標的指數	不利建築日指數（ACDs）
合約計算公式	MAX［$100,000×(ACDs-90)，0］
合約賠付上限	700萬美元
類型	看漲期權
行權價格	90ACDs

為了購買此期權合約，該公司需要支付120萬美元的期權費，因為120萬美元等於12ACDs，所以項目經理知道該工程新的盈虧平衡日期是2010年9月1日前12天。換句話說，項目經理知道無論未來3年天氣如何變化，對其項目的最壞影響相當於延期12天。

案例11.9

電力公用事業公司案例

（一）案例資料

在芝加哥註冊的電力公用事業公司ELTRO公司正為即將到來的夏天編制經營預算。ELTRO公司自身擁有3,000MW的發電能力，但由於最近幾年全球氣候異常，芝加哥夏天有以往通常不曾有過的持續高溫，比如說上一年的高溫期間芝加哥就經歷過3,450MW的供電負荷，這對ELTRO公司的供電網路是嚴峻的考驗。為了購買這個增加的450MW，ELTRO公司必須到能源批發市場上去買，但那裡現貨價格在炎炎夏日很可能超過ELTRO公司的發電成本和ELTRO公司能夠向其零售客戶收取的費用率（受政策上限控製）。這樣ELTRO公司面臨著邊際利潤明顯為負的壓力，構建適當的天氣風險管理方案勢在必行。

（二）案例分析

為了確定天氣套期保值合適的賠付率，ELTRO公司必須明確銷售量、邊際利潤以及氣溫三者之間的關係：

（$邊際利潤/銷售量）×(銷售量/溫度值)=$邊際利潤/溫度值

為了確定銷售量，ELTRO公司分析了歷史的負荷/氣溫數據，確定在最高氣溫超過90華氏度的夏季裡，存在以下線性關係：每當氣溫升高1華氏度負荷就會增加30MW，而且高溫平均持續時間在16小時[1]。

---

[1] 需要指出的是，估計高溫的平均持續時間為16個小時只是一個粗略估計，為的是減少估計難度。

在邊際利潤方面，ELTRO 公司知道負荷(由氣溫驅動)和電力批發市場價格的關係是非線性的，因為價格在最近的其他酷熱的日子裡經歷過極其嚴重的尖峰形態，所以公司的統計人員只能大致估計當日均氣溫超過 90 華氏度後，價格是 100 美元/MW 加上日累計氣溫增量 (Tmax) 與 90 華氏度的差的平方值。其公式表示為：

$$價格 = [\$100+(Tmax-90)^2]/MWh$$

結合銷售量和邊際利潤，ELTRO 公司得到了其每日盈利能力的風險情況。為了減輕該風險，ELTRO 公司購買了定制的天氣衍生品合約，見表 11.6，該合約將覆蓋高氣溫條件下電力購買成本溢價。具體來說，該合同賠付條款是這樣設計的，即按下列公式計算季節性賠付總額中的每日增量：

$$[MAX(0, Tmax-90)] \times 30MW/F \times 16 \text{ 小時} \times [\$100+(Tmax-90)^2]/MWh$$

表 11.6　　　　　　　　　日氣溫增量看漲合約條款摘要

氣溫觀察地點	芝加哥國際機場（觀測點編號#94896）
合約期間	6 月 1 日至 8 月 31 日
標的指數	日累計氣溫增量
賠付日增量	$[MAX(0,Tmax-90)] \times 480 \times [\$100+(Tmax-90)^2]$
類型	看漲
行權價格	$0
賠付上限	$5,000 萬

當夏季結束的時候，ELTRO 公司可以索賠每日保單增量的總和，以此來補償因高溫導致的利潤損失。

第四節　能源衍生產品

近年來，伴隨著中國經濟社會的高速發展，中國部分地區開始出現了「油荒」「煤荒」「電荒」等能源緊缺的情況。為了緩解這些問題，中國企業開始大量進口石油、煤炭等資源，但由於國內能源金融市場發展緩慢，中國在世界能源定價領域也不具備話語權，企業不得不被動接受世界能源價格的波動。同時，很多企業對各種能源衍生產品缺乏瞭解，導致了它們要麼拒絕使用衍生品，選擇在日常經營中承受巨大的能源價格波動風險，要麼使用不適當的衍生品而蒙受巨大損失。事實上，能源衍生產品已經成了很多從事與能源交易相關業務的企業用來規避能源價格波動的重要工具。

一、背景知識

在20世紀的前70年裡，儘管存在著一些世界性的衝突，但是能源價格還是相當穩定的，而能源業務很大程度上也是在政府和跨國藍籌企業之間展開的。這一切都在1973年突然發生了變化，那時中東各國已經意識到其擁有的「黑金」的真正價值；石油價格也開始隨著石油輸出國組織（OPEC）對石油供應的控制而瘋漲。從那時開始，石油、天然氣等能源在公開和透明交易市場的交易量開始飆升。

與此同時，套期保值活動開始變得非常頻繁，利用各種衍生品對沖能源價格風險成為能源高消費者——航空公司、鋁業冶煉廠、發電廠和類似機構的必然選擇。而由於考慮到能源價格波動可能會對經營情況產生重大影響，現在能源供應商也開始運用能源消費者所應用的套期保值方法。

考慮到石油是現代社會中最為重要的能源之一，本節案例著重介紹石油及產品生產商、航空公司如何利用衍生產品規避生產經營中面臨的市場風險，並說明不正確的套期保值方法可能會造成的損失。

二、案例

案例 11.10

原油生產商套期保值

（一）案例資料

一般來說，原油生產商處於多頭地位，因為其持有原油，因此其承擔原油價格下跌的風險。於是，原油生產商需要在衍生市場套期保值中創造一個空頭頭寸。在這種情況下，原油生產商以布倫特（Brent）原油參考價位基準賣出其原油，這樣其承擔的價格風險將在很大程度受布倫特原油價格決定。考慮到中東政治局勢緊張，原油價格上漲，市場上缺乏有效的原油看跌期權報價，原油生產商可以採用如下措施：

（1）賣出與布倫特有關的期貨，如倫敦國際石油交易所布倫特期貨（IPE Brent）。如果原油生產商想要保持低調，不驚擾其賣出的市場時，這不失為一個好方法。

（2）賣出與其他石油公司和銀行進行的有關布倫特的場外互換（支付浮動端、收到固定端）。

這種做法可能更為靈活，但如果這是關鍵生產商的套期保值，那麼其可能不希望直接向場外市場上的其他交易商洩露自身的意圖。

（二）案例分析

一個運用 IPE Brent 期貨的案例如下：

1月7日

賣出 2 月 IPE Brent 期貨　　　　29.5 美元/桶

2月17日
賣出現貨原油　　　　　　30.5 美元/桶
平盤期貨合約　　　　　　30 美元/桶
期貨損失　　　　　　　　0.5 美元/桶
有效淨原油銷售價為：
套期保值+現貨銷售價=30.5 美元/桶-0.5 美元/桶=30 美元/桶

案例 11.11
原油生產商使用敲出下限期權進行套期保值

原油生產商及其他能源生產商可以運用的另一種手段就是使用敲出下限期權（Floors With A Knock-out Option）進行套期保值。

在這種方案下，生產商發現油價正在上漲，並且其認為油價會繼續上漲，於是生產商不願意賣出手中的期貨和互換，因為這樣可能失去價格繼續上漲時獲利的機會（如前面案例中的套期保值損失）。

一個更加吸引人的做法是買入看跌期權。在這種做法中，可能會存在買入下限期權成本太高的問題，於是原油生產商可能會在下限期權結構中引入一個突破點（閾值），以降低期權的總成本。在一個套期保值方案中，不管生產的是何種能源，生產商都可能會傾向於購買虛值看跌期權，然後要求一個市場突破點（閾值），從而壓低成本。這種所謂的突破點是指生產商承諾看跌期權出售方一旦期權有效期間石油市價上漲到一定程度，該期權自動作廢。因此，期權賣方就有一個附加機會，即得到一個長期期權的期權費，而該期權可能在其到期前就已經作廢。這樣使得期權賣方擺脫困境，而能源生產商也不會有額外的風險。

有時候交易雙方也可能進行協商。這時如果期權已經取消，進行套期保值的生產商可能會收回其為此期權支付的期權費的一部分。

案例 11.12
煉油商的套期保值

（一）案例資料

煉油商購買原油以生產航空煤油、柴油產品及燃料油，其中航空煤油和柴油產品利潤良好，但燃料油利潤為負（燃料油一般占傳統煉油商總產量的 37.5%，儘管一些較新的煉油廠傾向於對大量燃料油進行再加工，並且現代煉油商可能僅能生產大約 10%燃料油）。那麼煉油商該如何做套期保值呢？

（二）案例分析

煉油商使用的是來自中東的原油，購買的價格為阿曼原油普氏平均價。為了對所購買的原油進行套期保值，煉油商將以普氏阿曼平均價賣出場外原油互換。假設煉油商在 1 月 1 日至 5 日以阿曼平均價買入 1,000,000 桶中東原油，由於不是對所有石油產品進行一次性

套期保值，因此首要的事情就是統計每次產品數量，以確保套期保值的準確（見表 11.7）。

表 11.7　　　　　　　　　原油進口給料與產品的套期保值表　　　　　　金額單位：美元

		原油進口給料套期			石油產品生產套期		
		現貨價	賣出互換價格	原油成交量（桶）	賣出航空煤油互換	賣出柴油互換	買入燃料油下限期權
1月	1日	25.00	24.95	125,000	50,000	75,000	0
	2日	24.89	24.84	125,000	50,000	75,000	0
	3日	24.86	24.81	125,000	50,000	75,000	0
	4日	24.50	24.45	125,000	50,000	75,000	0
	5日	24.65	24.60	500,000	50,000	75,000	375,000
總計	6日			1,000,000			

按照上面的數據，1月1日到5日價格窗的5天內，前4天煉油商每天需要出售125,000桶的普氏阿曼價互換，而第五天出售500,000桶的互換，這樣第6天煉油商會有一船原油現貨正在運往煉油廠的途中，而一張「理論上虛擬」的1,000,000桶的套期合同正在保障著該批原油的價值。

通過對原油進行套期保值，交易商已經對原料的價值（或者說成本進行精確鎖定），下一步該開始對煉油廠即將從原油煉製出來的產品進行套期保值了。

對於航空燃料油和柴油來說，由於利潤良好，煉油商就會賣出互換以鎖定此兩者的利潤。煉油商確信，其賣出的互換所覆蓋的時間會包括原油從產地運往煉油廠直到被製成最終產品的整個時間過程。舉例來說，如果煉油商購買了西非原油，然後準備運至日本進行煉製，這需要4個星期。因此，如果煉油商需要賣出互換合約的話，就要確保該合約不會在原油煉製成產品之前到期。

這裡的問題是，我們已經知道燃料油的利潤為負，但煉油商不可能關掉煉油廠不再生產燃料油，於是煉油商需要設法防止利潤繼續下降。但是如果煉油商想模仿航空燃料油那樣出售互換合約的話，即使煉油利潤提高，其也不得不面臨虧損。那麼，煉油商就可以買入下限期權（看跌期權）以防止利潤繼續下降。該期權的獲益在於，如果煉油利潤提高，煉油商就可以從其提高的利潤中獲利（在利潤提高的部分足以涵蓋此套期保值期權的成本之後）。

案例 11.13

某航空公司進行的固定價格互換套期保值

（一）案例資料

某航空公司從銀行或某場外交易者手中買入針對其航空燃料浮動價格與固定價格的互換協議，交易在國際掉期與衍生工具協會（ISDA）主協議框架下進行，交易流程見圖11.1。

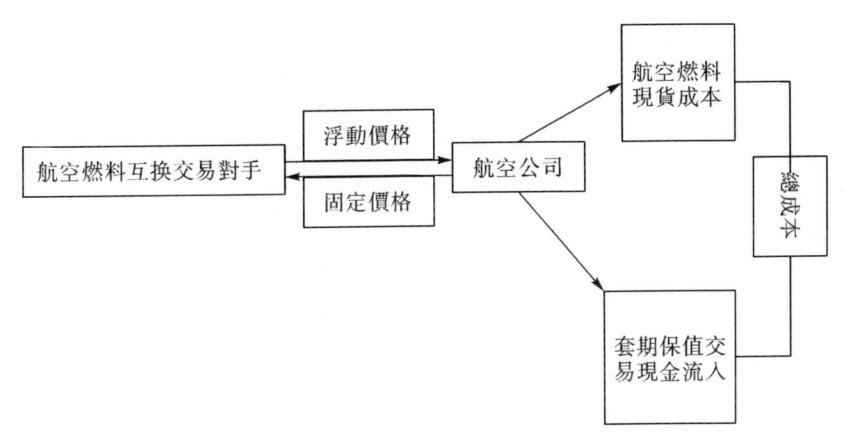

圖 11.1　航空公司與航空燃料互換交易對手進行的交易流程圖

大多數情況下，航空公司將套期保值持續到下一個會計年度，因此會有 1 個月到 12 個月的提前。不同的航空公司的套期保值量也不大一樣，不過通常會在下一個財政年度開始前以年預算價格套期保值至少 20%～30% 的燃油消耗量。另外，有占年消耗量 10%～20% 的量會在價格下跌到航空公司油料年預算價格之下時，作為「機會性」套期保值存在。而在市場災難期間，航空公司可能進行最多高達 100% 的短期套期保值（所謂短期，是指當天之後的 3 個月以內）。這種情況在海灣戰爭時就會發生，因為中東局勢造成油價急速上揚。

市場上經常進行全額套期保值一般只會出現在包機航空公司身上，因為它們把機票預先出售給旅行社，獲得固定收入，這就意味著它們不可能在油價上漲後抬高機票價格。因此，它們必須對航空燃料進行完全的套期保值，以保障其微薄的固定獲益。

（二）案例分析

在本案例中，該航空公司在 2003 年以 25 美元的固定價格購買了每月 50,000 桶的互換合約，以新加坡普氏平均價 MOPS 作為標的物報價。在 ISDA 術語中，航空公司是「固定價格支付者」(Fixed Price Payer)，總量為 50,000 桶/月×12 個月＝600,000 桶。在套期保值的期間裡，每月針對新加坡普氏平均價格進行清算，計算出損益後支付給獲利的一方，而航空公司購買航油的成本就自然被鎖定了。

案例 11.14

航空公司可以利用雙限結構期權進行套期保值嗎？

（一）案例資料

由於航空公司通常希望獲得在能源緊張情況下燃料油價格上漲的保護，因此用航油遠期合約或是場外交易的互換合約都可以實現這樣的目的。這都意味著航空公司把其支出鎖定在了當前的遠期或是互換價格上。然而，對於某些航空公司而言，這樣的安排顯然還不

夠激進，那麼，它們還能做點什麼呢？

（二）案例分析

航空公司往往使用了如下所謂的雙限結構進行套期保值，以謀求更為靈活的成本空間。雙限結構是由買入上限價格（A）期權、賣出下限價格（B）期權形成的，上下限價格不一致。航空公司可以根據自身航油預算水平調節上限，即把自身能夠承受的航油最高價格設定為上限價格，只要超過此價格，航空公司得到相應上漲幅度的償付，從而鎖定了最高的成本。又因為航空公司往往是進行 12 個月或更長期的套期保值活動，賣出下限期權費往往會很樂觀，所以很多航空公司通過賣出足夠的下限期權獲得期權費來彌補買入上限期權的成本，從而構成了一個零成本的雙限結構，如圖 11.2 所示。

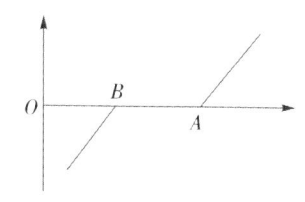

圖 11.2

但零成本的雙限結構存在著重大缺陷，可能會帶來航空公司的巨大損失，下面的例子很好地說明了這種情況（見表 11.8）。

表 11.8　　　　　　　　零成本的雙限結構逐日結算表　　　　　　金額單位：美元

日期	套期航油數量（桶）	執行價格下限	執行價格上限	標的價格（新加坡普氏平均價格）	每月結算
2003 年 1 月	50,000	16	24	26	100,000
2003 年 2 月	50,000	16	24	24	0
2003 年 3 月	50,000	16	24	16	0
2003 年 4 月	50,000	16	24	13	-150,000
2003 年 5 月	50,000	16	24	14	-100,000
2003 年 6 月	50,000	16	24	10	-300,000

2003 年 1 月，航空公司買入原油平均價格為 26 美元/桶，高於航空公司的一般航油預算成本 2 美元/桶，但同時在保證金帳戶上有 100,000 美元沖抵了這筆支出。當進入 4 月後，隨著全球經濟形勢下滑，航班上座率銳減，航油價格一路走低，導致儘管購油成本下降但不能轉為真實的收益，而保證金帳戶上卻累計了大量損失，被頻頻要求追加保證金，航空公司很容易陷入現金流斷裂的困局。這樣本來用來規避風險的套期保值行為就演變成為拖垮整家公司的定時炸彈。

第五節　保險衍生產品

傳統上,由於缺乏足夠的歷史數據和技術能力來預測巨災風險(Catastrophe Risk,英文簡寫為 CAT 風險,如颶風、地震等)或是受到經營規模等因素限制,一般的保險公司往往採用再保險合約方式對沖其面臨的該類風險。再保險合約可以有很多種形式,而這些合約提供者一向是專業的再保險公司如勞埃德社等機構。但是由於最近幾年世界範圍內的災害頻發,再保險需求超過了這些傳統再保險公司的供給能力,人們開始尋求新的方法,研究如何利用資本市場提供再保險工具。

一、背景知識

1992 年的安德魯颶風重創佛羅里達州保險業,總計 150 億美元的保險賠付額超過了此前 7 年間佛羅里達州各保險公司累計收取的保險費總和。如果安德魯颶風還襲擊了邁阿密,估計保險損失則會超過 400 億美元。更麻煩的是,安德魯颶風和其他一些巨災事件還聯合推動了世界範圍的保險或再保險費的快速上漲。

芝加哥期貨交易所(CBOT)為此開發了多款場內交易的保險期貨合同,但是沒有取得多大成功。而場外交易市場(OTC)中卻湧現了許多可以替代傳統再保險的合約品種。最為流行的是巨災債券(CAT 債券)。這往往是一家保險公司的某個子公司發行的結構性債券,通過支付較高的利息率,向債券投資者購買了額外損失(Excess-of-Loss)賠付的權利。根據 CAT 債券的條款,當某項災難性事件發生後,該債券的利率或本金將部分或是全部用於向債券發行方進行賠付。從理論上來說,保險公司可以發行如此大量的該類債券,使得只有債券持有者的利息處於風險中。

二、案例

案例 11.15

保險公司 SECR 發行 CAT 債券

SECR 公司是一家經營範圍覆蓋美國加利福尼亞州各主要城市的老牌保險公司,該地區夏季頻發颶風災害,故 SECR 公司在夏季的賠付額占到全年賠付額的一半。對此,SECR 公司精算師尼克很早以前就和著名的專業再保險公司勞埃德社簽訂了長期巨災保險合同,以轉移颶風對 SECR 公司經營造成的不利影響。

最近幾年,尼克卻發現隨著全球氣候異常的趨勢越來越明顯,颶風不單是在夏季來得更頻繁、更劇烈,連在春秋兩季也頻頻造訪加利福尼亞州,對該地區居民的生產生活造成了極大破壞,也導致 SECR 公司旗下各子公司賠付額接連創出歷史新高。上一年,SECR

公司因颶風造成的風險賠付額已經達到了 2 億美元，離與勞埃德社簽訂的巨災保險合約的賠付額上限只有一步之遙。而一旦這樣的消息走漏到證券分析師那裡，尼克知道他的老闆不會給他好臉色。

「不能再坐以待斃了！」尼克暗下決心，並抽空聯繫了勞埃德社的老朋友萊奧。萊奧在耐心聽完尼克的說明後，開出了如下巨災保險合約的條件：為將賠付額上限提高到 2.5 億美元，以後每年 SECR 公司需要多繳納 200 萬美元的保險金，而且在新合約生效的最初 5 年內，賠付額上限只能按照每年 1,000 萬美元的幅度上漲。尼克聽到萊奧的開價後大吃一驚。由於 SECR 公司不少客戶均簽訂的是長期固定保費合約，並且近幾年保險行業競爭激烈，SECR 公司的保費收入一直增長乏力，而保費的投資收益也因固定債券市場不景氣而難以有上佳表現，實在難以承受高達每年 800 萬美元的巨災保險支出。這該怎麼辦呢？

萊奧也看出了尼克的猶豫，於是他誠懇地建議尼克不如到芝加哥 ICG 投資公司找瑞吉爾，據說她率領的投資銀行團隊最近幾年幫助過好幾家著名的地方性保險公司成功發行了 CAT 債券，解決了 SECR 公司相類似的問題。事不宜遲，尼克參加完公司第一季度公司董事會後，就趕到芝加哥並按照萊奧提供的聯繫方式見到了瑞吉爾女士。

瑞吉爾顯然對 SECR 公司面臨的此類困境很是瞭解，她向尼克介紹了 CAT 債券基本原理：CAT 債券本質上是一種結構性債券，它內嵌了因某些巨災條件而觸發的期權，使得當災難爆發到一定程度時，期權被觸發，投資者將以部分本金或是利息向債券發行方進行賠付。當然，如果條件不被觸發，投資者就會享受到相比同信用等級的公司債券高得多的利息。通過這樣的方式，像 SECR 公司這樣的保險公司就不用再求助於專業再保險公司提供的再保險合同。

「這是個不錯的主意，高於普通債券利率的利息相當於我向債券投資者支付的期權費，只要低於再保險費率，就值得考慮。」尼克隨即話鋒一轉：「但是，瑞吉爾女士，這樣的巨災條件應該如何認定呢？」

瑞吉爾顯然對這樣的問題早有準備，她打開了工作列表，如表 11.9 所示。

表 11.9　　　　　　　　　　CAT 債券觸發條款表

實際損失	由債券發行方實際損失觸發，這和通常的再保險合約條款基本一致。當然，為了減少利息支出，也可以參考再保險合約條款設置相應的觸發閾值。比如說，當損失超過 500 萬美元之後，啟動賠付程序，但賠付最大限額為 100 萬美元
模型損失	統計債券發行方的實際損失上時間可能比較長，而且由於信息不對稱，還可能產生道德風險，存在多報損失的情況。因此，可以事先建立巨災損失賠付模型，當災難發生的時候，只要將相關係數（風速等）輸入模型，即可產生賠付金額
行業損失指數	賠付程序在整個保險行業對於某一極端災害做出的總賠付額達到一定水平後自動觸發

尼克並不打算就此打住，他接著問了一個關鍵問題：「誰會購買這樣的 CAT 債券呢?」瑞吉爾耐心地解釋道，一般來說，CAT 債券的風險並不是系統性風險，換句話說，對於那些建立起大型投資組合的基金經理來說，投資 CAT 債券的風險可以在大型的證券組合中被完全分散化掉。如果一個 CAT 債券的預期收益率高於無風險利率，那麼其完全有潛力改進風險-收益的權衡關係。但是，尼克還是有點遲疑：「颶風對所到之處所有財物均造成破壞，怎麼還說是非系統性風險呢?」瑞吉爾進一步解釋道，颶風對加利福尼亞州經濟的確會造成巨大破壞，但需知道福禍相依，颶風過後，重建家園，路易斯安娜州的建築公司當年業績也就會有明顯增長。「哦，原來是這樣。」尼克心裡有底了。「那就麻煩瑞吉爾女士您為我公司提供一份以 CAT 債券替代巨災再保險合約的系統解決方案吧。」

經過幾周的充分調研，瑞吉爾帶領的 CAT 債券團隊給尼克提供了發債方案（部分條款摘要見表 11.10）。

表 11.10　　　　　SECR 公司發行 CAT 債券的情況說明

債券本金規模	1 億美元
年利率/付息頻率	2.46%（高於 SECR 公司發行的普通公司債利率近 140 個基點），一年一次
債券持續期	10 年
債券賠付金額認定方法	由颶風導致的公司實際賠付額，當年賠付總金額的數據收集終止日為債券每年的付息日前 20 個交易日
賠付金額觸發條款	當公司實際賠付金額超過 2 億美元後
賠付金額最大限額	5,000 萬美元
債券提前終止條款	當債券累計賠付金額超過 5,000 萬美元後，債券持有人有權要求 SECR 公司以票面金額的 45%贖回債券

尼克將該 CAT 債券的發行條款及情況說明向公司董事會進行瞭解釋。最終，公司董事會批准了該項債券的發行。尼克也終於舒了一口氣。

習題

1. 紅杉資本（REDWOOD）是一家風險投資基金，它正對 LIG 公司的商業計劃進行評估。LIG 公司是一家為拓展互聯網市場提供網頁設計工具的企業，它正在尋求一筆 1,000 萬美元的投資。LIG 公司向紅杉公司提交了一筆簡單的商業計劃：

（1）現在投資 1,000 萬美元。

（2）2 年內其他投資者再投資 1,000 萬美元。

（3）3 年內更多的投資者再投資 2,000 萬美元，LIG 公司發展成一家成熟的公司，銷

售方便易用的網頁設計工具包。

(4) 第4年公司上市後，投資者可以清算其持有的股票，獲取一定的利潤。

紅杉公司將如何使用實物期權工具來估計初創企業的商業計劃？

2. 請閱讀下面的香港聯交所上市公司華潤北京置地股票期權方案後，回答問題

華潤北京置地是北京市華遠房地產股份有限公司（下稱華遠公司）的外方股東。1996年，華潤集團在香港聯交所上市。1997年，按照國際標準和香港聯交所的上市規則制定了針對華遠公司高層管理人員的認股權計劃（即經營者股票期權計劃）。由於華遠公司的管理層認為結合中國的國情需要給具有不同工作和責任的員工分配適量的認股權，因此實際的執行結果是：員工（包括經理人員）按其在公司服務年限和職務計分，員工每年1分，部門經理每年4分，副總經理每年11.5分，總經理每年15分。按照每個職工的積分分配每個人的認股權數額，總經理到員工的差距是15倍。而各個員工（包括經理人員）認股權的執行仍按照香港聯交所上市規則的規定在獲授一年後行權，兩年後方可分批賣出。與此同時，華遠公司考慮到高級管理人員對公司經營的影響較大，公司規定副總經理以上的管理人員在任職期間不得出售通過認股權獲得的公司股票。

請你分析華遠公司的管理者期權計劃可能有哪些問題呢？

3. 請回到案例「保險公司SECR發行CAT債券」，案例最後提到「尼克也終於舒了一口氣」，很明顯他對現在的財務安排頗為得意。如果作為公司首席風險分析師，你能舒一口氣嗎？請在閱讀案例後，提出保險公司SECR還可能面臨哪些經營風險

國家圖書館出版品預行編目(CIP)資料

金融工程案例 / 王晉忠 主編. -- 第二版.
-- 臺北市：崧博出版：崧燁文化發行, 2018.09
　面；　公分
ISBN 978-957-735-452-5(平裝)
1.衍生性商品 2.個案研究
563.5　　107015113

書　名：金融工程案例
作　者：王晉忠 主編
發行人：黃振庭
出版者：崧博出版事業有限公司
發行者：崧燁文化事業有限公司
E-mail：sonbookservice@gmail.com
粉絲頁　　　　　　網　址：
地　址：台北市中正區重慶南路一段六十一號八樓815室
8F., 815, No.61, Sec. 1, Chongqing S. Rd., Zhongzheng Dist., Taipei City 100, Taiwan (R.O.C.)
電　話：(02)2370-3310　傳　真：(02) 2370-3210
總經銷：紅螞蟻圖書有限公司
地　址：台北市內湖區舊宗路二段121巷19號
電　話：02-2795-3656　傳真：02-2795-4100　網址：
印　刷：京峯彩色印刷有限公司（京峰數位）
　　本書版權為西南財經大學出版社所有授權崧博出版事業有限公司獨家發行電子書及繁體書繁體版。若有其他相關權利及授權需求請與本公司聯繫。
定價：500元
發行日期：2018年 9 月第二版
◎ 本書以POD印製發行